Die Reichszivilprozeßordnung

mit

Gerichtsverfassungsgesetz

und den wichtigsten Nebengesetzen

Textausgabe mit Einführung, Verweisungen
und ausführlichem Stichwörterverzeichnis

Herausgegeben von

Dr. Hanswerner Müller

Oberlandesgerichtsrat in Hamm

2. neubearbeitete Auflage

1949

J. Schweitzer Verlag, Berlin und München

Archiv-Nr. 249 948

Druck von Dr. F. P. Datterer & Cie., Freising

Vorwort

zur zweiten Auflage.

Die Zivilprozeßordnung vom 30. Januar 1877 ist so oft und mitunter so einschneidend geändert worden, daß von Zeit zu Zeit immer wieder das Bedürfnis hervortritt, die geltende Fassung unmittelbar vor sich zu haben, statt sich den derzeitigen Wortlaut mühsam zusammensuchen zu müssen. Kommt der Gesetzgeber dem nicht selbst nach, wofür ja unter Kriegs- und Nachkriegsverhältnissen Grund genug besteht, so ist eben durch private Arbeit zu helfen. Dazu tritt die in der neueren und besonders in der Kriegs- und Nachkriegsgesetzgebung entwickelte Übung, den eigentlichen Wortlaut unverändert zu lassen, daneben aber einzelne Sachgebiete auf Dauer oder vorläufig für sich zu ordnen (z. B. die sog. Entlastung). Diese in unruhigen Zeiten wohl unvermeidbare Handhabung der Rechtsetzung erschwert dem, der sich schnell über den derzeitigen Stand unterrichten muß, die tägliche Arbeit so sehr, daß er es freudig begrüßen wird, wenn ihm eine Zusammenstellung geboten wird, die alles für den Handgebrauch Erforderliche in einem einzigen Bande enthält.

Die Ausgabe geht von der jeweils letzten amtlichen Bekanntmachung der Neufassung aus, und zwar bei der ZPO. von der vom 8. November 1933 (RGBl. I S. 821), beim GVG. von der vom 22. März 1924 (RGBl. I S. 299). Sie verzichtet, um dem

Benutzer ein unbedingt zuverlässiges Handwerkszeug zu verschaffen, auf jede persönliche Zutat, wie sie bei der ZPO. und dem GVG. z. B. Paragraphenüberschriften darstellen würden, die diesen Gesetzen selbst fremd sind. Den beiden großen Gesetzen, ZPO. und GVG., ist jedoch zur Erleichterung der Übersicht ihre Gliederung vorangestellt, um besonders den Lernenden beim Suchen einer Vorschrift nicht lediglich auf das Stichwörterverzeichnis angewiesen sein zu lassen. Die Ausgabe berücksichtigt bei der Wiedergabe des Gesetzes nur die ausdrücklichen Änderungen des Wortlauts durch spätere Gesetze und Verordnungen. Wer der Entstehungsgeschichte einer Vorschrift nachspüren will, wird auf diese Änderungen, die unter der Gesetzesüberschrift zusammengestellt sind, bei den einzelnen Vorschriften jeweils durch römische Ziffern aufmerksam gemacht, die vor jedem einzelnen Gesetz zusammengestellt sind. Die Ausgabe sieht demgemäß, um jede persönliche Färbung zu vermeiden, bewußt davon ab, Änderungen, die sich außerhalb des Wortlauts vollzogen haben, hineinzuarbeiten. Auf diese außerhalb des Wortlauts eingetretenen Änderungen ist lediglich mit Bruchziffern in Anmerkungen hingewiesen; solche Änderungen staatsrechtlicher Art sind außerdem durch besondere Druckart des Wortlauts kenntlich gemacht.

Man könnte wünschen, die derzeit neben dem Hauptgesetz geltende Vorschrift gleich auf derselben Seite mit dieser abgedruckt zu finden. Das ließ sich indes aus mehreren Gründen durchweg nicht erreichen. Die Nebengesetze sind jetzt so zahlreich, oft so umfangreich und inhaltlich häufig so mannigfaltig, daß manches zu mehreren Vorschriften des Hauptgesetzes in Beziehung steht;

außerdem sind die Nebengesetze bisweilen ihrerseits wieder geändert, so daß wirkliche Übersichtlichkeit auf diesem Wege doch nicht zu erzielen wäre. Die wichtigeren Nebengesetze sind daher im Anschluß an das Hauptgesetz abgedruckt, und zwar unter sich nach dem Stoff geordnet. Eine völlige Ordnung in dem Sinne, daß inhaltlich Zusammengehöriges nun auch stets miteinander erscheint, ließ sich aber auch hierbei nicht immer erreichen, da manche zu Verschiedenartiges bringen.

Zu den Ergänzungen könnte man nach dem jetzigen Stande auch die AV.en rechnen, zumal da sie über die ursprüngliche Aufgabe reiner Verwaltungsanweisungen, den der Justizverwaltung offenstehenden Bereich des inneren Dienstes zu ordnen und die Gerichte auf anderweit gesetztes Recht hinzuweisen, hinaus sich längst der Rechtsetzung angenähert haben, insbesondere unter dem Einfluß der während des letzten Krieges eingebürgerten Ermächtigung an den Reichsjustizminister, Durchführungs- oder Ergänzungsvorschriften außer durch Rechtsverordnungen auch im Verwaltungsweg zu erlassen und Zweifelsfragen im Verwaltungswege zu klären. Wenn hier, von der ganz besonders bedeutungsvollen AV. über Beschleunigung und Unmittelbarkeit des Verfahrens vom 11. November 1935 und der Reichs-Entlastungsverfügung abgesehen, gleichwohl davon Abstand genommen worden ist, die einschlägigen AV.en im vollen Wortlaut oder auch nur im Auszug abzudrucken, so beruht das lediglich auf der Erwägung, das Buch nicht zu unhandlichem Umfang anschwellen zu lassen und Papier zu sparen. Dafür ist ein ausführliches Verzeichnis beigegeben mit Teilüberschriften, die nach dem ABC geordnet sind. In dieses sind, anders als in dem amtlichen (am 31. Dezember 1941 abgeschlossenen) „Quellenverzeichnis der Justizverwaltungsvorschriften“, nur in der „Deutschen Justiz“ veröffentlichte AV.en, nicht auch lediglich durch Umdruck verbreitete RV.en aufgenommen, da letztere nicht allgemein zugänglich sind.

Hatte bei der im September 1944 abgeschlossenen 1. Auflage die Aufgabe darin bestanden, all die vielen Kriegsvorschriften, die den Wortlaut berührenden und die diesen zwar unangetastet lassenden, aber sonst das Verfahren erheblich beeinflussenden, hineinzuarbeiten, so bestand sie bei der auf den 15. Juli 1948 abgestellten 2. Auflage darin, diese zeitbedingten und andere überholten Vorschriften wieder auszumerzen; hierin konnte sich aber die jetzige Aufgabe, so schwierig oft im Einzelfall zu sagen war, was von Zwischenzeitlichem noch in Kraft war, nicht erschöpfen; es waren auch Neuerungen aufzunehmen, die mittlerweile eingetreten waren. Leider ist die Rechtsentwicklung in den einzelnen Zonen so verschiedene Wege gegangen, daß eine für ganz Restdeutschland gültige Fassung nicht mehr besteht. Es erschien deswegen nicht möglich, eine für alle Zonen gleichmäßig brauchbare Ausgabe herauszubringen. So ist die 2. Auflage entsprechend dem Wohn- und Arbeitsort des Herausgebers auf die britische Zone abgestellt. Das kommt auch in der „Einführung“ zum Ausdruck.

Von einem Wiederdruck ausgesprochener Kriegsvorschriften, die auch heute in manchen Fällen, zumindest noch für liegengebliebene alte Sachen, anwendbar sein können, ist abgesehen, um den Umfang des Buches nicht zu sehr anschwellen zu lassen.

Im übrigen ließ es sich bei der Dehnbarkeit der altes Recht beseitigenden Vorschriften oft nicht vermeiden, die persönliche Ansicht, der sonst kein Spielraum eingeräumt ist, zu Wort kommen zu lassen. Mancher mag wohl in der 2. Auflage noch etwas finden, was er für überholt hält; möge er sich nicht daran stoßen, sondern es den besonderen Schwierigkeiten der Nachkriegszeit zugute halten.

Dr. Hanswerner Müller.

Inhaltsverzeichnis

Nachtrag

Einführung.

Die gleichzeitig mit dem GVG., der KO. und der StPO. am 1. 10. 1879 in Kraft getretene ZPO. vom 30. 1. 1877 hat in den Jahrzehnten ihres Bestehens viele Änderungen über sich ergehen lassen müssen. Es kann nicht die Aufgabe dieser Zeilen sein, diese sämtlich, in zeitlicher Reihenfolge oder gar nach wissenschaftlichen Gesichtspunkten geordnet, darzustellen. Hier darf vielmehr alles, was vor der letzten tiefeingreifenden, zur zusammenhängenden Neufassung zwingenden Änderung liegt, insbesondere also das durch das Inkrafttreten des BGB. am 1. 1. 1900 veranlaßte Abänderungsgesetz vom 17. 5. 1898, das umfassende Änderungsgesetz vom 1. 6. 1909, die VO. über das Verfahren in bürgerlichen Rechtsstreitigkeiten vom 13. 2. 1924 und die Not-VO.en unerörtert bleiben.

Das Gesetz zur Änderung des Verfahrens in bürgerlichen Rechtsstreitigkeiten vom 27. 10. 1933 (RGBl. I 780, 808) suchte die Zivilprozeßordnung mit anderem Geiste zu erfüllen. Schon der Vorspruch des Änderungsgesetzes stellte die Grundgedanken, die das Streitverfahren nunmehr beherrschen sollten, scharf heraus. Die Wahrheitspflicht verankerte es auch im Wortlaut selbst durch Voranstellung eines neuen Absatzes in § 138. Als Maßnahmen zur Straffung des Streitstoffes brachte es die Möglichkeit der Zurückweisung nachgebrachten Parteivorbringens im ersten Rechtsgang (§ 279 Abs. 2) und im Berufungsverfahren (§ 529), den Zwang zur sachlichen (nicht bloß formalen) Begründung der Berufung (§ 519 Abs. 3 Nr. 2) sowie die Erschwerung der

Klageänderung, der Widerklageerhebung und der Aufrechnungseinrede im Berufungsverfahren (§§ 527, 529 Abs. 4, 5). Zur Wiederherstellung der Unmittelbarkeit des Beweisverfahrens engte das Änderungsgesetz die Tätigkeit des ersuchten und des beauftragten Richters ein durch Beseitigung des § 375 Abs. 1 Nr. 2 und durch Änderung des § 349 Abs. 2. Den sogenannten gestabten Parteieid ersetzte es durch die Parteivernehmung (§§ 445—454), ebenso den Schätzungseid (§ 287) und den Urkundenherausgabeeid (§§ 426 ff.). Die Pflicht zur Vereidigung des Zeugen und ebenso des Sachverständigen schränkte das Änderungsgesetz erheblich ein (§ 391). Für das Revisionsverfahren stellte es klar, welche Vorschriften als „revisibel" der Prüfung des Reichsgerichts unterliegen sollten (§ 549 Abs. 1) und beseitigte den durch die NotVO. vom 14. 6. 1932 vorgenommenen Ausschluß der Revisionsrügen auf Verletzung des richterlichen Fragerechts und der Beweiswürdigung, während es die für Ehesachen getroffene Beschränkung bestehen ließ. Daneben stehen unbedeutendere Änderungen der Vorschriften über die Sicherheitsleistung für die Streitkosten (§ 110 Abs. 1 S. 2), das Armenrecht (§§ 114—116, 118 a), die Wiederaufnahme (§ 580 Nr. 6), die Zwangsvollstreckung (§§ 866, 900 Abs. 2), den Arrest (§ 925 Abs. 3) und das Schiedsgerichtsverfahren (§§ 1025, 1027).

Diese Eingriffe in den seit 1924 mehrfach geänderten Wortlaut waren so stark, daß eine zusammenhängende Neufassung erforderlich wurde. Der Reichsjustizminister machte die Neufassung unterm 8. 11. 1933 (RGBl. I, 821, Berichtigung 1020) bekannt. Diese amtliche Fassung liegt dem Abdruck in diesem Buche zugrunde.

Seitdem ist nun das Streitverfahren wieder so häufig, mal einschneidender, mal geringfügig, geändert, worden, daß es nicht leicht ist, sich die jeweils geltenden Vorschriften zu vergegenwärtigen.

Den Wortlaut der ZPO. formten um (wobei auch die inzwischen wieder überholten Wortlautänderungen mitberücksichtigt sind):

1. Das Gesetz zur Änderung von Vorschriften über die Zwangsvollstreckung vom 24. 10. 1934 (RGBl. I 1070).

Es dehnte den Kreis der unpfändbaren Gegenstände aus (§ 811 Nr. 1, 5—8) und faßte das gesamte Recht der Gehalts- und Lohnpfändung unter Beseitigung des Lohnbeschlagnahmegesetzes von 1869 und der Lohnpfändungsverordnung von 1919 zusammen (§§ 850—850h). Daneben hielt es — außerhalb des Wortlauts der ZPO. — den Fahrnisvollstreckungsschutz aufrecht (insoweit zu vgl. unten S. 29 zu 8).

2. Die Verordnung zur Durchführung und Ergänzung des Gesetzes zur Vereinheitlichung des Rechts der Eheschließung und Ehescheidung im Lande Österreich und im übrigen Reichsgebiet (Ehegesetz) vom 27. 7. 1938 (RGBl. I 923).

Ihr Abschnitt IV trug der neuen Auffassung auch für das Verfahren in Ehe- und Kindschaftssachen Rechnung, indem er den Grundsatz der Wahrheitsermittlung erweiterte (§§ 617, 622), die Mitwirkung der StA. verstärkte (§ 607), den Sühneversuch vom Amtsgericht an das Streitgericht verlagerte (§§ 608 ff.), die bisherige einstweilige Verfügung umstellte zu einer besonderen, unter Umständen über den Scheidungsrechtstreit hinaus wirkenden Anordnung (§§ 627 ff.), die Wirkung der Klagerücknahme neu ordnete (§ 614a),

§ 612 (Prozeßfähigkeit), § 620 (Aussetzung) und § 623 (Sachverständigenbeweis) änderte, § 621 aufhob, in §§ 152, 155, 606, 612, 615, 616, 625 sowie im Ersten Teil Kap. II Art. 1 Abs. 2 der NotVO. vom 14. 6. 1932 (RGBl. I S. 285) die Anfechtungs- durch die Aufhebungsklage ersetzte oder letztere einfügte, die Nichtigkeitsklage (§§ 632, 636, 636a) und die Feststellungsklage (§ 638) neu ordnete sowie §§ 629, 630, 639 aufhob, endlich die Vorschriften über Kindschaftssachen (§§ 640, 641) änderte.

3. Die Zweite Verordnung zur Durchführung und Ergänzung des Ehegesetzes vom 28. 9. 1938 (RGBl. I S. 1323).

Ihr § 2 Nr. 1 fügte die Kostenvorschrift des § 93a ein.

4. Das Gesetz über die Verschollenheit, die Todeserklärung und die Feststellung der Todeszeit vom 4. 7. 1939 (RGBl. I S. 1186).

Es überführte das Aufgebotsverfahren zur Todeserklärung in die freiwillige Gerichtsbarkeit und strich demgemäß in § 46 Abs. 2 Buchstabe c die §§ 960—976.

5. Die Verordnung zur Vereinfachung und Vereinheitlichung des Zustellungsrechts (ZustV.) vom 9. 10. 1940 (RGBl. I S. 1340).

Ihr erster Abschnitt ordnete die Heilung von Zustellungsmängeln (§ 187), die Niederlegung wegen Unbestellbarkeit (§ 195a) und die Aushändigung an der Amtsstelle (§ 212b).

6. Die Verordnung zur einheitlichen Regelung des Pfändungsschutzes für Arbeitseinkommen (LohnpfändungsV. 1940) vom 30. 10. 1940 (RGBl. I S. 1451).

Auf diese im wesentlichen selbständig neben der ZPO. stehenden Regelung der Pfändung des

Arbeitseinkommens weist der neugefaßte § 850 hin, während §§ 850a bis 850h aufgehoben wurden.

7. Die Verordnung zur Durchführung des Gesetzes über Rechte an eingetragenen Schiffen und Schiffsbauwerken vom 21. 12. 1940 (RGBl. I S. 1609).

Ihr Art. 5 paßte den Wortlaut der ZPO. hinsichtlich der §§ 58, 266, 325, 592, 688, 787, 794, 800a, 830, 837a, 847a, 855a, 858, 864, 865, 870, 870a, 885, 895, 931, 938, 941, 942, 981a, 987a, 988 dem Gesetz über Rechte an eingetragenen Schiffen und Schiffsbauwerken vom 15. 11. 1940 (RGBl. I S. 1499) an.

8. Die Verordnung zur Durchführung und Ergänzung des Ehegesetzes und zur Vereinheitlichung des internationalen Familienrechts (Vierte Durchführungsverordnung zum Ehegesetz — 4. DVO. EheG.) vom 25. 10. 1941 (RGBl. I S. 654).

In Abschnitt IV ordnete die Zuständigkeit in Ehesachen (§ 609), die hilfsweise Zuständigkeit in Kindschaftssachen (§ 642) und die Kosten einstweiliger Anordnungen in Ehesachen (§ 627c).

9. Die Verordnung zur weiteren Vereinfachung der Gerichtsverfassung, der bürgerlichen Rechtspflege und des Kostenrechts (Dritte Vereinfachungsverordnung — 3. VereinfV.) vom 16. 5. 1942 (RGBl. I S. 333).

Neben einschneidenden, nicht in die Zivilprozeßordnung hineingearbeiteten Maßnahmen (z. B. Vereinfachung der schriftlichen Entscheidungsbegründung; Einschränkung der Beschwerde; Vereinfachung der Kostenentscheidung; Verwerfung offensichtlich unbegründeter Berufungen und Revisionen; Klärung kostenrechtlicher Zweifelsfragen) brachte § 7 Änderungen des Berufsverfahrens als Eingriffe in den Wortlaut durch Aufhebung des § 99 Abs. 2, 3, § 626 und Neufassung der §§ 529, 531 und 532.

10. Die Verordnung zur weiteren Vereinfachung der bürgerlichen Rechtspflege (Vierte Vereinfachungsordnung — 4. VereinfV.) vom 12. 1. 1943 (RGBl. I S. 7).

Auch sie enthielt neben einzelnen, nicht in den Wortlaut eingearbeiteten Maßnahmen (z. B. in § 2 Vereinfachung der Ladung und der Zustellung im Verfahren vor dem Landgericht, in § 6 Vereinfachung des Verfahrens des Arrestes und der einstweiligen Verfügung, in § 7 Abs. 1 Einschränkung der Kostenfestsetzung und in § 7 Abs. 4 Vereinfachung im Zustellungswesen) wichtige Eingriffe in den Wortlaut, so über Ausschließung und Ablehnung von Gerichtspersonen und Sachverständigen (§§ 45, 46, 48, 49, 406), über die Klagrücknahme (§§ 271, 614a), über das Berufungs- und Revisionsverfahren (§§ 515, 518, 519, 521—522a, 529, 532, 538, 539, 554, 556), über das Beschwerdeverfahren (§§ 567, 568, 570, 577, 793) und kleinere Fassungsänderungen (§§ 142, 180, 251a, 331a, 618, 625, 845).

11. Die Durchführungsverordnung zur Kriegsmaßnahmenverordnung und zur Kriegsbeschwerdeverordnung vom 12. 5. 1943 (RGBl. I S. 292).

Während die KriegsmaßnahmenVO. vom 12. 5. 1943 (RGBl. I S. 290) selbst und im übrigen auch die DVO. den Wortlaut der ZPO. unangetastet ließen, änderte § 4 DVO. die Fassung des § 516.

12. Die Verordnung zur Anpassung der Reichszivilprozeßordnung an die Strafrechtsangleichungsverordnung vom 26. 10. 1943 (RGBl. I S. 631).

Sie paßte § 580 Nr. 3 den durch die VO. zur Angleichung des Strafrechts des Altreichs und der Alpen- und Donau-Reichsgaue (Strafrechtsangleichungs VO.) vom 29. 5. 1943 (RGBl. I S. 339) geänderten Vorschriften des RStGB. über die Bestrafung unwahrer Aussagen vor Gericht an.

Mit dem Zusammenbruch ging die Rechtsetzungsgewalt des Reiches auf die Besatzungsmächte über. Es ist aus der Rechtsetzung durch die Militärregierungen und den Kontrollrat hier das für das bürgerliche Streitverfahren Einschlägige aufgenommen. Davon griff in den Wortlaut der ZPO. ein nur das Kontrollratsgesetz Nr. 38, das die Ersetzung des Reichsanzeigers durch andere Veröffentlichungsblätter behandelt und dabei die Ausführung der öffentlichen Zustellung — in § 204 ZPO. — etwas umgestaltet.

In den einzelnen Zonen, ja innerhalb dieser in den einzelnen Ländern und Oberlandesgerichtsbezirken ging die Rechtsentwicklung eigene Wege. Die vorliegende Ausgabe ist deshalb nur auf den Rechtszustand in der britischen Zone zugeschnitten. Hier haben den Wortlaut der ZPO. umgeformt folgende, vom Zentral-Justizamt für die britische Zone in Hamburg ausgegangenen Verordnungen:

1. Die Verordnung über das Berufungsverfahren in bürgerlichen Rechtsstreitigkeiten vom 9. 6. 1947 (VOBl. BZ. S. 76).

Sie betraf §§ 511 a Abs. 1, 515, 516, 518, 519, 519b, 521, 522, 522a, 529, 531, 532, 538, 539, 626.

2. Die Verordnung über Untersuchungen zur Feststellung der Abstammung vom 17. 6. 1947 (VOBl. BZ. S. 93).

Sie fügte § 372a ein.

3. Die Verordnung zur Durchführung der Militärregierungsverordnung Nr. 98 über die Errichtung eines Obersten Gerichtshofes für die Britische Zone vom 17. 11. 1947 (VOBl. BZ. S. 149).

Den Wortlaut der ZPO. änderte sie in §§ 519b Abs. 2, 566, 567 Abs. 3; in §§ 554 Abs. 6—7 und 556 stellte sie die alte Fassung wieder her.

4. Die Verordnung zur Änderung von Vorschriften auf dem Gebiete der Gerichtsverfassung, der bürgerlichen Rechtspflege und des Kostenrechts vom 27. 1. 1948 (VOBl. BZ. S. 13) (berichtigt S. 95).

Sie betraf §§ 45, 46, 48, 49, 91a, 99 Abs. 2, 133, 142 Abs. 3, 180 Abs. 2, 187, 190 Abs. 3 S. 2, 191 Nr. 6, 195 Abs. 2 S. 2, 195a, 198 Abs. 1, 212b, 214, 215, 216, Abs. 1, 235, 236 Abs. 2, 239 Abs. 2 u. 3, 244, 246 Abs. 2, 251a Abs. 1 S. 2—4, 253, 261, 261a, 261b, 271 Abs. 2 u. 3, 272a S. 2, 320 Abs. 1 u. 3, 321 Abs. 2 u. 3, 331a S. 2, 406 Abs. 5, 491 Abs. 1, 493 Abs. 2, 515 Abs. 2, 567 Abs. 2, 568, 570, 577, 614a, 618 Abs. 2, 625, 793 Abs. 2, 845, 856 Abs. 3 u. 5, 922 Abs. 4, 924 Abs. 2, 925 Abs. 3, 942 Abs. 1.

5. Die Verordnung zur Ausführung des Ehegesetzes vom 20. Februar 1946 (Kontrollratsgesetz Nr. 16) vom 12. 7. 1948 (VOBl. BZ. S. 210).

Sie stellte § 607 in der alten Fassung wieder her, paßte § 612 und § 623 an und strich § 640 Abs. 3.

Neben diesen, den Wortlaut der ZPO. umformenden Gesetzen und VO.en stehen zahlreiche andere, die sich inhaltlich auf das in ihr geordnete Verfahren auswirken, ohne ihren Wortlaut anzutasten. Sie sämtlich hier anzugeben oder alle im Anschluß an die ZPO. hier abzudrucken, würde zu weit führen.

Ausgeschieden ist hier zunächst einmal, was neben der ZPO. an in sich geschlossenen Ordnungen besteht, namentlich das ZVG., die KO. und die VerglO., das Mieterschutzgesetz und die ReichspachtschutzO., das Vertragshilferecht, das Kostenrecht, das Standesrecht der Rechtsanwälte und die Berufsausbildung, wobei die Abgrenzung allerdings manchmal zweifelhaft sein kann. Insbesondere muß für das weitverzweigte Vollstrekkungsnotrecht auf die einschlägigen Sammlungen verwiesen werden.

Weiter sind hier alle die Vorschriften weggelassen, die ein bisher in der ZPO. geordnetes Verfahren andersartig regeln — z. B. die seit dem Gesetz vom 4. 7. 1939 (RGBl. I S. 1186) nach Grundsätzen der freiwilligen Gerichtsbarkeit vorzunehmende Todeserklärung. Ferner sind die Vorschriften weggelassen, die zu einer für den Regelfall im Streitverfahren der ZPO. herbeizuführenden Wirkung für Sonderfälle Sonderregeln geben, — z. B. die nachträgliche Feststellung der Unehelichkeit des Kindes auf Antrag des Staatsanwalts im vormundschaftsgerichtlichen Verfahren (§ 1597 BGB. i. d. F. der VO. über die Angleichung familienrechtlicher Vorschriften vom 6. 2. 1943 — RGBl. I S. 80 —), die nachträgliche Feststellung der Berechtigung des Scheidungsbegehrens auf Antrag des Staatsanwalts im Verfahren der freiwilligen Gerichtsbarkeit (5. DVO. zum Eheges. vom 18. 3. 1943 — RGBl. I S. 145 —), die Festsetzung der Gebührenforderung des Anwalts gegen den eigenen Auftraggeber durch die Geschäftsstelle nach § 86a RAnwGebO. (eingefügt durch die ÄnderungsVO. vom 21. 4. 1944 — RGBl. I S. 104 —), die rechtsgestaltende Entscheidung des Richters der freiwilligen Gerichtsbarkeit über Ehewohnung und Hausrat nach der Scheidung (6. DVO. z. Eheges. vom 21. 10. 1944

— RGBl. I S. 256 —). Endlich sind auch die Vorschriften hier weggelassen, die für einen nach der ZPO. herbeiführbaren Erfolg noch einen anderen Weg zur Verfügung stellen, z. B. das inzwischen wieder beseitigte sog. Adhäsionsverfahren nach §§ 403ff. StPO. i. d. F. der 3. VO. zur Vereinfachung der Strafrechtspflege vom 29. 5. 1943 (RGBl. I S. 342).

Hier soll vielmehr zur Abrundung des Bildes nur das allerwichtigste, was neben der ZPO. zur Regelung des Streitverfahrens und der in ihr geordneten Zwangsvollstreckung bestand und besteht, kurz besprochen werden (beim Wortlaut der ZPO. ist auf die einschlägigen anderweitigen Vorschriften durch Bruchziffern verwiesen), wobei der Gerichtsverfassung, soweit sie die bürgerliche Rechtspflege betrifft, ein eigener Abschnitt gewidmet ist.

Es sind das im wesentlichen:

1. die Entlastungsvorschriften:

Unter dem Stichwort „Entlastung" läuft außer einer Reihe von kleineren Maßnahmen, die in der Entlastungsbekanntmachung aus dem ersten Weltkrieg stehen, die Übertragung richterlicher Geschäfte auf den Rechtspfleger, die sich auf die Ermächtigung im Entlastungsgesetz des Reiches gründet.

a) Bekanntmachung zur Entlastung der Gerichte vom 9. 9. 1915 (RGBl. S. 562), erlassen vom Bundesrat auf Grund des Kriegsermächtigungsgesetzes, in der Fassung der Bekanntmachung vom 13. 5. 1924 (RGBl. I S. 552) und den seitherigen Änderungen durch die VO. über das Mahnverfahren in Urkunden- und Wechselsachen vom 11. 12. 1924 (RGBl. I S. 772), der Verordnung über das Mahnverfahren vom 19. 6.

1925 (RGBl. I S. 88) und der Dritten Verordnung des Reichspräsidenten zur Sicherung von Wirtschaft und Finanzen und zur Bekämpfung politischer Ausschreitungen vom 6. 10. 1931 (RGBl. I S. 537) Sechster Teil Kap. I § 10 Abs. 2).

Die als Teil der Verfahrensordnung der streitigen Gerichtsbarkeit aufzufassende Entlastungsbekanntmachung enthält in ihren heute noch geltenden Vorschriften Regelungen über Urkunden- oder Wechsel-Mahnverfahren, schriftliches Verfahren (Entscheidung ohne mündliche Verhandlung), wertbeständige Schuldtitel und Schiedsurteile. Zu ihrem § 9 ist die Zweite Durchführungsverordnung vom 27. 6. 1924 (RGBl. I S. 660) ergangen, die ihrerseits durch die Verordnung vom 16. 11. 1940 (RGBl. I S. 1521) ergänzt wird.

— Abgedr. unter VI A —

b) Gesetz zur Entlastung der Gerichte vom 11. 3. 1921 (RGBl. S. 229) (amtl. Begr. Pr. JMinBl. 1921 S. 141) ermächtigte in Art. VI, der heute allein noch von Belang ist, die Landesjustizverwaltungen dazu, gewisse richterliche Geschäfte den Urkundsbeamten der Geschäftsstelle zu übertragen, für den sich in diesem Wirkungskreis die Bezeichnung „Rechtspfleger" eingebürgert hat. Nachdem durch die Überleitungsgesetzgebung die Befugnisse der Landesjustizverwaltungen auf den Reichsjustizminister übergegangen waren, hat dieser die Reichs-Entlastungsverfügung vom 3. 7. 1943 (Deutsche Justiz 339) erlassen, die die Regelung vereinheitlicht. § 27 Abs. 1 der Entlastungsverfügung ist durch die AV.en vom 10. 12. 1943 (Deutsche

Justiz 589) und 5. 6. 1944 (Deutsche Justiz 185) geändert worden.

— Abgedr. unter VI B —

2. zum Verfahren in Ehe- und Kindschaftssachen:

a) aus der Verordnung des Reichpräsidenten über Maßnahmen auf dem Gebiet der Rechtspflege und Verwaltung vom 14. 6. 1932 (RGBl. I S. 285), Erster Teil Kap. II galt fort Art. 1 Abs. 2, der in gewissen Ehesachen (Scheidung; Anfechtung = jetzt: Aufhebung; Herstellung des ehelichen Lebens) die ausdrückliche Zulassung der Revision im Berufungsurteil des Oberlandesgerichts für erforderlich erklärte. In der britischen Zone ist § 29 der Durchführungsverordnung zur Militärregierungsverordnung Nr. 98

— abgedr. unter XV D a —

an die Stelle dieser Vorschrift getreten.

b) das Gesetz über die Anwendung deutschen Rechts bei der Ehescheidung vom 24. 11. 1935 (RGBl. I S. 48).

Artikel 2 gab deutschen Staatsangehörigen, für deren Scheidungsklage ein inländischer Gerichtsstand nach der ZPO. nicht begründet war, einen solchen.

c) das Gesetz über die Änderung und Ergänzung familienrechtlicher Vorschriften und über die Rechtsstellung der Staatenlosen vom 12. 4. 1938 (RGBl. I S. 380).

Aus dem die Anfechtung der Ehelichkeit eines Kindes behandelnden Artikel 2 ist hier § 9 zu erwähnen, der besondere Vorschriften für das Verfahren auf die Anfechtungsklage brachte.

d) die Verordnung zur Durchführung und Ergänzung des Gesetzes zur Vereinheitlichung des Rechts der Eheschließung und der Ehescheidung im Lande Österreich und im übrigen Reichsgebiet (Ehegesetz) vom 27. 7. 1938 (RGBl. I S. 923).

Aus dem Abschnitt IV „Änderung des Verfahrens in Ehe- und Kindschaftssachen" ist hier § 43 Abs. 2 zu erwähnen, nach dem Entscheidungen des Reichsgerichts gem. § 93 Abs. 2 Satz 2 des EheG. ohne mündliche Verhandlung durch Beschluß ergehen konnten, ferner die Übergangsvorschriften in §§ 87 ff.

e) die Verordnung zur Durchführung und Ergänzung des Ehegesetzes und zur Vereinheitlichung des internationalen Familienrechts (Vierte Durchführungsverordnung zum Ehegesetz — 4. DVO.Eheg.) vom 25. 10. 1941 (RGBl. I S. 654).

Die Regelung des § 24 über Anerkennung ausländischer Entscheidungen in Ehesachen ist in der britischen Zone übernommen in § 28 der Verordnung zur Ausführung des Ehegesetzes vom 20. Februar 1946 (Kontrollratsgesetz Nr. 16) vom 12. 7. 1948 (VOBl. BZ. S. 210).

f) die Verordnung über die Angleichung familienrechtlicher Vorschriften vom 6. 2. 1943 (RGBl. I S. 80).

Der Artikel 4 ersetzte durch seinen § 7 den § 9 des Gesetzes vom 12. 4. 1938. Die Regelung ist in der britischen Zone ersetzt durch die Verordnung über Untersuchungen zur Feststellung, der Abstammung vom 17. 6. 1947 (VOBl. BZ. S. 93).

— Abgedr. unter XV C —

g) Eine Ergänzung der Vorschriften der ZPO. über einstweilige Anordnungen in Ehesachen brachte § 19 der Verordnung über die Behandlung der Ehewohnung und des Hausrats nach der Scheidung (Sechste Durchführungsverordnung zum Ehegesetz) vom 21. 10. 1944 (RGBl. I S. 256).

— Abgedr. unter XI C —

3. die Binnenschiffahrtssachen.

Für bürgerliche Rechtsstreitigkeiten um gewisse Ansprüche, die sich aus der Benutzung von Binnengewässern durch Schiffahrt und Flößerei ergeben, gab es von jeher gewisse verfahrensrechtliche Besonderheiten. Diese sind nunmehr im Gesetz über das Verfahren in Binnenschiffahrtssachen vom 30. 1. 1937 (RGBl. I S. 97) reichsrechtlich geregelt. Zu diesem ist die Vierte Durchführungsverordnung vom 26. 6. 1941 (RGBl. I S. 351) ergangen.

— Abgedr. unter VIII —

Für den Rhein ist indes durch die Besatzungsmacht die besondere Einrichtung der Rheinschiffahrtsgerichte wiederhergestellt, und zwar einmal als Teil der deutschen Gerichtsbarkeit (in der britischen Zone: Verordnung Nr. 65 der britischen Militärregierung),

— abgedr. unter XIV J —

für gewisse Sachen aber als Gerichtsbarkeit der Besatzungsmacht (in der britischen Zone: Verordnung Nr. 66 der britischen Militärregierung; Verfahrensvorschriften vom 2. 1. 1947).

4. die Patentstreitsachen.

Das Patentgesetz vom 5. 5. 1936 (RGBl. II S. 117) enthält nicht nur die sachlich-rechtlichen Vorschriften über Patente und die Vorschriften über das Verfahren vor dem Reichspatentamt (nebst Berufung im sog. Nichtigkeitsverfahren an das Reichsgericht, wozu die VO. vom 30. 9. 1936 [RGBl. II S. 316] ergangen war), sondern auch (in §§ 51—54) Sondervorschriften über das gerichtliche Verfahren in Patentstreitsachen, namentlich hinsichtlich der örtlichen Zuständigkeit, Mitwirkung des Reichspatentamtes, der Vertretung durch Anwälte, des Kostenrechts, ergänzt durch die VO. über Zuweisung der Patentstreitsachen an die Landgerichte vom 10. 9. 1936 (RGBl. II S. 299). In Patentstreitsachen ist Patentanwälten das Wort zu gestatten (§ 9 Abs. 3 des Patentanwaltsgesetzes vom 22. 9. 1933 — RGBl. I S. 669 —); auf Grund des Gesetzes vom 5. 2. 1938 (RGBl. I S. 116) gibt es in Armensachen eine Beiordnung auch von Patentanwälten.

— Abgedr. unter IX A —

Den Patentstreitsachen war in der Kriegsvereinfachungsgesetzgebung insofern eine Sonderstellung eingeräumt, als für sie die Zivilkammern mit 3 Richtern besetzt blieben (§ 2 der 2. Vereinf.-VO.).

Zu den Patentstreitsachen im weiteren Sinne zählen auch die Streitigkeiten aus Gefolgschaftserfindungen, für die in der auf Grund der Verordnung vom 12. 7. 1942 (RGBl. I S. 466) ergangenen Durchführungsverordnung vom 20. 3. 1943 (RGBl. I S. 257) besondere Vorschriften über Zuständigkeit und Verfahren ergangen sind.

— Abgedr. unter IX B —

5. Das Zustellungs-, Akten- und Urkundenwesen:

A) Zustellungswesen.

Während die Verordnung zur Vereinfachung und Vereinheitlichung des Zustellungsrechts (ZustV.) vom 9. 10. 1940 (RGBl. I S. 1340) in den Wortlaut der ZPO. eingriff, ergingen die weiteren Neuerungen im Zustellungswesen, ohne den Wortlaut der ZPO. anzutasten. Es waren das:

a) die Verordnung über das Verfahren bei Zustellungen an Angehörige der Wehrmacht (Wehrm.-ZustV.) vom 13. 3. 1940 (RGBl. I S. 501).

Sie betraf Zustellungen an Wehrmachtangehörige (§ 1), d. h. Soldaten und Wehrmachtbeamte, sowie an Schiffsangestellte der Kriegsmarine.

b) die Verordnung über das Verfahren bei Zustellungen an Angehörige des Reichsarbeitsdienstes (RADZustV.) vom 5. 7. 1940 (RGBl. I S. 949).

Sie erklärte die WehrmZustV. für sinngemäß anwendbar.

c) die Verordnung über das Verfahren bei Zustellungen an Kriegsgefangene und in Kriegsgefangenenlagern internierte Personen (Kriegsgef.-ZustV.) vom 23. 8. 1940 (RGBl. I S. 1181).

Sie enthielt eine der WehrmZustV. ähnliche Regelung.

d) die Verordnung zur Ergänzung der Wehrmachtzustellungsverordnung vom 21. 1. 1943 (RGBl. I S. 52).

Sie hob § 2 der WehrmZustV. auf und erklärte sie im übrigen auf die Angehörigen der OT. für sinngemäß anwendbar.

Außerdem wirkten § 5 der Verordnung über Kriegsmaßnahmen auf dem Gebiet der bürgerlichen Rechtspflege (Kriegsmaßnahmenverordnung) vom 12. 5. 1943 (RGBl. I S. 290) und §§ 5, 6 ihrer Durchführungsverordnung vom 12. 5. 1943 (RGBl. I S. 292) auf das Zustellungswesen ein, indem sie als neue Zustellungsform die einfache Versendung mit der Post einführten und im einzelnen ordneten.

Die Zustellungsverordnung ist aufgehoben durch Art. 6 II g der Verordnung zur Änderung von Vorschriften auf dem Gebiete der Gerichtsverfassung, der bürgerlichen Rechtspflege und des Kostenrechts vom 27. 1. 1948 (VOBl. BZ. S. 13).

B) Aktenwesen.

Das Gesetz über die Einsicht in gerichtliche öffentliche Bücher und Register vom 30. 9. 1936 (RGBl. I S. 853) ermächtigte den RJM., die Einsichtnahme und die Abschriftnahme von gerichtlichen Büchern (z. B. Grundbuch), Registern (z. B. Handelsregistern), Verzeichnissen, Akten und Schriftstücken im Verwaltungswege aus Gründen der öffentlichen Ordnung abzulehnen oder einzuschränken. Aufgehoben durch Kontrollratsgesetz Nr. 24.

C) Urkundenwesen.

a) Die Verordnung zur Vereinfachung des Verfahrens auf dem Gebiete des Beurkundungsrechts vom 21. 10. 1942 (RGBl. I S. 609) regelt insbesondere die Behandlung der Lichtbilder (sog. Photokopien), der Übersetzungen und der drahtlichen Übermittlung von Urkunden.

— Abgedr. unter X A —

b) Die Verordnung über die Ersetzung zerstörter oder abhanden gekommener gerichtlicher oder notarischer Urkunden vom 18. 6. 1942 (RGBl. I S. 395) schuf einen eigenen Weg zur Ersetzung der Urschriften auch von Urteilen oder Beschlüssen in bürgerlichen Rechtsstreitigkeiten.

— Abgedr. unter X B —

6. Mitwirkung des Staatsanwalts.

Das Gesetz über die Mitwirkung des Staatsanwalts in bürgerlichen Rechtssachen vom 15. 7. 1941 (RGBl. I S. 383), dessen amtliche Begründung D.J. 1941 S. 791 abgedruckt war, sowie die für Sachen der rassischen Einordnung ergangene Verordnung über die Wiederaufnahme rechtskräftig entschiedener Abstammungsklagen vom 27. 1. 1944 (RGBl. I S. 52) ist in der britischen Zone aufgehoben durch die Verordnung des Zentral-Justizamts vom 12. 7. 1948 (VOBl. BZ. S. 215).

7. die Bewilligung von Zahlungsfristen.

Die Verordnung über die Bewilligung von Zahlungsfristen in Rechtsstreitigkeiten vom 7. 10. 1939 (RGBl. I S. 2004) gibt dem Streitrichter die Befugnis, dem Beklagten auf Antrag Stundung zu gewähren, indem er ihm eine Zahlungsfrist bis zur Dauer von 3 Monaten bewilligt.

— Abgedr. unter XI A —

8. zum Vollstreckungsrecht:

a) Die Bekanntmachung über das Mindestangebot bei der Versteigerung gepfändeter Sachen vom 8. 10. 1914 (RGBl. S. 427), erlassen vom Bundesrat auf Grund des für den ersten Weltkrieg ergangenen Ermächtigungsgesetzes, gilt im wesentlichen, d. h. bis auf einige gegenstandslos gewordene Teile, noch jetzt.

— Abgedr. unter XII A a —

b) Die Verordnung des Reichspräsidenten zur Ergänzung der Vorschriften über die Zwangsvollstreckung bei landwirtschaftlichen Betrieben und über das Sicherungsverfahren vom 19. 2. 1932 (RGBl. I S. 71).

Ihr Art. I erklärte die an Arbeitnehmer in landwirtschaftlichen Betrieben als Arbeitsentgelt gelieferten Naturalien sowie das davon ernährte Vieh für unpfändbar.

— Abgedr. unter XII A c —

c) Die Verordnung über Maßnahmen auf dem Gebiet der Zwangsvollstreckung vom 26. 5. 1933 (RGBl. I S. 302), ursprünglich ergangen als 3. Teil der 4. Verordnung des Reichspräsidenten zur Sicherung von Wirtschaft und Finanzen und zum Schutze des inneren Friedens vom 8. 12. 1931 (RGBl. I S. 699), der nach Änderungen durch die Verordnung des Reichspräsidenten über Maßnahmen auf dem Gebiet der Rechtspflege und Verwaltung vom 14. 6. 1932 (RGBl. I S. 285), die Verordnung des Reichspräsidenten über landwirtschaftliche Vermittlungsverfahren, Vollstreckungsschutz und Pächterschutz vom 27. 9. 1932 (RGBl. I S. 473), die Verordnung des Reichspräsidenten über Maßnahmen auf dem Gebiet der Zwangsvollstreckung vom 17. 1. 1933 (RGBl. I S. 19), die Verordnung des Reichspräsidenten über den landwirtschaftlichen Vollstreckungsschutz vom 14. 2. 1933 (RGBl. I S. 63) sowie das Gesetz über weitere Maßnahmen auf dem Gebiet der Zwangsvollstreckung vom 26. 5. 1933 (RGBl. I S. 298) unter der vorerwähnten Bezeichnung in neuer Fassung bekanntgemacht wurde. Die Verordnung wurde geändert durch das 2. Gesetz über den landwirtschaftlichen Vollstreckungsschutz vom 27. 12. 1933 (RGBl. I S. 1115), das 2. Gesetz über weitere Maßnahmen auf dem Gebiete der Zwangsvollstreckung vom 22. 3. 1934 (RGBl. I S. 231) (amtl. Erläuterung DJ. 1934 S. 435) und das Gesetz zur Änderung von Vorschriften über die Zwangsvollstreckung vom 24. 10. 1934 (RGBl. I S. 1070).

Im Rahmen dieses Buches, der nur die in der ZPO. geordnete Zwangsvollstreckung einschließt, die Vollstreckung in die unbewegliche Habe also im wesentlichen ausschließt, liegen nur ihre Abschnitte VII „Zwangsvollstreckung in bewegliche Gegenstände", umfassend die §§ 18 bis 19c, enthaltend Einzelvorschriften über die Verwertung von Pfandstücken (§ 18), Vollstreckung in Miet- und Pachtzinsen (§ 19), Vollstreckung wegen eines durch Grundpfandrecht gesicherten Anspruchs in das bewegliche Vermögen (§ 19a), Unpfändbarkeit von Wohnlauben u. dgl. (§ 19c), und VIII „Offenbarungseid" (§ 19d), der die Versicherung, man habe sein Vermögen nach bestem Wissen so vollständig wie möglich angegeben, zur Abwendung des Offenbarungseides zuließ.

— Abgedr. unter XII A b —

d) Das Gesetz zur Verhütung mißbräuchlicher Ausnützung von Vollstreckungsmöglichkeiten vom 13. 12. 1934 (RGBl. I S. 1234) (kurz: Vollstreckungsmißbrauchgesetz).

— Abgedr. unter XII A f —

e) Das Gesetz über die Unzulässigkeit der Sicherungsbeschlagnahme von Luftfahrzeugen vom 17. 3. 1935 (RGBl. I S. 385).

— Abgedr. unter XII A h —

f) Die Verordnung über die Vollstreckung landesrechtlicher Schuldtitel vom 15. 4. 1937 (RGBl. I S. 466).

Sie machte Schuldtitel, deren Vollstreckung in einem Lande sich kraft Landesrecht nach ZPO.-Regeln richtet, auch für das übrige Reichsgebiet vollstreckbar.

— Abgedr. unter XII C —

g) Die Verordnung zur Ergänzung der Vorschriften über das Offenbarungseidverfahren vom 11. 5. 1938 (RGBl. I S. 520).

Sie baute den durch § 19d der Zwangsvollstreckungsverordnung vom 26. 5. 1933 begonnenen Schutz weiter aus durch den Versuch, einen Antrag des Gläubigers auf Abnahme des Offenbarungseides durch eine Auskunft darüber, ob der Schuldner innerhalb der letzten fünf Jahre den Offenbarungseid geleistet oder die Versicherung abgegeben hat oder es zur Haftanordnung hat kommen lassen, zu erledigen.

— Abgedr. unter XII A e —

h) Die Verordnung über die Vollstreckbarkeit der vor den NS-Betreuungsstellen im Lande Österreich abgeschlossenen Vergleiche vom 5. 1. 1939 (RGBl. I S. 23).

i) Die Verordnung zur Sicherstellung des Kräftebedarfs für Aufgaben von besonderer staatspolitischer Bedeutung vom 13. 2. 1939 (RGBl. I S. 206) hatte in § 6 bestimmt, daß die auf Grund ihres § 5 nach §§ 17—19 der Ersten Durchführungsanordnung vom 2. 3. 1939 — RGBl. I S. 403 —, sodann nach der Anordnung vom 4. 9. 1939 — RArbBl. I S. 117 —) den Dienstverpflichteten vom Arbeitsamt gewährte Unterstützung nicht der Pfändung unterliege.

j) Die Verordnung zur Ergänzung der Vorschriften über den Pfändungsschutz bei der Fahrnisvollstreckung vom 17. 7. 1939 (RGBl. I S. 1313).

Sie erklärte Schweine und die zur Schweinehaltung bestimmten Vorräte oder die zur Vorratsbeschaffung erforderlichen Gelbeträge unter gewissen Voraussetzungen für unpfändbar.

— Abgedr. unter XII A d —

k) Die Verordnung über Maßnahmen auf dem Gebiet des bürgerlichen Streitverfahrens, der Zwangsvollstreckung, des Konkurses und des bürgerlichen Rechts vom 1. 9. 1939 (RGBl. I S. 1656) (Schutzverordnung), nunmehr in der Fassung der Bekanntmachung vom 4. 12. 1943 (RGBl. I S. 666).

Von den Beschränkungen der Zwangsvollstreckung in Art. 6 der ursprünglichen Schutzverordnung war zuletzt nur noch Nr. 3 in Kraft, der dem Vollstreckungsgericht unter gewissen Voraussetzungen gestattet, von Amts wegen Maßnahmen der Zwangsvollstreckung jeder Art ganz oder zum Teil aufzuheben, zu untersagen oder einstweilen einzustellen. In der Bekanntmachung der Neufassung erschien diese Vorschrift nunmehr als Art. 6 schlechthin.

l) Die Verordnung über die Vollstreckbarkeit der vor den NS.-Rechtsbetreuungsstellen im Reichsgau Sudetenland abgeschlossenen Vergleiche vom 5. 9. 1939 (RGBl. I S. 1674).

Sie erklärte solche Vergleichsausfertigungen zu Vollstreckungstiteln im Sinne des § 1 der im Sudetengau geltenden Exekutionsordnung.

m) Die Verordnung über Pfändung und Verpfändung bewirtschafteter landwirtschaftlicher Erzeugnisse vom 25. 9. 1939 (RGBl. I S. 1943), welche durch die Verordnung über die Wirkungen der Beschlagnahme zur Regelung des Warenverkehrs vom 4. 3. 1940 (RGBl. I S. 551) ersetzt wurde.

— Abgedr. unter XII A g —

n) Die Verordnung über weitere Maßnahmen auf dem Gebiete der Zwangsvollstreckung vom 31. 10. 1939 (RGBl. I S. 2139).

Diese sogenannte Lockerungsverordnung änderte die Schonvorschriften der Schutzverordnung vom 1. 9. 1939 (RGBl. I S. 1656). Sie ist in der britischen Zone durch Art. 6 der Verordnung zur Änderung von Vorschriften auf dem Gebiete der Gerichtsverfassung, der bürgerlichen Rechtspflege und des Kostenrechts vom

27. 1. 1948 (VOBl. BZ. S. 13) aufgehoben worden.

o) Die Verordnung zur einheitlichen Regelung der Vollstreckung von Titeln in den verschiedenen Rechtsgebieten des Großdeutschen Reiches vom 16. 1. 1940 (RGBl. I S. 176).

p) Die Verordnung zur einheitlichen Regelung des Pfändungsschutzes für Arbeitseinkommen (LohnpfändungsV. 1940) vom 30. 10. 1940 (RGBl. I S. 1451).

Sie brachte eine einheitliche Regelung für den Begriff des Arbeitseinkommens (§ 1), die diesem gleichgestellten Bezüge (§ 2), die Unpfändbarkeit gewisser Bezüge (§ 3), die bedingte Pfändbarkeit anderer Bezüge (§ 4), die Pfändungsgrenzen allgemein (§ 5) und deren Berechnung (§ 7), ferner eine Sonderregelung für Unterhaltsansprüche (§ 6), für Ausnahmefälle (§ 8) und für Sonderfälle (§ 11) sowie Vorschriften über Änderung der Unpfändbarkeitsvoraussetzungen (§ 9) und über mittelbares Arbeitseinkommen (§ 10).

— Abgedr. unter XII B a —

q) Die 4. Verordnung zur Durchführung und Ergänzung des Reichsarbeitsdienstgesetzes (Pfändungsschutz) vom 28. 11. 1940 (RGBl. I S. 1532) dehnte die Geltung der Lohnpfändungsverordnung auf die Angehörigen und die nichtbeamteten Gefolgschaftsmitglieder des Reichsarbeitsdienstes aus.

r) Die Bekanntmachung zu § 7 Nr. 1 der Lohnpfändungsverordnung 1940 vom 2. 5. 1941 (RGBl. I S. 238) bestimmte den Abzug der Beiträge zur NSDAP., zur DAF., zum Reichsnährstand und zu einer Ersatzkasse oder zur privaten Krankenversicherung bei Berechnung des pfändbaren Arbeitseinkommens.

— Abgedr. unter XII B b —

s) Die 8. Durchführungsverordnung zur Notdienstverordnung (Pfändbarkeit der Vergütungen, Berufsfürsorge nach Beendigung des Notdienstes) vom 12. 5. 1941 (RGBl. I S. 253) erklärte die im Notdienst gewährten Vergütungen für unpfändbar.

t) Die Verordnung über die Vollstreckung von Titeln aus dem Elsaß, aus Lothringen oder aus Luxemburg im Gebiet des Großdeutschen Reichs vom 24. 1. 1942 (RGBl. I S. 43) erstreckte die Titelvollstreckungsverordnung vom 16. 11. 1940 (oben zu o) auf Titel aus den genannten Gebieten.

9. zum Aufgebotswesen:

a) Die Verordnung über das Verfahren zum Zwecke der Kraftloserklärung von Konnossementen vom 4. 10. 1939 (RGBl. I S. 1991) vereinfachte für Vorkriegskonnossemente die Kraftloserklärung.

b) Die Verordnung zur Vereinfachung der Bekanntmachungen über Wertpapiere vom 22. 1. 1944 (RGBl. I S. 42).

— Abgedr. unter XIII —

Ihr § 7 änderte für das Aufgebot gewisser Urkunden die im Aufgebotsverfahren erforderlichen Bekanntmachungen.

10. die Schutzvorschriften:

a) Bei Ausbruch des Krieges zeigte sich ebenso wie im ersten Weltkrieg das Bedürfnis, die durch den Krieg bei der Wahrnehmung ihrer Belange in Gerichtsverfahren beeinträchtigten Personen durch Vorschriften von vorübergehender Dauer vor Nachteilen zu bewahren.

Der Ministerrat für die Reichsverteidigung erließ daher für das Großdeutsche Reich die Verordnung über Maßnahmen auf dem Gebiet des bürgerlichen Streitverfahrens, der Zwangsvollstreckung, des Konkurses und des bürgerlichen Rechts vom 1. 9. 1939 (RGBl. I S. 1656) (kurz: Schutzverordnung). Sie enthielt besonders Schutzvorschriften für Streitverfahren Kriegsbetroffener (Art. 1 bis 2), allgemeine Schutzvorschriften für Streitverfahren (Art. 3), Zwangsvollstreckung (Art. 6) und Konkursverfahren (Art. 7), Vorschriften über Rechtsverfolgung durch Ausländer (Art. 4), sowie über Hemmung von Fristen (Art. 8) und Nichteintritt von Verwirkungsfolgen (Art. 9).

Die von vornherein zeitlich begrenzte Vorschrift in Art. 3 Nr. 1 wurde alsbald durch Zeitablauf gegenstandslos. Weitere Vorschriften wurden allmählich durch andere beseitigt, so Art. 6 Nr. 1 und 2 durch § 1 der Verordnung über weitere Maßnahmen auf dem Gebiete der Zwangsvollstreckung vom 31. 10. 1939 (RGBl. I S. 2139) (sog. Lockerungsverordnung), Art. 7 durch § 8 der Verordnung über das Kriegsausgleichsverfahren vom 30. 11. 1939 (RGBl. I S. 2338), Art. 8 und 9 durch § 32 der Verordnung über die Vertragshilfe des Richters aus Anlaß des Krieges (Vertragshilfeverordnung — VHV. —) vom 30. 11. 1939 (RGBl. I S. 2329). Die Verordnung zum Schutze der Wehrmachtsangehörigen und anderer von den Kriegsverhältnissen betroffenen Personen in bürgerlichen Rechtsstreitigkeiten vom 13. 10. 1942 (RGBl. I S. 604) gestaltete den Schutz der Kriegsbetroffenen um, indem sie Art. 1 und 2 umformte. § 3 der Durchführungsverordnung zur Kriegsmaßnahmenverordnung und zur Kriegs-Beschwerdeverordnung vom 12. 5. 1943 (RGBl. I S. 292) hob, nachdem durch die Zurückstellung nichtkriegsdringlicher Rechtsstreitigkeiten ein neues Mittel, Verfahren den Kriegserfordernissen anzupassen, gegeben war, Art. 3 Nr. 2 auf. Endlich brachte die Verordnung zur Ergänzung der Verordnung über Maßnahmen auf dem Gebiete des bürgerlichen Streitverfahrens, der Zwangsvollstreckung, des Konkurses und des bürgerlichen Rechts (SchutzVO.) vom 4. 21. 1943 (RGBl. I S. 665) neue allgemeine Schutzvorschriften, die sie unter Voranstellung der bisherigen Nr. 3 als neue Nr. 1 in Art. 3 eingefügte, ferner eine Vorschrift über Stillstand der Rechtspflege, die sie als neuen Art. 7, und eine Vorschrift über Ausdehnung des Wehrmachtschutzes auf Verbündete, die sie als Art. 8 in die Schutzverordnung einfügte.

Da der Wortlaut so recht unübersichtlich geworden war und zudem Unstimmigkeiten darin, namentlich in den Überschriften, eingetreten waren, erließ der Reichsjustizminister die Bekanntmachung des Wortlauts der Verordnung über Maßnahmen auf dem Gebiet des bürgerlichen Streitverfahrens, der Zwangsvollstreckung, des Konkurses und des bürgerlichen Rechts (Schutzverordnung) vom 4. 12. 1943 (RGBl. I S. 666).

b) Aus der Verordnung über weitere Maßnahmen auf dem Gebiete der Zwangsvollstreckung vom 31. 10. 1939 (RGBl. I S. 2139), der sog. Lockerungsverordnung, die eine Reihe von Vorschriften der Schutzverordnung vom 1. 9. 1939 aufgehoben hatte, blieb noch der zu deren Art. 6 Nr. 3, den Art. 6 der Fassung vom 4. 12. 1943, ergangene § 8 von Bedeutung. Die Lockerungsverordnung ist aufgehoben durch Art. 6 II 2 e der Verordnung zur Änderung von Vorschriften auf dem Gebiete der Gerichtsverfassung, der bürgerlichen Rechtspflege und des Kostenrechts vom 27. Januar 1948 (VOBl. BZ. S. 13).

11. die Vereinfachungsvorschriften und Kriegsmaßnahmen:

Bei Ausbruch des Krieges entstand die Notwendigkeit, u. a. in der bürgerlichen Rechtspflege schnellwirksame Vereinfachungen vorzunehmen, um die Gerichte bei allen Wechselfällen für dringende Aufgaben arbeitsfähig zu halten.

a) Diese Vorschriften wurden im 2. Abschnitt der Verordnung über Maßnahmen auf dem Gebiete der Gerichtsverfassung und der Rechtspflege vom 1. 9. 1939 (RGBl. I S. 1658) (kurz: 1. VereinfV.) getroffen. Sie bestanden im wesentlichen im folgenden:

Zivilkammern und Kammern für Handelssachen entschieden statt durch 3 nur durch 1 Richter (§ 5). Damit wurde die in der ZPO. geregelte Einrichtung des Einzelrichters einstweilen gegenstandslos.

Die Wertgrenze für die amtsgerichtliche Zuständigkeit wurde auf 1500 RM. heraufgesetzt (§ 6).

Die Wertgrenze für die Berufung wurde auf 500.—, für die Revision auf 10000 RM. heraufgesetzt (§ 7).

Die Wertgrenze für die Beschwerde (§ 567 Abs. 2 ZPO.) wurde auf 200.— RM. heraufgesetzt (§ 8).

Als Berufungsgericht auch gegen amtsgerichtliche Urteile wurde das Oberlandesgericht bestimmt (§ 9), jedoch Vertretung auch durch Landgerichtsanwälte zugelassen (§ 11).

Den Amtsgerichten wurde die Befugnis eingeräumt, ihr Verfahren nach freiem Ermessen zu bestimmen (§ 10).

Zur 1. Vereinfachungsverordnung erging die 2. Durchführungsverordnung vom 14. 10. 1939 (RGBl. I S. 1994).

b) Die Verordnung zur Änderung der Vereinfachungsverordnung (Zweite Vereinfachungsverordnung — 2. VereinfV.) vom 18. 9. 1940 (RGBl. I S. 1253) griff, ohne den Wortlaut der 1. VereinfV. anzutasten, in diese Regelung insofern ein, als sie

(§ 2) die Berufungs- und Beschwerdezivilkammern wieder mit 3 Richtern besetzte, ebenso die in Patent- und Gebrauchsmustersachen für die Bezirke mehrerer Landgerichte zuständigen Zivilkammern, und

(§ 1) die Berufung gegen amtgerichtliche Urteile wieder an das Landgericht gehen ließ.

c) Die Verordnung über die Wertgrenzen für die Zulässigkeit der Berufung und der Revision vom 16. 7. 1941 (RGBl. I S. 390) setzte die Berufungswertgrenze auf 300.— RM., die Revisionswertgrenze auf 6000.— RM. herab. Diese Verordnung ist in der britischen Zone ausdrücklich aufgehoben durch Art. 2 Nr. 3 der Verordnung über das Berufungsverfahren in bürgerlichen Rechtsstreitigkeiten vom 9. 6. 1947 (VOBl. BZ. S. 76).

d) Die Verordnung zur weiteren Vereinfachung der Gerichtsverfassung, der bürgerlichen Rechtspflege und des Kostenrechts (Dritte Vereinfachungsverordnung — 3. VereinfVO.) vom 16. 5. 1942 (RGBl. I S. 333) änderte hiervon die Berufungswertgrenze, die sie auf 500.— RM. erhöhte (§ 5). Im übrigen suchte sie, meist ohne den Wortlaut der ZPO. zu berühren, das Verfahren durch kleine Änderungen zweckmäßiger zu gestalten:

Vereinfachung der schriftlichen Begründung (§ 2),

Einschränkung der Beschwerde (§ 3),

Vereinfachung der Kostenentscheidung bei Erledigung der Hauptsache (§ 4),

Verwerfung offensichtlich unbegründeter Berufungen und Revisionen durch Beschluß ohne mündliche Verhandlung (§ 6),

Ermächtigung zur Klärung kostenrechtlicher Zweifelsfragen grundsätzlicher Art durch allgemeine Verwaltungsanordnung (§ 8).

e) Die Verordnung zur weiteren Vereinfachung der bürgerlichen Rechtspflege (Vierte Vereinfachungsverordnung — 4. VereinfV.) vom 12. 1. 1943 (RGBl. I S. 7) brachte neben zahlreichen Änderungen des Wortlauts der ZPO. durch einige nicht in den Wortlaut hineingearbeitete Vorschriften weitere Eingriffe in das Verfahren. Sie dehnte die Grundsätze über amtswegige Ladungen und Zustellungen vom amtsgerichtlichen auf das landgerichtliche Verfahren aus (§ 2), ordnete für alle Entscheidungen im Verfahren des Arrestes und der einstweiligen Verfügung die Beschlußform an und schaffte insoweit die Rechtsmittel ab (§ 6), gestattete die Kostenfestsetzung im allgemeinen nur noch bei Rechtskraft der Entscheidung (§ 7 Abs. 1) und vereinfachte die Zustellung dadurch, daß an Stelle der Übergabe einer Abschrift der Zustellungsurkunde der Gerichtsvollzieher oder der

Postbedienstete den Zustellungstag auf der Sendung vermerkte (§ 7 Abs. 4).

f) Die Verordnung über Kriegsmaßnahmen auf dem Gebiet der bürgerlichen Rechtspflege (Kriegsmaßnahmenverordnung) vom 12. 5. 1943 (RGBl. I S. 290) schuf als neues Mittel die Zurückstellung nichtkriegsdringlicher Rechtssachen (§ 1), setzte als Rechtsmittelgericht (also nunmehr nicht nur für Berufungen, wie in der 1. VereinfV., sondern auch für Beschwerden) über die Amtsgerichte das Oberlandesgericht (§ 2), gestattete dem Reichsgericht und den Oberlandesgerichten, Beschlüsse nur durch zwei Richter zu erlassen (§ 3) und setzte als neue Zustellungsform neben die bisherigen die einfache Versendung mit der Post (§ 5).

g) Die Durchführungsverordnung zur Kriegsmaßnahmenverordnung und zur Kriegs-Beschwerdeverordnung vom 12. 5. 1943 (RGBl. I S. 292) brachte u. a. Einzelheiten zur Zurückstellung (§§ 1 bis 2, 7) und zur Zustellung (§§ 5 bis 6, 8).

h) Tief einschneidende, aber den Wortlaut der ZPO. nicht berührende Vereinfachungen brachte die Verordnung über außerordentliche Maßnahmen auf dem Gebiete des bürgerlichen Rechts, der bürgerlichen Rechtspflege und des Kostenrechts aus Anlaß des totalen Krieges (Zweite Kriegsmaßnahmenverordnung) vom 27. 9. 1944 (RGBl. I S. 229).

Die Vereinfachungsverordnungen und die Kriegsmaßnahmenverordnungen nebst ihren Durchführungsverordnungen sind aufgehoben durch Art. 6 II 2 c, d, f, h, i, j und l der Verordnung zur Änderung von Vorschriften auf dem Gebiete der Gerichtsverfassung, der bürgerlichen Rechtspflege und des Kostenrechts vom 27. 1. 1948 (VOBl. BZ. S. 13).

12. Nachkriegsergänzungen (in der britischen Zone).

a) Verfahrensaussetzung.

Die Kriegszerstörungen und der Zusammenbruch des Reiches machten manchen Schuldner unfähig, seinen Verpflichtungen nachzukommen. Da vor Regelung des Lastenausgleichs zudem das Schicksal der Ruinenhypotheken überhaupt noch nicht geklärt ist, half man sich in der britischen Zone — anders als in der amerikanischen, wo man den Weg der Vertragshilfe beschritt — mit einer Verfahrensaussetzung. Diese ordneten zunächst die Oberlandesgerichtspräsidenten, ein jeder für seinen Bezirk. Dei Regelung übernahm dann das Zentraljustizamt in Hamburg für die ganze Zone. Die Geltungsdauer ist bisher jeweils verlängert worden.

— Abgedr. unter XV A —

b) Fristenhemmung.

Hatte bereits der Krieg, wollte man Rechtsnachteile hintanhalten, dazu gezwungen, Fristen des sachlichen und des Verfahrensrechts nicht ablaufen zu lassen, so machten die Nachkriegsverhältnisse einen derartigen Schutz nicht minder notwendig. In der britischen Zone hatte zunächst jeder Oberlandesgerichtspräsident für seinen Bezirk dahingehende Verordnungen erlassen. An deren Stelle trat dann für die ganze Zone die vom Zentraljustizamt in Hamburg ausgehende Verordnung über die Hemmung von Verjährungs- und ähnlichen Fristen auf dem Gebiet des bürgerlichen Rechts und der bürgerlichen Rechtspflege vom 16. 12. 1946 (VOBl.

BZ. 1947 S. 9), deren Geltungsdauer verlängert ist.

— Abgedr. unter XV F —

c) Zonengericht.

Als Ersatz für das Reichsgericht ist in der britischen Zone ein Deutscher Oberster Gerichtshof mit dem Sitz in Köln geschaffen. Seine Errichtung beruht auf der Verordnung Nr. 98 der britischen Militärregierung.

— Abgedr. unter XIV A —

Im einzelnen ist die Regelung enthalten in der Durchführungsverordnung des Zentraljustizamts dazu vom 17. 11. 1947 (VOBl. BZ. S. 149), in der das Inkrafttreten einzelner Teile hinausschiebenden Änderungsverordnung vom 13. 1. 1948 (VOBl. BZ. S. 10) und der dann auch diese Teile auf den 9. 2. 1948 inkraftsetzenden Ausführungsverordnung vom 6. 2. 1948 (VOBl. BZ. S. 40)

— abgedr. XV D —

d) Eilsachen (Feriensachen).

In der britischen Zone hat es das Zentraljustizamt für richtig gehalten, durch die Verordnung über die einstweilige Zurückstellung bürgerlicher Rechtssachen im Geschäftsjahre 1948 vom 11. 5. 1948 (VOBl. BZ. S. 115)

— abgedr. unter XV G —

eine den alten Gerichtsferien ähnliche Regelung wieder einzuführen, zunächst jedoch nur für 1948. Es bleibt abzuwarten, ob das beibehalten wird.

e) Wertpapieraufgebote.

Schon bevor die Reichsbank aufhörte zu bestehen, war die von ihr herausgegebene „Sammelliste aufgerufener Wertpapiere" verschwunden, in der nach § 7 der Verordnung zur Vereinfachung der Bekanntmachungen über Wertpapiere vom 22. 1. 1944 (RGBl. I S. 42)

— abgedr. unter XIII —

bei den dort aufgezählten Wertpapieren die öffentlichen Bekanntmachungen im Aufgebotsverfahren zu geschehen hatten. Man hatte sich inzwischen beholfen, indem die Gerichte ihre Bekanntmachungen in dem allgemeinen Veröffentlichungsblatt erscheinen ließen und die Bankwelt in der britischen und amerikanischen Zone diese sammelte in den „Wertpapiermitteilungen" (Fachorgan für das gesamte Wertpapierwesen) Frankfurt a. Main. Das Gesetz des Wirtschaftsrates betr. Bekanntmachung über Wertpapiere und in Handelssachen vom 22. 6. 1948 (GuVBl. WiR. S. 53)

— abgedr. unter XV H —

hob in seinem § 1 Nr. 2 die vorerwähnte Vorschrift auf, bestimmte in seinem § 2 für Veröffentlichungen künftig den „Öffentlichen Anzeiger für das vereinigte Wirtschaftsgebiet in Frankfurt a. Main" und gab im § 4 eine Vorschrift für die Vergangenheit. Das alles gilt also nun für die britische und amerikanische Zone gleichmäßig.

Die sachliche Zuständigkeit der Gerichte in der streitigen Gerichtsbarkeit wird, worauf § 1 ZPO. ausdrücklich hinweist, durch das GVG. bestimmt. Dieses war also in das Buch aufzunehmen, allerdings dessen Zweck entsprechend nur in seinen einschlägigen Teilen, insbesondere also ohne die die Strafgerichtsbarkeit behandelnden Abschnitte.

Das gleichzeitig mit der ZPO., der KO. und der StPO. am 1. 10. 1879 in Kraft getretene GVG. vom 27. 1. 1877 hat in den Jahrzehnten seines Bestehens ebenfalls viele Änderungen über sich ergehen lassen müssen. Auch bei diesem Gesetz soll hier alles unerörtert bleiben, was vor der letzten amtlichen Neufassung liegt. Diese wurde durch Bekanntmachung vom 22. 3. 1924 (RGBl. I S. 299) vorgenommen. Seither ist der Wortlaut des GVG. umgeformt worden (wobei auch die inzwischen überholten Wortlautänderungen mitberücksichtigt sind, aber alles nur Strafverfahrensrechtliche weggelassen ist) durch:

1. das Arbeitsgerichtsgesetz vom 23. 12. 1926 (RGBl. I S. 507).
   Dessen § 110 Nr. 2 setzte § 14 Nr. 4 außer Kraft.
2. das Gesetz über den Vergleich zur Abwendung des Konkurses (Vergleichsordnung) vom 5. 7. 1927 (RGBl. I S. 139).
   Dessen § 97 änderte den § 202.
3. das Gesetz zur Änderung der Bezeichnung „Gerichtsschreiberei", „Gerichtsschreiber" und „Gerichtsdiener" vom 9. 7. 1927 (RGBl. I S. 175).
   Art. 1 gab dem 11. Titel die Überschrift „Geschäftsstelle" und faßte § 153 Satz 1 neu. Art. 2 und 3 ersetzten überall die Bezeichnung „Gerichtsschreiberei" durch „Geschäftsstelle", „Gerichtsschreiber" durch „Urkundsbeamte der Geschäftsstelle" und „Gerichtsdiener" durch „Gerichtswachtmeister".
4. Die auf Grund dieses Gesetzes erlassene Verordnung über Abänderung des Wortlauts verschiedener Gesetze und Verordnungen aus Anlaß des Fortfalls der Bezeichnungen „Gerichtsschreiberei" und „Gerichtsschreiber" vom

30. 11. 1927 (RGBl. I S. 334) brachte in Art. 2 dem § 161 eine andere Fassung.

5 die Verordnung des Reichspräsidenten zum Schutze der Wirtschaft vom 9. 3. 1932 (RGBl. I S. 121).

In deren Zweitem Teil ändert Art. II die §§ 172 bis 174 über den Ausschluß der Öffentlichkeit, und zwar hinsichtlich der Gefährdung eines wichtigen Geschäfts- oder Betriebsgeheimnisses.

6 das Gesetz zur Änderung der Vorschriften des Gerichtsverfassungsgesetzes über die Präsidien der Gerichte vom 4. 7. 1933 (RGBl. I S. 451).

Es ersetzte die §§ 62 bis 64 durch die §§ 62 bis 64a und änderte die §§ 66, 117 und 131.

7 das Gesetz zur Änderung des Verfahrens in bürgerlichen Rechtsstreitigkeiten vom 27. 10. 1933 (RGBl. I S. 780).

Art. 3 änderte § 66 Abs. 1 über den Kammervorsitz.

8 das Gesetz zur Änderung des Gerichtsverfassungsgesetzes vom 13. 12. 1934 (RGBl. I S. 1233).

Es änderte u. a. die §§ 18 bis 19 und 152.

9 das Gesetz über die Beseitigung der Gerichtsferien vom 7. 3. 1935 (RGBl. I S. 352).

Es hob die §§ 199 bis 202 auf.

10 das Gesetz zur Änderung von Vorschriften des Strafverfahrens und des Gerichtsverfassungsgesetzes vom 28. 6. 1935 (RGBl. I S. 844).

Art. 3 brachte die Vorschriften über den Großen Senat für Zivilsachen, den Großen

Senat für Strafsachen und die vereinigten Großen Senate beim Reichsgericht (§§ 131 a, 136 bis 138) und änderte § 146.

11. das Gesetz über das Verfahren in Binnenschiffahrtssachen vom 30. 1. 1937 (RGBl. I S. 97).

§ 5 hob § 14 Nr. 1 auf.

12. das Gesetz über die Geschäftsverteilung bei den Gerichten vom 24. 11. 1937 (RGBl. I S. 1286) (amtl. Begründung DJ. 1937 S. 1944).

§ 6 Abs. 2 setzte die Vorschriften über das Präsidium außer Kraft.

13. die Verordnung zur Durchführung und Ergänzung des Gesetzes zur Vereinheitlichung des Rechts der Eheschließung und der Ehescheidung im Lande Österreich und im übrigen Reichsgebiet (Ehegesetz) vom 27. 7. 1938) (RGBl. I S. 923).

§ 30 brachte durch Änderung des § 170 den Zwang zum Ausschluß der Öffentlichkeit in Ehesachen.

14. das Gesetz zur weiteren Überleitung der Rechtspflege im Lande Österreich und in den sudetendeutschen Gebieten vom 28. 2. 1939 (RGBl. I S. 358).

§ 28 hob § 125 Abs. 3 auf.

In der britischen Zone ist der Wortlaut des GVG. geändert worden durch:

15. die Verordnung zur Änderung von Vorschriften auf dem Gebiete der Gerichtsverfassung, der bürgerlichen Rechtspflege und des Kostenrechts vom 27. 1. 1948 (VOBl. BZ. S. 13).

— Abgedr. unter XV E —

Art. 1 änderte, meist im Sinne der Wiederherstellung des früheren Wortlauts, §§ 10, 23 Nr. 1, 62, 63—64a, 66, 70, 72, 75, 105, 158, 159.

Die — für die britische Zone durch die letzterwähnte Verordnung in deren Art. 6 unter II 2 ausdrücklich aufgehobenen — Kriegsvorschriften waren durchweg nicht in den Wortlaut des GVG. eingearbeitet. Es handelte sich dabei insbesondere um:

1. die Verordnung über Maßnahmen auf dem Gebiete der Gerichtsverfassung und der Rechtspflege vom 1. 9. 1939 (RGBl. I S. 1658) (kurz: 1. Vereinfachungsverordnung).

§ 1 hatte, z. T. in Abweichung von § 1 der Verordnung zur einheitlichen Regelung der Gerichtsverfassung vom 20. 3. 1935 (RGBl. I S. 403), für die Errichtung, Aufhebung, Sitzverlegung und Bezirksänderung von Gerichten sowie für die Zusammenfassung gewisser Geschäftsgruppen mehrerer Gerichte bei einem Gericht eine Verfügung des Reichsministers der Justiz für ausreichend erklärt. § 2 über anderweitige Beschäftigung von Richtern und § 3 über Verwendung von Hilfsrichtern hatten auf § 10 der vorerwähnten Verordnung eingewirkt, § 4 über den Vorsitz in den Senaten und Kammern auf § 66 GVG. Nach § 5 waren die Zivilkammern und die Kammern für Handelssachen nur mit 1 Richter zu besetzen. Die Berufung gegen amtsgerichtliche Entscheidungen ging nach § 9 an die Oberlandesgerichte (dazu § 11). Die amtsgerichtliche Streitwertgrenze wurde auf 1500 RM. erhöht (§ 6).

2. die Verordnung zur Änderung der Vereinfachungsverordnung (Zweite Vereinfachungsverordnung — 2. VereinfV.) vom 18. 9. 1940 (RGBl. I S. 1253).

§ 1 Abs. 1 gab den Landgerichten wieder die Berufung gegen amtsgerichtliche Urteile, Abs. 2 setzte die Zivilkammern an Stelle der Kammern für Handelssachen als Rechtsmittelsgericht. Nach § 2 waren die Zivilkammern als Rechtsmittelgericht und in Patentstreitsachen wieder mit 3 Richtern zu besetzen.

3. die Verordnung zur weiteren Vereinfachung der Gerichtsverfassung, der bürgerlichen Rechtspflege und des Kostenrechts (Dritte Vereinfachungsverordnung — 3. VereinfV.) vom 16. 5. 1942 (RGBl. I S. 333).

Nach § 1 konnten Referendare in größerem Umfang mit der selbständigen Wahrnehmung von Geschäften des Richters, des Staatsanwalts oder des Rechtsanwalts betraut werden.

4. die Verordnung über Kriegsmaßnahmen auf dem Gebiete der bürgerlichen Rechtspflege (Kriegsmaßnahmenverordnung) vom 12. 5. 1943 (RGBl. I S. 290).

§ 2 machte, wie zu Beginn des Krieges der durch § 1 der 2. Vereinfachungsverordnung wieder abgeschaffte § 9 der 1. Vereinfachungsverordnung, die Oberlandesgerichte zu Rechtsmittelgerichten gegen Entscheidungen der Amtsgerichte an Stelle der Landgerichte. Nach § 3 konnten Reichsgericht und Oberlandesgerichte in Beschlußsachen statt durch 5 bzw. 3 Richter durch nur 2 Richter (einschließlich des Vorsitzers) entscheiden.

5. die Verordnung über außerordentliche Maßnahmen auf dem Gebiete des bürgerlichen Rechts, der bürgerlichen Rechtspflege und des Kostenrechts aus Anlaß des totalen Krieges (Zweite Kriegsmaßnahmenverordnung) vom 27. 9. 1944 (RGBl. I S. 229).

Sie legte die Oberlandesgerichte in der bürgerlichen Rechtspflege still. § 2 gab als Rechtsmittel gegen Urteile des Amtsgerichte und der Landgerichte die Revision an den nur mit 3 Richtern (§ 16) besetzten Zivilsenat des Reichsgerichts, aber nur bei ausdrücklicher Zulassung. § 14 setzte die Dauer des Vorbereitungsdienstes, nach dessen Ableistung Referendare zu Hilfsrichtern bestellt werden konnten, herab. § 17 brachte Vereinfachungen für Rechtshilfeersuchen, § 18 für Ordnungsstrafen.

Was von den zahlreichen anderen Gesetzen und Verordnungen, die sich inhaltlich auf die Gerichtsverfassung, soweit sie die streitige Gerichtsbarkeit betrifft, auswirken, trotz der veränderten Verhältnisse weitergilt, ist nicht überall zweifelsfrei. Ob man in der britischen Zone, weil Art. 6 II 2 der Verordnung zur Änderung von Vorschriften auf dem Gebiete der Gerichtsverfassung, der bürgerlichen Rechtspflege und des Kostenrechts vom 27. 1. 1948 sagt, die aufgezählten Vorschriften (z. B. das Gesetz über die Geschäftsverteilung bei den Gerichten vom 24. 11. 1937) würden aufgehoben, soweit sie nicht bereits außer Kraft getreten seien, annehmen darf, was früher nicht bereits ausdrücklich aufgehoben worden sei und jetzt nicht ausdrücklich aufgehoben werde, bleibe in Kraft, ist ungewiß. Um möglichst viel für den Gerichtsgebrauch Erhebliches zu bieten, ist hier das zur Ergänzung des GVG. ergangene Recht auch dann mitabgedruckt, wenn die Weitergeltung unsicher ist. Es sind das im wesentlichen:

1. das Gesetz betreffend die unter Ausschluß der Öffentlichkeit stattfindenden Gerichtsverhandlungen vom 5. 4. 1888 (RGBl. S. 133), davon Art. III Abs. 1 Satz 1 in der Fassung des Art. III des Zweiten Teiles der Verord-

nung des Reichpräsidenten zum Schutze der Wirtschaft vom 9. 3. 1932 (RGBl. I S. 121).

— Abgedr. unter V F —

2. die Verordnung des Reichspräsidenten zur Sicherung von Wirtschaft und Finanzen vom 1. 12. 1930 (RGBl. I S. 517).
Im 9. Teil ist in § 1 die Wertgrenze für die Gemeindegerichte von 60 auf 100 RM. erhöht, in § 3 bestimmt, daß ein Amtsrichter zugleich mehreren Amtsgerichten angehören kann, und in § 4 die Landesjustizverwaltung ermächtigt, die Erledigung von Rechtshilfeersuchen für mehrere Amtsgerichtsbezirke bei einem Amtsgericht zusammenfassen.

— Abgedr. unter V B —

3. das Gesetz über die Zuständigkeit der Gerichte bei Änderungen der Gerichtseinteilung vom 6. 12. 1933 (RGBl. I S. 1037).

— Abgedr. unter V D —

4. das Erste Gesetz zur Überleitung der Rechtspflege auf das Reich vom 16. 2. 1934 (RGBl. I S. 91).

— Abgedr. unter V A —

5. die Verordnung über die Behörden zur Entscheidung von Kompetenzkonflikten vom 27. 3. 1935 (RGBl. I S. 492).

6. die Verordnung zur einheitlichen Regelung der Gerichtsverfassung vom 20. 3. 1935 (RGBl. I S. 403).

Sie enthielt Vorschriften über die Gliederung der Gerichte (Errichtung, Aufhebung, Verlegung des Sitzes, Abgrenzungsänderungen, Bildung von Kammern für Handelssachen), über die Verhältnisse der Amtsgerichte (Zweigstellen, Gerichtstage, Dienstaufsicht, Geschäftsverteilung), der Landgerichte (Geschäftsverteilung, ständiger Vertreter des Landgerichtspräsidenten, Zahl der Zivilkammern, Vorsitzender der Kammer für Handelssachen) und der Oberlandesgerichte (Geschäftsverteilung, ständiger Vertreter des Oberlandesgerichtspräsidenten, Zahl der Zivilsenate), über die Beamten der Staatsanwaltschaft, über die Hilfsrichter, über die Geschäftsstelle und Gerichtsvollzieher und über die Justizverwaltung. § 10 (Hilfsrichter) ist durch Art. 6 der Verordnung zur Änderung von Vorschriften auf dem Gebiete der Gerichtsverfassung, der bürgerlichen Rechtspflege und des Kostenrechts vom 27. 1. 1948 (VOBl. BZ. S. 13) in der britischen Zone aufgehoben worden.

—Abgedr. unter V C —

7. das Gesetz zur Änderung von Vorschriften des Strafverfahrens und des Gerichtsverfassungsgesetzes vom 28. 6. 1935 (RGBl. I S. 844).

Art. 2 und 3 des im übrigen sich mit dem Strafverfahren beschäftigenden Gesetzes behandelten die Einrichtungen zur Wahrung der Rechtseinheit, davon Art. 2 die Frage der Abweichung von älteren Entscheidungen des Reichsgerichts.

8. das Gesetz über die Befähigung zum Richteramt vom 27. 2. 1936 (RGBl. I S. 127) betraf deutsche Staatsangehörige, die Verordnung über die Zuerkennung der Fähigkeit zum Richteramt an Volksdeutsche vom 8. 12. 1939 (RGBl. I S. 2390) Angehörige anderer Staaten, die im Ausland die Befähigung zum

Richteramt oder zur Anwaltschaft erlangt haben.

— Abgedr. unter V E a und b —

9. das Gesetz über die Geschäftsverteilung bei den Gerichten vom 24. 11. 1937 (RGBl. I S. 1286). Es ist durch Art. 6 der Verordnung zur Änderung von Vorschriften auf dem Gebiete der Gerichtsverfassung, der bürgerlichen Rechtspflege und des Kostenrechts vom 27. 1. 1948 (VOBl. BZ. S. 13) in der britischen Zone aufgehoben worden.

10. die Verordnung über die Laufbahn für das Amt des Richters und des Staatsanwalts vom 16. 5. 1939 (RGBl. I S. 917).

— Abgedr. unter V E c —

I.

Zivilprozeßordnung

vom 30. Januar 1877 (RGBl. S. 83) in der Fassung der Bekm. vom 8. 11. 1933 (RGBl. I S. 821, 1020).

I) Laut Berichtigung vom 1. 12. 33 — RGBl. I S. 1020 — ist der Wortlaut der ZPO. in der Fassung der Bekm. vom 8. 11. 33 — RGBl. I S. 821 — richtigzustellen in §§ 21 Abs. 1, 114 Abs. 4, 161 S. 2, 202 Abs. 2, in der Überschrift vor § 239, in §§ 426, 499f Abs. 2 S. 2, 556 Abs. 2 S. 1.

II) § 811 Nr. 1, 5—8 sind durch das Gesetz zur Änderung von Vorschriften über die Zwangsvollstreckung vom 24. 10. 34 — RGBl. I S. 1070 — geändert worden.

III) Die Änderung beruht auf der Verordnung zur Durchführung und Ergänzung des Gesetzes zur Vereinheitlichung des Rechts der Eheschließung und der Ehescheidung im Lande Österreich und im übrigen Reichsgebiet (Ehegesetz) vom 27. 7. 38 — RGBl. I S. 923 —, und zwar sind

§ 152	ZPO.	geändert	durch	§ 40		1. DVO. Eheges.
§ 155	„	„	„	§ 40		„
§ 607	„	„	„	§ 31		„
§ 608	„	„	„	§ 32	Nr. 1	„
§ 609	„	„	„	§ 32	Nr. 2	„
§ 610	„	„	„	§ 32	Nr. 3	„
§ 611	„	gestrichen	„	§ 32	Nr. 4	„
§ 612 Abs. 1	„	geändert	„	§ 33		„
§ 615	„	„	„	§ 40		„
§ 616	„	„	„	§ 40		„
§ 617	„	„	„	§ 35		„
§ 620	„	„	„	§ 36	Abs. 1	„
§ 621	„	„	„	§ 36	Ans. 2	„
§ 622	„	„	„	§ 37		
§ 623	„	„	„	§ 38		„
§ 627	„	„	„	§ 39	Nr. 1	„
§ 627a	„	eingefügt	„	§ 39	Nr. 2	„
§ 627b	„	„	„	§ 39	Nr. 3	„
§ 629	„	gestrichen	„	§ 43		„
§ 630	„	„	„	§ 43		„
§ 632	„	geändert	„	§ 41	Abs. 1	„
§ 636	„	„	„	§ 41	Abs. 2	„
§ 636a	„	eingefügt	„	§ 41	Abs. 3	„
§ 638	„	geändert	„	§ 42		„
§ 639	„	gestrichen	„	§ 43		„
§ 640	„	geändert	„	§ 44	Abs. 1	„
§ 641	„	„	„	§ 44	Abs. 2	„

IV) Die Einfügung des § 93a beruht auf § 2 Nr. 1 der 2. Verordnung zur Durchf. und Ergänzung des Ehegesetzes vom 28. 9. 38 — RGBl. I S. 1323 —.

V) Die §§ 960—976 sind durch das Ges. über die Verschollenheit, die Todeserklärung und die Feststellung der Todeszeit vom 4. 7. 39 — RGBl. I S. 1186 — gestrichen worden.

VI) Die ZustVO. vom 9. 10. 40 — RGBl. I S. 1340 —
änderte durch § 1 den § 187 ZPO. und
fügte durch § 2 den § 195a,
durch § 3 den § 212b in die ZPO ein.

VII) Die Fassung des § 850 und der Wegfall der §§ 850a—850h beruhen auf der LohnpfändungsVO. 1940.

VIII) Die Änderung beruht auf der Verordnung zur Durchführung des Gesetzes über Rechte an eingetragenen Schiffen und Schiffsbauwerken vom 21. 12. 40 — RGBl. I S. 1609 —, und zwar sind

§ 58	ZPO.	ergänzt	durch	Art. 5 Nr. 1	der VO.
§ 266	,,	,,	,,	Art. 5 Nr. 2	,, ,,
§ 325	,,	,,	,,	Art. 5 Nr. 3	,, ,,
§ 592	,,	geändert	,,	Art. 5 Nr. 4	,, ,,
§ 688	,,	,,	,,	Art. 5 Nr. 4	,, ,,
§ 787	,,	ergänzt	,,	Art. 5 Nr. 5	,, ,,
§ 794	,,	geändert	,,	Art. 5 Nr. 4	,, ,,
§ 800a	,,	eingefügt	,,	Art. 5 Nr. 6	,, ,,
§ 830a	,,	,,	,,	Art. 5 Nr. 7	,, ,,
§ 837a	,,	,,	,,	Art. 5 Nr. 8	,, ,,
§ 847a	,,	,,	,,	Art. 5 Nr. 9	,, ,,
§ 855a	,,	,,	,,	Art. 5 Nr. 10	der VO.
§ 858	,,	geändert	,,	Art. 5 Nr. 11	,, ,,
§ 864	,,	,,	,,	Art. 5 Nr. 12	,, ,,
§ 865	,,	,,	,,	Art. 5 Nr. 13	,, ,,
§ 870 Abs. 2	,,	gestrichen	,,	Art. 5 Nr. 14	,, ,,
§ 870a	,,	eingefügt	,,	Art. 5 Nr. 15	,, ,,
§ 885	,,	geändert	,,	Art. 5 Nr. 16	,, ,,
§ 895	,,	,,	,,	Art. 5 Nr. 17	,, ,,
§ 931	,,	,,	,,	Art. 5 Nr. 18	,, ,,
§ 938	,,	,,	,,	Art. 5 Nr. 19	,, ,,
§ 941	,,	,,	,,	Art. 5 Nr. 20	,, ,,
§ 942 Abs. 2 S. 1	,,	,,	,,	Art. 5 Nr. 21	,, ,,
§ 981a	,,	eingefügt	,,	Art. 5 Nr. 22	,, ,,
§ 987a	,,	,,	,,	Art. 5 Nr. 23	,, ,,
§ 988	,,	geändert	,,	Art. 5 Nr. 24	,, ,,

IX) Durch Abschnitt IV der 4. DVOEheG. vom 25. 10. 41 — RGBl. I S. 654 — sind § 606 und § 642 ZPO. geändert, § 627c eingefügt worden.

X) Die Fassung des § 580 Nr. 3 beruht auf der VO. zur Anpassung der Reichszivilprozeßordnung an die StrafrechtsangleichungsVO. vom 26. 10. 43 — RGBl. I S. 631 —.

XI) Das Kontrollratsgesetz Nr. 38 änderte § 204 Abs. 2 und hob § 204 Abs. 3 auf.

XII) Die Fassung beruht auf der Verordnung über das Berufungsverfahren in bürgerlichen Rechtsstreitigkeiten vom 9. 6. 1947 — VOBl. BZ. S. 76 —, und zwar

§ 511a	Abs. 1 in alter Fassung geblieben	laut Nr.	1
§ 515	Abs. 1 und 3 neugefaßt	,, ,,	2
§ 516	wiederhergestellt	,, ,,	3
§ 518	,,	,, ,,	4
§ 519	(ohne Abs. 6) ,,	,, ,,	5
§ 519b	Abs. 1 in alter Fassung geblieben	,, ,,	6

§ 521 wiederhergestellt laut Nr. 7
§ 522 „ „ „ 8
§ 522a „ „ „ 9
§ 529 „ „ „ 10
§ 531 „ „ „ 11
§ 532 „ „ „ 12
§ 538 neugefaßt „ „ 13
§ 539 wiederhergestellt „ „ 14
§ 626 „ „ „ 15

XIII Die Einfügung beruht auf der Verordnung über Untersuchungen) zur Feststellung der Abstammung vom 17. 6. 1947 — VOBl. BZ. S. 93 —.

XIV) Die Fassung beruht auf der Verordnung zur Durchführung der Militärregierungsverordnung Nr. 98 über die Errichtung eines Obersten Gerichtshofes für die Britische Zone vom 17. 11. 1947 — VOBl. BZ. S. 149 —, und zwar

§ 519b Abs. 2 geändert durch § 37 Abs. 1 Nr. 1
§ 554 Abs. 6—7 wiederhergestellt durch § 31 Abs. 1
§ 556 „ „ § 31 „ 1
§ 566a aufgehoben durch § 37 Abs. 1 Nr. 2
§ 567 Abs. 3 geändert durch § 37 Abs. 1 Nr. 3

XV) Die Fassung beruht auf der Verordnung zur Änderung von Vorschriften auf dem Gebiete der Gerichtsverfassung, der bürgerlichen Rechtspflege und des Kostenrechts vom 27. 1. 1948 — VOBl. BZ. S. 13, 95 —, und zwar

§ 45 in alter Fassung wiederhergestellt laut Art. 2 Nr. 1
§ 46 „ „ „ „ „ „ 2 „ 2
§ 48 „ „ „ „ „ „ 2 „ 3
§ 49 2. Halbs. in alt. Fass. „ „ „ 2 „ 4
§ 91a neu „ „ 2 „ 5
§ 99 Abs. 2 neugefaßt „ „ 2 „ 6
§ 133 „ „ „ 2 „ 7
§ 142 Abs. 3 „ „ „ 2 „ 8
§ 180 Abs. 2 aufgehoben geblieben „ „ 2 „ 9
§ 187 i. d. Fass. nach 5) in Kraft geblieben „ „ 2 „ 10
§ 190 Abs. 3 S. 2 angefügt „ „ 2 „ 11
§ 191 Nr. 6 neugefaßt „ „ 2 „ 12
§ 195 Abs. 2 S. 2 angefügt „ „ 2 „ 13
§ 195a i. d. Fass. nach 5) in Kraft geblieb. „ „ 2 „ 14
§ 198 Abs. 1 neugefaßt „ „ 2 „ 15
§ 212b i. d. Fass. nach 5) in Kraft geblieb. „ „ 2 „ 16
§ 214 neugefaßt „ „ 2 „ 17
§ 215 „ „ „ 2 „ 18
§ 216 Abs. 1 neugefaßt „ „ 2 „ 19
§ 235 aufgehoben „ „ 2 „ 20
§ 236 Abs. 2 aufgehoben „ „ 2 „ 21
§ 239 Abs. 2 u. 3 neugefaßt „ „ 2 „ 22
§ 244 neugefaßt „ „ 2 „ 23
§ 246 Abs. 2 neugefaßt „ „ 2 „ 24
§ 251a Abs. 1 S. 2—4 wiederhergestellt „ „ 2 „ 25
§ 253 neugefaßt „ „ 2 „ 26
§ 261 „ „ „ 2 „ 27
§ 261a neu „ „ 2 „ 28
§ 261b „ „ „ 2 „ 28
§ 271 Abs 2 u. 3 neugefaßt „ „ 2 „ 29

§ 272a S. 2	neugefaßt	laut Art 2	Nr. 30
§ 320 Abs. 1 u. 3	„	„ „ 2	„ 31
§ 321 Abs. 2 u. 3	„	„ „ 2	„ 32
§ 331a S. 2	wiederhergestellt	„ „ 2	„ 33
§ 406 Abs. 5	„	„ „ 2	„ 34
§ 491 Abs. 1	neugefaßt	„ „ 2	„ 35
§ 493 Abs. 2	„	„ „ 2	„ 36
§ 515 Abs. 2	„	„ „ 2	„ 37
§ 567 Abs. 2	„	„ „ 2	„ 38
§ 568	wiederhergestellt	„ „ 2	„ 39
§ 570	„	„ „ 2	„ 40
§ 577	„	„ „ 2	„ 41
§ 614a	„	„ „ 2	„ 42
§ 618 Abs. 2	aufgehoben geblieben	„ „ 2	„ 43
§ 625	geändert geblieben	„ „ 2	„ 44
§ 793 Abs. 2	aufgehoben	„ „ 2	„ 45
§ 845	wiederhergestellt	„ „ 2	„ 46
§ 856 Abs. 3 u. 5	neugefaßt	„ „ 2	„ 47
§ 922 Abs. 4	aufgehoben	„ „ 2	„ 48
§ 924 Abs. 2	neugefaßt	„ „ 2	„ 49
§ 925 Abs. 3	aufgehoben	„ „ 2	„ 48
§ 942 Abs. 1	neugefaßt	„ „ 2	„ 50

XVI) Die Änderung beruht auf IV der Verordnung zur Ausführung des Ehegesetzes vom 20. Februar 1946 (Kontrollratsgesetz Nr. 16) vom 12. 7. 1948 — VOBl. BZ. S. 210 —, und zwar

§ 607	wiederhergestellt durch	§ 26
§ 612	angepaßt „	§ 24
§ 623	„ „	§ 25
§ 640 Abs. 3	gestrichen „	§ 27

Inhaltsübersicht zur Zivilprozeßordnung.

Erstes Buch
Allgemeine Bestimmungen

Erster Abschnitt
Gerichte

Erster Titel
Sachliche Zuständigkeit der Gerichte

§ 1

Die sachliche Zuständigkeit der Gerichte wird durch das Gesetz über die Gerichtsverfassung bestimmt.

§ 2

Insoweit nach dem Gesetz über die Gerichtsverfassung die Zuständigkeit der Gerichte von dem Werte des Streitgegenstandes abhängt, kommen die nachfolgenden Vorschriften zur Anwendung.

§ 3

Der Wert des Streitgegenstandes wird von dem Gerichte nach freiem Ermessen festgesetzt; dasselbe kann eine beantragte Beweisaufnahme sowie von Amts wegen die Einnahme des Augenscheins und die Begutachtung durch Sachverständige anordnen.

§ 4

Für die Wertberechnung ist der Zeitpunkt der Erhebung der Klage, in der Berufungs- und Revisionsinstanz der Zeitpunkt der Einlegung des Rechtsmittels, entscheidend; Früchte, Nutzungen, Zinsen und Kosten bleiben unberücksichtigt, wenn sie als Nebenforderungen geltend gemacht werden.

Bei Ansprüchen aus Wechseln im Sinne des Wechselgesetzes sind Zinsen, Kosten und Provision, welche außer der Wechselsumme gefordert werden, als Nebenforderungen anzusehen.

§ 5

Mehrere in einer Klage geltend gemachte Ansprüche werden zusammengerechnet; eine Zusammenrechnung des Gegenstandes der Klage und der Widerklage findet nicht statt.

§ 6

Der Wert des Streitgegenstandes wird bestimmt: durch den Wert einer Sache, wenn deren Besitz, und durch den Betrag einer Forderung, wenn deren Sicherstellung oder ein Pfandrecht Gegenstand des Streits ist. Hat der Gegenstand des Pfandrechts einen geringeren Wert, so ist dieser maßgebend.

§ 7

Der Wert einer Grunddienstbarkeit wird durch den Wert, welchen dieselbe für das herrschende Grundstück hat, und wenn der Betrag, um welchen sich der Wert des dienenden Grundstücks durch die Dienstbarkeit mindert, größer ist, durch diesen Betrag bestimmt.

§ 8

Ist das Bestehen oder die Dauer eines Pacht- oder Mietverhältnisses streitig, so ist der Betrag des auf die gesamte streitige Zeit fallenden Zinses und, wenn der fünfundzwanzigfache Betrag des einjährigen Zinses geringer ist, dieser Betrag für die Wertberechnung entscheidend.

§ 9

Der Wert des Rechts auf wiederkehrende Nutzungen oder Leistungen wird nach dem Werte des einjährigen Bezuges berechnet, und zwar:

auf den zwölfundeinhalbfachen Betrag, wenn der

künftige Wegfall des Bezugsrechts gewiß, die Zeit des Wegfalls aber ungewiß ist;

auf den fünfundzwanzigfachen Betrag, bei unbeschränkter oder bestimmter Dauer des Bezugsrechts. Bei bestimmter Dauer des Bezugsrechts ist der Gesamtbetrag der künftigen Bezüge maßgebend, wenn er der geringere ist.

§ 10

Das Urteil eines Landgerichts kann nicht aus dem Grunde angefochten werden, weil die Zuständigkeit des Amtsgerichts begründet gewesen sei.

§ 11

Ist die Unzuständigkeit eines Gerichts auf Grund der Bestimmungen über die sachliche Zuständigkeit der Gerichte rechtskräftig ausgesprochen, so ist diese Entscheidung für das Gericht bindend, bei welchem die Sache später anhängig wird.

Zweiter Titel

Gerichtsstand [1, 2]

§ 12

Das Gericht, bei welchen eine Person ihren allgemeinen Gerichtsstand hat, ist für alle gegen die-

[1] Gesetz über die Zuständigkeit der Gerichte bei Änderung der Gerichtseinteilung vom 6. 12. 33 — RGBl. I S. 1067 — abgedr. unter V D —.

[2] Gerichtsstand in Binnenschiffahrtssachen: § 3 des Gesetzes über das Verfahren in Binnenschiffahrtssachen vom 30. 1. 37 — RGBl. I S. 97 — nebst 4. DurchfVO. vom 26.6.41 — RGBl. I S. 351 — abgedr. unter VIII A und B —; Gerichtsstand in Wild- und Jagdschadensachen: Art. 3 der Verordnung über die Rechtshilfe in Ehrengerichtsverfahren der deutschen Jägerschaft und über den Gerichtsstand in Wild- und Jagdschadensachen vom 10. 7. 35 — RGBl. I S. 912 —.

selbe zu erhebenden Klagen zuständig, sofern nicht für eine Klage ein ausschließlicher Gerichtsstand begründet ist.

§ 13

Der allgemeine Gerichtsstand einer Person wird durch den Wohnsitz bestimmt.

§ 14

Ist der für den Wohnsitz einer Militärperson maßgebende Garnisonort in mehrere Gerichtsbezirke geteilt, so wird der als Wohnsitz geltende Bezirk von der Landesjustizverwaltung durch allgemeine Anordnungen bestimmt.

§ 15

Deutsche, welche das Recht der Exterritorialität genießen, sowie die im Ausland angestellten Beamten des Reichs oder eines deutschen Landes behalten in Ansehung des Gerichtsstandes den Wohnsitz, welchen sie in dem Heimatstaate hatten. In Ermangelung eines solchen Wohnsitzes gilt die Hauptstadt des Heimatstaates als ihr Wohnsitz; ist die Hauptstadt in mehrere Gerichtsbezirke geteilt, so wird der als Wohnsitz geltende Bezirk von der Landesjustizverwaltung durch allgemeine Anordnung bestimmt. Gehört ein Deutscher einem deutschen Lande nicht an, so gilt als sein Wohnsitz die Stadt Berlin; ist die Stadt Berlin in mehrere Gerichtsbezirke geteilt, so wird der als Wohnsitz geltende Bezirk von dem *Reichsminister der Justiz* durch allgemeine Anordnung bestimmt.

Auf Wahlkonsuln finden diese Bestimmungen keine Anwendung.

§ 16

Der allgemeine Gerichtsstand einer Person, welche keinen Wohnsitz hat, wird durch den Aufenthaltsort im Deutschen Reiche und, wenn ein solcher nicht bekannt ist, durch den letzten Wohnsitz bestimmt.

§ 17

Der allgemeine Gerichtsstand der Gemeinden, der Korporationen sowie derjenigen Gesellschaften, Genossenschaften oder anderen Vereine und derjenigen Stiftungen, Anstalten und Vermögensmassen, welche als solche verklagt werden können, wird durch den Sitz derselben bestimmt. Als Sitz gilt, wenn nicht ein anderes erhellt, der Ort, wo die Verwaltung geführt wird.

Gewerkschaften haben den allgemeinen Gerichtsstand bei dem Gerichte, in dessen Bezirke das Bergwerk liegt, Behörden, wenn sie als solche verklagt werden können, bei dem Gerichte ihres Amtssitzes.

Neben dem durch die Vorschriften dieses Paragraphen bestimmten Gerichtsstand ist ein durch Statut oder in anderer Weise besonders geregelter Gerichtsstand zulässig.

§ 18

Der allgemeine Gerichtsstand des Fiskus wird durch den Sitz der Behörde bestimmt, welche berufen ist, den Fiskus in dem Rechtsstreit zu vertreten.

§ 19

Ist der Ort, an welchem eine Behörde ihren Sitz hat, in mehrere Gerichtsbezirke geteilt, so wird der Bezirk, welcher im Sinne der §§ 17, 18 als Sitz der Behörde gilt, für die Reichsbehörden *von dem Reichsminister der Justiz*, im übrigen von der Landesjustizverwaltung durch allgemeine Anordnung bestimmt.

§ 20

Wenn Personen an einem Orte unter Verhältnissen, welche ihrer Natur nach auf einen Aufenthalt von längerer Dauer hinweisen, insbesondere als Dienstboten, Hand- und Fabrikarbeiter, Gewerbegehilfen, Studierende, Schüler oder Lehrlinge sich aufhalten, so ist das Gericht des Aufenthaltsorts für alle Klagen zuständig, welche gegen diese Personen wegen vermögensrechtlicher Ansprüche erhoben werden.

Diese Bestimmung findet auf Militärpersonen, welche selbständig einen Wohnsitz nicht begründen können, in der Art Anwendung, daß an die Stelle des Gerichts des Aufenthaltsorts das Gericht des Garnisonorts tritt. Die Vorschrift des § 14 findet entsprechende Anwendung.

§ 21

Hat jemand zum Betriebe einer Fabrik, einer Handlung oder eines anderen Gewerbes eine Niederlassung, von welcher aus unmittelbar [1]) Geschäfte geschlossen werden, so können gegen ihn alle Klagen, welche auf den Geschäftsbetrieb der Niederlassung Bezug haben, bei dem Gerichte des Ortes erhoben werden, wo die Niederlassung sich befindet.

Der Gerichtsstand der Niederlassung ist auch für Klagen gegen Personen begründet, welche ein mit Wohn- und Wirtschaftsgebäuden versehenes Gut als Eigentümer, Nutznießer oder Pächter bewirtschaften, soweit diese Klagen die auf die Bewirtschaftung des Gutes sich beziehenden Rechtsverhältnisse betreffen.

§ 22

Das Gericht, bei welchem Gemeinden, Korporationen, Gesellschaften, Genossenschaften oder andere Vereine den allgemeinen Gerichtsstand haben, ist für die Klagen zuständig, welche von denselben gegen ihre Mitglieder als solche oder von den Mitgliedern in dieser Eigenschaft gegeneinander erhoben werden.

§ 23

Für Klagen wegen vermögensrechtlicher Ansprüche gegen eine Person, welche im Deutschen Reiche keinen Wohnsitz hat, ist das Gericht zuständig, in dessen Bezirk sich Vermögen derselben oder der mit der Klage in Anspruch genommene Gegenstand befindet. Bei Forderungen gilt als der Ort, wo das Vermögen sich befindet, der Wohnsitz des Schuldners und, wenn für die Forderung eine Sache zur Sicherheit haftet, auch der Ort, wo die Sache sich befindet.

§ 24

Für Klagen, durch welche das Eigentum, eine dingliche Belastung oder die Freiheit von einer solchen geltend gemacht wird, für Grenzscheidungs-, Teilungs- und Besitzklagen ist, sofern es sich um unbewegliche Sachen handelt, das Gericht ausschließlich zuständig, in dessen Bezirk die Sache belegen ist.

Bei den eine Grunddienstbarkeit, eine Reallast oder ein Vorkaufsrecht betreffenden Klagen ist die Lage des dienenden oder belasteten Grundstücks entscheidend.

§ 25

In dem dinglichen Gerichtsstande kann mit der Klage aus einer Hypothek, Grundschuld oder Rentenschuld die Schuldklage, mit der Klage auf Umschreibung oder Löschung einer Hypothek, Grundschuld oder Rentenschuld die Klage auf Befreiung von der persönlichen Verbindlichkeit, mit der

Klage auf Anerkennung einer Reallast die Klage auf rückständige Leistungen erhoben werden, wenn die verbundenen Klagen gegen denselben Beklagten gerichtet sind.

§ 26

In dem dinglichen Gerichtsstande können persönliche Klagen, welche gegen den Eigentümer oder Besitzer einer unbeweglichen Sache als solchen gerichtet werden, sowie Klagen wegen Beschädigung eines Grundstücks oder in betreff der Entschädigung wegen Enteignung eines Grundstücks erhoben werden.

§ 27

Klagen, welche die Feststellung des Erbrechts, Ansprüche des Erben gegen einen Erbschaftsbesitzer, Ansprüche aus Vermächtnissen oder sonstigen Verfügungen von Todes wegen, Pflichtteilsansprüche oder die Teilung der Erbschaft zum Gegenstande haben, können vor dem Gericht erhoben werden, bei welchem der Erblasser zur Zeit seines Todes den allgemeinen Gerichtsstand gehabt hat.

Ist der Erblasser ein Deutscher und hatte er zur Zeit seines Todes im Inlande keinen allgemeinen Gerichtsstand, so können die im Abs. 1 bezeichneten Klagen vor dem Gerichte erhoben werden, in dessen Bezirke der Erblasser seinen letzten inländischen Wohnsitz hatte; in Ermangelung eines solchen Wohnsitzes finden die Vorschriften des § 15 Abs. 1 Satz 2, 3 entsprechende Anwendung.

§ 28

In dem Gerichtsstand der Erbschaft können auch Klagen wegen anderer Nachlaßverbindlichkeiten erhoben werden, solange sich der Nachlaß noch ganz oder teilweise im Bezirke des Gerichts befindet oder die vorhandenen mehreren Erben noch als Gesamtschuldner haften.

§ 29

Für Klagen auf Feststellung des Bestehens oder Nichtbestehens eines Vertrags, auf Erfüllung oder Aufhebung eines solchen, sowie auf Entschädigung wegen Nichterfüllung oder nicht gehöriger Erfüllung ist das Gericht des Ortes zuständig, wo die streitige Verpflichtung zu erfüllen ist.

§ 30

Für Klagen aus den auf Messen und Märkten, mit Ausnahme der Jahr- und der Wochenmärkte, geschlossenen Handelsgeschäften (Meß- und Marktsachen) ist das Gericht des Meß- oder Marktortes zuständig, wenn die Erhebung der Klage erfolgt, während der Beklagte oder ein zur Prozeßführung berechtigter Vertreter desselben am Orte oder im Bezirke des Gerichts sich aufhält.

§ 31

Für Klagen, welche aus einer Vermögensverwaltung von dem Geschäftsherrn gegen den Verwalter oder von dem Verwalter gegen den Geschäftsherrn erhoben werden, ist das Gericht des Ortes zuständig, wo die Verwaltung geführt ist.

§ 32

Für Klagen aus unerlaubten Handlungen ist das Gericht zuständig, in dessen Bezirke die Handlung begangen ist.

§ 33

Bei dem Gerichte der Klage kann eine Widerklage erhoben werden, wenn der Gegenanspruch mit dem in der Klage geltend gemachten Anspruche oder mit den gegen denselben vorgebrachten Verteidigungsmitteln in Zusammenhang steht.

Diese Bestimmung findet keine Anwendung, wenn die Zuständigkeit des Gerichts für eine Klage wegen des Gegenanspruchs auch durch Vereinbarung nicht würde begründet werden können.

§ 34

Für Klagen der Prozeßbevollmächtigten, der Beistände, der Zustellungsbevollmächtigten und der Gerichtsvollzieher wegen Gebühren und Auslagen ist das Gericht des Hauptprozesses zuständig.

§ 35

Unter mehreren zuständigen Gerichten hat der Kläger die Wahl.

§ 36

Die Bestimmung des zuständigen Gerichts erfolgt durch das im Instanzenzuge zunächst höhere Gericht:[3]

1. wenn das an sich zuständige Gericht in einem einzelnen Falle an der Ausübung des Richteramts rechtlich oder tatsächlich verhindert ist;
2. wenn es mit Rücksicht auf die Grenzenververschiedener Gerichtsbezirke ungewiß ist, welches Gericht für den Rechtsstreit zuständig sei;
3. wenn mehrere Personen, welche bei verschiedenen Gerichten ihren allgemeinen Gerichtsstand haben, als Streitgenossen im allgemeinen Gerichtsstande verklagt werden sollen und für

---

[3] dazu: § 32 DVO. MilRegVO. Nr. 98 — abgedr. unter XV D a.

den Rechtsstreit ein gemeinschaftlicher besonderer Gerichtsstand nicht begründet ist;

4. wenn die Klage in dem dinglichen Gerichtsstande erhoben werden soll und die Sache in den Bezirken verschiedener Gerichte belegen ist;
5. wenn in einem Rechtsstreite verschiedene Gerichte sich rechtskräftig für zuständig erklärt haben;
6. wenn verschiedene Gerichte, von welchen eines für den Rechtsstreit zuständig ist, sich rechtskräftig für unzuständig erklärt haben.

§ 37

Die Entscheidung über das Gesuch um Bestimmung des zuständigen Gerichts kann ohne vorgängige mündliche Verhandlung erfolgen.

Eine Anfechtung des Beschlusses, welcher das zuständige Gericht bestimmt, findet nicht statt.

Dritter Titel

Vereinbarung über die Zuständigkeit der Gerichte

§ 38

Ein an sich unzuständiges Gericht erster Instanz wird durch ausdrückliche oder stillschweigende Vereinbarung der Parteien zuständig.

§ 39

Stillschweigende Vereinbarung ist anzunehmen, wenn der Beklagte, ohne die Unzuständigkeit geltend zu machen, zur Hauptsache mündlich verhandelt hat.

§ 40

Die Vereinbarung hat keine rechtliche Wirkung, wenn sie nicht auf ein bestimmtes Rechtverhältnis und die aus demselben entspringenden Rechtsstreitigkeiten sich bezieht.

Die Vereinbarung ist unzulässig, wenn der Rechtsstreit andere als vermögensrechtliche Ansprüche betrifft, oder wenn für die Klage ein ausschließlicher Gerichtstand begründet ist.

Vierter Titel

Ausschließung und Ablehnung der Gerichtspersonen

§ 41

Ein Richter ist von der Ausübung des Richteramts kraft Gesetzes ausgeschlossen:

1. in Sachen, in welchen er selbst Partei ist, oder in Ansehung welcher er zu einer Partei in dem Verhältnisse eines Mitberechtigten, Mitverpflichteten oder Regreßpflichtigen steht;
2. in Sachen seines Ehegatten, auch wenn die Ehe nicht mehr besteht;
3. in Sachen einer Person, mit welcher er in gerader Linie verwandt, verschwägert oder durch Adoption verbunden, in der Seitenlinie bis zum dritten Grade verwandt oder bis zum zweiten Grade verschwägert ist, auch wenn die Ehe, durch welche die Schwägerschaft begründet ist, nicht mehr besteht;
4. in Sachen, in welchen er als Prozeßbevollmächtigter oder Beistand einer Partei bestellt oder als gesetzlicher Vertreter einer Partei aufzutreten berechtigt ist oder gewesen ist;
5. in Sachen, in welchen er als Zeuge oder Sachverständiger vernommen ist;
6. in Sachen, in welchen er in einer früheren Instanz oder in schiedsrichterlichen Verfahren bei der Erlassung der angefochtenen Entschei-

dung mitgewirkt hat, sofern es sich nicht um die Tätigkeit eines beauftragten oder ersuchten Richters handelt.

§ 42

Ein Richter kann sowohl in den Fällen, in welchen er von der Ausübung des Richteramts kraft Gesetzes ausgeschlossen ist, als auch wegen Besorgnis der Befangenheit abgelehnt werden.

Wegen Besorgnis der Befangenheit findet die Ablehnung statt, wenn ein Grund vorliegt, welcher geeignet ist, Mißtrauen gegen die Unparteilichkeit eines Richters zu rechtfertigen.

Das Ablehnungsrecht steht in jedem Falle beiden Parteien zu.

§ 43

Eine Partei kann einen Richter wegen Besorgnis der Befangenheit nicht mehr ablehnen, wenn sie bei demselben, ohne den ihr bekannten Ablehnungsgrund geltend zu machen, in eine Verhandlung sich eingelassen oder Anträge gestellt hat.

§ 44

Das Ablehnungsgesuch ist bei dem Gerichte, welchem der Richter angehört, anzubringen; es kann vor der Geschäftsstelle zu Protokoll erklärt werden.

Der Ablehnungsgrund ist glaubhaft zu machen; zur Versicherung an Eides Statt darf die Partei nicht zugelassen werden. Zur Glaubhaftmachung kann auf das Zeugnis des abgelehnten Richters Bezug genommen werden.

Der abgelehnte Richter hat sich über den Ablehnungsgrund dienstlich zu äußern.

Wird ein Richter, bei welchem die Partei in eine Verhandlung sich eingelassen oder Anträge gestellt hat, wegen Besorgnis der Befangenheit abgelehnt, so ist glaubhaft zu machen, daß der Ablehnungsgrund erst später entstanden oder der Partei bekanntgeworden sei.

§ 45 XV)

Über das Ablehnungsgesuch entscheidet das Gericht, welchem der Abgelehnte angehört; wenn dasselbe durch Ausscheiden des abgelehnten Mitglieds beschlußunfähig wird, das im Instanzenzuge zunächst höhere Gericht.

Wird ein Amtsrichter abgelehnt, so entscheidet das Landgericht. Einer Entscheidung bedarf es nicht, wenn der Amtsrichter das Ablehnungsgesuch für begründet hält.

§ 46 XV)

Die Entscheidung über das Ablehnungsgesuch kann ohne vorgängige mündliche Verhandlung erfolgen.

Gegen den Beschluß, durch welchen das Gesuch für begründet erklärt wird, findet kein Rechtsmittel, gegen den Beschluß, durch welchen das Gesuch für unbegründet erklärt wird, findet sofortige Beschwerde statt.

§ 47

Ein abgelehnter Richter hat vor Erledigung des Ablehnungsgesuchs nur solche Handlungen vorzunehmen, welche keinen Aufschub gestatten.

§ 48 XV)

Das für die Erledigung eines Ablehnungsgesuchs zuständige Gericht hat auch dann zu entscheiden, wenn ein solches Gesuch nicht angebracht ist, ein Richter aber von einem Verhältnis Anzeige macht, welches seine Ablehnung rechtfertigen könnte, oder wenn aus anderer Veranlassung Zweifel darüber entstehen, ob ein Richter kraft Gesetzes ausgeschlossen sei.

Die Entscheidung erfolgt ohne vorgängiges Gehör der Parteien.

§ 49

Die Bestimmungen dieses Titels finden auf den Urkundsbeamten der Geschäftstelle entsprechende Anwendung; die Entscheidung erfolgt durch das Gericht, bei welchem er angestellt ist. XV)

Zweiter Abschnitt

Parteien

Erster Titel

Parteifähigkeit. Prozeßfähigkeit

§ 50

Parteifähig ist, wer rechtsfähig ist.

Ein Verein, der nicht rechtsfähig ist, kann verklagt werden; in dem Rechtsstreite hat der Verein die Stellung eines rechtsfähigen Vereins.

§ 51

Die Fähigkeit einer Partei, vor Gericht zu stehen, die Vertretung nicht prozeßfähiger Parteien durch andere Personen (gesetzliche Vertreter) und die Notwendigkeit einer besonderen Ermächtigung zur Prozeßführung bestimmt sich nach den Vorschriften des bürgerlichen Rechtes, soweit nicht die nachfolgenden Paragraphen abweichende Bestimmungen enthalten.

§ 52

Eine Person ist insoweit prozeßfähig, als sie sich durch Verträge verpflichten kann.

Die Prozeßfähigkeit einer Frau wird dadurch, daß sie Ehefrau ist, nicht beschränkt.

§ 53

Wird in einem Rechtsstreit eine prozeßfähige Person durch einen Pfleger vertreten, so steht sie für den Rechtsstreit einer nicht prozeßfähigen Person gleich.

§ 54

Einzelne Prozeßhandlungen, zu welchen nach den Vorschriften des bürgerlichen Rechts eine besondere Ermächtigung erforderlich ist, sind ohne dieselbe gültig, wenn die Ermächtigung zur Prozeßführung im allgemeinen erteilt oder die Prozeßführung auch ohne eine solche Ermächtigung im allgemeinen statthaft ist.

§ 55

Ein Ausländer, welchem nach dem Rechte seines Landes die Prozeßfähigkeit mangelt, gilt als prozeßfähig, wenn ihm nach dem Rechte des Prozeßgerichts die Prozeßfähigkeit zusteht.

§ 56

Das Gericht hat den Mangel an Parteifähigkeit, der Prozeßfähigkeit, der Legitimation eines gesetzlichen Vertreters und der erforderlichen Ermächtigung zur Prozeßführung von Amts wegen zu berücksichtigen.

Die Partei oder deren gesetzlicher Vertreter kann zur Prozeßführung mit Vorbehalt der Beseitigung des Mangels zugelassen werden, wenn mit dem Verzuge Gefahr für die Partei verbunden ist. Das Endurteil darf erst erlassen werden, nachdem die für die Beseitigung des Mangels zu bestimmende Frist abgelaufen ist.

§ 57

Soll eine nicht prozeßfähige Partei verklagt werden, welche ohne gesetzlichen Vertreter ist, so hat der Vorsitzende des Prozeßgerichts derselben, falls mit dem Verzuge Gefahr verbunden ist, auf Antrag bis zu dem Eintritt des gesetzlichen Vertreters einen besonderen Vertreter zu bestellen.

Der Vorsitzende kann einen solchen Vertreter auch bestellen, wenn in den Fällen des § 20 eine nicht prozeßfähige Person bei dem Gericht ihres Aufenthaltsortes *oder Garnisonorts* verklagt werden soll.

§ 58

Soll ein Recht an einem Grundstück, das von dem bisherigen Eigentümer nach § 928 des Bürgerlichen Gesetzbuchs aufgegeben und von dem Aneignungsberechtigten noch nicht erworben worden ist, im Wege der Klage geltend gemacht werden, so hat der Vorsitzende des Prozeßgerichts auf Antrag einen Vertreter zu bestellen, welchem bis zur Eintragung eines neuen Eigentümers die Wahrnehmung der sich aus dem Eigentum ergebenden Rechte und Verpflichtungen im Rechtsstreit obliegt.[4]

VII) Abs. 1 gilt entsprechend, wenn im Wege der Klage ein Recht an einem eingetragenen Schiff oder Schiffsbauwerk geltend gemacht werden soll, das von dem bisherigen Eigentümer nach § 7 des Gesetzes über Rechte an eingetragenen Schiffen und Schiffsbauwerken vom 15. November 1940 (Reichsgesetzbl. I S. 1499) aufgegeben und von dem Aneignungsberechtigten noch nicht erworben worden ist.

---

[4] Gesetz zur Ergänzung und Änderung der Vorschriften über Miet- und Pachtstreitigkeiten vom 20. 7. 33 — RGBl. I S. 521 —.

Zweiter Titel

Streitgenossenschaft

§ 59

Mehrere Personen können als Streitgenossen gemeinschaftlich klagen oder verklagt werden, wenn sie in Ansehung des Streitgegenstandes in Rechtsgemeinschaft stehen oder wenn sie aus demselben tatsächlichen und rechtlichen Grunde berechtigt oder verpflichtet sind.

§ 60

Mehrere Personen können auch dann als Streitgenossen gemeinschaftlich klagen oder verklagt werden, wenn gleichartige und auf einem im wesentlichen gleichartigen tatsächlichen und rechtlichen Grunde beruhende Ansprüche oder Verpflichtungen den Gegenstand des Rechtsstreits bilden.

§ 61

Streitgenossen stehen, soweit nicht aus den Vorschriften des bürgerlichen Rechts oder dieses Gesetzes sich ein anderes ergibt, dem Gegner dergestalt als einzelne gegenüber, daß die Handlungen des einen Streitgenossen dem anderen weder zum Vorteile noch zum Nachteile gereichen.

§ 62

Kann das streitige Rechtsverhältnis allen Streitgenossen gegenüber nur einheitlich festgestellt werden, oder ist die Streitgenossenschaft aus einem sonstigen Grunde eine notwendige, so werden, wenn ein Termin oder eine Frist nur von einzelnen Streitgenossen versäumt wird, die säumigen Streitgenossen als durch die nicht säumigen vertreten angesehen.

Die säumigen Streitgenossen sind auch in dem späteren Verfahren zuzuziehen.

§ 63

Das Recht zur Betreibung des Prozesses steht jedem Streitgenossen zu; er muß, wenn er den Gegner zu einem Termine ladet, auch die übrigen Streitgenossen laden.

Dritter Titel

Beteiligung Dritter am Rechtsstreite

§ 64

Wer die Sache oder das Recht, worüber zwischen anderen Personen ein Rechtsstreit anhängig geworden ist, ganz oder teilweise für sich in Anspruch nimmt, ist bis zur rechtskräftigen Entscheidung dieses Rechtsstreits berechtigt, seinen Anspruch durch einen gegen beide Parteien gerichtete Klage bei demjenigen Gerichte geltend zu machen, vor welchem der Rechtsstreit in erster Instanz anhängig wurde.

§ 65

Der Hauptprozeß kann auf Antrag einer Partei bis zur rechtskräftigen Entscheidung über die Hauptintervention ausgesetzt werden.

§ 66

Wer ein rechtliches Interesse daran hat, daß in einem zwischen anderen Personen anhängigen Rechtsstreite die eine Partei obsiege, kann dieser Partei zum Zwecke ihrer Unterstützung beitreten.

Die Nebenintervention kann in jeder Lage des Rechtsstreites bis zur rechtskräftigen Entscheidung desselben, auch in Verbindung mit der Einlegung eines Rechtsmittels erfolgen.

§ 67

Der Nebenintervenient muß den Rechtsstreit in der Lage annehmen, in welcher sich dieser zur Zeit seines Beitritts befindet; er ist berechtigt, Angriffs- und Verteidigungsmittel geltend zu machen und alle Prozeßhandlungen wirksam vorzunehmen, insoweit nicht seine Erklärungen und Handlungen mit Erklärungen und Handlungen der Hauptpartei in Widerspruch stehen.

§ 68

Der Nebenintervenient wird im Verhältnis zu der Hauptpartei mit der Behauptung nicht gehört, daß der Rechtsstreit, wie derselbe dem Richter vorgelegen habe, unrichtig entschieden sei; er wird mit der Behauptung, daß die Hauptpartei den Rechtsstreit mangelhaft geführt habe, nur insoweit gehört, als er durch die Lage des Rechtsstreits zur Zeit seines Beitritts oder durch Erklärungen und Handlungen der Hauptpartei verhindert worden ist, Angriffs- oder Verteidigungsmittel geltend zu machen, oder als Angriffs- oder Verteidigungsmittel, welche ihm unbekannt waren, von der Hauptpartei absichtlich oder durch grobes Verschulden nicht geltend gemacht sind.

§ 69

Insofern nach den Vorschriften des bürgerlichen Rechtes die Rechtskraft der in dem Hauptprozeß erlassenen Entscheidung auf das Rechtsverhältnis des Nebenintervenienten zu dem Gegner von Wirksamkeit ist, gilt der Nebenintervenient im Sinne des § 61 als Streitgenosse der Hauptpartei.

§ 70

Der Beitritt des Nebenintervenienten erfolgt durch Zustellung eines Schriftsatzes. Derselbe muß enthalten:

1. die Bezeichnung der Parteien und des Rechtsstreits;
2. die bestimmte Angabe des Interesses, welches der Nebenintervenient hat;
3. die Erklärung des Beitritts.

Außerdem finden die allgemeinen Bestimmungen über die vorbereitenden Schriftsätze Anwendung.

§ 71

Über den Antrag auf Zurückweisung einer Nebenintervention wird nach vorgängiger mündlicher Verhandlung unter den Parteien und dem Nebenintervenienten entschieden. Der Nebenintervenient ist zuzulassen, wenn er sein Interesse glaubhaft macht.

Gegen das Zwischenurteil findet sofortige Beschwerde statt.

Solange nicht die Unzulässigkeit der Intervention rechtskräftig ausgesprochen ist, wird der Intervenient im Hauptverfahren zugezogen.

§ 72

Eine Partei, welche für den Fall des ihr ungünstigen Ausganges des Rechtsstreits einen Anspruch auf Gewährleistung oder Schadloshaltung gegen einen Dritten erheben zu können glaubt oder den Anspruch eines Dritten besorgt, kann bis zur rechtskräftigen Entscheidung des Rechtsstreits dem Dritten gerichtlich den Streit verkünden.

Der Dritte ist zu einer weiteren Streitverkündung berechtigt.

§ 73

Die Streitverkündung erfolgt durch Zustellung eines Schriftsatzes, in welchem der Grund der Streitverkündung und die Lage des Rechtsstreits anzugeben ist.

Abschrift des Schriftsatzes ist dem Gegner mitzuteilen.

§ 74

Wenn der Dritte dem Streitverkünder beitritt, so bestimmt sich sein Verhältnis zu den Parteien nach den Grundsätzen über die Nebenintervention.

Lehnt der Dritte den Beitritt ab, oder erklärt er sich nicht, so wird der Rechtsstreit ohne Rücksicht auf ihn fortgesetzt.

In allen Fällen dieses Paragraphen kommen gegen den Dritten die Vorschriften des § 68 mit der Abweichung zur Anwendung, daß statt der Zeit des Beitritts diejenige Zeit entscheidet, zu welcher der Beitritt infolge der Streitverkündung möglich war.

§ 75

Wird von dem verklagten Schuldner einem Dritten, welcher die geltend gemachte Forderung für sich in Anspruch nimmt, der Streit verkündet, und tritt der Dritte in den Streit ein, so ist der Beklagte, wenn er den Betrag der Forderung zugunsten der streitenden Gläubiger unter Verzicht auf das Recht zur Rücknahme hinterlegt, auf seinen Antrag aus dem Rechtsstreit unter Verurteilung in die durch seinen unbegründeten Widerspruch veranlaßten Kosten zu entlassen und der Rechtsstreit über die Berechtigung an der Forderung zwischen den streitenden Gläubigern allein fortzusetzen. Dem Obsiegenden ist der hinterlegte Betrag zuzusprechen und der Unterliegende auch zur Erstattung der dem Beklagten entstandenen, nicht durch dessen unbegründeten Widerspruch veranlaßten Kosten, einschließlich der Kosten der Hinterlegung, zu verurteilen.

§ 76

Wer als Besitzer einer Sache verklagt ist, die er auf Grund eines Rechtsverhältnisses der im § 868 des Bürgerlichen Gesetzbuchs bezeichneten Art zu besitzen behauptet, kann, wenn er dem mittelbaren Besitzer vor der Verhandlung zur Hauptsache den Streit verkündet und ihn unter Benennung an den Kläger zur Erklärung ladet, bis zu dieser Erklärung oder bis zum Schlusse des Termins, in welchem sich der Benannte zu erklären hat, die Verhandlung zur Hauptsache verweigern.

Bestreitet der Benannte die Behauptung des Beklagten oder erklärt er sich nicht, so ist der Beklagte berechtigt, dem Klageantrage zu genügen.

Wird die Behauptung des Beklagten von dem Benannten als richtig anerkannt, so ist dieser berechtigt, mit Zustimmung des Beklagten an dessen Stelle den Prozeß zu übernehmen. Die Zustimmung des Klägers ist nur insoweit erforderlich, als derselbe Ansprüche geltend macht, welche unabhängig davon sind, daß der Beklagte auf Grund eines Rechtverhältnisses der im Abs. 1 bezeichneten Art besitzt.

Hat der Benannte den Prozeß übernommen, so ist der Beklagte auf seinen Antrag von der Klage zu entbinden. Die Entscheidung ist in Ansehung der Sache selbst auch gegen den Beklagten wirksam und vollstreckbar.

§ 77

Ist von dem Eigentümer einer Sache oder von demjenigen, dem ein Recht an einer Sache zusteht, wegen einer Beeinträchtigung des Eigentums oder seines Rechtes Klage auf Beseitigung der Beeinträchtigung erhoben, so finden die Vorschriften des § 76 entsprechende Anwendung, sofern der Beklagte die Beeinträchtigung in Ausübung des Rechtes eines Dritten vorgenommen zu haben behauptet.

Vierter Titel

Prozeßbevollmächtigte und Beistände

§ 78

Vor den Landgerichten und vor allen Gerichten höherer Instanz müssen die Parteien sich durch einen bei dem Prozeßgerichte zugelassenen Rechtsanwalt als Bevollmächtigten vertreten lassen (Anwaltsprozeß).

Diese Vorschrift findet auf das Verfahren vor einem beauftragten oder ersuchten Richter sowie auf Prozeßhandlungen, welche vor dem Urkundsbeamten der Geschäftsstelle vorgenommen werden können, keine Anwendung.

Ein bei dem Prozeßgerichte zugelassener Rechtsanwalt kann sich selbst vertreten.

§ 79

Insoweit eine Vertretung durch Anwälte nicht geboten ist, können die Parteien den Rechtsstreit selbst oder durch jede prozeßfähige Person als Bevollmächtigten führen.

§ 80

Der Bevollmächtigte hat die Bevollmächtigung durch eine schriftliche Vollmacht nachzuweisen und diese zu den Gerichtsakten abzugeben.

Das Gericht kann auf Antrag des Gegners die öffentliche Beglaubigung einer Privaturkunde anordnen. Wird der Antrag zurückgewiesen, so ist dagegen kein Rechtsmittel zulässig. Bei der Beglaubigung bedarf es weder der Zuziehung von Zeugen noch der Aufnahme eines Protokolls.

§ 81

Die Prozeßvollmacht ermächtigt zu allen den Rechtsstreit betreffenden Prozeßhandlungen, einschließlich derjenigen, welche durch eine Widerklage, eine Wiederaufnahme des Verfahrens und die Zwangsvollstreckung veranlaßt werden; zur Bestellung eines Vertreters sowie eines Bevollmächtigten für die höheren Instanzen; zur Beseitigung des Rechtsstreits durch Vergleich, Verzichtleistung auf den Streitgegenstand oder Anerkennung des von dem Gegner geltend gemachten Anspruchs; zur Empfangnahme der vom Gegner zu erstattenden Kosten.

§ 82

Die Vollmacht für den Hauptprozeß umfaßt die Vollmacht für das eine Hauptintervention, einen Arrest oder eine einstweilige Verfügung betreffende Verfahren.

§ 83

Eine Beschränkung des gesetzlichen Umfanges der Vollmacht hat dem Gegner gegenüber nur insoweit rechtliche Wirkung, als diese Beschränkung die Beseitigung des Rechtsstreits durch Vergleich,

Verzichtleistung auf den Streitgegenstand oder Anspruchs betrifft.

Insoweit eine Vertretung durch Anwälte nicht geboten ist, kann eine Vollmacht für einzelne Prozeßhandlungen erteilt werden.

§ 84

Mehrere Bevollmächtigte sind berechtigt, sowohl gemeinschaftlich als einzeln die Partei zu vertreten. Eine abweichende Bestimmung der Vollmacht hat dem Gegner gegenüber keine rechtliche Wirkung.

§ 85

Die von dem Bevollmächtigten vorgenommenen Prozeßhandlungen sind für die Partei in gleicher Art verpflichtend, als wenn sie von der Partei selbst vorgenommen wären. Dies gilt von Geständnissen und anderen tatsächlichen Erklärungen, insoweit nicht dieselben von der miterschienenen Partei sofort widerrufen oder berichtigt werden.

§ 86

Die Vollmacht wird weder durch den Tod des Vollmachtgebers noch durch eine Veränderung in betreff seiner Prozeßfähigkeit oder seiner gesetzlichen Vertretung aufgehoben; der Bevollmächtigte hat jedoch, wenn er nach Aussetzung des Rechtsstreits für den Nachfolger im Rechtsstreit auftritt, eine Vollmacht desselben beizubringen.

§ 87

Dem Gegner gegenüber erlangt die Kündigung des Vollmachtvertrags erst durch die Anzeige des Erlöschens der Vollmacht, in Anwaltsprozessen erst durch die Anzeige der Bestellung eines anderen Anwalts rechtliche Wirksamkeit.

Der Bevollmächtigte wird durch die von seiner Seite erfolgte Kündigung nicht gehindert, für den Vollmachtgeber so lange zu handeln, bis dieser für Wahrnehmung seiner Rechte in anderer Weise gesorgt hat.

§ 88

Der Mangel der Vollmacht kann von dem Gegner in jeder Lage des Rechtsstreits gerügt werden.

Das Gericht hat den Mangel der Vollmacht von Amts wegen zu berücksichtigen, insoweit eine Vertretung durch Anwälte nicht geboten ist.

§ 89

Handelt jemand für eine Partei als Geschäftsführer ohne Auftrag oder als Bevollmächtigter ohne Beibringung einer Vollmacht, so kann er gegen oder ohne Sicherheitsleistung für Kosten und Schäden zur Prozeßführung einstweilen zugelassen werden. Das Endurteil darf erst erlassen werden, nachdem die für die Beibringung der Genehmigung zu bestimmende Frist abgelaufen ist. Ist zu der Zeit, zu welcher das Endurteil erlassen wird, die Genehmigung nicht beigebracht, so ist der einstweilen zur Prozeßführung Zugelassene zum Ersatze der dem Gegner infolge der Zulassung erwachsenen Kosten zu verurteilen; auch hat er dem Gegner die infolge der Zulassung entstandenen Schäden zu ersetzen.

Die Partei muß die Prozeßführung gegen sich gelten lassen, wenn sie auch nur mündlich Vollmacht erteilt oder wenn sie die Prozeßführung ausdrücklich oder stillschweigend genehmigt hat.

§ 90

Insoweit eine Vertretung durch Anwälte nicht geboten ist, kann eine Partei mit jeder prozeßfähigen Person als Beistand erscheinen.

Das von dem Beistand Vorgetragene gilt als von der Partei vorgebracht, insoweit es nicht von dieser sofort widerrufen oder berichtigt wird.

Fünfter Titel

Prozeßkosten

§ 91

Die unterliegende Partei hat die Kosten des Rechtsstreits zu tragen, insbesondere die dem Gegner erwachsenen Kosten zu erstatten, soweit dieselben zur zweckentsprechenden Rechtsverfolgung oder Rechtsverteidigung notwendig waren. Die Kostenerstattung umfaßt auch die Entschädigung des Gegners für die durch notwendige Reisen oder durch die notwendige Wahrnehmung von Terminen entstandene Zeitversäumnis; die für die Entschädigung von Zeugen geltenden Vorschriften finden entsprechende Anwendung.

Die Gebühren und Auslagen des Rechtsanwalts der obsiegenden Partei sind in allen Prozessen zu erstatten, Reisekosten eines auswärtigen Rechtsanwalts jedoch nur insoweit, als die Zuziehung zur zweckentsprechenden Rechtsverfolgung oder Rechtsverteidigung notwendig war. Die Kosten mehrerer Rechtsanwälte sind nur insoweit zu erstatten, als sie die Kosten eines Rechtsanwalts nicht übersteigen, oder als in der Person des Rechtsanwalts ein Wechsel eintreten mußte.

Zu den Kosten des Rechtsstreits im Sinne der Abs. 1, 2 gehören auch die Kosten eines vorausgegangenen Güteverfahrens; dies gilt nicht, wenn zwischen der Beendigung des Güteverfahrens und der Klageerhebung mehr als ein Jahr verstrichen ist.

Abs. 3 findet entsprechende Anwendung auf die Gebühren, die durch ein Güteverfahren vor einer

Gütestelle der im § 495 a Abs. 1 Nr. 1 bezeichneten Art entstanden sind.

§ 91 a[XV])

Haben die Parteien den Rechtsstreit in der Hauptsache für erledigt erklärt, so entscheidet das Gericht über die Kosten unter Berücksichtigung des bisherigen Sach- und Streitstandes nach billigem Ermessen. Die Entscheidung ergeht durch Beschluß.

§ 92

Wenn jede Partei teils obsiegt, teils unterliegt, so sind die Kosten gegeneinander aufzuheben oder verhältnismäßig zu teilen. Sind die Kosten gegeneinander aufgehoben, so fallen die Gerichtskosten jeder Partei zur Hälfte zur Last.

Das Gericht kann der einen Partei die gesamten Prozeßkosten auferlegen, wenn die Zuvielforderung der andern Partei eine verhältnismäßig geringfügige war und keine besonderen Kosten veranlaßt hat, oder wenn der Betrag der Forderung der anderen Partei von der Festsetzung durch richterliches Ermessen, von der Ausmittelung durch Sachverständige oder von einer gegenseitigen Berechnung abhängig war.

§ 93

Hat der Beklagte nicht durch sein Verhalten zur Erhebung der Klage Veranlassung gegeben, so fallen dem Kläger die Prozeßkosten zur Last, wenn der Beklagte den Anspruch sofort anerkennt.

§ 93 a[IV])

Wird auf Scheidung oder Aufhebung der Ehe erkannt oder die Ehe für nichtig erklärt, ohne daß der unterlegene Teil hieran schuldig ist, so sind die Kosten gegeneinander aufzuheben.

§ 94

Macht der Kläger einen auf ihn übergegangenen Anspruch geltend, ohne daß er vor der Erhebung der Klage dem Beklagten den Übergang mitgeteilt und auf Verlangen nachgewiesen hat, so fallen ihm die Prozeßkosten insoweit zur Last, als sie dadurch entstanden sind, daß der Beklagte durch die Unterlassung der Mitteilung oder des Nachweises veranlaßt worden ist, den Anspruch zu bestreiten.

§ 95

Die Partei, welche einen Termin oder eine Frist versäumt, oder die Verlegung eines Termins, die Vertagung einer Verhandlung, die Anberaumung eines Termins zur Fortsetzung der Verhandlung oder die Verlängerung einer Frist durch ihr Verschulden veranlaßt, hat die dadurch verursachten Kosten zu tragen.

§ 96

Die Kosten eines ohne Erfolg gebliebenen Angriffs- oder Verteidigungsmittels können der Partei auferlegt werden, welche dasselbe geltend gemacht hat, auch wenn sie in der Hauptsache obsiegt.

§ 97

Die Kosten eines ohne Erfolg eingelegten Rechtsmittels fallen der Partei zur Last, welche dasselbe eingelegt hat.

Die Kosten der Berufungsinstanz sind der obsiegenden Partei ganz oder teilweise aufzuerlegen, wenn sie auf Grund eines neuen Vorbringens obsiegt, welches sie nach freiem Ermessen des Gerichts in erster Instanz geltend zu machen imstande war oder mit dem sie in erster Instanz nach §§ 279, 279a, 283 Abs. 2 zurückgewiesen worden ist.

Die Kosten der Revisionsinstanz in Rechtsstreitigkeiten über Ansprüche, für welche die Landgerichte ohne Rücksicht auf den Wert des Streitgegenstandes ausschließlich zuständig sind, hat auch im Falle des Obsiegens die Reichs- oder die Staatskasse zu tragen, wenn der Wert des Streitgegenstandes die Summe von fünfhundert Reichsmark[5] nicht übersteigt und der Vertreter des Reichs oder des Staates die Revision eingelegt hat.

§ 98

Die Kosten eines abgeschlossenen Vergleichs sind als gegeneinander aufgehoben anzusehen, wenn nicht die Parteien ein anderes vereinbart haben. Dasselbe gilt von den Kosten des durch Vergleich erledigten Rechtsstreits, soweit nicht über dieselben bereits rechtskräftig erkannt ist.

§ 99

Die Anfechtung der Entscheidung über den Kostenpunkt ist unzulässig, wenn nicht gegen die Entscheidung in der Hauptsache ein Rechtsmittel eingelegt wird.

XV) Ist die Hauptsache durch eine auf Grund eines Anerkenntnisses ausgesprochene Verurteilung erledigt, so findet gegen die Entscheidung über den Kostenpunkt mit der Beschränkung des § 567 Abs. 2 sofortige Beschwerde statt. Das gleiche gilt von der im § 91 a vorgesehenen Kostenentscheidung. Vor der Entscheidung über die Beschwerde ist der Gegner zu hören.

§ 100

Besteht der unterliegende Teil aus mehreren Personen, so haften dieselben für die Kostenerstattung nach Kopfteilen.

---

[5] jetzt „Deutsche Mark“ (§ 2 des brit. MilRegGes. Nr. 61 — 1. Währungsges. —).

Bei einer erheblichen Verschiedenheit der Beteiligung am Rechtsstreite kann nach dem Ermessen des Gerichts die Beteiligung zum Maßstab genommen werden.

Hat ein Streitgenosse ein besonderes Angriffs- oder Verteidigungsmittel geltend gemacht, so sind die übrigen Streitgenossen für die durch dasselbe veranlaßten Kosten nicht verhaftet.

Werden mehrere Beklagte als Gesamtschuldner verurteilt, so haften sie auch für die Kostenerstattung, unbeschadet der Vorschrift des Abs. 3, als Gesamtschuldner. Die Vorschriften des bürgerlichen Rechts, nach denen sich diese Haftung auf die im Abs. 3 bezeichneten Kosten erstreckt, bleiben unberührt.

§ 101

Die durch eine Nebenintervention verursachten Kosten sind dem Gegner der Hauptpartei aufzuerlegen, soweit derselbe nach den Bestimmungen der §§ 91 bis 98 die Kosten des Rechtsstreits zu tragen hat; soweit dies nicht der Fall ist, sind sie dem Nebenintervenienten aufzuerlegen.

Gilt der Nebenintervenient als Streitgenosse der Hauptpartei (§ 69), so sind die Vorschriften des § 100 maßgebend.

§ 102

Urkundsbeamte der Geschäftsstelle, gesetzliche Vertreter, Rechtsanwälte und andere Bevollmächtigte sowie Gerichtsvollzieher können durch das Prozeßgericht auch von Amts wegen zur Tragung derjenigen Kosten verurteilt werden, welche sie durch grobes Verschulden veranlaßt haben.

Die Entscheidung kann ohne mündliche Verhandlung erfolgen. Vor der Entscheidung ist der Beteiligte zu hören.

Gegen die Entscheidung findet sofortige Beschwerde statt.

§ 103

Der Anspruch auf Erstattung der Prozeßkosten kann nur auf Grund eines zur Zwangsvollstrekkung geeigneten Titels geltend gemacht werden.

Das Gesuch um Festsetzung des zu erstattenden Betrags ist bei der Geschäftsstelle des Gerichts erster Instanz anzubringen. Die Kostenberechnung, die zur Mitteilung an den Gegner bestimmte Abschrift derselben und die zur Rechtfertigung der einzelnen Ansätze dienenden Belege sind beizufügen.

§ 104

Die Entscheidung über das Festsetzungsgesuch erfolgt durch den Urkundsbeamten der Geschäftsstelle. Die Entscheidung ist, sofern dem Gesuch ganz oder teilweise entsprochen wird, dem Gegner des Antragstellers unter Beifügung einer Abschrift der Kostenrechnung von Amts wegen zuzustellen. Dem Antragsteller ist die Entscheidung nur dann von Amts wegen zuzustellen, wenn der Antrag ganz oder teilweise zurückgewiesen wird; im übrigen erfolgt die Mitteilung formlos.

Zur Berücksichtigung eines Ansatzes genügt, daß dieser glaubhaft gemacht ist. Hinsichtlich der einem Rechtsanwalt erwachsenen Auslagen an Post-, Telegraphen- und Fernsprechgebühren genügt die Versicherung des Rechtsanwalts, daß diese Auslagen entstanden sind.

Über Erinnerungen gegen den Festsetzungsbeschluß entscheidet das Gericht, dessen Geschäftsstelle den Beschluß erlassen hat. Die Erinnerungen sind binnen einer Notfrist von zwei Wochen, welche mit der Zustellung des Beschlusses beginnt, zu erheben. Die Entscheidung kann ohne vorgängige mündliche Verhandlung erfolgen. Das Gericht kann vor der Entscheidung anordnen, daß die Vollstreckung des Feststellungsbeschlusses auszusetzen sei. Gegen die Entscheidung des Gerichts findet sofortige Beschwerde statt.

§ 105

Der Festsetzungsbeschluß kann auf das Urteil und die Ausfertigung gesetzt werden, sofern bei der Anbringung des Gesuchs eine Ausfertigung des Urteils noch nicht erteilt ist und eine Verzögerung der Ausfertigung nicht eintritt. Eine besondere Ausfertigung und Zustellung des Festsetzungsbeschlusses findet in diesem Falle nicht statt. Den Parteien ist der festgesetzte Betrag mitzuteilen, dem Gegner des Antragstellers unter Beifügung der Abschrift der Kostenrechnung. Die Verbindung des Festsetzungsbeschlusses mit dem Urteil soll unterbleiben, sofern dem Festsetzungsgesuch auch nur teilweise nicht entsprochen wird.

Der Anbringung eines Festsetzungsgesuchs bedarf es nicht, wenn die Partei vor der Verkündung des Urteils die Berechnung ihrer Kosten eingereicht hat; in diesem Falle ist die dem Gegner mitzuteilende Abschrift der Kostenberechnung von Amts wegen anzufertigen.

§ 106

Sind die Prozeßkosten ganz oder teilweise nach Quoten verteilt, so hat in den in erster Instanz vor einem Landgerichte verhandelten Sachen die Partei dem Gegner vor Anbringung des Festsetzungsgesuchs aufzufordern, die Berechnung seiner Kosten binnen einer einwöchigen Frist bei der Geschäftsstelle einzureichen. In den in erster Instanz vor einem Amtsgerichte verhandelten Sachen ist die Aufforderung nach Anbringung eines Festsetzungsgesuchs von der Geschäftsstelle zu erlassen. Die Vorschriften des § 105 finden keine Anwendung.

Nach fruchtlosem Ablaufe der einwöchigen Frist erfolgt die Entscheidung ohne Rücksicht auf die Kosten des Gegners, unbeschadet des Rechts des letzteren, den Anspruch auf Erstattung nachträglich geltend zu machen. Der Gegner haftet für die Mehrkosten, welche durch das nachträgliche Verfahren entstehen.

§ 107

Ergeht nach der Kostenfestsetzung eine Entscheidung, durch welche der Wert des Streitgegenstandes festgesetzt wird, so ist, falls diese Entscheidung von der Wertberechnung abweicht, welche der Kostenfestsetzung zugrunde liegt, auf Antrag die Kostenfestsetzung entsprechend abzuändern. Über den Antrag entscheidet der Urkundsbeamte der Geschäftsstelle des Gerichts erster Instanz.

Der Antrag ist binnen der Frist von einem Monat bei der Geschäftsstelle anzubringen. Die Frist beginnt mit der Zustellung und, wenn es einer solchen nicht bedarf, mit der Verkündung des den Wert des Streitgegenstandes festsetzenden Beschlusses.

Die Vorschriften des § 104 Abs. 3 finden Anwendung.

Sechster Titel

Sicherheitsleistung

§ 108

In den Fällen der Bestellung einer prozessualischen Sicherheit kann das Gericht nach freiem

Ermessen bestimmen, in welcher Art und Höhe die Sicherheit zu leisten ist. Soweit das Gericht eine Bestimmung nicht getroffen hat und die Parteien ein anderes nicht vereinbart haben, ist die Sicherheitsleistung durch Hinterlegung von Geld oder solchen Wertpapieren zu bewirken, welche nach § 234 Abs. 1, 3 des Bürgerlichen Gesetzbuchs zur Sicherheitsleistung geeignet sind.

Die Vorschriften des § 234 Abs. 2 und des § 235 des Bürgerlichen Gesetzbuchs finden entsprechende Anwendung.

§ 109

Ist die Veranlassung für eine Sicherheitsleistung weggefallen, so hat auf Antrag das Gericht[6] welches die Bestellung der Sicherheit angeordnet oder zugelassen hat, eine Frist zu bestimmen, binnen welcher ihm die Partei, zu deren Gunsten die Sicherheit geleistet ist, die Einwilligung in die Rückgabe der Sicherheit zu erklären oder die Erhebung der Klage wegen ihrer Ansprüche nachzuweisen hat.

Nach Ablauf der Frist hat das Gericht auf Antrag die Rückgabe der Sicherheit anzuordnen, wenn nicht inzwischen die Erhebung der Klage nachgewiesen ist.

Die Anträge und die Einwilligung in die Rückgabe der Sicherheit können von der Geschäftsstelle zu Protokoll erklärt werden. Die Entscheidungen können ohne vorgängige mündliche Verhandlung erfolgen.

Gegen den Beschluß, durch welchen der im Abs. 1 vorgesehene Antrag abgelehnt wird, steht dem

die REntV. — abgedr. unter VI B b — bezeichnet diese Angelegenheit in § 11 als zur selbständigen Wahrnehmung durch Rechtspfleger geeignet.

Antragsteller, gegen die im Abs. 2 bezeichnete Entscheidung steht beiden Teilen die sofortige Beschwerde zu.

§ 110

Angehörige fremder Staaten, die als Kläger auftreten, haben dem Beklagten auf dessen Verlangen wegen der Prozeßkosten Sicherheit zu leisten. Das gleiche gilt für Staatenlose, die ihren Wohnsitz nicht im Inlande haben.

Diese Verpflichtung tritt nicht ein:

1. wenn nach den Gesetzen des Staates, welchem der Kläger angehört, ein Deutscher in gleichem Falle zur Sicherheitsleistung nicht verpflichtet ist;
2. im Urkunden- oder Wechselprozesse;
3. bei Widerklagen;
4. bei Klagen, welche infolge einer öffentlichen Aufforderung angestellt werden;
5. bei Klagen aus Rechten, welche im Grundbuch eingetragen sind.

§ 111

Der Beklagte kann auch dann Sicherheit verlangen, wenn die Voraussetzungen für die Verpflichtung zur Sicherheitsleistung erst im Laufe des Rechtsstreits eintreten und nicht ein zur Deckung ausreichender Teil des erhobenen Anspruchs unbestritten ist.

§ 112

Die Höhe der zu leistenden Sicherheit wird von dem Gerichte nach freiem Ermessen festgesetzt.

Bei der Festsetzung ist derjenige Betrag der Prozeßkosten zugrunde zu legen, welchen der Beklagte wahrscheinlich aufzuwenden haben wird. Die dem Beklagten durch eine Widerklage erwachsenden Kosten sind hierbei nicht zu berücksichtigen.

Ergibt sich im Laufe des Rechtsstreits, daß die geleistete Sicherheit nicht hinreicht, so kann der Beklagte die Leistung einer weiteren Sicherheit verlangen, sofern nicht ein zur Deckung ausreichender Teil des erhobenen Anspruchs unbestritten ist.

§ 113

Das Gericht hat dem Kläger bei Anordnung der Sicherheitsleistung eine Frist zu bestimmen, binnen welcher die Sicherheit zu leisten sei. Nach Ablauf der Frist ist auf Antrag des Beklagten, wenn die Sicherheit bis zur Entscheidung nicht geleistet ist, die Klage für zurückgenommen zu erklären oder, wenn über ein Rechtsmittel des Klägers zu verhandeln ist, dasselbe zu verwerfen.

Siebenter Titel

Armenrecht

§ 114

Einer Partei, die außerstande ist, ohne Beeinträchtigung des für sie und ihre Familie notwendigen Unterhalts die Kosten des Prozesses zu bestreiten, ist auf Antrag das Armenrecht zu bewilligen, wenn die beabsichtigte Rechtsverfolgung oder Rechtsverteidigung eine hinreichende Aussicht auf Erfolg bietet und nicht mutwillig erscheint. Die Rechtsverfolgung ist auch dann als mutwillig anzusehen, wenn mit Rücksicht auf die für die Beitreibung des Anspruchs bestehenden Aussichten eine nicht das Armenrecht beanspruchende Partei von einer Prozeßführung absehen oder nur einen Teil des Anspruchs geltend machen würde.

Angehörige fremder Staaten haben auf das Armenrecht nur insoweit Anspruch, als die Gegenseitigkeit verbürgt ist. Einem Staatenlosen kann das Armenrecht gewährt werden, wenn es ihm als Inländer zu gewähren wäre.

Einer Partei kraft Amtes kann bei Vorliegen der im Abs. 1 bezeichneten Voraussetzungen das Armenrecht bewilligt werden, wenn die zur Führung des Prozesses erforderlichen Mittel weder aus der verwalteten Vermögensmasse noch von den an der Führung des Prozesses wirtschaftlich Beteiligten aufgebracht werden können.

Einer inländischen juristischen Person kann bei Vorliegen der im Abs. 1 bezeichneten Voraussetzungen das Armenrecht bewilligt werden, wenn die zur Führung des Prozesses erforderlichen Mittel weder von ihr noch von den an der [1]) Führung des Prozesses wirtschaftlich Beteiligten aufgebracht werden können und die Unterlassung der Rechtsverfolgung oder Rechtsverteidigung allgemeinen Interessen zuwiderlaufen würde.

§ 115

Durch die Bewilligung des Armenrechts erlangt die Partei:

1. die einstweilige Befreiung von der Berichtigung der rückständigen und künftig erwachsenden Gerichtskosten, einschließlich der Gebühren der Beamten, der den Zeugen und den Sachverständigen zu gewährenden Vergütung und der sonstigen baren Auslagen, sowie der *Stempelsteuer*,[7]

---

[7] die die Stempelsteuer ablösende Urkundensteuer ist allgemein aufgehoben.

2. die Befreiung von der Sicherheitsleistung für die Prozeßkosten;
3. das Recht, daß ihr zur vorläufig unentgeltlichen Bewirkung von Zustellungen und von Vollstreckungshandlungen ein Gerichtsvollzieher und, insoweit eine Vertretung durch Anwälte geboten ist, zur vorläufig unentgeltlichen Wahrnehmung ihrer Rechte ein Rechtsanwalt beigeordnet werde.[AV]

Ist die arme Partei imstande, die Kosten des Prozesses ohne Beeinträchtigung des für sie und ihre Familie notwendigen Unterhalts zu einem Teil zu bestreiten, so ist zu bestimmen, daß wegen dieses Teiles die einstweilige Befreiung von der Berichtigung der Gerichtskosten sowie der Gebühren und Auslagen des Anwalts nicht eintritt; das Gericht kann statt dessen auch bestimmte Gebühren ganz oder teilweise von der Befreiung ausnehmen. In den Fällen des § 114 Abs. 2 Satz 2, Abs. 3 und 4 gelten diese Vorschriften entsprechend.

§ 116

Insoweit nicht eine Vertretung durch Anwälte geboten oder ein Anwalt gemäß § 34 *der Rechtsanwaltsordnung*[8] beigeordnet ist, kann einer armen Partei zur unentgeltlichen Wahrnehmung ihrer Rechte ein Justizbeamter, der nicht als Richter angestellt ist, oder ein Rechtskundiger, der die vorgeschriebene erste Prüfung für den Justizdienst bestanden hat, auf Antrag beigeordnet werden. Die hierdurch entstehenden baren Auslagen werden von der Staatskasse bestritten und als Gerichtskosten in Ansatz gebracht.

---

[8] jetzt: § 39 Reichs-Rechtsanwaltsordnung

§ 117

Die Bewilligung des Armenrechts hat auf die Verpflichtung zur Erstattung der dem Gegner erwachsenden Kosten keinen Einfluß.

§ 118

Das Gesuch um Bewilligung des Armenrechts ist bei dem Prozeßgericht anzubringen; es kann vor der Geschäftsstelle zu Protokoll erklärt werden.

Dem Gesuch ist ein von der obrigkeitlichen Behörde der Partei ausgestelltes Zeugnis beizufügen, in welchem unter Angabe des Standes oder Gewerbes, der Vermögens- und Familienverhältnisse der Partei sowie des Betrags der von dieser zu entrichtenden direkten Staatssteuern das Unvermögen zur Bestreitung der Prozeßkosten ausdrücklich bezeugt wird. Für Personen, welche unter Vormundschaft oder Kuratel stehen, kann das Zeugnis auch von der vormundschaftlichen Behörde ausgestellt werden; soll von einem unehelichen Kinde ein Anspruch auf Unterhalt gegen seinen Vater geltend gemacht werden, so bedarf es des Zeugnisses nicht.

In dem Gesuch ist das Streitverhältnis unter Angabe der Beweismittel darzulegen.

§ 118a

Das Gericht kann verlangen, daß der Antragsteller seine tatsächlichen Angaben glaubhaft macht. Es soll, wenn dies nicht aus besonderen Gründen unzweckmäßig erscheint, vor der Bewilligung des Armenrechts den Gegner hören. Es kann auch, soweit dies ohne erhebliche Verzögerung möglich ist, Erhebungen anstellen, insbesondere die Vorlegung von Urkunden anordnen und von Behörden Auskünfte einholen. Die Vernehmung von Zeugen oder Sachverständigen ist nur zulässig, wenn der Sachverhalt, soweit dies zur Entscheidung über das Armenrechtsgesuch erforderlich ist, auf andere Weise nicht hinreichend geklärt werden kann; eine Beeidigung findet nicht statt.

Die im Abs. 1 bezeichneten Maßnahmen sind von dem Vorsitzenden oder einem von ihm beauftragten Mitglied des Gerichts oder einem von ihm ersuchten Richter durchzuführen. Die Anhörung des Gegners kann auch zu Protokoll der Geschäftsstelle des Prozeßgerichts oder des ersuchten Gerichts erfolgen.

Einigen sich die Parteien bei der Anhörung des Gegners über den strittigen Anspruch, so ist der Vergleich zu richterlichem Protokoll zu nehmen.

Eine Erstattung der dem Gegner durch die Anhörung gemäß Abs. 1 Satz 2 erwachsenen Kosten findet nicht statt. Die durch die Vernehmung von Zeugen und Sachverständigen gemäß Satz 3 daselbst entstandenen Auslagen sind als Gerichtskosten von der Partei zu tragen, der die Kosten des Rechtsstreits auferlegt sind.

§ 119

Die Bewilligung des Armenrechts erfolgt für jede Instanz besonders, für die erste Instanz eineinschließlich der Zwangsvollstreckung.

In der höheren Instanz bedarf es des Nachweises des Unvermögens nicht, wenn das Armenrecht in der vorherigen Instanz bewilligt war. Hat der Gegner das Rechtsmittel eingelegt, so ist in der höheren Instanz nicht zu prüfen, ob die Rechtsverfolgung oder Rechtsverteidigung der Partei hinreichende Aussicht auf Erfolg bietet oder mutwillig erscheint.

§ 120

Die Bewilligung des Armenrechts für den Kläger, den Berufskläger und den Revisionskläger hat zugleich für den Gegner die einstweilige Befreiung von den im § 115 Abs. 1 Nr. 1 bezeichneten Kosten zur Folge.

§ 121

Das Armenrecht kann zu jeder Zeit entzogen werden, wenn es sich ergibt, daß eine Voraussetzung der Bewilligung nicht vorhanden war oder nicht mehr vorhanden ist.

§ 122

Das Armenrecht erlischt mit dem Tode der Person, welcher es bewilligt ist.

§ 123

Die Gerichtskosten, von deren Berichtigung die arme Partei einstweilen befreit ist, können von dem in die Prozeßoksten verurteilten Gegner nach Maßgabe der für die Beitreibung rückständiger Gerichtskosten geltenden Vorschriften eingezogen werden.

Die Gerichtskosten, von deren Berichtigung der Gegner der armen Partei einstweilen befreit ist, sind von demselben einzuziehen, soweit er in die Prozeßkosten verurteilt oder der Rechtsstreit ohne Urteil über die Kosten beendigt ist.

§ 124

Die für die arme Partei bestellten Gerichtsvollzieher und Rechtsanwälte[9] sind berechtigt,

[9] Gesetz, betreffend die Erstattung von Rechtsanwaltsgebühren in Armensachen und Änderung des Gerichtskostengesetzes vom 20. 12. 28 — RGBl. I S. 411 —.

ihre Gebühren und Auslagen von dem in die Prozeßkosten verurteilten Gegner beizutreiben.

Eine Einrede aus der Person der armen Partei ist nur insoweit zulässig, als die Aufrechnung von Kosten verlangt wird, welche nach der in demselben Rechtsstreit über die Kosten erlassenen Entscheidung von der armen Partei zu erstatten sind.

§ 125

Die zum Armenrechte zugelassene Partei ist zur Nachzahlung der Beträge, von deren Berichtigung sie einstweilen befreit war, verpflichtet, sobald sie ohne Beeinträchtigung des für sie und ihre Familie notwendigen Unterhalts dazu imstande ist.

Dasselbe gilt in betreff derjenigen Beträge, von deren Berichtigung der Gegner einstweilen befreit war, soweit die arme Partei in die Prozeßkosten verurteilt ist.

§ 126

Über das Gesuch um Bewilligung des Armenrechts, über die Entziehung desselben und über die Verpflichtung zur Nachzahlung der Beträge, von deren Berichtigung der zum Armenrechte zugelassene Partei oder der Gegner einstweilen befreit ist, kann ohne vorgängige mündliche Verhandlung entschieden werden.

Dem Beschluß, durch den das Armenrecht verweigert oder entzogen wird, soll, sofern dies nicht nach Lage des Falles entbehrlich oder unzweckmäßig erscheint, eine kurze Begründung beigefügt werden, aus der die für die Entscheidung maßgebenden rechtlichen oder tatsächlichen Gründe ersichtlich sind.

§ 127

Der Beschluß, durch den das Armenrecht bewilligt wird, ist unanfechtbar. Gegen den Beschluß, durch den das Armenrecht verweigert oder entzogen oder die Nachzahlung von Kosten angeordnet wird, findet die Beschwerde statt; dies gilt nicht, wenn das Berufungsgericht den Beschluß erlassen hat. Eine weitere Beschwerde ist ausgeschlossen.

Dritter Abschnitt
Verfahren

Erster Titel
Mündliche Verhandlungen[10]

§ 128

Die Verhandlung der Parteien über den Rechtsstreit vor dem erkennenden Gerichte ist eine mündliche.

§ 129

In Anwaltsprozessen wird die mündliche Verhandlung durch Schriftsätze vorbereitet.

In anderen Prozessen können vorbereitende Schriftsätze gewechselt werden.

§ 130

Die vorbereitenden Schriftsätze sollen enthalten:

1. die Bezeichnung der Parteien und ihrer gesetzlichen Vertreter nach Namen, Stand oder Gewerbe, Wohnort und Parteistellung; die Bezeichnung des Gerichts und des Streitgegenstandes; die Zahl der Anlagen;

---

[10] **ohne mündliche Verhandlung: § 7 EntlBekm. — abgedr. unter VI A a —.**

2. die Anträge, welche die Partei in der Gerichtssitzung zu stellen beabsichtigt;
3. die Angabe der zur Begründung der Anträge dienenden tatsächlichen Verhältnisse;
4. die Erklärung über die tatsächlichen Behauptungen des Gegners;
5. die Bezeichnung der Beweismittel, welcher sich die Partei zum Nachweis oder zur Widerlegung tatsächlicher Behauptungen bedienen will, sowie die Erklärung über die von dem Gegner bezeichneten Beweismittel;
6. in Anwaltsprozessen die Unterschrift des Anwalts, in anderen Prozessen die Unterschrift der Partei selbst oder desjenigen, welcher für dieselbe als Bevollmächtigter oder als Geschäftsführer ohne Auftrag handelt.

§ 131

Dem vorbereitenden Schriftsatze sind die in den Händen der Partei befindlichen Urkunden, auf welche in dem Schriftsatze Bezug genommen wird, in Urschrift oder in Abschrift beizufügen.

Kommen nur einzelne Teile einer Urkunde in Betracht, so genügt die Beifügung eines Auszugs, welcher den Eingang, die zur Sache gehörende Stelle, den Schluß, das Datum und die Unterschrift enthält.

Sind die Urkunden dem Gegner bereits bekannt oder von bedeutendem Umfang, so genügt die genaue Bezeichnung derselben mit dem Erbieten, Einsicht zu gewähren.

§ 132

Der vorbereitende Schriftsatz, welcher neue Tatsachen oder ein anderes neues Vorbringen enthält, ist mindestens eine Woche, wenn er einen Zwischenstreit betrifft, mindestens drei Tage vor der mündlichen Verhandlung zuzustellen.

Der vorbereitende Schriftsatz, welcher eine Gegenerklärung auf neues Vorbringen enthält, ist mindestens drei Tage vor der mündlichen Verhandlung zuzustellen. Die Zustellung einer schriftlichen Gegenerklärung ist nicht erforderlich, wenn es sich um einen Zwischenstreit handelt.

§ 133 XV)

Die Parteien haben im Falle der Zustellung von Anwalt zu Anwalt (§ 198) eine für das Prozeßgericht bestimmte Abschrift ihrer vorbereitenden Schriftsätze und der Anlagen auf der Geschäftsstelle niederzulegen.

Diese Niederstellung erfolgt sofort nach der Zustellung des Schriftsatzes.

§ 134

Die Partei ist, wenn sie rechtzeitig aufgefordert wird, verpflichtet, die in ihren Händen befindlichen Urkunden, auf welche sie in einem vorbereitenden Schriftsatze Bezug genommen hat, vor der mündlichen Verhandlung auf der Geschäftsstelle niederzulegen und den Gegner von der Niederlegung zu benachrichtigen.

Der Gegner hat zur Einsicht der Urkunden eine Frist von drei Tagen. Die Frist kann auf Antrag von dem Vorsitzenden verlängert oder verkürzt werden.

§ 135

Den Rechtsanwälten steht es frei, die Mitteilung von Urkunden von Hand zu Hand gegen Empfangsbescheinigung zu bewirken.

Gibt ein Rechtsanwalt die ihm eingehändigte Urkunde nicht binnen der bestimmten Frist zurück, so ist er auf Antrag nach vorgängiger mündlicher Verhandlung zur unverzüglichen Zurückgabe zu verurteilen.

Gegen das Zwischenurteil findet sofortige Beschwerde statt.

§ 136

Der Vorsitzende eröffnet und leitet die mündliche Verhandlung.

Er erteilt das Wort und kann es demjenigen, welcher seinen Anordnungen nicht Folge leistet, entziehen.

Er hat Sorge zu tragen, daß die Sache erschöpfende Erörterung finde und die Verhandlung ohne Unterbrechung zu Ende geführt werde; erforderlichenfalls hat er die Sitzung zur Fortsetzung der Verhandlung sofort zu bestimmen.

Er schließt die Verhandlung, wenn nach Ansicht des Gerichts die Sache vollständig erörtert ist, und verkündet die Urteile und Beschlüsse des Gerichts.

§ 137

Die mündliche Verhandlung wird dadurch eingeleitet, daß die Parteien ihre Anträge stellen.

Die Vorträge der Parteien sind in freier Rede zu halten; sie haben das Streitverhältnis in tatsächlicher und rechtlicher Beziehung zu umfassen.

Eine Bezugnahme auf Schriftstücke ist zulässig, soweit keine der Parteien widerspricht und das Gericht sie für angemessen hält. Die Vorlesung von Schriftstücken findet nur insoweit statt, als es auf den wörtlichen Inhalt derselben ankommt.

In Anwaltsprozessen ist neben dem Anwalt auch der Partei selbst auf Antrag das Wort zu gestatten.

§ 138

Die Parteien haben ihre Erklärungen über tatsächliche Umstände vollständig und der Wahrheit gemäß abzugeben.

Jede Partei hat sich über die von dem Gegner behaupteten Tatsachen zu erklären.

Tatsachen, welche nicht ausdrücklich bestritten werden, sind als zugestanden anzusehen, wenn nicht die Absicht, sie bestreiten zu wollen, aus den übrigen Erklärungen der Partei hervorgeht.

Eine Erklärung mit Nichtwissen ist nur über Tatsachen zulässig, welche weder eigene Handlungen der Partei noch Gegenstand ihrer eigenen Wahrnehmung gewesen sind.

§ 139

Der Vorsitzende hat darin zu wirken, daß die Parteien über alle erheblichen Tatsachen sich vollständig erklären und die sachdienlichen Anträge stellen, insbesondere auch ungenügende Angaben der geltend gemachten Tatsachen ergänzen und die Beweismittel bezeichnen. Er hat zu diesem Zwecke, soweit erforderlich, das Sach- und Streitverhältnis mit den Parteien nach der tatsächlichen und der rechtlichen Seite zu erörtern und Fragen zu stellen.

Der Vorsitzende hat auf die Bedenken aufmerksam zu machen, welche in Ansehung der von Amts wegen zu berücksichtigenden Punkte obwalten.

Er hat jedem Mitglied des Gerichts auf Verlangen zu gestatten, Fragen zu stellen.

§ 140

Wird eine auf die Sachleitung bezügliche Anordnung des Vorsitzenden oder eine von dem Vorsitzenden oder einem Gerichtsmitgliede gestellte Frage von einer bei der Verhandlung beteiligten Person als unzulässig beanstandet, so entscheidet das Gericht.

§ 141

Das Gericht kann das persönliche Erscheinen einer Partei zur Aufklärung des Sachverhalts anordnen; von der Anordnung soll abgesehen werden, wenn der Partei wegen weiter Entfernung ihres Aufenthaltsorts vom Gerichtssitz oder aus sonstigen wichtigen Gründen die persönliche Wahrnehmung des Termins nicht zugemutet werden kann.

Wird das Erscheinen angeordnet, so ist die Partei von Amts wegen zu laden. Die Ladung ist der Partei selbst mitzuteilen, auch wenn sie einen Prozeßbevollmächtigten bestellt hat; der Zustellung bedarf die Ladung nicht.

Bleibt die Partei im Termin aus, so können gegen sie die gleichen Strafen wie gegen einen im Vernehmungstermine nicht erschienenen Zeugen, jedoch mit Ausnahme der Haftstrafe, verhängt werden. Dies gilt nicht, wenn die Partei zur Verhandlung einen Vertreter entsendet, der zur Aufklärung des Tatbestandes in der Lage und zur Abgabe der gebotenen Erklärungen, insbesondere zu einem Vergleichsabschlusse, ermächtigt ist. Die Partei ist auf die Folgen ihres Ausbleibens in der Ladung hinzuweisen.

§ 142

Das Gericht kann anordnen, daß eine Partei die in ihren Händen befindlichen Urkunden, auf welche sie sich bezogen hat, sowie Stammbäume, Pläne, Risse und sonstige Zeichnungen vorlege.

Das Gericht kann anordnen, daß die vorgelegten Schriftstücke während einer von ihm zu bestimmenden Zeit auf der Geschäftsstelle verbleiben.

XV) Das Gericht kann anordnen, daß von den in fremder Sprache abgefaßten Urkunden eine Übersetzung beigebracht werde, die ein nach den Richtlinien der Landesjustizverwaltung hierzu ermächtigter Übersetzer angefertigt hat.[11 AV]

§ 143

Das Gericht kann anordnen, daß die Parteien die in ihrem Besitze befindlichen Akten vorlegen, soweit dieselben aus Schriftstücken bestehen, welche die Verhandlung und Entscheidung der Sache betreffen.

§ 144

Das Gericht kann die Einnahme des Augenscheins sowie die Begutachtung durch Sachverständige anordnen.

Das Verfahren richtet sich nach den Vorschriften, welche eine auf Antrag angeordnete Einnahme des Augenscheins oder Begutachtung durch Sachverständige zum Gegenstande haben.

§ 145

Das Gericht kann anordnen, daß mehrere in einer Klage erhobene Ansprüche in getrennten Prozessen verhandelt werden.

Dasselbe gilt, wenn der Beklagte eine Widerklage erhoben hat und der Gegenanspruch mit dem in der Klage geltend gemachten Anspruch nicht in rechtlichem Zusammenhange steht.

---

[11] **Verordnung zur Vereinfachung des Verfahrens auf dem Gebiet des Beurkundungsrechts vom 21. 10. 42** — RGBl. I S. 609 — **abgedr. unter X B** —.

Macht der Beklagte die Aufrechnung einer Gegenforderung geltend, welche mit der in der Klage geltend gemachten Forderung nicht in rechtlichem Zusammenhange steht, so kann das Gericht anordnen, daß über die Klage und über die Aufrechnung getrennt verhandelt werde; die Vorschriften des § 302 finden Anwendung.

§ 146

Das Gericht kann anordnen, daß bei mehreren auf denselben Anspruch sich beziehenden selbständigen Angriffs- oder Verteidigungsmitteln (Klagegründen, Einreden, Repliken usw.) die Verhandlung zunächst auf eines oder einige dieser Angriffs- oder Verteidigungsmittel zu beschränken sei.

§ 147

Das Gericht kann die Verbindung mehrerer bei ihm anhängiger Prozesse derselben oder verschiedener Parteien zum Zwecke der gleichzeitigen Verhandlung und Entscheidung anordnen, wenn die Ansprüche, welche den Gegenstand dieser Prozesse bilden, in rechtlichem Zusammenhange stehen oder in einer Klage hätten geltend gemacht werden können.

§ 148

Das Gericht kann, wenn die Entscheidung des Rechtsstreits ganz oder zum Teil von dem Bestehen oder Nichtbestehen eines Rechtsverhältnisses abhängt, welches den Gegenstand eines anderen anhängigen Rechtsstreits bildet oder von einer Verwaltungsbehörde festzustellen ist, anordnen, daß die Verhandlung bis zur Erledigung des anderen Rechtsstreits oder bis zur Entscheidung der Verwaltungsbehörde auszusetzen sei.

§ 149

Das Gericht kann, wenn sich im Laufe eines Rechtsstreits der Verdacht einer strafbaren Handlung ergibt, deren Ermittelung auf die Entscheidung von Einfluß ist, die Aussetzung der Verhandlung bis zur Erledigung des Strafverfahrens anordnen.

§ 150

Das Gericht kann die von ihm erlassenen, eine Trennung, Verbindung oder Aussetzung betreffenden Anordnungen wieder aufheben.

§ 151

Hängt die Entscheidung eines Rechtsstreits davon ab, ob eine Ehe nichtig ist, so hat das Gericht, wenn die Nichtigkeit nur im Wege der Nichtigkeitsklage geltend gemacht werden kann, auf Antrag das Verfahren auszusetzen und, falls die Nichtigkeitsklage noch nicht erhoben ist, eine Frist zur Erhebung der Klage zu bestimmen. Ist die Nichtigkeitsklage erledigt oder wird sie nicht vor dem Ablauf der bestimmten Frist erhoben, so ist die Aufnahme des ausgesetzten Verfahrens zulässig.

§ 152[111)]

Hängt die Entscheidung eines Rechtsstreits davon ab, ob eine im Wege der Aufhebungsklage angefochtene Ehe aufhebbar ist, so hat das Gericht auf Antrag das Verfahren auszusetzen. Ist der Rechtsstreit über die Aufhebungsklage erledigt, so findet die Aufnahme des ausgesetzten Verfahrens statt.

§ 153

Hängt die Entscheidung eines Rechtsstreits davon ab, ob ein Kind, dessen Ehelichkeit im Wege der Anfechtungsklage angefochten worden ist, unehelich ist, so finden die Vorschriften des § 152 entsprechende Anwendung.

§ 154

Wird im Laufe eines Rechtsstreits streitig, ob zwischen den Parteien eine Ehe bestehe oder nicht bestehe, und hängt von der Entscheidung dieser Frage die Entscheidung des Rechtsstreits ab, so hat das Gericht auf Antrag das Verfahren auszusetzen, bis der Streit über das Bestehen oder Nichtbestehen der Ehe im Wege der Feststellungsklage erledigt ist.

Diese Vorschrift findet entsprechende Anwendung, wenn im Laufe eines Rechtsstreits streitig wird, ob zwischen den Parteien ein Eltern- und Kindesverhältnis bestehe oder nicht bestehe oder ob der einen Partei die elterliche Gewalt über die andere zustehe oder nicht zustehe, und von der Entscheidung dieser Fragen die Entscheidung des Rechtsstreits abhängt.

§ 155

In den Fällen der §§ 151 bis 153 kann das Gericht auf Antrag die Anordnung, durch welche das Verfahren ausgesetzt ist, aufheben, wenn die Betreibung des Rechtsstreits verzögert wird, welcher die Nichtigkeit oder die Aufhebung [III]) der Ehe oder die Anfechtung der Ehelichkeit zum Gegenstande hat.

§ 156

Das Gericht kann die Wiedereröffnung einer Verhandlung, welche geschlossen war, anordnen.

§ 157[1] AV

Mit Ausnahme der Rechtsanwälte sind Personen, die die Besorgung fremder Rechtsangelegenheiten vor Gericht geschäftsmäßig betreiben, als Bevollmächtigte und Beistände in der mündlichen Verhandlung ausgeschlossen. Sie sind auch dann ausgeschlossen, wenn sie als Partei einen ihnen abgetretenen Anspruch geltend machen und nach der Überzeugung des Gerichts der Anspruch abgetreten ist, um ihren Ausschluß von der mündlichen Verhandlung zu vermeiden.

Das Gericht kann Parteien, Bevollmächtigten und Beiständen, die nicht Rechtsanwälte sind, wenn ihnen die Fähigkeit zum geeigneten Vortrag mangelt, den weiteren Vortrag untersagen. Diese Anordnung ist unanfechtbar.

Die Vorschrift des Abs. 1 findet auf Personen, denen das mündliche Verhandeln vor Gericht durch Anordnung der Justizverwaltung gestattet ist, keine Anwendung. Die Justizverwaltung soll bei ihrer Entschließung sowohl auf die Eignung der Person als auch darauf Rücksicht nehmen, ob im Hinblick auf die Zahl der bei dem Gericht zugelassenen Rechtsanwälte ein Bedürfnis zur Zulassung besteht.

§ 158

Ist eine bei der Verhandlung beteiligte Person zur Aufrechterhaltung der Ordnung von dem Orte der Verhandlung entfernt worden, so kann auf Antrag gegen sie in gleicher Weise verfahren werden, als wenn sie freiwillig sich entfernt hätte. Das-

---

[13] Gesetz zur Verhütung von Mißbräuchen auf dem Gebiete der Rechtsberatung vom 13. 12. 35 — RGBl. I S. 1478 —.

selbe gilt im Falle des § 157 Abs. 2, sofern die Untersagung bereits bei einer früheren Verhandlung geschehen war.

§ 159

Über die mündliche Verhandlung vor dem Gericht ist ein Protokoll aufzunehmen.

Das Protokoll enthält:

1. den Ort und den Tag der Verhandlung;
2. die Namen der Richter, des Urkundsbeamten der Geschäftsstelle und des etwa zugezogenen Dolmetschers;
3. die Bezeichnung des Rechtsstreits;
4. die Namen der erschienenen Parteien, gesetzlichen Vertreter, Bevollmächtigten und Beistände;
5. die Angabe, daß öffentlich verhandelt oder die Öffentlichkeit ausgeschlossen ist.

§ 160

Der Gang der Verhandlung ist nur im allgemeinen anzugeben.

Durch Aufnahme in das Protokoll sind festzustellen:

1. die Anerkenntnisse, Verzichtleistungen und Vergleiche, durch welche der geltend gemachte Anspruch ganz oder teilweise erledigt wird;
2. die Anträge und Erklärungen, deren Feststellung vorgeschrieben ist;
3. die Aussagen der Zeugen und Sachverständigen sowie die Aussagen der Partei im Falle ihrer Vernehmung; bei einer wiederholten Vernehmung braucht die Aussage nur insoweit in das Protokoll aufgenommen zu werden, als sie von der früheren abweicht;
4. das Ergebnis eines Augenscheins;

5. die Entscheidungen (Urteile, Beschlüsse und Verfügungen) des Gerichts, sofern sie nicht dem Protokoll schriftlich beigefügt sind;
6. die Verkündung der Entscheidungen.

Der Aufnahme in das Protokoll steht die Aufnahme in eine Schrift gleich, welche dem Protokoll als Anlage beigefügt und als solche in demselben bezeichnet ist.

§ 161

Die Aussagen der Zeugen und Sachverständigen sowie die Aussagen einer vernommenen Partei brauchen nicht in dem Protokoll AV festgestellt zu werden, wenn die Vernehmung vor dem Prozeßgericht erfolgt und das Endurteil der Berufung nicht unterliegt. In diesem Falle ist in dem Protokoll zu vermerken,[1]) daß die Vernehmung stattgefunden hat.

§ 162

Das Protokoll ist insoweit, als es die Nr. 1 bis 4 des § 160 betrifft, den Beteiligten vorzulesen oder zur Durchsicht vorzulegen. In dem Protokoll ist zu bemerken, daß dies geschehen und die Genehmigung erfolgt sei oder welche Einwendungen erhoben sind.

§ 163

Das Protokoll ist von dem Vorsitzenden und dem Urkundsbeamten der Geschäftsstelle zu unterschreiben.

Ist der Vorsitzende verhindert, so unterschreibt für ihn der älteste beisitzende Richter. Im Falle der Verhinderung des Amtsrichters genügt die Unterschrift des Urkundsbeamten der Geschäftsstelle.

Von der Zuziehung eines Protokollführers kann nach Bestimmung des Vorsitzenden abgesehen werden. AV

§ 163a

Niederschriften größeren Umfanges, insbesondere über die Aussagen von Zeugen und Sachverständigen und über das Ergebnis eines Augenscheins, können in einer gebräuchlichen Kurzschrift AV als Anlage des Protokolls (§ 160 Abs. 3) aufgenommen werden. In diesem Falle ist die Anlage stets den Beteiligten vorzulesen und allein von dem Urkundsbeamten der Geschäftsstelle zu unterzeichnen. § 162 Satz 2 findet Anwendung. Nach Beendigung des Termins ist unverzüglich eine Übertragung der Anlage des Protokolls in die gewöhnliche Schrift anzufertigen und von dem Urkundsbeamten der Geschäftsstelle zu beglaubigen. Die Übertragung tritt für das weitere Verfahren an die Stelle der Anlage.

Der Nachweis der Unrichtigkeit der Übertragung ist jederzeit zulässig.

§ 164

Die Beobachtung der für die mündliche Verhandlung vorgeschriebenen Förmlichkeiten kann nur durch das Protokoll bewiesen werden. Gegen den diese Förmlichkeiten betreffenden Inhalt desselben ist nur der Nachweis der Fälschung zulässig.

§ 165

Zu den Verhandlungen, welche außerhalb der Sitzung vor Amtsrichtern oder vor beauftragten oder ersuchten Richtern stattfindet, ist ein Urkundbeamter der Geschäftsstelle gleichfalls zuzuziehen. AV

Zweiter Titel

Zustellungen AV

I. Zustellungen auf Betreiben der Parteien

§ 166

Die von den Parteien zu betreibenden Zustellungen erfolgen durch Gerichtsvollzieher.

In dem Verfahren vor den Amtsgerichten kann die Partei den Gerichtsvollzieher unter Vermittlung der Geschäftsstelle des Prozeßgerichts mit der Zustellung beauftragen. Das gleiche gilt für Anwaltsprozesse in Ansehung der Zustellungen, durch welche eine Notfrist gewahrt werden soll.

§ 167

Die mündliche Erklärung einer Partei genügt, um den Gerichtsvollzieher zur Vornahme der Zustellung, die Geschäftsstelle zur Beauftragung eines Gerichtsvollziehers mit der Zustellung zu ermächtigen.

Ist eine Zustellung durch einen Gerichtsvollzieher bewirkt, so wird bis zum Beweise des Gegenteils angenommen, daß dieselbe im Auftrag der Partei erfolgt sei.

§ 168

Insoweit eine Zustellung unter Vermittlung der Geschäftsstelle zulässig ist, hat diese einen Gerichtsvollzieher mit der erforderlichen Zustellung zu beauftragen, sofern nicht die Partei erklärt hat, daß sie selbst einen Gerichtsvollzieher beauftragen wolle; in Anwaltsprozessen ist die Erklärung nur zu berücksichtigen, wenn sie in dem zuzustellenden Schriftsatz enthalten ist.

§ 169

Die Partei hat dem Gerichtsvollzieher und, wenn unter Vermittlung der Geschäftsstelle zuzustellen ist, dieser neben der Urschrift des zuzustellenden Schriftstücks eine der Zahl der Personen, welchen zuzustellen ist, entsprechende Zahl von Abschriften zu übergeben.

Die Zeit der Übergabe ist auf der Urschrift und den Abschriften zu vermerken und der Partei auf Verlangen zu bescheinigen.

§ 170

Die Zustellung besteht, wenn eine Ausfertigung zugestellt werden soll, in deren Übergabe, in den übrigen Fällen in der Übergabe einer beglaubigten Abschrift des zuzustellenden Schriftstücks.

Die Beglaubigung geschieht durch den Gerichtsvollzieher, bei den auf Betreiben von Rechtsanwälten oder in Anwaltsprozessen zuzustellenden Schriftstücken durch den Anwalt.

§ 171

Die Zustellungen, welche an eine Partei bewirkt werden sollen, erfolgen für die nicht prozeßfähigen Personen an die gesetzlichen Vertreter derselben.

Bei Behörden, Gemeinden und Korporationen sowie bei Vereinen, welche als solche klagen und verklagt werden können, genügt die Zustellung an die Vorsteher.

Bei mehreren gesetzlichen Vertretern sowie bei mehreren Vorstehern genügt die Zustellung an einen derselben.

§ 172

Die Zustellung für Unteroffiziere oder Mannschaften der Wehrmacht erfolgt an den Chef der zunächst vorgesetzten Kommandobehörde (Chef der Kompagnie, Eskadron, Batterie usw.).

§ 173

Die Zustellung erfolgt an den Generalbevollmächtigten sowie in den durch den Betrieb eines Handelsgewerbes hervorgerufenen Rechtsstreitigkeiten an den Prokuristen mit gleicher Wirkung wie an die Partei selbst.

§ 174

Wohnt eine Partei weder am Orte des Prozeßgerichts noch innerhalb des Amtsgerichtbezirkes, in welchem das Prozeßgericht seinen Sitz hat, so kann das Gericht, falls sie nicht einen in diesem Orte oder Bezirke wohnhaften Prozeßbevollmächtigten bestellt hat, auf Antrag anordnen, daß sie eine daselbst wohnhafte Person zum Empfange der für sie bestimmten Schriftstücke bevollmächtige. Diese Anordnung kann ohne vorgängige mündliche Verhandlung erfolgen. Eine Anfechtung des Beschlusses findet nicht statt.

Wohnt die Partei nicht im Deutschen Reiche, so ist sie auch ohne vorgängige Anordnung des Gerichts zur Benennung eines Zustellungsbevollmächtigten verpflichtet, falls sie nicht einen in dem durch den ersten Absatz bezeichneten Orte oder Bezirke wohnhaften Prozeßbevollmächtigten bestellt hat.

§ 175

Der Zustellungsbevollmächtigte ist bei der nächsten gerichtlichen Verhandlung oder, wenn die Partei vorher dem Gegner einen Schriftsatz zustellen läßt, in diesem zu benennen. Geschieht dies nicht, so können alle späteren Zustellungen bis zur nachträglichen Benennung in der Art bewirkt werden, daß der Gerichtsvollzieher das zu übergebende Schriftstück unter der Adresse der Partei nach ihrem Wohnort zur Post gibt. Die Zustellung wird mit der Aufgabe zur Post als bewirkt angesehen, selbst wenn die Sendung als unbestellbar zurückkommt.

Die Postsendungen sind mit der Bezeichnung „Einschreiben" zu versehen, wenn die Partei es verlangt und zur Zahlung der Mehrkosten sich bereit erklärt.

§ 176

Zustellungen, welche in einem anhängigen Rechtsstreit geschehen sollen, müssen an den für die Instanz bestellten Prozeßbevollmächtigten erfolgen.

§ 177

Ist der Aufenthalt eines Prozeßbevollmächtigten unbekannt, so hat das Prozeßgericht auf Antrag die Zustellung an den Zustellungsbevollmächtigten, in Ermangelung eines solchen an den Gegner selbst zu bewilligen.

Die Entscheidung über den Antrag kann ohne vorgängige mündliche Verhandlung erlassen werden. Eine Anfechtung der die Zustellung bewilligenden Entscheidung findet nicht statt.

§ 178

Als zu der Instanz gehörig sind im Sinne des § 176 auch diejenigen Prozeßhandlungen anzusehen, welche das Verfahren vor dem Instanzgericht infolge eines Einspruchs, einer Aufhebung des Urteils des Instanzgerichts, einer Wiederaufnahme des Verfahrens oder eines neuen Vorbringens in der Zwangsvollstreckungsinstanz zum

Gegenstande haben. Das Verfahren vor dem Vollstreckungsgericht ist als zur ersten Instanz gehörig anzusehen.

§ 179
(weggefallen)

§ 180

Die Zustellungen können an jedem Orte erfolgen, wo die Person, welcher zugestellt werden soll, angetroffen wird.

XV) (Abs. 2 weggefallen)

§ 181

Wird die Person, welcher zugestellt werden soll, in ihrer Wohnung nicht angetroffen, so kann die Zustellung in der Wohnung an einen zu der Familie gehörenden erwachsenen Hausgenossen oder an eine in der Familie dienende erwachsene Person erfolgen.

Wird eine solche Person nicht angetroffen, so kann die Zustellung an den in demselben Hause wohnenden Hauswirt oder Vermieter erfolgen, wenn diese zur Annahme des Schriftstücks bereit sind.

§ 182

Ist die Zustellung nach diesen Bestimmungen nicht ausführbar, so kann sie dadurch erfolgen, daß das zu übergebende Schriftstück auf der Geschäftsstelle des Amtsgerichts, in dessen Bezirke der Ort der Zustellung gelegen ist, oder an diesem Orte bei der Postanstalt oder dem Gemeindevorsteher oder dem Polizeivorsteher niedergelegt und eine schriftliche Mitteilung über die Niederlegung unter der Anschrift des Empfängers in der bei gewöhnlichen Briefen üblichen Weise abgegeben oder, falls dies nicht tunlich ist, an der Tür der Wohnung befestigt oder einer in der Nachbarschaft wohnenden Person zur Weitergabe an den Empfänger ausgehändigt wird.

§ 183

Für Gewerbetreibende, welche ein besonderes Geschäftslokal haben, kann, wenn sie in dem Geschäftslokale nicht angetroffen werden, die Zustellung an einen darin anwesenden Gewerbegehilfen erfolgen.

Wird ein Rechtsanwalt, ein Notar oder ein Gerichtsvollzieher in seinem Geschäftslokal nicht angetroffen, so kann die Zustellung an einen darin anwesenden Gehilfen oder Schreiber erfolgen.

§ 184

Wird der gesetzliche Vertreter oder der Vorsteher einer Behörde, einer Gemeinde, einer Korporation oder eines Vereins, welchem zugestellt werden soll, in dem Geschäftslokale während der gewöhnlichen Geschäftsstunden nicht angetroffen, oder ist er an der Annahme verhindert, so kann die Zustellung an einen anderen in dem Geschäftslokal anwesenden Beamten oder Bediensteten bewirkt werden.

Wird der gesetzliche Vertreter oder der Vorsteher in seiner Wohnung nicht angetroffen, so finden die Bestimmungen der §§ 181, 182 nur Anwendung, wenn ein besonderes Geschäftslokal nicht vorhanden ist.

§ 185

Die Zustellung an eine der in den §§ 181, 183 und im § 184 Abs. 1 bezeichneten Personen hat zu unterbleiben, wenn die Person an dem Rechtsstreit als Gegner der Partei, an welche die Zustellung erfolgen soll, beteiligt ist.

§ 186

Wird die Annahme der Zustellung ohne gesetzlichen Grund verweigert, so ist das zu übergebende Schriftstück am Orte der Zustellung zurückzulassen.

§ 187 VI) XV)

Ist ein Schriftstück, ohne daß sich seine formgerechte Zustellung nachweisen läßt, oder unter Verletzung zwingender Zustellungsvorschriften dem Prozeßbeteiligten zugegangen, an den die Zustellung dem Gesetz gemäß gerichtet war oder gerichtet werden konnte, so kann die Zustellung als in dem Zeitpunkt bewirkt angesehen werden, in dem das Schriftstück dem Beteiligten zugegangen ist. Dies gilt nicht, soweit durch die Zustellung der Lauf einer Notfrist in Gang gesetzt werden soll.

§ 188

Zur Nachtzeit sowie an Sonntagen und allgemeinen Feiertagen darf eine Zustellung, sofern sie nicht durch Aufgabe zur Post bewirkt wird, nur mit richterlicher Erlaubnis erfolgen. Die Nachtzeit umfaßt in dem Zeitraum vom 1. April bis 30. September die Stunden von neun Uhr abends bis vier Uhr morgens und in dem Zeitraum vom 1. Oktober bis 31. März die Stunden von neun Uhr abends bis sechs Uhr morgens.

Die Erlaubnis wird von dem Vorsitzenden des Prozeßgerichts erteilt; sie kann auch von dem Amtsrichter, in dessen Bezirke die Zustellung erfolgen soll, und in Angelegenheiten, welche durch einen beauftragten oder ersuchten Richter zu erledigen sind, von diesem erteilt werden.

Die Verfügung, durch welche die Erlaubnis erteilt wird, ist bei der Zustellung abschriftlich mitzuteilen.

Eine Zustellung, bei welcher die Bestimmungen dieses Paragraphen nicht beobachtet sind, ist gültig, wenn die Annahme nicht verweigert ist.

§ 189

Ist bei einer Zustellung an den Vertreter mehrerer Beteiligter oder an einen von mehreren Vertretern die Übergabe der Ausfertigung oder Abschrift eines Schriftstücks erforderlich, so genügt die Übergabe nur einer Ausfertigung oder Abschrift.

Einem Zustellungsbevollmächtigten mehrerer Beteiligter sind so viele Ausfertigungen oder Abschriften zu übergeben, als Beteiligte vorhanden sind.

§ 190

Über die Zustellung ist eine Urkunde aufzunehmen.

Dieselbe ist auf die Urschrift des zuzustellenden Schriftstücks oder auf einen mit derselben zu verbindenden Bogen zu setzen.

Eine durch den Gerichtsvollzieher beglaubigte Abschrift der Zustellungsurkunde ist auf das bei der Zustellung zu übergebende Schriftstück oder auf einen mit demselben zu verbindenden Bogen zu setzen.[XV]) Die Übergabe einer Abschrift der Zustellungsurkunde kann dadurch ersetzt werden, daß der Gerichtsvollzieher den Tag der Zustellung auf der Sendung vermerkt.

Die Zustellungsurkunde ist der Partei, für welche die Zustellung erfolgt, zu übermitteln.

§ 191

Die Zustellungsurkunde muß enthalten:

1. Ort und Zeit der Zustellung;
2. die Bezeichnung der Person, für welche zugestellt werden soll;
3. die Bezeichnung der Person, an welche zugestellt werden soll;
4. die Bezeichnung der Person, welcher zugestellt ist; in den Fällen der §§ 181, 183, 184 die Angabe des Grundes, durch welchen die Zustellung an die bezeichnete Person gerechtfertigt wird; wenn nach § 182 verfahren ist, die Bemerkung, wie die darin enthaltenen Vorschriften befolgt sind;
5. im Falle der Verweigerung der Annahme die Erwähnung, daß die Annahme verweigert und das zu übergebende Schriftstück am Orte der Zustellung zurückgelassen ist;

XV) 6. die Bemerkung, daß eine Ausfertigung oder eine beglaubigte Abschrift des zuzustellenden Schriftstücks und daß eine beglaubigte Abschrift der Zustellungsurkunde übergeben oder der Tag der Zustellung auf der Sendung vermerkt ist;

7. die Unterschrift des die Zustellung vollziehenden Beamten.

§ 192

Ist die Zustellung durch Aufgabe zur Post (§ 175) erfolgt, so muß die Zustellungsurkunde den Bestimmungen des vorstehenden Paragraphen unter Nr. 2, 3, 7 entsprechen und außerdem ergeben, zu welcher Zeit, unter welcher Adresse und bei welcher Postanstalt die Aufgabe geschehen ist.

§ 193

Zustellungen können auch durch die Post erfolgen.

§ 194

Wird durch die Post zugestellt, so hat der Gerichtsvollzieher die zuzustellende Ausfertigung oder die beglaubigte Abschrift des zuzustellenden Schriftstücks verschlossen der Post mit dem Ersuchen zu übergeben, die Zustellung einem Postbediensteten des Bestimmungsortes aufzutragen. Die Sendung muß mit der Anschrift der Person, an die zugestellt werden soll, sowie mit der Bezeichnung des absendenden Gerichtsvollziehers und einer Geschäftsnummer versehen sein.

Der Gerichtsvollzieher hat auf dem bei der Zustellung zu übergebenden Schriftstück zu vermerken, für welche Person er dasselbe der Post übergibt, und auf der Urschrift des zuzustellenden Schriftstücks oder auf einem mit derselben zu verbindenden Bogen zu bezeugen, daß die Übergabe in der im Abs. 1 bezeichneten Art und für wen sie geschehen ist.

§ 195

Die Zustellung durch den Postbediensteten erfolgt in Gemäßheit der Bestimmungen der §§ 180 bis 186.

Über die Zustellung ist von dem Postbediensteten eine Urkunde aufzunehmen, welche den Bestimmungen des § 191 Nr. 1, 3 bis 5, 7 entsprechen und die Übergabe der ihrer Anschrift und ihrer Geschäftsnummer nach bezeichneten Sendung sowie der Abschrift der Zustellungsurkunde bezeugen muß. XV) Die Übergabe einer Abschrift der Zustellungsurkunde kann dadurch ersetzt werden, daß der Postbedienstete den Tag der Zustellung auf der Sendung vermerkt; er hat dies in der Zustellungsurkunde zu bezeugen.

Die Urkunde ist von dem Postbediensteten der Postanstalt und von dieser dem Gerichtsvollzieher zu überliefern, welcher mit derselben in Gemäßheit der Bestimmung des § 190 Abs. 4 zu verfahren hat.

§ 195a VI) XV)

Findet nach der Wohnung oder dem Geschäftsraum, in denen zugestellt werden soll, ein Postbestelldienst nicht statt, so wird die Sendung bei der zuständigen Postanstalt hinterlegt. Die Postanstalt vermerkt auf der Zustellungsurkunde und auf der Sendung den Grund und den Zeitpunkt der Niederlegung. Das Gericht kann die Zustellung frühestens mit dem Ablauf einer Woche seit dieser Niederlegung als bewirkt ansehen, wenn anzunehmen ist, daß der Empfänger in der Lage gewesen ist, sich die Sendung aushändigen zu lassen oder sich über ihren Inhalt zu unterrichten.

§ 196

Insoweit eine Zustellung unter Vermittlung der Geschäftsstelle zulässig ist, kann dieselbe unmittelbar die Post um Bewirkung der Zustellung ersuchen. In diesem Falle finden die Vorschriften der §§ 194, 195 auf die Geschäftsstelle entsprechende Anwendung; die erforderliche Beglaubigung erfolgt durch den Urkundsbeamten der Geschäftsstelle.

§ 197

Ist eine Zustellung durch einen Gerichtsvollzieher bewirkt, obgleich sie durch die Post hätte erfolgen können, so hat die zur Erstattung der Prozeßkosten verurteilte Partei die Mehrkosten nicht zu tragen.

§ 198

XV) Sind die Parteien durch Anwälte vertreten, so kann ein Schriftstück auch dadurch zugestellt werden, daß der zustellende Anwalt das zu übergebende Schriftstück dem anderen Anwalt übermittelt (Zustellung von Anwalt zu Anwalt). Auch Schriftsätze, die nach den Vorschriften dieses Gesetzes von Amts wegen zuzustellen wären, können statt dessen von Anwalt zu Anwalt zugestellt werden, wenn nicht gleichzeitig dem Gegner eine gerichtliche Anordnung mitzuteilen ist. In dem Schriftsatz soll die Erklärung enthalten sein, daß er von Anwalt zu Anwalt zugestellt werde. Die Zustellung ist dem Gericht, sofern dies für die von ihm zu treffende Entscheidung erforderlich ist, nachzuweisen.

Zum Nachweise der Zustellung genügt das mit Datum und Unterschrift versehene schriftliche Empfangsbekenntnis des Anwalts, welchem zugestellt worden ist. Der Anwalt, welcher zustellt, hat dem anderen Anwalt auf Verlangen eine Bescheinigung über die Zustellung zu erteilen.

§ 199

Eine im Auslande zu bewirkende Zustellung erfolgt mittels Ersuchens der zuständigen Behörde des fremden Staates oder des in diesem Staate residierenden Konsuls oder Gesandten des Reichs.

§ 200

Zustellungen an Deutsche, welche das Recht der Exterritorialität genießen, erfolgen, wenn dieselben zur Mission des Reichs gehören, mittels Ersuchens des *Reichministers des Auswärtigen;* wenn dieselben zur Mission eines deutschen Landes gehören, mittels Ersuchens des Ministers der auswärtigen Angelegenheiten dieses Landes.

Zustellungen an die Vorsteher der Reichskonsulate erfolgen mittels Ersuchens des *Reichsministers des Auswärtigen.*

§ 201

Zustellungen an Personen, welche zu einem im Ausland befindlichen oder zu einem mobilen Truppenteil oder zur Besatzung eines in Dienst gestellten Kriegsfahrzeugs gehören, können mittels Ersuchens der vorgesetzten Kommandobehörde erfolgen.

§ 202

Die erforderlichen Ersuchungsschreiben werden von dem Vorsitzenden des Prozeßgerichts erlassen.

Die Zustellung wird durch das schriftliche Zeugnis der ersuchten Behörden [1]) oder Beamten, daß die Zustellung erfolgt sei, nachgewiesen.

§ 203

Ist der Aufenthalt einer Partei unbekannt, so kann die Zustellung durch öffentliche Bekanntmachung erfolgen.

Die öffentliche Zustellung ist auch dann zulässig, wenn bei einer im Ausland zu bewirkenden Zustellung die Befolgung der für diese bestehenden Vorschriften unausführbar ist oder keinen Erfolg verspricht.

Das gleiche gilt, wenn die Zustellung aus dem Grunde nicht bewirkt werden kann, weil die Wohnung einer nach den §§ 18, 19 des Gerichtsverfassungsgesetzes der Gerichtsbarkeit nicht unterworfenen Person der Ort der Zustellung ist.

§ 204

Die öffentliche Zustellung wird, nachdem sie auf ein Gesuch der Partei vom Prozeßgerichte bewilligt ist, durch die Geschäftsstelle von Amts wegen besorgt. Die Entscheidung über das Gesuch kann ohne vorgängige mündliche Verhandlung erlassen werden.

XI) Die öffentliche Zustellung erfolgt durch Anheftung der Ausfertigung oder einer beglaubigten Abschrift des zuzustellenden Schriftstücks an die Gerichtstafel. Enthält das Schriftstück eine Ladung, so ist außerdem ein Auszug dieses Schriftstücks in ein Mitteilungsblatt einzurücken, das von der Alliierten Kontrollbehörde zu bezeichnen oder bis zu einer solchen Bezeichnung von dem Zonenbefehlshaber zu bestimmen ist.[13] Das Gericht kann anordnen, daß zusätzliche Veröffentlichungen in der Presse, über den Rundfunk, durch den öffentlichen Ausrufer oder auf einem anderen entsprechenden Wege zu erfolgen haben.

XI) (Abs. 3 weggefallen).

§ 205

In dem Auszug des Schriftstücks müssen das Prozeßgericht, die Parteien, der Gegenstand des Prozesses, der Antrag, der Zweck der Ladung und die Zeit, zu welcher der Geladene erscheinen soll, bezeichnet werden.

[13] jetzt: „Öffentlicher Anzeiger für das Vereinigte Wirtschaftsgebiet" in Frankfurt a/M.

§ 206

Das eine Ladung enthaltende Schriftstück gilt als an dem Tage zugestellt, an welchem seit der letzten Einrückung des Auszugs in die öffentlichen Blätter ein Monat verstrichen ist. Das Prozeßgericht kann bei Bewilligung der öffentlichen Zustellung den Ablauf einer längeren Frist für erforderlich erklären.

Enthält das Schriftstück keine Ladung, so ist dasselbe als zugestellt anzusehen, wenn seit der Anheftung des Schriftstücks an die Gerichtstafel zwei Wochen verstrichen sind.

Auf die Gültigkeit der Zustellung hat es keinen Einfluß, wenn das anzuheftende Schriftstück von dem Orte der Anheftung zu früh entfernt wird.

§ 207

Wird auf ein Gesuch, welches die Zustellung eines demselben beigefügten Schriftstücks mittels Ersuchens anderer Behörden oder Beamten oder mittels öffentlicher Bekanntmachung betrifft, die Zustellung demnächst bewirkt, so treten, insoweit durch die Zustellung eine Frist gewahrt und der Lauf der Verjährung oder einer Frist unterbrochen wird, die Wirkungen der Zustellung bereits mit der Überreichung des Gesuchs ein.

Wird ein Schriftsatz, dessen Zustellung unter Vermittelung der Geschäftsstelle erfolgen soll, innerhalb einer Frist von zwei Wochen nach der Einreichung bei der Geschäftsstelle zugestellt, so tritt, sofern durch die Zustellung eine Notfrist gewahrt wird, die Wirkung der Zustellung bereits mit der Einreichung ein.

II. Zustellungen von Amts wegen

§ 208

Aut die von Amts wegen zu bewirkenden Zustellungen finden die Vorschriften über die Zustellungen auf Betreiben der Parteien entsprechende Anwendung, soweit nicht aus den nachfolgenden Bestimmungen sich Abweichungen ergeben.

§ 209

Für die Bewirkung der Zustellung hat die Geschäftsstelle Sorge zu tragen.

§ 210

Die Beglaubigung der bei der Zustellung zu übergebenden Abschrift geschieht durch den Urkundsbeamten der Geschäftsstelle.

§ 210a

Ein Schriftsatz, durch welchen ein Rechtsmittel eingelegt wird, ist dem Prozeßbevollmächtigten derjenigen Instanz, deren Entscheidung angefochten wird, in Ermangelung eines solchen dem Prozeßbevollmächtigten erster Instanz zuzustellen. Ist von der Partei bereits ein Prozeßbevollmächtigter für die höhere, zur Verhandlung und Entscheidung über das Rechtsmittel zuständige Instanz bestellt, so kann die Zustellung auch an diesen Prozeßbevollmächtigten erfolgen.

Ist ein Prozeßbevollmächtigter, welchem nach Maßgabe des Abs. 1 zugestellt werden kann, nicht vorhanden, oder ist sein Aufenthalt unbekannt, so erfolgt die Zustellung an den von der Partei, wenngleich nur für die erste Instanz bestellten Zustellungsbevollmächtigten, in Ermangelung eines solchen an die Partei selbst, und zwar an diese durch Aufgabe zur Post, wenn sie einen Zustellungsbevollmächtigten zu bestellen hatte, die Bestellung aber unterlassen hat.

§ 211

Die Geschäftsstelle hat das zu übergebende Schriftstück einem Gerichtswachtmeister oder der Post zur Zustellung auszuhändigen. Die Sendung muß verschlossen sein; sie muß mit der Anschrift der Person, an die zugestellt werden soll, sowie mit der Bezeichnung der absendenden Stelle und einer Geschäftsnummer versehen sein. Sie muß den Vermerk „Vereinfachte Zustellung" tragen.

Die Vorschrift des § 194 Abs. 2 findet keine Anwendung.

§ 212

Die Beurkundung der Zustellung durch den Gerichtswachtmeister oder den Postbediensteten erfolgt nach den Vorschriften des § 195 Abs. 2 mit der Maßgabe, daß eine Abschrift der Zustellungsurkunde nicht zu übergeben, der Tag der Zustellung jedoch auf der Sendung zu vermerken ist.

Die Zustellungsurkunde ist der Geschäftsstelle zu überliefern.

§ 212a

Bei der Zustellung an einen Anwalt, Notar oder Gerichtsvollzieher oder eine Behörde oder Körperschaft des öffentlichen Rechts genügt zum Nachweis der Zustellung das mit Datum und Unterschrift versehene schriftliche Empfangsbekenntnis des Anwalts oder eines gemäß *§ 19 der Rechtsanwaltsordnung*[14] bestellten Zustellungsbevoll-

[14] jetzt §§ 20 Abs. 4, 111 Reichs-Rechtsanwaltsordnung.

mächtigten, des Notars oder Gerichtsvollziehers oder der Behörde oder Körperschaft.

§ 212b VI) XV)

Eine Zustellung kann auch dadurch vollzogen werden, daß das zu übergebende Schriftstück an der Amtsstelle dem ausgehändigt wird, an den die Zustellung zu bewirken ist. In den Akten und auf dem ausgehändigten Schriftstück ist zu vermerken, wann dies geschehen ist; der Vermerk ist von dem Beamten, der die Aushändigung vorgenommen hat, zu unterschreiben.

§ 213

Ist die Zustellung durch Aufgabe zur Post (§ 175) erfolgt, so hat der Urkundsbeamte der Geschäftsstelle in den Akten zu vermerken, zu welcher Zeit und unter welcher Adresse die Aufgabe geschehen ist. Der Aufnahme einer Zustellungsurkunde bedarf es nicht.

Dritter Titel

Ladungen. Termine und Fristen

§ 214 XV)

Die Ladung zu einem Termin wird von Amts wegen veranlaßt.

§ 215 XV)

In Anwaltsprozessen muß die Ladung zur mündlichen Verhandlung, sofern die Zustellung nicht an einen Rechtsanwalt erfolgt, die Aufforderung enthalten, einen bei dem Prozeßgerichte zugelassenen Anwalt zu bestellen.

§ 216

XV) Die Termine werden von Amts wegen bestimmt, wenn Anträge oder Erklärungen eingereicht werden, über die nur nach vorgängiger mündlicher Verhandlung entschieden werden kann oder über die mündliche Verhandlung vom Gericht angeordnet ist.

Die Bestimmung der Termine erfolgt binnen vierundzwanzig Stunden durch den Vorsitzenden.

Auf Sonntage und allgemeine Feiertage sind Termine nur in Notfällen anzuberaumen.

§ 217

Die Frist, welche in einer anhängigen Sache zwischen der Zustellung der Ladung und dem Terminstag liegen soll (Ladungsfrist), beträgt in Anwaltsprozessen mindestens eine Woche, in anderen Prozessen mindestens drei Tage, in Meß- und Marktsachen mindestens vierundzwanzig Stunden.

§ 218

Zu Terminen, welche in verkündeten Entscheidungen bestimmt sind, ist eine Ladung der Parteien unbeschadet der Vorschriften des § 141 Abs. 2 nicht erforderlich.

§ 219

Die Termine werden an der Gerichtsstelle[AV] abgehalten, sofern nicht die Einnahme eines Augenscheins an Ort und Stelle, die Verhandlung mit einer am Erscheinen vor Gericht verhinderten Person oder eine sonstige Handlung erforderlich ist, welche an der Gerichtsstelle nicht vorgenommen werden kann.

Der Reichspräsident ist nicht verpflichtet, persönlich an der Gerichtsstelle zu erscheinen.

§ 220

Der Termin beginnt mit dem Aufruf der Sache.

Der Termin ist von einer Partei versäumt, wenn sie bis zum Schlusse desselben nicht verhandelt.

§ 221

Der Lauf einer richterlichen Frist beginnt, sofern nicht bei Festsetzung derselben ein anderes bestimmt wird, mit der Zustellung des Schriftstücks, in welchem die Frist festgesetzt ist, und, wenn es einer solchen Zustellung nicht bedarf, mit der Verkündung der Frist.

Der Lauf einer gesetzlichen oder richterlichen Frist, deren Beginn von einer Zustellung abhängig ist, beginnt mit dieser auch gegen diejenige Partei, welche die Zustellung hat bewirken lassen.

§ 222

Für die Berechnung der Fristen gelten die Vorschriften des Bürgerlichen Gesetzbuchs.

Fällt das Ende einer Frist auf einen Sonntag oder allgemeinen Feiertag, so endigt die Frist mit Ablauf des nächstfolgenden Werktags.

Bei der Berechnung einer Frist, welche nach Stunden bestimmt ist, werden Sonntage und allgemeine Feiertage nicht mitgerechnet.

§ 223

[15] *Der Lauf einer Frist wird durch die Gerichtsferien gehemmt. Der noch übrige Teil der Frist beginnt mit dem Ende der Ferien zu laufen. Fällt der Anfang der Frist in die Ferien, so beginnt der Lauf der Frist mit dem Ende derselben.*

[15] *Die vorstehenden Bestimmungen finden auf Notfristen und Fristen in Feriensachen keine Anwendung.*

[15] gegenstandslos nach Abschaffung der Gerichtsferien durch Ges. vom 7. 3. 35 — RGBl. I S. 352 —, aber jetzt zu beachten Verordnung über die einstweilige Zurückstellung bürgerlicher Rechtssachen im Geschäftszahr 1948 vom 11. 5. 48 — VOBl. BZ. S. 115 —
— abgedr. unter XV G —.

Notfristen sind nur diejenigen Fristen, welche in diesem Gesetz als solche bezeichnet werden.

§ 224

Durch Vereinbarung der Parteien können Fristen, mit Ausnahme der Notfristen, abgekürzt werden.

Auf Antrag können richterliche und gesetzliche Fristen abgekürzt oder verlängert werden, wenn erhebliche Gründe glaubhaft gemacht sind, gesetzliche Fristen jedoch nur in den besonders bestimmten Fällen.

Im Falle der Verlängerung wird die neue Frist von dem Ablauf der vorigen Frist an berechnet, wenn nicht im einzelnen Falle ein anderes bestimmt ist.

§ 225

Über das Gesuch um Abkürzung oder Verlängerung einer Frist kann ohne vorgängige mündliche Verhandlung entschieden werden.

Die Abkürzung oder wiederholte Verlängerung darf nur nach vorgängigem Gehöre des Gegners bewilligt werden.

Eine Anfechtung des Beschlusses, durch welche das Gesuch um Verlängerung einer Frist zurückgewiesen ist, findet nicht statt.

§ 226

Einlassungsfristen, Ladungsfristen sowie diejenigen Fristen, welche für die Zustellung vorbereitender Schriftsätze bestimmt sind, können auf Antrag abgekürzt werden.

Die Abkürzung der Einlassungs- und der Ladungsfristen wird dadurch nicht ausgeschlossen, daß infolge der Abkürzung die mündliche Verhandlung durch Schriftsätze nicht vorbereitet werden kann.

Der Vorsitzende kann bei Bestimmung des Termins die Abkürzung ohne vorgängiges Gehör des Gegners und des sonst Beteiligten verfügen; diese Verfügung ist dem Beteiligten abschriftlich mitzuteilen.

§ 227

Das Gericht kann aus erheblichen Gründen auf Antrag oder von Amts wegen einen Termin aufheben. Beschlüsse hierüber können ohne mündliche Verhandlung ergehen.

Der Beschluß über die Aufhebung eines Termins ist, falls er ohne mündliche Verhandlung ergeht, mit Gründen zu versehen. Auch die Zurückweisung eines Antrags auf Aufhebung eines Termins ist unanfechtbar.

Die Vorschriften der Abs. 1, 2 gelten auch für die Verlegung eines Termins und für die Vertagung einer Verhandlung.

§ 228

(weggefallen)

§ 229

Die in diesem Titel dem Gericht und dem Vorsitzenden beigelegten Befugnisse stehen dem beauftragten oder ersuchten Richter in bezug auf die von diesen zu bestimmenden Termine und Fristen zu.

Vierter Titel

Folgen der Versäumung, Wiedereinsetzung in den vorigen Stand

§ 230

Die Versäumung einer Prozeßhandlung hat zur allgemeinen Folge, daß die Partei mit der vorzunehmenden Prozeßhandlung ausgeschlossen wird.

§ 231

Einer Androhung der gesetzlichen Folgen der Versäumung bedarf es nicht; dieselben treten von selbst ein, sofern nicht dieses Gesetz einen auf Verwirklichung des Rechtsnachteils gerichteten Antrag erfordert.

Im letzteren Falle kann, solange nicht der Antrag gestellt und die mündliche Verhandlung über denselben geschlossen ist, die versäumte Prozeßhandlung nachgeholt werden.

§ 232

Auf Grund der den Minderjährigen und den ihnen gleichgestellten Personen als solchen zustehenden Rechte findet die Aufhebung der Folgen einer Versäumung nicht statt.

Insofern die Aufhebung der Folgen einer unverschuldeten Versäumung zulässig ist, wird eine Versäumung, welche in der Verschuldung eines Vertreters ihren Grund hat, als eine unverschuldete nicht angesehen.

§ 233

Einer Partei, welche durch Naturereignisse oder andere unabwendbare Zufälle verhindert worden ist, eine Notfrist oder die Frist zur Begründung der Berufung oder der Revision *oder die ihr gemäß § 519 Abs. 6, § 554 Abs. 7 gesetzte Frist*[16] einzuhalten, ist auf Antrag die Wiedereinsetzung in den vorigen Stand zu erteilen.

Hat eine Partei die Einspruchsfrist versäumt, so ist ihr die Wiedereinsetzung auch dann zu erteilen, wenn sie von der Zustellung des Versäumnisurteils ohne ihr Verschulden keine Kenntnis erlangt hat.

---

[16] die Rechtsmittelgebührenzahlungsnachweisfristen sind weggefallen.

§ 234

Die Wiedereinsetzung muß innerhalb einer zweiwöchigen Frist beantragt werden.

Die Frist beginnt mit dem Tage, an welchem das Hindernis gehoben ist.

Nach Ablauf eines Jahres, von dem Ende der versäumten Frist an gerechnet, kann die Wiedereinsetzung nicht mehr beantragt werden.

§ 235 XV)

(weggefallen)

§ 236

Die Form des Antrags auf Wiedereinsetzung richtet sich nach den Vorschriften, welche für die versäumte Prozeßhandlung gelten. Der Antrag muß enthalten:

1. die Angabe der die Wiedereinsetzung begündenden Tatsachen;
2. die Angabe der Mittel für deren Glaubhaftmachung;
3. die Nachholung der versäumten Prozeßhandlung oder, wenn diese bereits nachgeholt ist, die Bezugnahme hierauf.

(Abs. 2 weggefallen) XV).

§ 237

Über den Antrag auf Wiedereinsetzung entscheidet das Gericht, welchem die Entscheidung über die nachgeholte Prozeßhandlung zusteht.

§ 238

Das Verfahren über den Antrag auf Wiedereinsetzung ist mit dem Verfahren über die nachgeholte Prozeßhandlung zu verbinden. Das Gericht kann jedoch das Verfahren zunächst auf die Verhandlung und Entscheidung über den Antrag beschränken.

Auf die Entscheidung über die Zulässigkeit des Antrags und auf die Anfechtung der Entscheidung finden die Vorschriften Anwendung, welche in diesen Beziehungen für die nachgeholte Prozeßhandlung gelten. Der Partei, welche den Antrag gestellt hat, steht jedoch der Einspruch nicht zu.

Die Kosten der Wiedereinsetzung fallen dem Antragsteller zur Last, soweit sie nicht durch einen unbegründeten Widerspruch des Gegners entstanden sind.

Fünfter Titel[I)]

Unterbrechung und Aussetzung des Verfahrens[17]

§ 239

Im Falle des Todes einer Partei tritt eine Unterbrechung des Verfahrens bis zu dessen Aufnahme durch die Rechtsnachfolger ein.

[XV)] Wird die Aufnahme verzögert, so sind auf Antrag des Gegners die Rechtsnachfolger zur Aufnahme und zugleich zur Verhandlung der Hauptsache zu laden.

[XV)] Die Ladung ist mit dem den Antrag enthaltenden Schriftsatz den Rechtsnachfolgern selbst zuzustellen. Die Ladungsfrist wird von dem Vorsitzenden bestimmt.

Erscheinen die Rechtsnachfolger in dem Termine nicht, so ist auf Antrag die behauptete Rechtsnachfolge als zugestanden anzunehmen und zur Hauptsache zu verhandeln.

Der Erbe ist vor der Annahme der Erbschaft zur Fortsetzung des Rechtsstreits nicht verpflichtet.

---

[17] Sondervorschriften im Mieterschutzgesetz.

§ 240

Im Falle der Eröffnung des Konkurses über das Vermögen einer Partei wird das Verfahren, wenn es die Konkursmasse betrifft, unterbrochen, bis dasselbe nach den für den Konkurs geltenden Bestimmungen aufgenommen oder das Konkursverfahren aufgehoben wird.

§ 241

Verliert eine Partei die Prozeßfähigkeit oder stirbt der gesetzliche Vertreter einer Partei oder hört die Vertretungsbefugnis desselben auf, ohne daß die Partei prozeßfähig geworden ist, so wird das Verfahren unterbrochen, bis der gesetzliche Vertreter oder der neue gesetzliche Vertreter von seiner Bestellung dem Gegner Anzeige macht, oder bis der Gegner seine Absicht, das Verfahren fortzusetzen, dem Vertreter anzeigt.

Diese Vorschrift findet entsprechende Anwendung, wenn eine Nachlaßverwaltung angeordnet wird.

§ 242

Tritt während des Rechtsstreits zwischen einem Vorerben und einem Dritten über einen der Nacherbfolge unterliegenden Gegenstand der Fall der Nacherbfolge ein, so finden, sofern der Vorerbe befugt war, ohne Zustimmung des Nacherben über den Gegenstand zu verfügen, hinsichtlich der Unterbrechung und der Aufnahme des Verfahrens die Vorschriften des § 239 entsprechende Anwendung.

§ 243

Wird im Falle der Unterbrechung des Verfahrens durch den Tod einer Partei ein Nachlaßpfleger bestellt oder ist ein zur Führung des Rechtsstreits berechtigter Testamentsvollstrecker vorhanden, so kommen die Vorschriften des § 241 und, wenn über den Nachlaß der Konkurs eröffnet wird, die Vorschriften des § 240 in betreff der Aufnahme des Verfahrens zur Anwendung.

§ 244 XV)

Stirbt im Anwaltsprozeß der Anwalt einer Partei oder wird derselbe unfähig, die Vertretung der Partei fortzuführen, so tritt eine Unterbrechung des Verfahrens ein, bis der bestellte neue Anwalt von seiner Bestellung dem Gegner Anzeige macht; die Anzeige ist dem Gegner von Amts wegen mitzuteilen.

Wird diese Anzeige verzögert, so ist auf Antrag des Gegners die Partei selbst zur Verhandlung der Hauptsache zu laden oder zur Bestellung eines neuen Anwalts binnen einer von dem Vorsitzenden zu bestimmenden Frist aufzufordern. Wird dieser Aufforderung nicht Folge geleistet, so ist das Verfahren als aufgenommen anzusehen. Bis zur nachträglichen Anzeige der Bestellung eines neuen Anwalts können alle Zustellungen an die zur Anzeige verpflichtete Partei, sofern diese weder am Orte des Prozeßgerichts noch innerhalb des Amtsgerichtsbezirkes wohnt, in welchem das Prozeßgericht seinen Sitz hat, durch Aufgabe zur Post (§ 175) erfolgen.

§ 245 AV

Hört infolge eines Krieges oder eines anderen Ereignisses die Tätigkeit des Gerichts auf, so wird für die Dauer dieses Zustandes das Verfahren unterbrochen.

§ 246

Fand in den Fällen des Todes, des Verlustes der Prozeßfähigkeit, des Wegfalls des gesetzlichen

Vertreters, der Anordnung einer Nachlaßverwaltung oder des Eintritts der Nacherbfolge (§§ 239, 242) eine Vertretung durch einen Prozeßbevollmächtigten statt, so tritt eine Unterbrechung des Verfahrens nicht ein; das Prozeßgericht hat jedoch auf Antrag des Bevollmächtigten, in den Fällen des Todes und der Nacherbfolge auch auf Antrag des Gegners die Aussetzung des Verfahrens anzuordnen.

XV) Die Dauer der Aussetzung und der Aufnahme des Verfahrens richten sich nach den Vorschriften der §§ 239, 241 bis 243; in den Fällen des Todes und der Nacherbfolge ist die Ladung mit dem Schriftsatz, in dem sie beantragt ist, auch dem Bevollmächtigten zuzustellen.

§ 247

Befindet sich eine Partei zu Kriegszeiten im Militärdienst, oder hält sich eine Partei an einem Orte auf, welcher durch obrigkeitliche Anordnung oder durch Krieg oder durch andere Zufälle von dem Verkehre mit dem Prozeßgericht abgeschnitten ist, so kann dasselbe auch von Amts wegen die Aussetzung des Verfahrens bis zur Beseitigung des Hindernisses anordnen.

§ 248

Das Gesuch um Aussetzung des Verfahrens ist bei dem Prozeßgericht anzubringen; es kann vor der Geschäftsstelle zu Protokoll erklärt werden.

Die Entscheidung kann ohne vorgängige mündliche Verhandlung erfolgen.

§ 249

Die Unterbrechung und Aussetzung des Verfahrens hat die Wirkung, daß der Lauf einer jeden Frist aufhört und nach Beendigung der Unterbrechung oder Aussetzung die volle Frist von neuem zu laufen beginnt.

Die während der Unterbrechung oder Aussetzung von einer Partei in Ansehung der Hauptsache vorgenommenen Prozeßhandlungen sind der anderen Partei gegenüber ohne rechtliche Wirkung.

Durch die nach dem Schlusse einer mündlichen Verhandlung eintretende Unterbrechung wird die Verkündung der auf Grund dieser Verhandlung zu erlassenden Entscheidung nicht gehindert.

§ 250

Die Aufnahme eines unterbrochenen oder ausgesetzten Verfahrens und die in diesem Titel erwähnten Anzeigen erfolgen durch Zustellung eines Schriftsatzes.

§ 251

Das Gericht hat das Ruhen des Verfahrens anzuordnen, wenn beide Parteien dies beantragen und anzunehmen ist, daß wegen Schwebens von Vergleichsverhandlungen oder aus sonstigen wichtigen Gründen diese Anordnung zweckmäßig ist. Die Anordnung hat auf den Lauf der im § 233 Abs. 1 bezeichneten Fristen keinen Einfluß.

Vor Ablauf von drei Monaten kann das Verfahren nur mit Zustimmung des Gerichts aufgenommen werden.

§ 251a

[XV]) Erscheinen in einem Termine beide Parteien nicht, oder stellt beim Ausbleiben einer Partei, ohne daß es zur Vertagung kommt, die erschienene Partei keine Anträge zur Sache, so kann das Gericht nach Lage der Akten entscheiden. Ein Urteil darf in diesem Falle nur in einem besonderen, auf mindestens eine Woche hinaus anzusetzenden Termin verkündet werden, und nur, wenn in einem früheren Termin eine mündliche Verhandlung stattgefunden hat. Das Gericht hat der nicht erschienenen Partei durch eingeschriebenen Brief den Verkündungstermin bekanntzugeben. Die Verkündung unterbleibt, wenn eine nicht erschienene Partei dies vor dem Verkündungstermin beantragt und glaubhaft macht, daß sie in dem Verhandlungstermin ohne ihr Verschulden ausgeblieben ist.

Ergeht eine Entscheidung nach Lage der Akten nicht, so bestimmt das Gericht von Amts wegen einen neuen Termin zur mündlichen Verhandlung und gibt ihn den Parteien bekannt oder ordnet das Ruhen des Verfahrens an.

§ 252

Gegen die Entscheidung, durch welche auf Grund der Vorschriften dieses Titels oder auf Grund anderer gesetzlicher Bestimmungen die Aussetzung des Verfahrens angeordnet oder abgelehnt wird, findet Beschwerde, im Falle der Ablehnung sofortige Beschwerde statt.

Zweites Buch
Verfahren in erster Instanz

Erster Abschnitt
Verfahren vor den Landgerichten

Erster Titel
Verfahren bis zum Urteil

§ 253[XV)]

Eine Erhebung der Klage erfolgt durch Zustellung eines Schriftsatzes.

Die Klageschrift muß enthalten:

1. die Bezeichnung der Parteien und des Gerichts;
2. die bestimmte Angabe des Gegenstandes und des Grundes des erhobenen Anspruchs, sowie einen bestimmten Antrag.

Die Klageschrift soll ferner die Angabe des Wertes des Streitgegenstandes enthalten, wenn hiervon die Zuständigkeit des Gerichts abhängt und der Streitgegenstand nicht in einer bestimmten Geldsumme besteht.

Außerdem finden die allgemeinen Bestimmungen über die vorbereitenden Schriftsätze auch auf die Klageschrift Anwendung.

Die Klageschrift sowie sonstige Anträge und Erklärungen einer Partei, die zugestellt werden sollen, sind bei dem Gericht schriftlich unter Beifügung der für ihre Zustellung oder Mitteilung erforderlichen Zahl von Abschriften einzureichen.

§ 254

Wird mit der Klage auf Rechnungslegung oder auf Vorlegung eines Vermögensverzeichnisses oder auf Leistung des Offenbarungseides die Klage auf Herausgabe desjenigen verbunden, was der Beklagte aus dem zugrunde liegenden Rechtsverhältnisse schuldet, so kann die bestimmte Angabe der Leistungen, welche der Kläger beansprucht, vorbehalten werden, bis die Rechnung mitgeteilt, das Vermögensverzeichnis vorgelegt oder der Offenbarungseid geleistet ist.

§ 255

Hat der Kläger für den Fall, daß der Beklagte nicht vor dem Ablauf einer ihm zu bestimmenden Frist den erhobenen Anspruch befriedigt, das Recht, Schadensersatz wegen Nichterfüllung zu fordern oder die Aufhebung eines Vertrags herbeizuführen, so kann er verlangen, daß die Frist im Urteil bestimmt wird.

Das gleiche gilt, wenn dem Kläger das Recht, die Anordnung einer Verwaltung zu verlangen, für den Fall zusteht, daß der Beklagte nicht vor dem Ablauf einer ihm zu bestimmenden Frist die beanspruchte Sicherheit leistet, sowie im Falle des § 2193 Abs. 2 des Bürgerlichen Gesetzbuchs für die Bestimmung einer Frist zur Vollziehung der Auflage.

§ 256

Auf Feststellung des Bestehens oder Nichtbestehens eines Rechtsverhältnisses, auf Anerkennung einer Urkunde oder auf Feststellung der Unechtheit derselben kann Klage erhoben werden, wenn der Kläger ein rechtliches Interesse daran hat, daß das Rechtsverhältnis oder die Echtheit oder Unechtheit der Urkunde durch richterliche Entscheidung alsbald festgestellt werde.

§ 257

Ist die Geltendmachung einer nicht von einer Gegenleistung abhängigen Geldforderung oder die Geltendmachung des Anspruchs auf Räumung eines Grundstücks, eines Wohnraums oder eines anderen Raumes an den Eintritt eines Kalendertages geknüpft, so kann Klage auf künftige Zahlung oder Räumung erhoben werden.

§ 258

Bei wiederkehrenden Leistungen kann auch wegen der erst nach Erlassung des Urteils fällig werdenden Leistungen Klage auf künftige Entrichtung erhoben werden.

§ 259

Klage auf künftige Leistung kann außer den Fällen der §§ 257, 258 erhoben werden, wenn den Umständen nach die Besorgnis gerechtfertigt ist, daß der Schuldner sich der rechtzeitigen Leistung entziehen werde.

§ 260

Mehrere Ansprüche des Klägers gegen denselben Beklagten können, auch wenn sie auf verschiedenen Gründen beruhen, in einer Klage verbunden werden, wenn für sämtliche Ansprüche das Prozeßgericht zuständig und dieselbe Prozeßart zulässig ist.

§ 261 XV)

Der Termin zur mündlichen Verhandlung soll nur so weit hinausgerückt werden, als es zur Wahrung der Einlassungsfrist geboten erscheint.

§ 261 a XV)

Nach der Bestimmung des Termins zur mündlichen Verhandlung ist die Ladung der Parteien durch die Geschäftsstelle zu veranlassen.

Dem Beklagten ist mit der Ladung die Klageschrift zuzustellen. Mit der Zustellung der Klageschrift soll, sofern die Zustellung nicht an einen Rechtsanwalt erfolgt, die Aufforderung verbunden werden, etwaige gegen die Behauptungen des Klägers vorzubringende Einwendungen und Beweismittel unverzüglich durch den zu bestellenden Anwalt in einem Schriftsatz dem Gericht mitzuteilen.

§ 261 b XV)

Die Zustellungen erfolgen, soweit nicht ein anderes vorgeschrieben ist, von Amts wegen.

Mit Ausnahme der Klageschrift und solcher Schriftsätze, die Sachanträge oder eine Zurücknahme der Klage enthalten, sind Schriftsätze und sonstige Erklärungen der Parteien, sofern nicht das Gericht die Zustellung anordnet, ohne besondere Form mitzuteilen. Bei Übersendung durch die Post gilt die Mitteilung, wenn die Wohnung der Partei im Bereiche des Ortsbestellverkehrs liegt, an dem folgenden, im übrigen an dem zweiten Werktage nach der Aufgabe zur Post als bewirkt, sofern nicht die Partei glaubhaft macht, daß ihr die Mitteilung nicht oder erst in einem späteren Zeitpunkt zugegangen ist.

Soll durch die Zustellung eine Frist gewahrt oder die Verjährung unterbrochen werden, so tritt die Wirkung, sofern die Zustellung demnächst erfolgt, bereits mit der Einreichung oder Anbringung des Antrags oder der Erklärung ein.

§ 262

Zwischen der Zustellung der Klageschrift und dem Termin zur mündlichen Verhandlung muß ein Zeitraum von mindestens zwei Wochen liegen (Einlassungsfrist). In Meß- und Marktsachen beträgt die Einlassungsfrist mindestens vierundzwanzig Stunden.

Ist die Zustellung im Ausland vorzunehmen, so hat der Vorsitzende bei Festsetzung des Termins die Einlassungsfrist zu bestimmen.

§ 263

Durch die Erhebung der Klage wird die Rechtshängigkeit der Streitsache begründet.

Die Rechtshängigkeit hat folgende Wirkungen:

1. wenn während der Dauer der Rechtshängigkeit von einer Partei die Streitsache anderweit an-

hängig gemacht wird, so kann der Gegner die Einrede der Rechtshängigkeit erheben;
2. die Zuständigkeit des Prozeßgerichts wird durch eine Veränderung der sie begründenden Umstände nicht berührt.

§ 264

Nach dem Eintritt der Rechtshängigkeit ist eine Änderung der Klage zulässig, wenn der Beklagte einwilligt oder das Gericht sie für sachdienlich erachtet.

§ 265

Die Rechtshängigkeit schließt das Recht der einen oder anderen Partei nicht aus, die in Streit befangene Sache zu veräußern oder den geltend gemachten Anspruch abzutreten.

Die Veräußerung oder Abtretung hat auf den Prozeß keinen Einfluß. Der Rechtsnachfolger ist nicht berechtigt, ohne Zustimmung des Gegners den Prozeß als Hauptpartei an Stelle des Rechtsvorgängers zu übernehmen oder eine Hauptintervention zu erheben. Tritt der Rechtsnachfolger als Nebenintervenient auf, so findet der § 69 keine Anwendung.

Hat der Kläger veräußert oder abgetreten, so kann ihm, sofern das Urteil nach § 325 gegen den Rechtsnachfolger nicht wirksam sein würde, der Einwand entgegengesetzt werden, daß er zur Geltendmachung des Anspruchs nicht mehr befugt sei.

§ 266

Ist über das Bestehen oder Nichtbestehen eines Rechts, welches für ein Grundstück in Anspruch genommen wird, oder einer Verpflichtung, welche auf einem Grundstück ruhen soll, zwischen dem Besitzer und einem Dritten ein Rechtsstreit anhängig, so ist im Falle der Veräußerung des Grundstücks der Rechtsnachfolger berechtigt und auf Antrag des Gegners verpflichtet, den Rechtsstreit in der Lage, in welcher er sich befindet, als Hauptpartei zu übernehmen.[VIII]) Entsprechendes gilt für einen Rechtsstreit über das Bestehen oder Nichtbestehen einer Verpflichtung, die auf einem eingetragenen Schiff oder Schiffsbauwerk ruhen soll. Diese Bestimmung kommt insoweit nicht zur Anwendung, als ihr Vorschriften des bürgerlichen Rechts zugunsten derjenigen, welche Rechte von einem Nichtberechtigten herleiten, entgegenstehen. In einem solchen Falle findet, wenn der Kläger veräußert hat, die Vorschrift des § 265 Abs. 3 Anwendung.

§ 267

Die Vorschriften des bürgerlichen Rechts über die sonstigen Wirkungen der Rechtshängigkeit bleiben unberührt. Diese Wirkungen sowie alle Wirkungen, welche durch die Vorschriften des bürgerlichen Rechts an die Anstellung, Mitteilung oder gerichtliche Anmeldung der Klage, an die Ladung oder Einlassung des Beklagten geknüpft werden, treten unbeschadet der Vorschrift des § 207 mit der Erhebung der Klage ein.

§ 268

Als eine Änderung der Klage ist es nicht anzusehen, wenn ohne Änderung des Klagegrundes

1. die tatsächlichen oder rechtlichen Anführungen ergänzt oder berichtigt werden;
2. der Klageantrag in der Hauptsache oder in bezug auf Nebenforderungen erweitert oder beschränkt wird;
3. statt des ursprünglich geforderten Gegenstandes wegen einer später eingetretenen Veränderung

ein anderer Gegenstand oder das Interesse gefordert wird.

§ 269

Die Einwilligung des Beklagten in die Änderung der Klage ist anzunehmen, wenn derselbe, ohne der Änderung zu widersprechen, sich in einer mündlichen Verhandlung auf die abgeänderte Klage eingelassen hat.

§ 270

Eine Anfechtung der Entscheidung, daß eine Änderung der Klage nicht vorliege oder daß die Änderung zuzulassen sei, findet nicht statt.

§ 271

Die Klage kann ohne Einwilligung des Beklagten nur bis zum Beginne der mündlichen Verhandlung des Beklagten zur Hauptsache zurückgenommen werden.

xv) Die Zurücknahme der Klage erfolgt, wenn sie nicht bei der mündlichen Verhandlung erklärt wird, durch Einreichung eines Schriftsatzes.

xv) Die Zurücknahme der Klage hat zur Folge, daß der Rechtsstreit als nicht anhängig geworden anzusehen ist. Ein bereits ergangenes, noch nicht rechtskräftiges Urteil wird wirkungslos, ohne daß es seiner ausdrücklichen Aufhebung bedarf. Der Kläger ist verpflichtet, die Kosten des Rechtsstreits zu tragen, soweit nicht bereits rechtskräftig über sie erkannt ist. Auf Antrag des Beklagten sind die in Satz 2 und 3 bezeichneten Wirkungen durch Beschluß auszusprechen. Der Beschluß bedarf keiner mündlichen Verhandlung. Er unterliegt der sofortigen Beschwerde mit der Beschränkung des § 567 Abs. 2.

Wird die Klage von neuem angestellt, so kann der Beklagte die Einlassung verweigern, bis die Kostenerstattung erfolgt ist.

§ 272

Jede Partei hat dem Gegner solche tatsächliche Behauptungen, Beweismittel und Anträge, auf welche derselbe voraussichtlich ohne vorhergehende Erkundigung keine Erklärung abgeben kann, vor der mündlichen Verhandlung mittels vorbereitenden Schriftsatzes so zeitig mitzuteilen, daß der Gegner die erforderlichen Erkundigung noch einzuziehen vermag.

§ 272a

Kann eine Partei in der mündlichen Verhandlung auf eine Behauptung des Gegners eine Erklärung nicht abgeben, weil ihr die Behauptung nicht rechtzeitig vor dem Termine mitgeteilt ist, so kann auf ihren Antrag das Gericht eine Frist bestimmen, innerhalb deren sie die Erklärung in einem Schriftsatz nachbringen kann, und gleichzeitig einen Termin zur Verkündung einer Entscheidung anberaumen, der auch über eine Woche hinaus angesetzt werden kann.[XV]) Ist bis zu dem Termin der Schriftsatz dem Gegner zugestellt oder gemäß § 261b Abs. 2 mitgeteilt, so ist sein Inhalt bei der Entscheidung zu berücksichtigen; wird der Schriftsatz bis zu dem Termin nicht eingereicht, so gilt die Behauptung des Gegners als nicht bestritten.

§ 272b

Der Vorsitzende oder ein von ihm zu bestimmendes Mitglied des Prozeßgerichts hat schon vor der mündlichen Verhandlung alle Anordnungen zu treffen, die angebracht erscheinen, damit der Rechtsstreit tunlichst in einer mündlichen Verhandlung erledigt wird.

Zu diesem Zwecke kann er insbesondere

1. den Parteien die Ergänzung oder Erläuterung ihrer vorbereitenden Schriftsätze sowie die Vorlegung von Urkunden, Stammbäumen, Plänen, Rissen und Zeichnungen aufgeben;
2. Behörden oder Beamte um Mitteilung von Urkunden oder um Erteilung einer amtlichen Auskunft ersuchen;
3. das persönliche Erscheinen der Parteien anordnen;
4. Zeugen, auf welche eine Partei sich bezogen hat, zur mündlichen Verhandlung laden oder von ihnen nach Maßgabe der Vorschriften des § 377 Abs. 3, 4 schriftliche Auskünfte einholen;
5. die Einnahme des Augenscheins sowie die Begutachtung durch Sachverständige anordnen und ausführen oder Sachverständige zur mündlichen Verhandlung laden.

Anordnungen der unter Nr. 4, 5 bezeichneten Art sollen nur ergehen, wenn der Beklagte dem Klageanspruche bereits widersprochen hat. Erfordert die Ausführung der Anordnung die Abhaltung eines Termins, so ist dieser tunlichst mit dem Termin zur mündlichen Verhandlung zu verbinden.

Die Parteien sind von jeder Anordnung zu benachrichtigen. Die Benachrichtigung kann unterbleiben, wenn es nach dem Ermessen des Vorsitzenden oder des von ihm beauftragten Mitglieds für die Wahrnehmung der Rechte der Parteien nicht wesentlich ist, daß sie vor dem Termin zur mündlichen Verhandlung von der Anordnung Kenntnis erhalten. Wird das persönliche Erscheinen der Parteien angeordnet, so finden die Vorschriften des § 141 Abs. 2, 3 Anwendung.

§ 273

Die mündliche Verhandlung erfolgt nach den allgemeinen Vorschriften.

§ 274

Prozeßhindernde Einreden sind gleichzeitig und vor der Verhandlung des Beklagten zur Hauptsache vorzubringen.

Als solche Einreden sind nur anzusehen:

1. die Einrede der Unzuständigkeit des Gerichts,
2. die Einrede der Unzulässigkeit des Rechtswegs,
3. die Einrede, daß die Entscheidung des Rechtsstreits durch einen Schiedsrichter zu erfolgen habe,
4. die Einrede der Rechtshängigkeit,
5. die Einrede der mangelnden Sicherheit für die Prozeßkosten,
6. die Einrede, daß die zur Erneuerung des Rechtsstreits erforderliche Erstattung der Kosten des früheren Verfahrens noch nicht erfolgt sei,
7. die Einrede der mangelnden Parteifähigkeit, der mangelnden Prozeßfähigkeit oder der mangelnden gesetzlichen Vertretung.

Nach dem Beginne der mündlichen Verhandlung des Beklagten zur Hauptsache können prozeßhindernde Einreden nur geltend gemacht werden, wenn dieselben entweder solche sind, auf welche der Beklagte wirksam nicht verzichten kann, oder wenn der Beklagte glaubhaft macht, daß er ohne sein Verschulden nicht imstande gewesen sei, dieselben vor der Verhandlung geltend zu machen.

§ 275

Über prozeßhindernde Einreden ist besonders zu verhandeln und durch Urteil zu entscheiden, wenn das Gericht auf Antrag oder von Amts wegen die abgesonderte Verhandlung anordnet.

Das Urteil, durch welches die prozeßhindernde Einrede verworfen wird, ist in betreff der Rechtsmittel als Endurteil anzusehen; das Gericht kann jedoch auf Antrag anordnen, daß zur Hauptsache zu verhandeln sei.

§ 276

Ist auf Grund der Bestimmungen über die örtliche oder sachliche Zuständigkeit der Gerichte die Unzuständigkeit des Gerichts auszusprechen, so hat das angegangene Gericht, sofern das zuständige Gericht bestimmt werden kann, auf Antrag des Klägers durch Beschluß sich für unzuständig zu erklären und den Rechtsstreit an das zuständige Gericht zu verweisen. Sind mehrere Gerichte zuständig, so erfolgt die Verweisung an das vom Kläger gewählte Gericht.

Eine Anfechtung des Beschlusses findet nicht statt; mit der Verkündung des Beschlusses gilt der Rechtsstreit als bei dem im Beschlusse bezeichneten Gericht anhängig. Der Beschluß ist für dieses Gericht bindend.

Die im Verfahren vor dem angegangenen Gericht erwachsenen Kosten werden als Teil der Kosten behandelt, welche bei dem im Beschlusse bezeichneten Gericht erwachsen. Dem Kläger sind die entstandenen Mehrkosten auch dann aufzuerlegen, wenn er in der Hauptsache obsiegt.

§ 277

(weggefallen)

§ 278

Angriffs- und Verteidigungsmittel (Einreden, Widerklage, Repliken usw.) können bis zum

Schlusse derjenigen mündlichen Verhandlung, auf welche das Urteil ergeht, geltend gemacht werden.

Das Gericht hat, wenn durch das nachträgliche Vorbringen eines Angriffs- oder Verteidigungsmittels die Erledigung des Rechtsstreits verzögert wird, der obsiegenden Partei, welche nach freier richterlicher Überzeugung imstande war, das Angriffs- oder Verteidigungsmittel zeitiger geltend zu machen, die Prozeßkosten ganz oder teilweise aufzuerlegen.

§ 279

Angriffs- oder Verteidigungsmittel, die von einer Partei nachträglich vorgebracht werden, können zurückgewiesen werden, wenn durch deren Zulassung die Erledigung des Rechtsstreits verzögert werden würde und nach der freien Überzeugung des Gerichts die Partei in der Absicht, den Prozeß zu verschleppen, oder aus grober Nachlässigkeit das Angriffs- oder Verteidigungsmittel nicht früher vorgebracht hat.

Unter den im Abs. 1 bezeichneten Voraussetzungen können ferner Angriffs- und Verteidigungsmittel zurückgewiesen werden, deren rechtzeitige Mitteilung durch vorbereitenden Schriftsatz (§ 272) die Partei unterlassen hatte.

§ 279a

Erachtet das Gericht bestimmte Punkte für aufklärungsbedürftig, so soll es den Parteien aufgeben, sich innerhalb bestimmter Frist über die streitigen Punkte zu erklären. Wird einer solchen Anordnung nicht Folge geleistet, so kann die Erklärung, wenn sie später nachgeholt wird, für die Instanz unberücksichtigt bleiben, wenn die Partei die Verspätung nicht genügend entschuldigt.

§ 280

Bis zum Schlusse derjenigen mündlichen Verhandlung, auf welche das Urteil ergeht, kann der Kläger durch Erweiterung des Klageantrags, der Beklagte durch Erhebung einer Widerklage beantragen, daß ein im Laufe des Prozesses streitig gewordenes Rechtsverhältnis, von dessen Bestehen oder Nichtbestehen die Entscheidung des Rechtsstreits ganz oder zum Teil abhängt, durch richterliche Entscheidung festgestellt werde.

§ 281

Die Rechtshängigkeit eines erst im Laufe des Prozesses erhobenen Anspruchs tritt mit dem Zeitpunkt ein, in welchem der Anspruch in der mündlichen Verhandlung geltend gemacht oder ein den Erfordernissen des § 253 Abs. 2 Nr. 2 entsprechender Schriftsatz zugestellt wird.

§ 282

Jede Partei hat unter Bezeichnung der Beweismittel, deren sie sich zum Nachweis oder zur Widerlegung tatsächlicher Behauptungen bedienen will, den Beweis anzutreten und über die von der Gegenpartei angegebenen Beweismittel sich zu erklären.

In betreff der einzelnen Beweismittel wird die Beweisantretung und die Erklärung auf dieselbe durch die Vorschriften des sechsten bis zehnten Titels bestimmt.

§ 283

Beweismittel und Beweiseinreden können bis zum Schlusse derjenigen mündlichen Verhandlung, auf welche das Urteil ergeht, geltend gemacht werden.

Auf das nachträgliche Vorbringen von Beweismitteln und Beweiseinreden finden die Vorschriften des § 278 Abs. 2 und der §§ 279, 279a entsprechende Anwendung.

§ 284

Die Beweisaufnahme und die Anordnung eines besonderen Beweisaufnahmeverfahrens durch Beweisbeschluß wird durch die Vorschriften des fünften bis elften Titels bestimmt.

§ 285

Über das Ergebnis der Beweisaufnahme haben die Parteien unter Darlegung des Streitverhältnisses zu verhandeln.

Ist die Beweisaufnahme nicht vor dem Prozeßgericht erfolgt, so haben die Parteien das Ergebnis derselben auf Grund der Beweisverhandlungen vorzutragen.

§ 286

Das Gericht hat unter Berücksichtigung des gesamten Inhalts der Verhandlungen und des Ergebnisses einer etwaigen Beweisaufnahme nach freier Überzeugung zu entscheiden, ob eine tatsächliche Behauptung für wahr oder für nicht wahr zu erachten sei. In dem Urteile sind die Gründe anzugeben, welche für die richterliche Überzeugung leitend gewesen sind.

An gesetzliche Beweisregeln ist das Gericht nur in den durch dieses Gesetz bezeichneten Fällen gebunden.

§ 287

Ist unter den Parteien streitig, ob ein Schaden entstanden sei, und wie hoch sich der Schaden oder ein zu ersetzendes Interesse belaufe, so entscheidet hierüber das Gericht unter Würdigung aller Umstände nach freier Überzeugung. Ob und inwieweit eine beantragte Beweisaufnahme oder von Amts wegen die Begutachtung durch Sachverständige anzuordnen sei, bleibt dem Ermessen des Gerichts überlassen. Das Gericht kann den Beweisführer über den Schaden oder das Interesse vernehmen; die Vorschriften des § 452 Abs. 1 Satz 1, Abs. 2 bis 4 gelten entsprechend.

Die Vorschriften des Abs. 1 Satz 1, 2 finden bei vermögensrechtlichen Streitigkeiten auch in anderen Fällen entsprechende Anwendung, soweit unter den Parteien die Höhe einer Forderung streitig ist und die vollständige Aufklärung aller hierfür maßgebenden Umstände mit Schwierigkeiten verbunden ist, die zu der Bedeutung des streitigen Teiles der Forderung in keinem Verhältnis stehen.

§ 288

Die von einer Partei behaupteten Tatsachen bedürfen insoweit keines Beweises, als sie im Laufe des Rechtsstreits von dem Gegner bei einer mündlichen Verhandlung oder zum Protokoll eines beauftragten oder ersuchten Richters zugestanden sind.

Zur Wirksamkeit des gerichtlichen Geständnisses ist dessen Annahme nicht erforderlich.

§ 289

Die Wirksamkeit des gerichtlichen Geständnisses wird dadurch nicht beeinträchtigt, daß demselben eine Behauptung hinzugefügt wird, welche ein selbständiges Angriffs- oder Verteidigungsmittel enthält.

Inwiefern eine vor Gericht erfolgte einräumende Erklärung ungeachtet anderer zusätzlicher oder einschränkender Behauptungen als ein Geständnis anzusehen sei, bestimmt sich nach der Beschaffenheit des einzelnen Falles.

§ 290

Der Widerruf hat auf die Wirksamkeit des gerichtlichen Geständnisses nur dann Einfluß, wenn die widerrufende Partei beweist, daß das Geständnis der Wahrheit nicht entspreche und durch einen Irrtum veranlaßt sei. In diesem Falle verliert das Geständnis seine Wirksamkeit.

§ 291

Tatsachen, welche bei dem Gericht offenkundig sind, bedürfen keines Beweises.

§ 292

Stellt das Gesetz für das Vorhandensein einer Tatsache eine Vermutung auf, so ist der Beweis des Gegenteils zulässig, sofern nicht das Gesetz ein anderes vorschreibt. Dieser Beweis kann auch durch den Antrag auf Parteivernehmung nach § 445 geführt werden.

§ 293

Das in einem anderen Staate geltende Recht, die Gewohnheitsrechte und Statuten bedürfen des Beweises nur insofern, als sie dem Gericht unbekannt sind. Bei Ermittelung dieser Rechtsnormen ist das Gericht auf die von den Parteien beigebrachten Nachweise nicht beschränkt; es ist befugt, auch andere Erkenntnisquellen zu benutzen und zum Zwecke einer solchen Benutzung das Erforderliche anzuordnen.

§ 294

Wer eine tatsächliche Behauptung glaubhaft zu machen hat, kann sich aller Beweismittel bedienen, auch zur Versicherung an Eides Statt zugelassen werden.

Eine Beweisaufnahme, welche nicht sofort erfolgen kann, ist unstatthaft.

§ 295

Die Verletzung einer das Verfahren und insbesondere die Form einer Prozeßhandlung betreffenden Vorschrift kann nicht mehr gerügt werden, wenn die Partei auf die Befolgung der Vorschrift verzichtet, oder wenn sie bei der nächsten mündlichen Verhandlung, welche auf Grund des betreffenden Verfahrens stattgefunden hat oder in welcher auf dasselbe Bezug genommen ist, den Mangel nicht gerügt hat, obgleich sie erschienen und ihr der Mangel bekannt war oder bekannt sein mußte.

Die vorstehende Bestimmung kommt nicht zur Anwendung, wenn Vorschriften verletzt sind, auf deren Befolgung eine Partei wirksam nicht verzichten kann.

§ 296

Das Gericht kann in jeder Lage des Rechtsstreits die gütliche Beilegung desselben oder einzelner Streitpunkte versuchen oder die Parteien zum Zwecke des Sühneversuchs vor einen beauftragten oder ersuchten Richter verweisen.

Zum Zwecke des Sühneversuchs kann das persönliche Erscheinen der Parteien angeordnet werden. Wird das Erscheinen angeordnet, so finden die Vorschriften des § 141 Abs. 2 Anwendung.

§ 297

Die Anträge müssen aus den vorbereitenden Schriftsätzen verlesen werden.

Soweit vorbereitende Schriftsätze nicht mitgeteilt oder die Anträge in solchen nicht enthalten sind, muß die Verlesung aus einem dem Protokoll als Anlage beizufügenden Schriftsatz erfolgen.

Dasselbe gilt von Anträgen, welche von früher verlesenen in wesentlichen Punkten abweichen.

Die Verlesung kann durch eine Bezugnahme auf die die Anträge enthaltenden Schriftsätze ersetzt werden, soweit das Gericht es für ausreichend erachtet.

Die Nichtbeachtung dieser Vorschriften hat die Nichtberücksichtigung der Anträge zur Folge.

§ 298

Soweit es sich nicht um Anträge (§ 297) handelt, sind wesentliche Erklärungen, welche in vorbereitenden Schriftsätzen nicht enthalten sind, oder wesentliche Abweichungen von dem Inhalt solcher Schriftsätze, mögen die Abweichungen in Zusätzen, Weglassungen oder sonstigen Abänderungen bestehen, auf Antrag durch Schriftsätze, welche dem Protokoll als Anlage beizufügen sind, festzustellen.

In gleicher Weise sind auf Antrag auch Geständnisse sowie Erklärungen über Anträge auf Parteivernehmung festzustellen.

§ 299

Die Parteien können von den Prozeßakten Einsicht nehmen und sich aus denselben durch die Geschäftsstelle Ausfertigungen, Auszüge und Abschriften erteilen lassen.

Dritten Personen kann der Vorstand des Gerichts ohne Einwilligung der Parteien die Einsicht der Akten nur gestatten, wenn ein rechtliches Interesse glaubhaft gemacht wird.

Die Entwürfe zu Urteilen, Beschlüssen und Verfügungen, die zur Vorbereitung derselben gelieferten Arbeiten sowie die Schriftstücke, welche Abstimmungen oder Strafverfügungen betreffen, werden weder vorgelegt noch abschriftlich mitgeteilt.

Zweiter Titel

Urteil [18]

§ 300

Ist der Rechtsstreit zur Endentscheidung reif, so hat das Gericht dieselbe durch Endurteil zu erlassen.

Dasselbe gilt, wenn von mehreren zum Zwecke gleichzeitiger Verhandlung und Entscheidung verbundenen Prozessen nur der eine zur Entscheidung reif ist.

§ 301

Ist von mehreren in einer Klage geltend gemachten Ansprüchen nur der eine, oder ist nur ein Teil eines Anspruchs oder bei erhobener Widerklage nur die Klage oder die Widerklage zur Endentscheidung reif, so hat das Gericht dieselbe durch Endurteil (Teilurteil) zu erlassen.

Die Erlassung eines Teilurteils kann unterbleiben, wenn das Gericht sie nach Lage der Sache nicht für angemessen erachtet.

§ 302

Hat der Beklagte die Aufrechnung einer Gegenforderung geltend gemacht, welche mit der in der Klage geltend gemachten Forderung nicht in rechtlichem Zusammenhange steht, so kann, wenn nur die Verhandlung über die Forderung zur Entscheidung reif ist, diese unter Vorbehalt der Entscheidung über die Aufrechnung erfolgen.

Enthält das Urteil keinen Vorbehalt, so kann die Ergänzung des Urteils nach Vorschrift des § 321 beantragt werden.

---

[18] zu beachten §§ 18, 19 EntlBekm. — abgedr. unter VI Aa —.

Das Urteil, welches unter Vorbehalt der Entscheidung über die Aufrechnung ergeht, ist in betreff der Rechtsmittel und der Zwangsvollstreckung als Endurteil anzusehen.

In betreff der Aufrechnung, über welche die Entscheidung vorbehalten ist, bleibt der Rechtsstreit anhängig. Soweit sich in weiteren Verfahren ergibt, daß der Anspruch des Klägers unbegründet war, ist das frühere Urteil aufzuheben, der Kläger mit dem Anspruch abzuweisen und über die Kosten anderweit zu entscheiden. Der Kläger ist zum Ersatze des Schadens verpflichtet, der dem Beklagten durch die Vollstreckung des Urteils oder durch eine zur Abwendung der Vollstreckung gemachte Leistung entstanden ist. Der Beklagte kann den Anspruch auf Schadensersatz in dem anhängigen Rechtsstreit geltend machen; wird der Anspruch geltend gemacht, so ist er als zur Zeit der Zahlung oder Leistung rechtshängig geworden anzusehen.

§ 303

Ist ein Zwischenstreit zur Entscheidung reif, so kann die Entscheidung durch Zwischenurteil erfolgen.

§ 304

Ist ein Anspruch nach Grund und Betrag streitig, so kann das Gericht über den Grund vorab entscheiden.

Das Urteil ist in betreff der Rechtsmittel als Endurteil anzusehen; das Gericht kann jedoch, wenn der Anspruch für begründet erklärt ist, auf Antrag anordnen, daß über den Betrag zu verhandeln sei.

§ 305

Durch die Geltendmachung der dem Erben nach den §§ 2014, 2015 des Bürgerlichen Gesetzbuchs zustehenden Einreden wird eine unter dem Vorbehalte der beschränkten Haftung ergehende Verurteilung des Erben nicht ausgeschlossen.

Das gleiche gilt für die Geltendmachung der Einreden, die im Falle der fortgesetzten Gütergemeinschaft dem überlebenden Ehegatten nach dem § 1489 Abs. 2 und den §§ 2014, 2015 des Bürgerlichen Gesetzbuchs zustehen.

§ 306

Verzichtet der Kläger bei der mündlichen Verhandlung auf den geltend gemachten Anspruch, so ist er auf Grund des Verzichts mit dem Anspruch abzuweisen, wenn der Beklagte die Abweisung beantragt.

§ 307

Erkennt eine Partei den gegen sie geltend gemachten Anspruch bei der mündlichen Verhandlung ganz oder zum Teil an, so ist sie auf Antrag dem Anerkenntnisse gemäß zu verurteilen.

§ 308

Das Gericht ist nicht befugt, einer Partei etwas zuzusprechen, was nicht beantragt ist. Dies gilt insbesondere von Früchten, Zinsen und anderen Nebenforderungen.

Über die Verpflichtung, die Prozeßkosten zu tragen, hat das Gericht auch ohne Antrag zu erkennen.

§ 309

Das Urteil kann nur von denjenigen Richtern gefällt werden, welche der dem Urteil zugrunde liegenden Verhandlung beigewohnt haben.

§ 310

Die Verkündung des Urteils erfolgt in dem Termin, in welchem die mündliche Verhandlung geschlossen wird, oder in einem sofort anzuberaumenden Termin, welcher nicht über eine Woche hinaus angesetzt werden soll.

§ 311

Die Verkündung des Urteils erfolgt durch Vorlesung der Urteilsformel. Versäumnisurteile, Urteile, welche auf Grund eines Anerkenntnisses erlassen werden, sowie Urteile, welche die Folge *der Zurücknahme der Klage oder* des Verzichts auf den Klaganspruch aussprechen, können verkündet werden, auch wenn die Urteilsformel noch nicht schriftlich abgefaßt ist.

Wird die Verkündung der Entscheidungsgründe für angemessen erachtet, so erfolgt sie durch Vorlesung der Gründe oder durch mündliche Mitteilung des wesentlichen Inhalts.

§ 312

Die Wirksamkeit der Verkündung eines Urteils ist von der Anwesenheit der Parteien nicht abhängig. Die Verkündung gilt auch derjenigen Partei gegenüber als bewirkt, welche den Termin versäumt hat.

Die Befugnis einer Partei, auf Grund eines verkündeten Urteils das Verfahren fortzusetzen oder von dem Urteil in anderer Weise Gebrauch zu machen, ist von der Zustellung an den Gegner nicht abhängig, soweit nicht dieses Gesetz ein anderes bestimmt.

§ 313

Das Urteil enthält:

1. die Bezeichnung der Parteien, ihrer gesetzlichen Vertreter und der Prozeßbevollmächtigten nach Namen, Stand oder Gewerbe, Wohnort und Parteistellung;

2. die Bezeichnung des Gerichts und die Namen der Richter, welche bei der Entscheidung mitgewirkt haben;
3. eine gedrängte Darstellung des Sach- und Streitstandes auf Grundlage der mündlichen Vorträge der Parteien unter Hervorhebung der gestellten Anträge (Tatbestand);
4. die Entscheidungsgründe;
5. die von der Darstellung des Tatbestandes und der Entscheidungsgründe äußerlich zu sondernde Urteilsformel[19].

Die Darstellung des Tatbestandes kann durch eine Bezugnahme auf den Inhalt der vorbereitenden Schriftsätze und auf die zum Sitzungsprotokoll erfolgten Feststellungen ersetzt werden, soweit sich aus ihnen der Sach- und Streitstand richtig und vollständig ergibt. In jedem Falle sind jedoch die erhobenen Ansprüche genügend zu kennzeichnen und die dazu vorgebrachten Angriffs- und Verteidigungsmittel ihrem Wesen nach hervorzuheben.

Wird durch Versäumnisurteil oder Anerkenntnisurteil nach dem Antrag des Klägers erkannt, so kann das Urteil in abgekürztet Form auf die bei den Akten befindliche Urschrift oder Abschrift der Klage oder auf ein damit zu verbindendes Blatt gesetzt werden. In diesem Falle ist das Urteil als Versäumnisurteil oder Anerkenntnisurteil zu bezeichnen. Des Tatbestandes, der Entscheidungsgründe und der Bezeichnung der mitwirkenden Richter bedarf es nicht. Der Bezeichnung der Parteien, ihrer gesetzlichen Vertreter und der Prozeßbevollmächtigten bedarf es nur insoweit, als von den Angaben der Klageschrift abgewichen wird.

---

[19] wertbeständige Schuldtitel: § 9 EntlBekm. — abgedr. unter VI A —.

In der Urteilsformel kann auf die Klageschrift Bezug genommen werden. Wird das Urteil auf ein Blatt gesetzt, das mit der Klageschrift verbunden wird, so soll die Verbindungsstelle mit dem Gerichtssiegel versehen oder die Verbindung mit Schnur und Siegel bewirkt werden.

§ 314

Der Tatbestand des Urteils liefert rücksichtlich des mündlichen Parteivorbringens Beweis. Dieser Beweis kann nur durch das Sitzungsprotokoll entkräftet werden.

§ 315[20]

Das Urteil ist von den Richtern, welche bei der Entscheidung mitgewirkt haben, zu unterschreiben. Ist ein Richter verhindert, seine Unterschrift beizufügen, so wird dies unter Angabe des Verhinderungsgrundes von dem Vorsitzenden und bei dessen Verhinderung von dem ältesten beisitzenden Richter unter dem Urteil bemerkt.

Ein Urteil, welches bei der Verkündung noch nicht in vollständiger Form abgefaßt war, ist vor Ablauf einer Woche, vom Tage der Verkündung an gerechnet, in vollständiger Abfassung der Geschäftsstelle zu übergeben. Kann dies ausnahmsweise nicht geschehen, so ist innerhalb der Woche das von den Richtern unterschriebene Urteil unter Weglassung des Tatbestandes und der Entscheidungsgründe der Geschäftsstelle zu übergeben. In diesem Falle sind Tatbestand und Entscheidungsgründe alsbald nachträglich anzufertigen, von den

---

[20] Verordnung über die Ersetzung zerstörter oder abhandengekommener gerichtlicher oder notarischer Urkunden vom 18. 6. 42 — RGBl. I S. 395 — abgedr. unter X B —.

Richtern besonders zu unterschreiben und der Geschäftsstelle zu übergeben.

Der Urkundsbeamte der Geschäftsstelle hat auf dem Urteil den Tag der Verkündung zu bemerken und diese Bemerkung zu unterschreiben.

§ 316

(weggefallen)

§ 317

Die Zustellung der Urteile erfolgt auf Betreiben der Parteien.

Solange das Urteil nicht verkündet und nicht unterschrieben ist, dürfen Ausfertigungen, Auszüge und Abschriften desselben nicht erteilt werden. Die Ausfertigung der Urteile erfolgt, sofern nicht von der Partei ein anderes beantragt wird, unter Weglassung des Tatbestandes und der Entscheidungsgründe. Die Zustellung einer solchen Ausfertigung steht, soweit nicht ein anderes bestimmt ist, in den Wirkungen der Zustellung eines vollständigen Urteils gleich.

Die Ausfertigungen und Auszüge der Urteile sind von dem Urkundsbeamten der Geschäftsstelle zu unterschreiben und mit dem Gerichtssiegel zu versehen.

Ist das Urteil nach § 313 Abs. 3 in abgekürzter Form hergestellt, so erfolgt die Ausfertigung in gleicher Weise unter Benutzung einer beglaubigten Abschrift der Klageschrift oder in der Weise, daß das Urteil durch Aufnahme der im § 313 Abs. 1 Nr. 1, 2, 5 bezeichneten Angaben vervollständigt wird. Die Abschrift der Klageschrift kann durch den Urkundsbeamten der Geschäftsstelle oder durch den Rechtsanwalt des Klägers beglaubigt werden.

§ 318

Das Gericht ist an die Entscheidung, welche in den von ihm erlassenen End- und Zwischenurteilen enthalten ist, gebunden.

§ 319

Schreibfehler, Rechnungsfehler und ähnliche offenbare Unrichtigkeiten, welche in dem Urteil vorkommen, sind jederzeit von dem Gericht auch von Amts wegen zu berichtigen.

Über die Berichtigung kann ohne vorgängige mündliche Verhandlung entschieden werden. Der Beschluß, welcher eine Berichtigung ausspricht, wird auf dem Urteil und den Ausfertigungen bemerkt.

Gegen den Beschluß, durch welchen der Antrag auf Berichtigung zurückgewiesen wird, findet kein Rechtsmittel, gegen den Beschluß, welcher eine Berichtigung ausspricht, findet sofortige Beschwerde statt.

§ 320

XV) Enthält der Tatbestand des Urteils Unrichtigkeiten, die nicht unter die Bestimmung des vorstehenden Paragraphen fallen, Auslassungen, Dunkelheiten oder Widersprüche, so kann die Berichtigung binnen einer einwöchigen Frist durch Einreichung eines Schriftsatzes beantragt werden.

Die Frist beginnt mit der Zustellung des in vollständiger Form abgefaßten Urteils. Der Antrag kann schon vor dem Beginne der Frist gestellt werden. Die Berichtigung des Tatbestandes ist ausgeschlossen, wenn sie nicht binnen drei Monaten seit der Verkündung des Urteils beantragt wird.

XV) Auf den Antrag ist ein Termin zur mündlichen Verhandlung auzuberaumen. Dem Gegner des Antragstellers ist mit der Ladung zu diesem Termin der den Antrag enthaltende Schriftsatz zuzustellen.

Das Gericht entscheidet ohne vorgängige Beweisaufnahme. Bei der Entscheidung wirken nur diejenigen Richter mit, welche bei dem Urteil mitgewirkt haben. Ist ein Richter verhindert, so gibt bei Stimmengleichheit die Stimme des Vorsitzenden und bei dessen Verhinderung die Stimme des ältesten Richters den Ausschlag. Eine Anfechtung des Beschlusses findet nicht statt. Der Beschluß, welcher eine Berichtigung ausspricht, wird auf dem Urteil und den Ausfertigungen bemerkt.

Die Berichtigung des Tatbestandes hat eine Änderung des übrigen Teils des Urteils nicht zur Folge.

§ 321.

Wenn ein nach dem ursprünglich festgestellten oder nachträglich berichtigten Tatbestande von einer Partei geltend gemachter Haupt- oder Nebenanspruch oder wenn der Kostenpunkt bei der Endentscheidung ganz oder teilweise übergangen ist, so ist auf Antrag das Urteil durch nachträgliche Entscheidung zu ergänzen.

xv) Die nachträgliche Entscheidung muß binnen einer einwöchigen Frist, welche mit der Zustellung des Urteils beginnt, durch Einreichung eines Schriftsatzes beantragt werden.

vx) Auf den Antrag ist ein Termin zur mündlichen Verhandlung anzuberaumen. Dem Gegner des Antragstellers ist mit der Ladung zu diesem Termin der den Antrag enthaltende Schriftsatz zuzustellen.

Die mündliche Verhandlung hat nur den nicht erledigten Teil des Rechtsstreits zum Gegenstande.

§ 322

Urteile sind der Rechtskraft nur insoweit fähig, als über den durch die Klage oder durch die Widerklage erhobenen Anspruch entschieden ist.

Hat der Beklagte die Aufrechnung einer Gegenforderung geltend gemacht, so ist die Entscheidung, daß die Gegenforderung nicht besteht, bis zur Höhe des Betrags, für welchen die Aufrechnung geltend gemacht worden ist, der Rechtskraft fähig.

§ 323

Tritt im Falle der Verurteilung zu künftig fällig werdenden wiederkehrenden Leistungen eine wesentliche Änderung derjenigen Verhältnisse ein, welche für die Verurteilung zur Entrichtung der Leistungen, für die Bestimmung der Höhe der Leistungen oder der Dauer ihrer Entrichtung maßgebend waren, so ist jeder Teil berechtigt, im Wege der Klage eine entsprechende Abänderung des Urteils zu verlangen.

Die Klage ist nur insoweit zulässig, als die Gründe, auf welche sie gestützt wird, erst nach dem Schlusse der mündlichen Verhandlung, in der eine Erweiterung des Klageantrags oder die Geltendmachung von Einwendungen spätestens hätte erfolgen müssen, entstanden sind und durch Einspruch nicht mehr geltend gemacht werden können.

Die Abänderung des Urteils darf nur für die Zeit nach Erhebung der Klage erfolgen.

Die vorstehenden Bestimmungen finden entsprechende Anwendung auf die Schuldtitel des § 794 Nr. 1 und 5, soweit darin Leistungen der im Abs. 1 bezeichneten Art übernommen worden sind.

§ 324

Ist bei einer nach den §§ 843 bis 845 *oder nach den §§ 1578 bis 1582* des Bürgerlichen Gesetzbuchs[21] erfolgten Verurteilung zur Entrichtung einer Geldrente nicht auf Sicherheitsleistung erkannt, so kann der Berechtigte gleichwohl Sicherheitsleistung verlangen, wenn sich die Vermögensverhältnisse des Verpflichteten erheblich verschlechtert haben; unter der gleichen Voraussetzung kann er eine Erhöhung der in dem Urteil bestimmten Sicherheit verlangen.

§ 325

Das rechtskräftige Urteil wirkt für und gegen die Parteien und diejenigen Personen, welche nach dem Eintritt der Rechtshängigkeit Rechtsnachfolger der Parteien geworden sind oder den Besitz der in Streit befangenen Sache in solcher Weise erlangt haben, daß eine der Parteien oder ihr Rechtsnachfolger mittelbarer Besitzer geworden ist.

Die Vorschriften des bürgerlichen Rechtes zugunsten derjenigen, welche Rechte von einem Nichtberechtigten herleiten, finden entsprechende Anwendung.

Betrifft das Urteil einen Anspruch aus einer eingetragenen Reallast, Hypothek, Grundschuld oder Rentenschuld, so wirkt es im Falle einer Veräußerung des belasteten Grundstücks in Ansehung des Grundstücks gegen den Rechtsnachfolger auch dann, wenn dieser die Rechtshängigkeit nicht gekannt hat. Gegen den Ersteher eines im Wege der Zwangsversteigerung veräußerten Grundstücks wirkt das Urteil nur dann, wenn die Rechtshängigkeit spätestens im Versteigerungstermin vor der Aufforderung zur Abgabe von Geboten angemeldet worden ist.

VIII) Betrifft das Urteil einen Anspruch aus einer eingetragenen Schiffshypothek, so gilt Abs. 3 Satz 1 entsprechend.

---

[21] jetzt: oder nach § 62 des Ehegesetzes 1946.

§ 326

Ein Urteil, das zwischen einem Vorerben und einem Dritten über einen gegen den Vorerben als Erben gerichteten Anspruch oder über einen der Nacherbfolge unterliegenden Gegenstand ergeht, wirkt, sofern es vor dem Eintritt der Nacherbfolge rechtskräftig wird, für den Nacherben.

Ein Urteil, das zwischen einem Vorerben und einem Dritten über einen der Nacherbfolge unterliegenden Gegenstand ergeht, wirkt auch gegen den Nacherben, sofern der Vorerbe befugt ist, ohne Zustimmung des Nacherben über den Gegenstand zu verfügen.

§ 327

Ein Urteil, das zwischen einem Testamentsvollstrecker und einem Dritten über ein der Verwaltung des Testamentsvollstreckers unterliegendes Recht ergeht, wirkt für und gegen den Erben.

Das gleiche gilt von einem Urteil, welches zwischen einem Testamentsvollstrecker und einem Dritten über einen gegen den Nachlaß gerichteten Anspruch ergeht, wenn der Testamentsvollstrecker zur Führung des Rechtstreits berechtigt ist.

§ 328[22]

Die Anerkennung des Urteils eines ausländischen Gerichts ist ausgeschlossen:

---

[22] (Haager) Abkommen über den Zivilprozeß vom 17. 7. 05 — RGBl. 1909 S. 410 — mit Ausführungsgesetz vom 5. 4. 09 — RGBl. S. 430 — in der Fassung des Gesetzes vom 8. 3. 36 — RGBl. I S. 137 —.

Anerkennung ausländischer Entscheidungen in Ehesachen: § 28 der Verordnung zur Ausführung des Ehegesetzes vom 20. Februar 1946 (Kontrollratsgesetz Nr. 16) vom 12. 7. 48 — VOBl. BZ. S. 210 —.

1. wenn die Gerichte des Staates, dem das ausländische Gericht angehört, nach den deutschen Gesetzen nicht zuständig sind;
2. wenn der unterlegene Beklagte ein Deutscher ist und sich auf den Prozeß nicht eingelassen hat, sofern die den Prozeß einleitende Ladung oder Verfügung ihm weder in dem Staate des Prozeßgerichts in Person noch durch Gewährung deutscher Rechtshilfe zugestellt ist;
3. wenn in dem Urteil zum Nachteil einer deutschen Partei von den Vorschriften des Artikels 13 Abs. 1, 3 oder der Artikel 17, 18, 22 des Einführungsgesetzes zum Bürgerlichen Gesetzbuch oder von der Vorschrift des auf den Artikel 13 Abs. 1 bezüglichen Teiles des Artikels 27 desselben Gesetzes oder im Falle des Artikels 9 Abs. 3 zum Nachteil der Ehefrau eines für tot erklärten Ausländers von der Vorschrift des Artikels 13 Abs. 2 abgewichen ist;
4. wenn die Anerkennung des Urteils gegen die guten Sitten oder gegen den Zweck eines deutschen Gesetzes verstoßen würde;
5. wenn die Gegenseitigkeit nicht verbürgt ist.[AV]

Die Vorschrift der Nr. 5 steht der Anerkennung des Urteils nicht entgegen, wenn das Urteil einen nicht vermögensrechtlichen Anspruch betrifft und nach den deutschen Gesetzen ein Gerichtsstand im Inland nicht begründet war.

§ 329

Die auf Grund einer mündlichen Verhandlung ergehenden Beschlüsse des Gerichts müssen verkündet werden.

Die Vorschriften der §§ 309, 310 finden auf Beschlüsse des Gerichts, die Vorschriften des § 312 und des § 317 Abs. 1, Abs. 2 Satz 1, Abs. 3 auf Beschlüsse des Gerichts und auf Verfügungen des Vorsitzenden sowie eines beauftragten oder ersuchten Richters entsprechende Anwendung.

Nicht verkündete Beschlüsse des Gerichts und nicht verkündete Verfügungen des Vorsitzenden oder eines beauftragten oder ersuchten Richters sind den Parteien von Amts wegen zuzustellen. Es genügt jedoch, soweit nicht ein anderes bestimmt ist, formlose Mitteilung, wenn die Entscheidung weder der sofortigen Beschwerde oder der befristeten Erinnerung gemäß § 577 Abs. 4 unterliegt noch einen Vollstreckungstitel gegen die Partei bildet, eine Terminsbestimmung enthält oder eine Frist in Lauf setzt.

Dritter Titel

Versäumnisurteil

§ 330

Erscheint der Kläger im Termin zur mündlichen Verhandlung nicht, so ist auf Antrag das Versäumnisurteil dahin zu erlassen, daß der Kläger mit der Klage abzuweisen sei.

§ 331

Beantragt der Kläger gegen den im Termin zur mündlichen Verhandlung nicht erschienenen Beklagten das Versäumnisurteil, so ist das tatsächliche mündliche Vorbringen des Klägers als zugestanden anzunehmen.

Soweit dasselbe den Klageantrag rechtfertigt, ist nach dem Antrag zu erkennen; soweit dies nicht der Fall, ist die Klage abzuweisen.

§ 331a

Beim Ausbleiben einer Partei im Termin zur mündlichen Verhandlung kann der Gegner statt eines Versäumnisurteils eine Entscheidung nach Lage der Akten beantragen; dem Antrag ist zu entsprechen, wenn der Sachverhalt für eine derartige Entscheidung hinreichend geklärt erscheint.[XV]) Die Vorschriften des § 251a Abs. 1 Satz 2 bis 4 finden entsprechende Anwendung.

§ 332

Als Verhandlungstermine im Sinne der vorstehenden Paragraphen sind auch diejenigen Termine anzusehen, auf welche die mündliche Verhandlung vertagt ist, oder welche zur Fortsetzung derselben vor oder nach dem Erlaß eines Beweisbeschlusses bestimmt sind.

§ 333

Als nicht erschienen ist auch diejenige Partei anzusehen, welche in dem Termin zwar erscheint, aber nicht verhandelt.

§ 334

Wenn eine Partei in dem Termin verhandelt, sich jedoch über Tatsachen, Urkunden oder Anträge auf Parteivernehmung nicht erklärt, so finden die Vorschriften dieses Titels keine Anwendung.

§ 335

Der Antrag auf Erlassung eines Versäumnisurteils oder einer Entscheidung nach Lage der Akten ist zurückzuweisen:

1. wenn die erschienene Partei die vom Gerichte wegen eines von Amts wegen zu berücksichtigenden Umstandes erforderte Nachweisung nicht zu beschaffen vermag;
2. wenn die nicht erschienene Partei nicht ordnungsmäßig, insbesondere nicht rechtzeitig geladen war;

3. wenn der nicht erschienenen Partei ein tatsächliches mündliches Vorbringen oder ein Antrag nicht rechtzeitig mittels Schriftsatzes mitgeteilt war.

Wird die Verhandlung vertagt, so ist die nicht erschienene Partei zu dem neuen Termin zu laden.

§ 336

Gegen den Beschluß, durch welchen der Antrag auf Erlassung des Versäumnisurteils zurückgewiesen wird, findet sofortige Beschwerde statt. Wird der Beschluß aufgehoben, so ist die nicht erschienene Partei zu dem neuen Termin nicht zu laden.
Die Ablehnung eines Antrags auf Entscheidung nach Lage der Akten ist unanfechtbar.

§ 337

Das Gericht kann von Amts wegen die Verhandlung über den Antrag auf Erlassung des Versäumnisurteils oder einer Entscheidung nach Lage der Akten vertagen, wenn es dafür hält, daß die von dem Vorsitzenden bestimmte Einlassungs- oder Ladungsfrist zu kurz bemessen, oder daß die Partei durch Naturereignisse oder durch andere unabwendbare Zufälle am Erscheinen verhindert worden sei. Die nicht erschienene Partei ist zu dem neuen Termin zu laden.

§ 338

Der Partei, gegen welche ein Versäumnisurteil erlassen ist, steht gegen dasselbe der Einspruch zu.

§ 339

Die Einspruchsfrist beträgt zwei Wochen; sie ist eine Notfrist und beginnt mit der Zustellung des Versäumnisurteils.

Muß die Zustellung im Ausland oder durch öffentliche Bekanntmachung erfolgen, so hat das Gericht die Einspruchsfrist im Versäumnisurteil oder nachträglich durch besonderen Beschluß, welcher ohne vorgängige mündliche Verhandlung erlassen werden kann, zu bestimmen.

§ 340

Die Einlegung des Einspruches erfolgt durch Einreichung der Einspruchsschrift bei dem Prozeßgerichte.

Die Einspruchsschrift muß enthalten:

1. die Bezeichnung des Urteils, gegen welches der Einspruch gerichtet wird;
2. die Erklärung, daß gegen dieses Urteil Einspruch eingelegt werde.

Die Einspruchsschrift soll zugleich dasjenige enthalten, was zur Vorbereitung der Verhandlung über die Hauptsache erforderlich ist.

§ 340a

Der Termin zur mündlichen Verhandlung über den Einspruch und die Hauptsache ist von Amts wegen zu bestimmen und den Parteien bekanntzumachen. Mit der Bekanntmachung ist der Gegenpartei die Einspruchsschrift von Amts wegen zuzustellen. Die erforderliche Zahl von beglaubigten Abschriften soll die Partei mit der Einspruchsschrift einreichen.

§ 341

Das Gericht hat von Amts wegen zu prüfen, ob der Einspruch an sich statthaft und ob er in der gesetzlichen Form und Frist eingelegt sei. Fehlt es an einem dieser Erfordernisse, so ist der Einspruch als unzulässig zu verwerfen.

§ 342

Ist der Einspruch zulässig, so wird der Prozeß in die Lage zurückversetzt, in welcher er sich vor Eintritt der Versäumnis befand.

§ 343

Insoweit die Entscheidung, welche auf Grund der neuen Verhandlung zu erlassen ist, mit der in dem Versäumnisurteil enthaltenen Entscheidung übereinstimmt, ist auszusprechen, daß diese Entscheidung aufrechtzuerhalten sei. Insoweit diese Voraussetzung nicht zutrifft, wird das Versäumnisurteil in dem neuen Urteil aufgehoben.

§ 344

Ist das Versäumnisurteil in gesetzlicher Weise ergangen, so sind die durch die Versäumnis veranlaßten Kosten, soweit sie nicht durch einen unbegründeten Widerspruch des Gegners entstanden sind, der säumigen Partei auch dann aufzuerlegen, wenn infolge des Einspruchs eine abändernde Entscheidung erlassen wird.

§ 345

Einer Partei, die den Einspruch eingelegt hat, aber in der zur mündlichen Verhandlung bestimmten Sitzung oder in derjenigen Sitzung, auf welche die Verhandlung vertagt ist, nicht erscheint oder nicht zur Hauptsache verhandelt, steht gegen das Versäumnisurteil, durch welches der Einspruch verworfen wird, ein weiterer Einspruch nicht zu.

§ 346

In betreff des Verzichts auf den Einspruch und der Zurücknahme desselben finden die Vorschriften über den Verzicht auf die Berufung und über die Zurücknahme derselben entsprechende Anwendung.

§ 347

Die Vorschriften dieses Titels finden auf das Verfahren, welches eine Widerklage oder die Bestimmung des Betrags eines dem Grunde nach bereits festgestellten Anspruchs zum Gegenstande hat, entsprechende Anwendung

War ein Termin lediglich zur Verhandlung über einen Zwischenstreit bestimmt, so beschränkt sich das Versäumnisverfahren und das Versäumnisurteil auf die Erledigung dieses Zwischenstreits. Die Vorschriften dieses Titels finden entsprechende Anwendung.

Vierter Titel

Verfahren vor dem Einzelrichter

§ 348

Zur Vorbereitung der Entscheidung des Prozeßgerichts ist jede Sache zunächst vor dem Einzelrichter zu verhandeln, der auch den Termin hierzu bestimmt. Es kann jedoch nach Bestimmung des Vorsitzenden hiervon abgesehen werden, wenn eine Vorbereitung nach den Umständen nicht erforderlich erscheint.

§ 349

Der Einzelrichter hat zunächst die gütliche Beilegung des Rechtsstreits zu versuchen. Kommt ein Vergleich nicht zustande, so hat der Einzelrichter für eine erschöpfende Erörterung des gesamten Sach- und Streitverhältnisses zu sorgen. Er hat zu entscheiden:

1. über Verweisungen in den Fällen der §§ 97, 98 des Gerichtsverfassungsgesetzes;
2. über prozeßhindernde Einreden der im § 274 Abs. 2 Nr. 1, 4 bis 7 bezeichneten Art, soweit über sie besonders verhandelt und entschieden wird;
3. bei Zurücknahme der Klage, Verzicht auf den geltend gemachten Anspruch oder Anerkenntnis des Anspruchs;
4. bei Versäumnis einer Partei. In diesem Falle kann der Einzelrichter auch eine Entscheidung nach Lage der Akten gemäß § 331a erlassen;
5. in den Fällen des § 251a, soweit der Einzelrichter hier die Entscheidung nach Lage der Akten für angezeigt hält.

Im übrigen hat der Einzelrichter die Sache so weit zu fördern, daß sie tunlichst durch eine Verhandlung vor dem Prozeßgericht erledigt werden kann. Er kann zu diesem Zwecke auch einzelne Beweise erheben; dies soll nur insoweit geschehen, als es zur Vereinfachung der Verhandlung vor dem Prozeßgericht wünschenswert und von vornherein anzunehmen ist, daß das Prozeßgericht das Beweisergebnis auch ohne unmittelbaren Eindruck von dem Verlauf der Beweisaufnahme sachgemäß zu würdigen vermag. Ist die Sache zur Verhandlung vor dem Prozeßgericht reif, so wird der Termin hierzu von Amts wegen anberaumt. Besteht über die Verhandlungsreife zwischen dem Einzelrichter und dem Vorsitzenden Meinungsverschiedenheit, so entscheidet das Prozeßgericht.

Im Einverständnis beider Parteien kann der Einzelrichter bei Streitigkeiten über vermögensrechtliche Ansprüche an Stelle des Prozeßgerichts entscheiden.

§ 350

Einzelrichter im Sinne der §§ 348, 349 ist in Sachen der Zivilkammern der Vorsitzende oder ein von ihm zu bestimmendes Mitglied der Kammer, in Sachen der Kammern für Handelssachen der Vorsitzende.

Für die Anfechtung von Entscheidungen des Einzelrichters gelten dieselben Vorschriften wie für die Anfechtung entsprechender Entscheidungen des Prozeßgerichts.

§§ 351—354 (weggefallen)

Fünfter Titel

Allgemeine Bestimmungen über die Beweisaufnahme

§ 355

Die Beweisaufnahme erfolgt vor dem Prozeßgerichte. Sie ist nur in den durch dieses Gesetz bestimmten Fällen einem Mitgliede des Prozeßgerichts oder einem anderen Gerichte zu übertragen.

Eine Anfechtung des Beschlusses, durch welchen die eine oder die andere Art der Beweisaufnahme angeordnet wird, findet nicht statt.

§ 356

Steht der Aufnahme des Beweises ein Hindernis von ungewisser Dauer entgegen, so ist eine Frist zu bestimmen, nach deren fruchtlosem Ablaufe das Beweismittel nur benutzt werden kann, wenn dadurch das Verfahren nicht verzögert wird. Die Bestimmung der Frist kann ohne mündliche Verhandlung erfolgen.

§ 357

Den Parteien ist gestattet, der Beweisaufnahme beizuwohnen.

Wird die Beweisaufnahme einem Mitgliede des Prozeßgerichts oder einem anderen Gericht übertragen, so ist die Terminsbestimmung den Parteien ohne besondere Form mitzuteilen, sofern nicht das Gericht die Zustellung anordnet. Bei Übersendung durch die Post gilt die Mitteilung, wenn die Wohnung der Partei im Bereiche des Ortsbestellverkehrs liegt, an dem folgenden, im übrigen an dem zweiten Werktage nach der Aufgabe zur Post als bewirkt, sofern nicht die Partei glaubhaft macht, daß ihr die Mitteilung nicht oder erst in einem späteren Zeitpunkte zugegangen ist.

§ 357a

Beschließt das Gericht eine Beweiserhebung, so soll die Aufnahme des Beweises, soweit dies tunlich ist, sofort erfolgen, insbesondere sollen Zeugen und Sachverständige, falls sie zur Stelle sind oder ihre unverzügliche Gestellung möglich ist, sofort vernommen werden.

§ 358

Erfordert die Beweisaufnahme ein besonderes Verfahren, so ist dasselbe durch Beweisbeschluß anzuordnen.

§ 359

Der Beweisbeschluß enthält:

1. die Bezeichnung der streitigen Tatsachen, über die der Beweis zu erheben ist;
2. die Bezeichnung der Beweismittel unter Benennung der zu vernehmenden Zeugen und Sachverständigen oder der zu vernehmenden Partei;

3. die Bezeichnung der Partei, die sich auf das Beweismittel berufen hat.

§ 360

Vor der Erledigung des Beweisbeschlusses kann keine Partei dessen Änderung auf Grund der früheren Verhandlungen verlangen. Das Gericht kann jedoch auf Antrag einer Partei oder von Amts wegen den Beweisbeschluß auch ohne erneute mündliche Verhandlung insoweit ändern, als der Gegner zustimmt oder es sich nur um die Berichtigung oder Ergänzung der im Beschluß angegebenen Beweistatsachen oder um die Vernehmung anderer als der im Beschluß angegebenen Zeugen oder Sachverständigen handelt. Die gleiche Befugnis hat der beauftragte oder ersuchte Richter. Die Parteien sind tunlichst vorher zu hören und in jedem Falle von der Änderung unverzüglich zu benachrichtigen.

§ 361

Soll die Beweisaufnahme durch ein Mitglied des Prozeßgerichts erfolgen, so wird bei der Verkündung des Beweisbeschlusses durch den Vorsitzenden der beauftragte Richter bezeichnet und der Termin zur Beweisaufnahme bestimmt.

Ist die Terminsbestimmung unterblieben, so erfolgt sie durch den beauftragten Richter; wird derselbe verhindert, den Auftrag zu vollziehen, so ernennt der Vorsitzende ein anderes Mitglied.

§ 362 AV

Soll die Beweisaufnahme durch ein anderes Gericht erfolgen, so ist das Ersuchungsschreiben von dem Vorsitzenden zu erlassen.

Die auf die Beweisaufnahme sich beziehenden Verhandlungen werden in Urschrift von dem ersuchten Richter der Geschäftsstelle des Prozeßgerichts übersendet, welche die Parteien von dem Eingang benachrichtigt.

§ 363

Soll die Beweisaufnahme im Ausland erfolgen, so hat der Vorsitzende die zuständige Behörde um Aufnahme des Beweises zu ersuchen.[23]

Kann die Beweisaufnahme durch einen Reichskonsul erfolgen, so ist das Ersuchen an diesen zu richten.

§ 364

Wird eine ausländische Behörde ersucht, den Beweis aufzunehmen, so kann das Gericht anordnen, daß der Beweisführer das Ersuchungsschreiben zu besorgen und die Erledigung des Ersuchens zu betreiben habe.

Das Gericht kann sich auf die Anordnung beschränken, daß der Beweisführer eine den Gesetzen des fremden Staates entsprechende öffentliche Urkunde über die Beweisaufnahme beizubringen habe.

In beiden Fällen ist in dem Beweisbeschlusse eine Frist zu bestimmen, binnen welcher von dem Beweisführer die Urkunde auf der Geschäftsstelle niederzulegen ist. Nach fruchtlosem Ablaufe dieser Frist kann die Urkunde nur benutzt werden, wenn dadurch das Verfahren nicht verzögert wird.

Der Beweisführer hat den Gegner, wenn möglich, von dem Orte und der Zeit der Beweisaufnahme so zeitig in Kenntnis zu setzen, daß derselbe seine

[23] Rechtshilfeordnung für Zivilsachen (ZRHO.) vom 6. 9. 31 — pr. JMBl. S. 302 —; Rechtshilfeverkehr mit Österreich AV. ZJA. vom 18. 6. 47 ZJBl. S. 14, mit Frankreich vom 12. 4. 48 ZJBl. S. 112, mit Polen vom 1. 7. 48 ZJBl. S. 156.

Rechte in geeigneter Weise wahrzunehmen vermag. Ist die Benachrichtigung unterblieben, so hat das Gericht zu ermessen, ob und inwieweit der Beweisführer zur Benutzung der Beweisverhandlung berechtigt sei.

§ 365

Der beauftragte oder ersuchte Richter ist ermächtigt, falls sich später Gründe ergeben, welche die Beweisaufnahme durch ein anderes Gericht sachgemäß erscheinen lassen, dieses Gericht um die Aufnahme des Beweises zu ersuchen. Die Parteien sind von dieser Verfügung in Kenntnis zu setzen.

§ 366

Erhebt sich bei der Beweisaufnahme vor einem beauftragten oder ersuchten Richter ein Streit, von dessen Erledigung die Fortsetzung der Beweisaufnahme abhängig und zu dessen Entscheidung der Richter nicht berechtigt ist, so erfolgt die Erledigung durch das Prozeßgericht.

Der Termin zur mündlichen Verhandlung über den Zwischenstreit ist von Amts wegen zu bestimmen und den Parteien bekanntzumachen.

§ 367

Erscheint eine Partei oder erscheinen beide Parteien in dem Termine zur Beweisaufnahme nicht, so ist die Beweisaufnahme gleichwohl insoweit zu bewirken, als dies nach Lage der Sache geschehen kann.

Eine nachträgliche Beweisaufnahme oder eine Vervollständigung der Beweisaufnahme ist bis zum Schlusse derjenigen mündlichen Verhandlung, auf welche das Urteil ergeht, auf Antrag anzuordnen, wenn das Verfahren dadurch nicht verzögert wird oder wenn die Partei glaubhaft macht, daß sie ohne ihr Verschulden außerstande gewesen sei, in dem früheren Termin zu erscheinen, und im Falle des Antrags auf Vervollständigung, daß durch ihr Nichterscheinen eine wesentliche Unvollständigkeit der Beweisaufnahme veranlaßt sei.

§ 368

Wird ein neuer Termin zur Beweisaufnahme oder zur Fortsetzung derselben erforderlich, so ist dieser Termin, auch wenn der Beweisführer oder beide Parteien in dem früheren Termin nicht erschienen waren, von Amts wegen zu bestimmen.

§ 369

Entspricht die von einer ausländischen Behörde vorgenommene Beweisaufnahme den für das Prozeßgericht geltenden Gesetzen, so kann daraus, daß sie nach den ausländischen Gesetzen mangelhaft ist, kein Einwand entnommen werden.

§ 370

Erfolgt die Beweisaufnahme vor dem Prozeßgerichte, so ist der Termin, in welchem die Beweisaufnahme stattfindet, zugleich zur Fortsetzung der mündlichen Verhandlung bestimmt.

In dem Beweisbeschlusse, welcher anordnet, daß die Beweisaufnahme vor einem beauftragten oder ersuchten Richter erfolgen solle, kann zugleich der Termin zur Fortsetzung der mündlichen Verhandlung vor dem Prozeßgerichte bestimmt werden. Ist dies nicht geschehen, so wird nach Beendigung der Beweisaufnahme dieser Termin von Amts wegen bestimmt und den Parteien bekanntgemacht.

Sechster Titel

Beweis durch Augenschein

§ 371

Die Antretung des Beweises durch Augenschein erfolgt durch die Bezeichnung des Gegenstandes des Augenscheins und durch die Angabe der zu beweisenden Tatsachen.

§ 372

Das Prozeßgericht kann anordnen, daß bei der Einnahme des Augenscheins ein oder mehrere Sachverständige[AV] zuzuziehen seien.

Es kann einem Mitglied des Prozeßgerichts oder einem anderen Gerichte die Einnahme des Augenscheins übertragen, auch die Ernennung der zuzuziehenden Sachverständigen überlassen.

§ 372a[XIII)]

Soweit es zur Feststellung der Abstammung erforderlich ist, wie z. B. in den Fällen der § 1591 und 1717 des Bürgerlichen Gesetzbuches, hat jede Person Untersuchungen, insbesondere die Entnahme von Blutproben zum Zwecke der Blutgruppenuntersuchung zu dulden.

Die Untersuchung kann nur aus triftigen Gründen verweigert werden. Hierbei ist es nicht als triftiger Grund anzusehen, daß der zu Untersuchende sich oder einen Angehörigen im Falle der Durchführung der Untersuchung der Gefahr aussetzen würde, strafrechtlich verfolgt zu werden. Die §§ 386 bis 390 finden entsprechende Anwendung; auch kann im Falle wiederholter unberechtigter Weigerung unmittelbarer Zwang angewendet, insbesondere die zwangsweise Vorführung zum Zwecke der Untersuchung angeordnet werden.

Siebenter Titel

Zeugenbeweis

§ 373

Die Antretung des Zeugenbeweises erfolgt durch die Benennung der Zeugen und die Bezeichnung der Tatsachen, über welche die Vernehmung der Zeugen stattfinden soll.

§ 374

(weggefallen)

§ 375

Die Aufnahme des Zeugenbeweises darf einem Mitgliede des Prozeßgerichts oder einem anderen Gericht nur übertragen werden:

1. wenn zur Ausmittlung der Wahrheit die Vernehmung des Zeugen an Ort und Stelle dienlich erscheint oder nach gesetzlicher Vorschrift der Zeuge nicht an der Gerichtsstelle, sondern an einem anderen Orte zu vernehmen ist;
2. wenn der Zeuge verhindert ist, vor dem Prozeßgericht zu erscheinen;
3. wenn sich der Zeuge in so großer Entfernung von dem Prozeßgericht aufhält, daß seine Vernehmung vor diesem unzweckmäßig erscheint.

Der Reichspräsident ist in seiner Wohnung zu vernehmen.

§ 376

[24] Öffentliche Beamte, auch wenn sie nicht mehr im Dienste sind, dürfen über Umstände, auf welche sich ihre Pflicht zur Amtsverschwiegenheit bezieht, als Zeugen nur mit Genehmigung ihrer vorgesetzten Dienstbehörde oder der ihnen zuletzt vorgesetzt gewesenen Dienstbehörde vernommen werden. Für die Mitglieder einer Landesregierung bedarf es der Genehmigung der Landesregierung.

[25] Die Genehmigung darf nur versagt werden, wenn die Ablegung des Zeugnisses dem Wohle des Reichs oder eines deutschen Landes Nachteil bereiten würde.

[25] *Für die Mitglieder der Reichsregierung gelten die Vorschriften des Reichsministergesetzes vom 27. März 1930 (Reichsgesetzbl. I S. 96).*

Die Genehmigung ist durch das Prozeßgericht einzuholen und dem Zeugen bekanntzumachen.[AV]

Der Reichspräsident kann unter der Voraussetzung des Abs. 2 das Zeugnis verweigern. Dies gilt auch für einen früheren Präsidenten, soweit es sich um Tatsachen handelt, die sich während seiner Amtsführung ereignet haben oder die ihm infolge seiner Amtsführung bekanntgeworden sind.

§ 377

Die Ladung der Zeugen ist von der Geschäftsstelle unter Bezugnahme auf den Beweisbeschluß auszufertigen und von Amts wegen mitzuteilen. Die Übersendung erfolgt, sofern nicht das Gericht die Zustellung anordnet, formlos.

---

[24] zu vgl. §§ 8, 9 des Deutschen Beamtengesetzes nebst DVO. zu § 8 Nr. 1.

[25] zu vgl. § 159 des Deutschen Beamtengesetzes.

Die Ladung muß enthalten:

1. die Bezeichnung der Parteien;
2. den Gegenstand der Vernehmung;
3. die Anweisung, zur Ablegung des Zeugnisses bei Vermeidung der durch das Gesetz angedrohten Strafen in dem nach Zeit und Ort zu bezeichnenden Termin zu erscheinen.

Bildet den Gegenstand der Vernehmung eine Auskunft, die der Zeuge voraussichtlich an der Hand seiner Bücher oder anderer Aufzeichnungen zu geben hat, so kann das Gericht anordnen, daß der Zeuge zum Termin nicht zu erscheinen braucht, wenn er vorher eine schriftliche Beantwortung der Beweisfrage unter eidesstattlicher Versicherung ihrer Richtigkeit einreicht.

Das gleiche kann auch in anderen Fällen geschehen, sofern das Gericht nach Lage der Sache, insbesondere mit Rücksicht auf den Inhalt der Beweisfrage, eine schriftliche Erklärung des Zeugen für ausreichend erachtet und die Parteien damit einverstanden sind.

§ 378

Die Ladung eines Soldaten als Zeugen erfolgt durch Ersuchen der Militärbehörde.

§ 379

Das Gericht soll die Ladung davon abhängig machen, daß der Beweisführer einen Vorschuß zur Deckung der Staatskasse wegen der durch die Vernehmung des Zeugen erwachsenden Auslagen hinterlegt.

Erfolgt die Hinterlegung nicht binnen der bestimmten Frist, so unterbleibt die Ladung, wenn die Hinterlegung nicht so zeitig nachgeholt wird, daß die Vernehmung ohne Verzögerung des Verfahrens erfolgen kann.

§ 380

Ein ordnungsmäßig geladener Zeuge, welcher nicht erscheint, ist, ohne daß es eines Antrages bedarf, in die durch das Ausbleiben verursachten Kosten sowie zu einer Ordnungsstrafe in Geld[26] und für den Fall, daß diese nicht beigetrieben werden kann, zur Strafe der Haft bis zu sechs Wochen zu verurteilen.

Im Falle wiederholten Ausbleibens ist die Strafe noch einmal zu erkennen, auch kann die zwangsweise Vorführung des Zeugen angeordnet werden. *Angehörige der Reichswehr werden durch die Militärbehörde vorgeführt.*

Gegen diese Beschlüsse findet die Beschwerde statt.

§ 381

Die Verurteilung in Strafe und Kosten sowie die Anordnung der zwangsweisen Vorführung unterbleiben, wenn der Zeuge glaubhaft macht, daß ihm die Ladung nicht rechtzeitig zugegangen ist, oder wenn sein Ausbleiben genügend entschuldigt ist. Erfolgt die Glaubhaftmachung oder die genügende Entschuldigung nachträglich, so werden die gegen den Zeugen getroffenen Anordnungen wieder aufgehoben.

Die Anzeigen und Gesuche des Zeugen können schriftlich oder zum Protokoll der Geschäftsstelle oder mündlich in dem zur Vernehmung bestimmten neuen Termin angebracht werden.

---

[26] Verordnung über Vermögensstrafen und Bußen vom 6. 2. 24 — RGBl. I S. 44 —; jetzt DM kraft § 2 des Ges. Nr. 61 der brit. Mil.-Reg.

§ 382

[27] Die Mitglieder einer Landesregierung sind an ihrem Amtssitz oder, wenn sie sich außerhalb ihres Amtssitzes aufhalten, an ihrem Aufenthaltsorte zu vernehmen.

Die Mitglieder des Reichsrats oder des Staatsrats eines deutschen Landes sind während ihres Aufenthalts am Sitze des Reichsrats oder des Staatsrats an diesem Sitze, und die Mitglieder *des Reichstags, des Reichswirtschaftsrats oder* eines Landtags während der Tagung und ihres Aufenthalts am Orte der Versammlung an diesem Orte zu vernehmen.

Zu einer Abweichung von den vorstehenden Bestimmungen bedarf es:

für die Mitglieder einer Landesregierung der Genehmigung der Landesregierung,

für die Mitglieder *des Reichstags, des Reichsrats, des Reichswirtschaftsrats*, eines Landtags *oder eines Staatsrats* der Genehmigung dieser Versammlungen.

Für die Mitglieder der Reichsregierung gelten die Vorschriften des Reichsministergesetzes vom 27. März 1930 (Reichsgesetzbl. I S. 96).[25]

§ 383

Zur Verweigerung des Zeugnisses sind berechtigt

1. der Verlobte einer Partei;
2. der Ehegatte einer Partei, auch wenn die Ehe nicht mehr besteht;
3. diejenigen, welche mit einer Partei in gerader Linie verwandt, verschwägert oder durch Adoption verbunden oder in der Seitenlinie bis zum dritten Grade verwandt oder bis zum zweiten

[27] zu vgl. § 177 des Deutschen Beamtengesetzes.

[25] siehe Fußnote zu § 376 Abs. 3.

Grade verschwägert sind, auch wenn die Ehe, durch welche die Schwägerschaft begründet ist, nicht mehr besteht;

4. Geistliche in Ansehung desjenigen, was ihnen bei der Ausübung der Seelsorge anvertraut ist;
5. Personen, welchen kraft ihres Amtes, Standes oder Gewerbes Tatsachen anvertraut sind, deren Geheimhaltung durch die Natur derselben oder durch gesetzliche Vorschrift geboten ist, in betreff der Tatsachen, auf welche die Verpflichtung zur Verschwiegenheit sich bezieht.

Die unter Nr. 1 bis 3 bezeichneten Personen sind vor der Vernehmung über ihr Recht zur Verweigerung des Zeugnisses zu belehren.

Die Vernehmung der unter Nr. 4, 5 bezeichneten Person ist, auch wenn das Zeugnis nicht verweigert wird, auf Tatsachen nicht zu richten, in Ansehung welcher erhellt, daß ohne Verletzung der Verpflichtung zur Verschwiegenheit ein Zeugnis nicht abgelegt werden kann.

§ 384

Das Zeugnis kann verweigert werden:

1. über Fragen, deren Beantwortung dem Zeugen oder einer Person, zu welcher derselbe in einem der im § 383 Nr. 1 bis 3 bezeichneten Verhältnisse steht, einen unmittelbaren vermögensrechtlichen Schaden verursachen würde;
2. über Fragen, deren Beantwortung dem Zeugen oder einem der im § 383 Nr. 1 bis 3 bezeichneten Angehörigen desselben zur Unehre gereichen oder die Gefahr strafgerichtlicher Verfolgung zuziehen würde;

3. über Fragen, welche der Zeuge nicht würde beantworten können, ohne ein Kunst- oder Gewerbegeheimnis zu offenbaren.

§ 385

In den Fällen des § 383 Nr. 1 bis 3 und des § 384 Nr. 1 darf der Zeuge das Zeugnis nicht verweigern:

1. über die Errichtung und den Inhalt eines Rechtsgeschäfts, bei dessen Errichtung er als Zeuge zugezogen war;
2. über Geburten, Verheiratungen oder Sterbefälle von Familienmitgliedern;
3. über Tatsachen, welche die durch das Familienverhältnis bedingten Vermögensangelegenheiten betreffen;
4. über diejenigen auf das streitige Rechtsverhältnis sich beziehenden Handlungen, welche von ihm selbst als Rechtsvorgänger oder Vertreter einer Partei vorgenommen sein sollen.

Die im § 383 Nr. 4, 5 bezeichneten Personen dürfen das Zeugnis nicht verweigern, wenn sie von der Verpflichtung zur Verschwiegenheit entbunden sind.

§ 386

Der Zeuge, welcher das Zeugnis verweigert, hat vor dem zu seiner Vernehmung bestimmten Termin schriftlich oder zum Protokoll der Geschäftsstelle oder in diesem Termin die Tatsachen, auf welche er die Weigerung gründet, anzugeben und glaubhaft zu machen.

Zur Glaubhaftmachung genügt in den Fällen des § 383 Nr. 4, 5 die mit Berufung auf einen geleisteten Diensteid abgegebene Versicherung.

Hat der Zeuge seine Weigerung schriftlich oder zum Protokoll der Geschäftsstelle erklärt, so ist er nicht verpflichtet, in dem zu seiner Vernehmung bestimmten Termin zu erscheinen.

Von dem Eingang einer Erklärung des Zeugen oder von der Aufnahme einer solchen zum Protokoll hat die Geschäftsstelle die Parteien zu benachrichtigen.

§ 387

Über die Rechtsmäßigkeit der Weigerung wird von dem Prozeßgerichte nach Anhörung der Parteien entschieden.

Der Zeuge ist nicht verpflichtet, sich durch einen Anwalt vertreten zu lassen.

Gegen das Zwischenurteil findet sofortige Beschwerde statt.

§ 388

Hat der Zeuge seine Weigerung schriftlich oder zum Protokoll der Geschäftsstelle erklärt und ist er in dem Termin nicht erschienen, so hat auf Grund seiner Erklärungen ein Mitglied des Prozeßgerichts Bericht zu erstatten.

§ 389

Erfolgt die Weigerung vor einem beauftragten oder ersuchten Richter, so sind die Erklärungen des Zeugen, wenn sie nicht schriftlich oder zum Protokoll der Geschäftsstelle abgegeben sind, nebst den Erklärungen der Parteien in das Protokoll aufzunehmen.

Zur mündlichen Verhandlung vor dem Prozeßgerichte werden der Zeuge und die Parteien von Amts wegen geladen.

Auf Grund der von dem Zeugen und den Parteien abgegebenen Erklärungen hat ein Mitglied des Prozeßgerichts Bericht zu erstatten. Nach dem

Vortrag des Berichterstatters können der Zeuge und die Parteien zur Begründung ihrer Anträge das Wort nehmen; neue Tatsachen oder Beweismittel dürfen nicht geltend gemacht werden.

§ 390[AV]

Wird das Zeugnis oder die Eidesleistung ohne Angabe eines Grundes oder, nachdem der vorgeschützte Grund rechtskräftig für unerheblich erklärt ist, verweigert, so ist der Zeuge, ohne daß es eines Antrags bedarf, in die durch die Weigerung verursacheten Kosten sowie zu einer Ordnungsstrafe in Geld[26] und für den Fall, daß diese nicht beigetrieben werden kann, zur Strafe der Haft bis zu sechs Wochen zu verurteilen.

Im Falle wiederholter Weigerung ist auf Antrag zur Erzwingung des Zeugnisses die Haft anzuordnen, jedoch nicht über den Zeitpunkt der Beendigung des Prozesses in der Instanz hinaus. Die Vorschriften über die Haft im Zwangsvollstreckungsverfahren finden entsprechende Anwendung.

Gegen die Beschlüsse findet die Beschwerde statt.

§ 391

Ein Zeuge ist, vorbehaltlich der sich aus § 393 ergebenden Ausnahmen, zu beeidigen, wenn das Gericht dies mit Rücksicht auf die Bedeutung der Aussage oder zur Herbeiführung einer wahrheitsgemäßen Aussage für geboten erachtet und die Parteien auf die Beeidigung nicht verzichten.

§ 392

Die Beeidigung erfolgt nach der Vernehmung. Mehrere Zeugen können gleichzeitig beeidigt wer-

[26] Siehe Fußnote zu § 380.

den. Die Eidesnorm geht dahin, daß der Zeuge nach bestem Wissen die reine Wahrheit gesagt und nichts verschwiegen habe.

§ 393

Unbeeidigt sind zu vernehmen:

1. Personen, welche zur Zeit der Vernehmung das sechzehnte Lebensjahr noch nicht vollendet oder wegen mangelnder Verstandesreife oder wegen Verstandesschwäche von dem Wesen und der Bedeutung des Eides keine genügende Vorstellung haben;
2. Personen, welche nach den Bestimmungen der Strafgesetze unfähig sind, als Zeugen eidlich vernommen zu werden.

§ 394

Jeder Zeuge ist einzeln und in Abwesenheit der später abzuhörenden Zeugen zu vernehmen.

Zeugen, deren Aussagen sich widersprechen, können einander gegenübergestellt werden.

§ 395

Vor der Vernehmung wird der Zeuge zur Wahrheit ermahnt und darauf hingewiesen, daß er in den vom Gesetz vorgesehenen Fällen unter Umständen seine Aussage zu beeidigen habe.[AV]

Die Vernehmung beginnt damit, daß der Zeuge über Vornamen und Zunamen, Alter, Stand oder Gewerbe und Wohnort befragt wird. Erforderlichenfalls sind ihm Fragen über solche Umstände, welche seine Glaubwürdigkeit in der vorliegenden Sache betreffen, insbesondere über seine Beziehungen zu den Parteien vorzulegen.

§ 396

Der Zeuge ist zu veranlassen, dasjenige, was ihm von dem Gegenstande seiner Vernehmung bekannt ist, im Zusammenhang anzugeben.

Zur Aufklärung und zur Vervollständigung der Aussage sowie zur Erforschung des Grundes, auf welchem die Wissenschaft des Zeugen beruht, sind nötigenfalls weitere Fragen zu stellen.

Der Vorsitzende hat jedem Mitglied des Gerichts auf Verlangen zu gestatten, Fragen zu stellen.

§ 397

Die Parteien sind berechtigt, dem Zeugen diejenigen Fragen vorlegen zu lassen, welche sie zur Aufklärung der Sache oder der Verhältnisse des Zeugen für dienlich erachten.

Der Vorsitzende kann den Parteien gestatten und hat ihren Anwälten auf Verlangen zu gestatten, an den Zeugen unmittelbar Fragen zu richten.

Zweifel über die Zulässigkeit einer Frage entscheidet das Gericht.

§ 398

Das Prozeßgericht kann nach seinem Ermessen die wiederholte Vernehmung eines Zeugen anordnen.

Hat ein beauftragter oder ersuchter Richter bei der Vernehmung die Stellung der von einer Partei angeregten Frage verweigert, so kann das Prozeßgericht die nachträgliche Vernehmung des Zeugen über diese Frage anordnen.

Bei der wiederholten oder der nachträglichen Vernehmung kann der Richter statt der nochmaligen Beeidigung den Zeugen die Richtigkeit seiner Aussage unter Berufung auf den früher geleiteten Eid versichern lassen.

§ 399

Die Partei kann auf einen Zeugen, welchen sie vorgeschlagen hat, verzichten, der Gegner kann aber verlangen, daß der erschienene Zeuge vernommen und, wenn die Vernehmung bereits begonnen hat, daß dieselbe fortgesetzt werde.

§ 400

Der mit der Beweisaufnahme betraute Richter ist ermächtigt, im Falle des Nichterscheinens oder der Zeugnisverweigerung die gesetzlichen Verfügungen zu treffen, auch dieselben, soweit dieses überhaupt zulässig ist, selbst nach Erledigung des Auftrags wieder aufzuheben, über die Zulässigkeit einer dem Zeugen vorgelegten Frage vorläufig zu entscheiden und die nochmalige Vernehmung eines Zeugen vorzunehmen.

§ 401

Jeder Zeuge hat nach Maßgabe der Gebührenordnung[28] auf Entschädigung für Zeitversäumnis und, wenn sein Erscheinen eine Reise erforderlich macht, auf Erstattung der Kosten Anspruch, welche durch die Reise und den Aufenthalt am Orte der Vernehmung verursacht werden.

Bei schriftlicher Beantwortung der Beweisfrage (§ 377 Abs. 3, 4) hat der Zeuge Anspruch auf Erstattung der ihm durch die Beantwortung entstandenen Auslagen.

---

[28] Gebührenordnung für Zeugen und Sachverständige vom 30. 6. 78 — RGBl. S. 173 —,

Achter Titel

Beweis durch Sachverständige

§ 402

Auf den Beweis durch Sachverständige finden die Vorschriften über den Beweis durch Zeugen entsprechende Anwendung, insoweit nicht in den nachfolgenden Paragraphen abweichende Bestimmungen enthalten sind.

§ 403

Die Antretung des Beweises erfolgt durch die Bezeichnung der zu begutachtenden Punkte.

§ 404

Die Auswahl der zuzuziehenden Sachverständigen und die Bestimmung ihrer Anzahl erfolgt durch das Prozeßgericht. Dasselbe kann sich auf die Ernennung eines einzigen Sachverständigen beschränken. Es kann an Stelle der zuerst ernannten Sachverständigen andere ernennen.

Sind für gewisse Arten von Gutachten Sachverständige öffentlich bestellt, so sollen andere Personen nur dann gewählt werden, wenn besondere Umstände es erfordern.

Das Gericht kann die Parteien auffordern, Personen zu bezeichnen, welche geeignet sind, als Sachverständige vernommen zu werden.

Einigen sich die Parteien über bestimmte Personen als Sachverständige, so hat das Gericht dieser Einigung Folge zu geben; das Gericht kann jedoch die Wahl der Parteien auf eine bestimmte Anzahl beschränken.

§ 405

Das Prozeßgericht kann den mit der Beweisaufnahme betrauten Richter zur Ernennung der Sachverständigen ermächtigen. Derselbe hat in diesem

Falle die in dem vorstehenden Paragraphen dem Prozeßgerichte beigelegten Befugnisse auszuüben.

§ 406

Ein Sachverständiger kann aus denselben Gründen, welche zur Ablehnung eines Richters berechtigen, abgelehnt werden. Ein Ablehnungsgrund kann jedoch nicht daraus entnommen werden, daß der Sachverständige als Zeuge vernommen worden ist.

Das Ablehnungsgesuch ist bei demjenigen Gericht oder Richter, von welchem die Ernennung des Sachverständigen erfolgt ist, vor der Vernehmung desselben, bei schriftlicher Begutachtung vor erfolgter Einreichung des Gutachtens anzubringen. Nach diesem Zeitpunkt ist die Ablehnung nur zulässig, wenn glaubhaft gemacht wird, daß der Ablehnungsgrund vorher nicht geltend gemacht werden konnte. Das Ablehnungsgesuch kann vor der Geschäftsstelle zu Protokoll erklärt werden.

Der Ablehnungsgrund ist glaubhaft zu machen; zur Versicherung an Eides Statt darf die Partei nicht zugelassen werden.

Die Entscheidung erfolgt von dem im zweiten Absatz bezeichneten Gericht oder Richter; eine vorgängige mündliche Verhandlung der Beteiligten ist nicht erforderlich.

xv) Gegen den Beschluß, durch welchen die Ablehnung für begründet erklärt wird, findet kein Rechtsmittel, gegen den Beschluß, durch welchen dieselbe für unbegründet erklärt wird, findet sofortige Beschwerde statt.

§ 407

Der zum Sachverständigen Ernannte hat der Ernennung Folge zu leisten, wenn er zur Erstattung von Gutachten der erforderten Art öffentlich bestellt ist oder wenn er die Wissenschaft, die Kunst oder das Gewerbe, deren Kenntnis Voraussetzung der Begutachtung ist, öffentlich zum Erwerbe ausübt oder wenn er zur Ausübung derselben öffentlich bestellt oder ermächtigt ist.

Zur Erstattung des Gutachtens ist auch derjenige verpflichtet, welcher sich zu derselben vor Gericht bereit erklärt hat.

§ 408 AV

Dieselben Gründe, welche einen Zeugen berechtigen, das Zeugnis zu verweigern, berechtigen einen Sachverständigen zur Verweigerung des Gutachtens. Das Gericht kann auch aus anderen Gründen einen Sachverständigen von der Verpflichtung zur Erstattung des Gutachtens entbinden.

Die Vernehmung eines öffentlichen Beamten als Sachverständigen findet nicht statt, wenn die vorgesetzte Behörde des Beamten erklärt, daß die Vernehmung den dienstlichen Interessen Nachteile bereiten würde. Für die Mitglieder einer Landesregierung[27] wird diese Erklärung von der Landesregierung abgegeben. *Für die Mitglieder der Reichsregierung gelten die Vorschriften des Reichsministergesetzes vom 27. März 1930 (Reichsgesetzbl. I S. 96).*[25]

Wer bei einer richterlichen Entscheidung mitgewirkt hat, soll über Fragen, die den Gegenstand der Entscheidung gebildet haben, nicht als Sachverständiger vernommen werden.

§ 409

Im Falle des Nichterscheinens oder der Weigerung eines zur Erstattung des Gutachtens ver-

---

[27] Siehe Fußnote zu § 382.

[25] Siehe Fußnote zu § 376.

pflichteten Sachverständigen wird dieser zum Ersatze der Kosten und zu einer Ordnungsstrafe in Geld[26] verurteilt. Im Falle wiederholten Ungehorsams kann die Strafe noch einmal erkannt werden.

Gegen den Beschluß findet Beschwerde statt.

§ 410

Die Beeidigung des Sachverständigen erfolgt vor oder nach Erstattung des Gutachtens. Die Eidesnorm geht dahin, daß der Sachverständige das von ihm erforderte Gutachten unparteiisch und nach bestem Wissen und Gewissen erstatten werde oder erstattet habe.

[29] Ist der Sachverständige für die Erstattung von Gutachten der betreffenden Art im allgemeinen beeidigt, so genügt die Berufung auf den geleisteten Eid; sie kann auch in einem schriftlichen Gutachten erklärt werden.

§ 411

Wird schriftliche Begutachtung angeordnet, so hat der Sachverständige das von ihm unterschriebene Gutachten auf der Geschäftsstelle niederzulegen. Das Gericht kann ihm hierzu eine Frist bestimmen.

Versäumt ein zur Erstattung des Gutachtens verpflichteter Sachverständiger die Frist, so kann er zu einer Ordnungsstrafe in Geld verurteilt werden. Der Straffestsetzung muß eine Strafandrohung unter Setzung einer Nachfrist vorausgehen. Im Falle wiederholter Fristversäumnis kann die Strafe

---

[26] Siehe Fußnote zu § 380.

[29] aber Verordnung zur einheitlichen Regelung der Gerichtsverfassung vom 20. 3. 35 — RGBl. I S. 403 — § 20 — abgedr. unter V C —.

in der gleichen Weise noch einmal erkannt werden. § 409 Abs. 2 findet entsprechende Anwendung.

Das Gericht kann das Erscheinen des Sachverständigen anordnen, damit derselbe das schriftliche Gutachten erläutere.

§ 412

Das Gericht kann eine neue Begutachtung durch dieselben oder durch andere Sachverständige anordnen, wenn es das Gutachten für ungenügend erachtet.

Das Gericht kann die Begutachtung durch einen anderen Sachverständigen anordnen, wenn ein Sachverständiger nach Erstattung des Gutachtens mit Erfolg abgelehnt ist.

§ 413

Der Sachverständige hat nach Maßgabe der Gebührenordnung[28] auf Entschädigung für Zeitversäumnis, auf Erstattung der ihm verursachten Kosten und außerdem auf angemessene Vergütung seiner Mühewaltung Anspruch.

§ 414

Insoweit zum Beweise vergangener Tatsachen oder Zustände, zu deren Wahrnehmung eine besondere Sachkunde erforderlich war, sachkundige Personen zu vernehmen sind, kommen die Vorschriften über den Zeugenbeweis zur Anwendung.

Neunter Titel

Beweis durch Urkunden

§ 415

Urkunden, welche von einer öffentlichen Behörde innerhalb der Grenzen ihrer Amtsbefugnisse oder

[28] Siehe Fußnote zu § 401.

von einer mit öffentlichem Glauben versehenen Person innerhalb des ihr zugewiesenen Geschäftskreises in der vorgeschriebenen Form aufgenommen sind (öffentliche Urkunden), begründen, wenn sie über eine vor der Behörde oder der Urkundsperson abgegebene Erklärung errichtet sind, vollen Beweis des durch die Behörde oder die Urkundsperson beurkundeten Vorganges.

Der Beweis, daß der Vorgang unrichtig beurkundet sei, ist zulässig.

§ 416

Privaturkunden begründen, sofern sie von den Ausstellern unterschrieben oder mittels gerichtlich oder notariell beglaubigten Handzeichens unterzeichnet sind, vollen Beweis dafür, daß die in denselben enthaltenen Erklärungen von den Ausstellern abgegeben sind.

§ 417

Die von einer Behörde ausgestellten, eine amtliche Anordnung, Verfügung oder Entscheidung enthaltenden öffentlichen Urkunden begründen vollen Beweis ihres Inhalts.

§ 418

Öffentliche Urkunden, welche einen anderen als den in den §§ 415, 417 bezeichneten Inhalt haben, begründen vollen Beweis der darin bezeugten Tatsachen.

Der Beweis der Unrichtigkeit der bezeugten Tatsachen ist zulässig, sofern nicht die Landesgesetze diesen Beweis ausschließen oder beschränken.

Beruht das Zeugnis nicht auf eigener Wahrnehmung der Behörde oder der Urkundsperson, so findet die Vorschrift des ersten Absatzes nur dann Anwendung, wenn sich aus den Landesgesetzen ergibt, daß die Beweiskraft des Zeugnisses von der eigenen Wahrnehmung unabhängig ist.

§ 419

Inwiefern Durchstreichungen, Radierungen, Einschaltungen oder sonstige äußere Mängel die Beweiskraft einer Urkunde ganz oder teilweise aufheben oder mindern, entscheidet das Gericht nach freier Überzeugung.

§ 420

Die Antretung des Beweises erfolgt durch die Vorlegung einer Urkunde.

§ 421

Befindet sich die Urkunde nach der Behauptung des Beweisführers in den Händen des Gegners, so erfolgt die Antretung des Beweises durch den Antrag, dem Gegner die Vorlegung der Urkunde aufzugeben.

§ 422

Der Gegner ist zur Vorlegung der Urkunde verpflichtet, wenn der Beweisführer nach den Vorschriften des bürgerlichen Rechts die Herausgabe oder die Vorlegung der Urkunde verlangen kann.

§ 423

Der Gegner ist auch zur Vorlegung derjenigen in seinen Händen befindlichen Urkunden verpflichtet, auf welche er im Prozeß zur Beweisführung Bezug genommen hat, selbst wenn dieses nur in einem vorbereitenden Schriftsatz geschehen ist.

§ 424

Der Antrag soll enthalten:
1. die Bezeichnung der Urkunde;
2. die Bezeichnung der Tatsachen, welche durch die Urkunde bewiesen werden sollen;
3. die möglichst vollständige Bezeichnung des Inhalts der Urkunde;
4. die Angabe der Umstände, auf welche die Behauptung sich stützt, daß die Urkunde sich in dem Besitze des Gegners befindet;
5. die Bezeichnung des Grundes, welcher die Verpflichtung zur Vorlegung der Urkunde ergibt. Der Grund ist glaubhaft zu machen.

§ 425

Erachtet das Gericht die Tatsache, welche durch die Urkunde bewiesen werden soll, für erheblich und den Antrag für begründet, so ordnet es, wenn der Gegner zugesteht, daß die Urkunde sich in seinen Händen befinde, oder wenn der Gegner sich über den Antrag nicht erklärt, die Vorlegung der Urkunde an.

§ 426

Bestreitet der Gegner, daß die Urkunde sich in seinem Besitz befinde, so ist er über ihren Verbleib zu vernehmen. In der Ladung zum Vernehmungstermin ist ihm aufzugeben, nach dem Verbleib der Urkunde sorgfältig zu forschen. Im übrigen gelten die Vorschriften der §§ 449[1]) bis 454 entsprechend. Gelangt das Gericht zu der Überzeugung, daß sich die Urkunde im Besitz des Gegners befindet, so ordnet es die Vorlegung an.

§ 427

Kommt der Gegner der Anordnung, die Urkunde vorzulegen, nicht nach, oder gelangt das Gericht im Falle des § 426 zu der Überzeugung, daß er nach dem Verbleib der Urkunde nicht sorgfältig geforscht habe, so kann eine vom Beweisführer beigebrachte Abschrift der Urkunde als richtig angesehen werden. Ist eine Abschrift der Urkunde nicht beigebracht, so können die Behauptungen des Beweisführers über die Beschaffenheit und den Inhalt der Urkunde als bewiesen angenommen werden.

§ 428

Befindet sich die Urkunde nach der Behauptung des Beweisführers in den Händen eines Dritten, so erfolgt die Antretung des Beweises durch den Antrag, zur Herbeischaffung der Urkunde eine Frist zu bestimmen.

§ 429

Der Dritte ist aus denselben Gründen wie der Gegner des Beweisführers zur Vorlegung einer Urkunde verpflichtet; er kann zur Vorlegung nur im Wege der Klage genötigt werden.

§ 430

Zur Begründung des nach § 428 zu stellenden Antrags hat der Beweisführer den Erfordernissen des § 424 Nr. 1 bis 3, 5 zu genügen und außerdem glaubhaft zu machen, daß die Urkunde sich in den Händen des Dritten befinde.

§ 431

Ist die Tatsache, welche durch die Urkunde bewiesen werden soll, erheblich und der Antrag den

Bestimmungen des vorstehenden Paragraphen entsprechend, so hat das Gericht eine Frist zur Vorlegung der Urkunde zu bestimmen. Die Bestimmung der Frist kann ohne mündliche Verhandlung erfolgen.

Der Gegner kann die Fortsetzung des Verfahrens vor dem Ablauf der Frist beantragen, wenn die Klage gegen den Dritten erledigt ist oder wenn der Beweisführer die Erhebung der Klage oder die Betreibung des Prozesses oder der Zwangsvollstrekkung verzögert.

§ 432

Befindet sich die Urkunde nach der Behauptung des Beweisführers in den Händen einer öffentlichen Behörde oder eines öffentlichen Beamten, so erfolgt die Antretung des Beweises durch den Antrag, die Behörde oder den Beamten um die Mitteilung der Urkunde zu ersuchen.

Diese Vorschrift findet auf Urkunden, welche die Parteien nach den gesetzlichen Vorschriften ohne Mitwirkung des Gerichts zu beschaffen imstande sind, keine Anwendung.

Verweigert die Behörde oder der Beamte die Mitteilung der Urkunde in Fällen, in welchen eine Verpflichtung zur Vorlegung auf § 422 gestützt wird, so finden die Bestimmungen der §§ 428 bis 431 Anwendung.

§ 433

(weggefallen)

§ 434

Wenn die Vorlegung einer Urkunde bei der mündlichen Verhandlung wegen erheblicher Hindernisse nicht erfolgen kann oder wegen der Wichtigkeit der Urkunde und der Besorgnis des Verlustes oder der

Beschädigung bedenklich erscheint, so kann das Prozeßgericht anordnen, daß die Vorlegung vor einem seiner Mitglieder oder vor einem anderen Gerichte geschehe.

§ 435[11]

Eine öffentliche Urkunde kann in Urschrift oder in einer beglaubigten Abschrift, welche hinsichtlich der Beglaubigung die Erfordernisse einer öffentlichen Urkunde an sich trägt, vorgelegt werden; das Gericht kann jedoch anordnen, daß der Beweisführer die Urschrift vorlege oder die Tatsachen angebe und glaubhaft mache, welche ihn an der Vorlegung der Urschrift verhindern. Bleibt die Anordnung erfolglos, so entscheidet das Gericht nach freier Überzeugung, welche Beweiskraft der beglaubigten Abschrift beizulegen sei.

§ 436

Der Beweisführer kann nach erfolgter Vorlegung einer Urkunde nur mit Zustimmung des Gegners auf dieses Beweismittel verzichten.

§ 437

Urkunden, welche nach Form und Inhalt als von einer öffentlichen Behörde oder von einer mit öffentlichem Glauben versehenen Person errichtet sich darstellen, haben die Vermutung der Echtheit für sich.

Das Gericht kann, wenn es die Echtheit für zweifelhaft hält, auch von Amts wegen die Behörde oder die Person, von welcher die Urkunde errichtet sein soll, zu einer Erklärung über die Echtheit veranlassen.

---

[11] Siehe Fußnote zu § 142.

§ 438

Ob eine Urkunde, welche als von einer ausländischen Behörde oder von einer mit öffentlichem Glauben versehenen Person des Auslandes errichtet sich darstellt, ohne näheren Nachweis als echt anzusehen sei, hat das Gericht nach den Umständen des Falles zu ermessen.

Zum Beweise der Echtheit einer solchen Urkunde genügt die Legalisation durch einen Konsul oder Gesandten des Reichs.

§ 439

Über die Echtheit einer Privaturkunde hat sich der Gegner des Beweisführers nach Vorschrift des § 138 zu erklären.

Befindet sich unter der Urkunde eine Namensunterschrift, so ist die Erklärung auf die Echtheit der Unterschrift zu richten.

Erfolgt die Erklärung nicht, so ist die Urkunde als anerkannt anzusehen, wenn nicht die Absicht, die Echtheit bestreiten zu wollen, aus den übrigen Erklärungen der Partei hervorgeht.

§ 440

Die Echtheit einer nicht anerkannten Privaturkunde ist zu beweisen.

Steht die Echtheit der Namensunterschrift fest oder ist das unter einer Urkunde befindliche Handzeichen gerichtlich oder notariell beglaubigt, so hat die über der Unterschrift oder dem Handzeichen stehende Schrift die Vermutung der Echtheit für sich.

§ 441

Der Beweis der Echtheit oder Unechtheit einer Urkunde kann auch durch Schriftvergleichung geführt werden.

In diesem Falle hat der Beweisführer zur Vergleichung geeignete Schriften vorzulegen oder deren Mitteilung in Gemäßheit der Bestimmung des § 432 zu beantragen und erforderlichenfalls den Beweis der Echtheit derselben anzutreten.

Befinden sich zur Vergleichung geeignete Schriften in den Händen des Gegners, so ist dieser auf Antrag des Beweisführers zur Vorlegung verpflichtet. Die Vorschriften der §§ 421 bis 426 gelten entsprechend. Kommt der Gegner der Anordnung, die zur Vergleichung geeigneten Schriften vorzulegen, nicht nach oder gelangt das Gericht im Falle des § 426 zu der Überzeugung, daß der Gegner nach dem Verbleib der Schriften nicht sorgfältig geforscht habe, so kann die Urkunde als echt angesehen werden.

Macht der Beweisführer glaubhaft, daß in den Händen eines Dritten geeignete Vergleichungsschriften sich befinden, deren Vorlegung er im Wege der Klage zu erwirken imstande sei, so finden die Vorschriften des § 431 entsprechende Anwendung.

§ 442

Über das Ergebnis der Schriftvergleichung hat das Gericht nach freier Überzeugung, geeignetenfalls nach Anhörung von Sachverständigen, zu entscheiden.

§ 443

Urkunden, deren Echtheit bestritten ist oder deren Inhalt verändert sein soll, werden bis zur Erledigung des Rechtsstreits auf der Geschäftsstelle verwahrt, sofern nicht ihre Auslieferung an eine andere Behörde im Interesse der öffentlichen Ordnung erforderlich ist.

§ 444

Ist eine Urkunde von einer Partei in der Absicht, deren Benutzung dem Gegner zu entziehen, beseitigt oder zur Benutzung untauglich gemacht, so können die Behauptungen des Gegners über die Beschaffenheit und den Inhalt der Urkunde als bewiesen angesehen werden.

Zehnter Titel

Beweis durch Parteivernehmung

§ 445

Eine Partei, die den ihr obliegenden Beweis mit anderen Beweismitteln nicht vollständig geführt oder andere Beweismittel nicht vorgebracht hat, kann den Beweis dadurch antreten, daß sie beantragt, den Gegner über die zu beweisenden Tatsachen zu vernehmen.

Der Antrag ist nicht zu berücksichtigen, wenn er Tatsachen betrifft, deren Gegenteil das Gericht für erwiesen erachtet.

§ 446

Lehnt der Gegner ab, sich vernehmen zu lassen, oder gibt er auf Verlangen des Gerichts keine Erklärung ab, so hat das Gericht unter Berücksichtigung der gesamten Sachlage, insbesondere der für die Weigerung vorgebrachten Gründe, nach freier Überzeugung zu entscheiden, ob es die behauptete Tatsache als erwiesen ansehen will.

§ 447

Das Gericht kann über eine streitige Tatsache auch die beweispflichtige Partei vernehmen, wenn eine Partei es beantragt und die andere damit einverstanden ist.

§ 448

Auch ohne Antrag einer Partei und ohne Rücksicht auf die Beweislast kann das Gericht, wenn das Ergebnis der Verhandlungen und einer etwaigen Beweisaufnahme nicht ausreicht, um seine Überzeugung von der Wahrheit oder Unwahrheit einer zu erweisenden Tatsache zu begründen, die Vernehmung einer Partei oder beider Parteien über die Tatsache anordnen.

§ 449

Besteht die zu vernehmende Partei aus mehreren Streitgenossen, so bestimmt das Gericht nach Lage des Falles, ob alle oder nur einzelne Streitgenossen zu vernehmen sind.

§ 450

Die Vernehmung einer Partei wird durch Beweisbeschluß angeordnet. Die Partei ist, wenn sie bei der Verkündung des Beschlusses nicht persönlich anwesend ist, zu der Vernehmung unter Mitteilung des Beweisbeschlusses persönlich durch Zustellung von Amts wegen zu laden.

Die Ausführung des Beschlusses kann ausgesetzt werden, wenn nach seiner Erlassung über die zu beweisende Tatsache neue Beweismittel vorgebracht werden. Nach Erhebung der neuen Beweise ist von der Parteivernehmung abzusehen, wenn das Gericht die Beweisfrage für geklärt erachtet.

§ 451

Auf die Vernehmung einer Partei finden die Vorschriften der §§ 375, 376, 395 Abs. 1, Abs. 2 Satz 1 und der §§ 396, 397, 398 entsprechende Anwendung.

§ 452

Reicht das Ergebnis der unbeeidigten Aussage einer Partei nicht aus, um das Gericht von der Wahrheit oder Unwahrheit der zu erweisenden Tatsache zu überzeugen, so kann es anordnen, daß die Partei ihre Aussage zu beeidigen habe. Waren beide Parteien vernommen, so kann die Beeidigung der Aussage über dieselben Tatsachen nur von einer Partei gefordert werden.

Die Eidesnorm geht dahin, daß die Partei nach bestem Wissen die reine Wahrheit gesagt und nichts verschwiegen habe.

Der Gegner kann auf die Beeidigung verzichten.

Die Beeidigung einer Partei, die wegen wissentlicher Verletzung der Eidespflicht rechtskräftig verurteilt ist, ist unzulässig.

§ 453

Das Gericht hat die Aussage der Partei nach § 286 frei zu würdigen.

Verweigert die Partei die Aussage oder den Eid, so gilt § 446 entsprechend.

§ 454

Bleibt die Partei in dem zu ihrer Vernehmung oder Beeidigung bestimmten Termine aus, so entscheidet das Gericht unter Berücksigung aller Umstände, insbesondere auch etwaiger von der Partei für ihr Ausbleiben angegebener Gründe nach freiem Ermessen, ob die Aussage als verweigert anzusehen ist.

War der Termin zur Vernehmung oder Beeidigung der Partei vor dem Prozeßgericht bestimmt, so ist im Falle ihres Ausbleibens, wenn nicht das Gericht die Anberaumung eines neuen Vernehmungstermins für geboten erachtet, zur Hauptsache zu verhandeln.

§ 455

Ist eine Partei nicht prozeßfähig, so ist vorbehaltlich der Vorschrift im Abs. 2 ihr gesetzlicher Vertreter zu vernehmen. Sind mehrere gesetzliche Vertreter vorhanden, so gilt § 449 entsprechend.

Minderjährige, die das sechzehnte Lebensjahr vollendet haben, sowie Volljährige, die wegen Geistesschwäche, Verschwendung oder Trunksucht entmündigt sind oder unter vorläufige Vormundschaft gestellt sind, können über Tatsachen, die in ihren eigenen Handlungen bestehen oder Gegenstand ihrer Wahrnehmung gewesen sind, vernommen und auch nach § 452 beeidigt werden, wenn das Gericht dies nach den Umständen des Falles für angemessen erachtet. Das gleiche gilt von einer prozeßfähigen Person, die in dem Rechtsstreit durch einen Pfleger vertreten wird.

§§ 456—477
(weggefallen)

Elfter Titel

Verfahren bei der Abnahme von Eiden

§ 478

Der Eid muß von dem Schwurpflichtigen in Person geleistet werden.

§ 479

Das Prozeßgericht kann anordnen, daß die Eidesleistung vor einem seiner Mitglieder oder vor einem anderen Gericht erfolge, wenn der Schwurpflichtige am Erscheinen vor dem Prozeßgerichte verhindert ist oder in großer Entfernung von dem Sitze desselben sich aufhält.

Der Reichspräsident leistet den Eid in seiner Wohnung vor einem Mitglied des Prozeßgerichts oder vor einem anderen Gerichte.

§ 480

Vor der Leistung des Eides hat der Richter den Schwurpflichtigen in angemessener Weise auf die Bedeutung des Eides hinzuweisen.

§ 481

Der Eid wird in der Weise geleistet, daß der Richter die Eidesnorm mit der Eingangsformel:

„Sie schwören bei Gott dem Allmächtigen und Allwissenden"

vorspricht und der Schwurpflichtige darauf die Worte spricht (Eidesformel):

„Ich schwöre es, so wahr mir Gott helfe!" AV

Der Schwörende soll bei der Eidesleistung die rechte Hand erheben.

Sollen mehrere Personen gleichzeitig einen Eid leisten, so wird die Eidesformel von jedem Schwurpflichtigen einzeln gesprochen.

§ 482

(weggefallen)

§ 483

Stumme, welche schreiben können, leisten den Eid mittels Abschreibens und Unterschreibens der die Eidesnorm enthaltenden Eidesformel.

Stumme, welche nicht schreiben können, leisten den Eid mit Hilfe eines Dolmetschers durch Zeichen.

§ 484

Der Eidesleistung wird gleichgeachtet, wenn ein Mitglied einer Religionsgesellschaft, welcher das

Gesetz den Gebrauch gewisser Beteuerungsformeln an Stelle des Eides gestattet, eine Erklärung unter der Beteuerungsformel dieser Religionsgesllschaft abgibt.

Zwölfter Titel

Sicherung des Beweises

§ 485

Auf Gesuch einer Partei kann die Einnahme des Augenscheins und die Vernehmung von Zeugen und Sachverständigen zur Sicherung des Beweises angeordnet werden. Der Antrag ist nur zulässig, wenn der Gegner zustimmt oder zu besorgen ist, daß das Beweismittel verloren oder die Benutzung desselben erschwert werde, oder wenn der gegenwärtige Zustand einer Sache festgestellt werden soll und der Antragsteller ein rechtliches Interesse an dieser Feststellung hat.

§ 486

Das Gesuch ist bei dem Gericht anzubringen, vor welchem der Rechtsstreit anhängig ist; es kann vor der Geschäftsstelle zu Protokoll erklärt werden.

In Fällen dringender Gefahr kann das Gesuch auch bei dem Amtsgericht angebracht werden, in dessen Bezirk die zu vernehmenden Personen sich aufhalten oder der in Augenschein zu nehmende Gegenstand sich befindet.

Bei dem bezeichneten Amtsgerichte muß das Gesuch angebracht werden, wenn der Rechtsstreit noch nicht anhängig ist.

§ 487.

Das Gesuch muß enthalten:

1. die Bezeichnung des Gegners;

2. die Bezeichnung der Tatsachen, über welche die Beweisaufnahme erfolgen soll;
3. die Bezeichnung der Beweismittel unter Benennung der zu vernehmenden Zeugen und Sachverständigen;
4. die Darlegung des Grundes, welcher die Besorgnis rechtfertigt, daß das Beweismittel verloren oder die Benutzung desselben erschwert werde. Dieser Grund ist glaubhaft zu machen.

§ 488

(weggefallen)

§ 489

(weggefallen)

§ 490

Die Entscheidung über das Gesuch kann ohne vorgängige mündliche Verhandlung erfolgen.

In dem Beschlusse, durch welchen dem Gesuche stattgegegeben wird, sind die Tatsachen, über welche der Beweis zu erheben ist, und die Beweismittel unter Benennung der zu vernehmenden Zeugen und Sachverständigen zu bezeichnen. Eine Anfechtung dieses Beschlusses findet nicht statt.

§ 491

XV) Der Gegner ist unter Zustellung des Beschlusses und einer Abschrift des Gesuchs zu dem für die Beweisaufnahme bestimmten Termin so zeitig zu laden, daß er in diesem Termin seine Rechte wahrzunehmen vermag.

Die Nichtbefolgung dieser Vorschrift steht der Beweisaufnahme nicht entgegen.

§ 492

Die Beweisaufnahme erfolgt nach den für die Aufnahme des betreffenden Beweismittels überhaupt geltenden Vorschriften.

Das Protokoll über die Beweisaufnahme ist bei dem Gerichte, welches dieselbe angeordnet hat, aufzubewahren.

§ 493

Jede Partei hat das Recht, die Beweisverhandlungen in dem Prozesse zu benutzen.

XV) Dies gilt nicht, wenn der Gegner in dem Termin zur Beweisaufnahme deshalb nicht erscheinen konnte, weil er nicht rechtzeitig geladen war und das Unterbleiben der rechtzeitigen Ladung auf einem Verschulden des Beweisführers beruht.

§ 494

Wird von dem Beweisführer ein Gegner nicht bezeichnet, so ist das Gesuch nur dann zulässig, wenn der Beweisführer glaubhaft macht, daß er ohne sein Verschulden außerstande sei, den Gegner zu bezeichnen.

Wird dem Gesuche stattgegegeben, so kann das Gericht dem unbekannten Gegner zur Wahrnehmung seiner Rechte bei der Beweisaufnahme einen Vertreter bestellen.

Zweiter Abschnitt

Verfahren vor den Amtsgerichten[30]

§ 495

Auf das Verfahren vor den Amtsgerichten finden die Vorschriften über das Verfahren vor den Land-

---

[30] § 20 (Kleinverfahren) EntlBekm. — abgedr. unter VI A —.

gerichten Anwendung, soweit nicht aus den allgemeinen Bestimmungen des ersten Buches, aus den nachfolgenden besonderen Bestimmungen und aus der Verfassung der Amtsgerichte sich Abweichungen ergeben.

§ 495a

Der Erhebung der Klage muß ein Güteverfahren vorangehen. Dies gilt nicht:

1. wenn wegen des Anspruchs innerhalb des letzten Jahres vor einer durch die Landesjustizverwaltung eingerichteten oder anerkannten Gütestelle ein Ausgleich unter den Parteien erfolglos versucht worden ist;
2. wenn wegen des Anspruchs bereits ein Güteantrag wegen Aussichtslosigkeit des Anspruchs zurückgewiesen ist;
3. in Urkunden- und Wechselprozessen;
4. für Widerklagen;
5. wenn die Zustellung an den Gegner im Ausland oder durch öffentliche Bekanntmachung erfolgen muß;
6. wenn nach dem Ermessen des Gerichts die alsbaldige Klageerhebung durch einen sonstigen wichtigen Grund gerechtfertigt wird, insbesondere wenn mit Rücksicht auf die Art des Anspruchs, die Verhältnisse der Beteiligten oder besondere Umstände der Versuch einer gütlichen Beilegung aussichtslos erscheint.

Ist nach der erfolglosen Beendigung eines Güteverfahrens ein Jahr verstrichen, so bedarf es zur Erhebung der Klage eines erneuten Güteverfahrens.

§ 496

Die Zustellungen erfolgen unbeschadet der Vorschrift des § 317 Abs. 1 von Amts wegen.

Die Klage sowie sonstige Anträge und Erklärungen einer Partei, die zugestellt werden sollen, sind bei dem Gerichte schriftlich einzureichen oder mündlich zum Protokoll der Geschäftsstelle anzubringen. Die Partei soll den Schriftsätzen, welche sie bei dem Gericht einreicht, die für die Zustellung erforderliche Zahl von Abschriften beifügen.

Soll durch die Zustellung eine Frist gewahrt oder die Verjährung unterbrochen werden, so tritt die Wirkung, sofern die Zustellung demnächst erfolgt, bereits mit der Einreichung oder Anbringung des Antrags oder der Erklärung ein. In Ansehung der Wahrung einer Frist oder der Unterbrechung der Verjährung hat der Güteantrag dieselbe Wirkung wie eine Klageerhebung. Ein zurückgenommener Güteantrag gilt als nicht gestellt.

Mit Ausnahme des Güteantrags, der Klage und solcher Schriftsätze, die Sachanträge oder eine Zurücknahme der Klage enthalten, sind Schriftsätze und sonstige Erklärungen der Parteien, sofern nicht das Gericht die Zustellung anordnet, ohne besondere Form mitzuteilen. Bei Übersendung durch die Post gilt die Mitteilung, wenn die Wohnung der Partei im Bereiche des Ortsbestellverkehrs liegt, an dem folgenden, im übrigen an dem zweiten Werktage nach der Aufgabe zur Post als bewirkt, sofern nicht die Partei glaubhaft macht, daß ihr die Mitteilung nicht oder erst in einem späteren Zeitpunkte zugegangen ist.

§ 497

Ladungen durch die Partei finden nicht statt. Die Termine werden von Amts wegen bestimmt. Nach Bestimmung des Termins ist die Ladung der Parteien durch die Geschäftsstelle zu veranlassen. Die Ladung des Antragstellers oder Klägers zu dem auf den Güteantrag oder die Klage bestimmten Termin ist, sofern nicht das Gericht die Zustellung anordnet, ohne besondere Form mitzuteilen; § 496 Abs. 4 Satz 2 gilt entsprechend.

Die Ladung einer Partei ist nicht erforderlich, wenn der Termin der Partei bei Einreichung oder Anbringung der Klage oder des Antrags, auf Grund dessen die Terminsbestimmung stattfindet, mitgeteilt worden ist. Die erfolgte Mitteilung ist zu den Akten zu vermerken.

§ 498

Dem Beklagten ist mit der Ladung die Klageschrift oder das die Klage enthaltende Protokoll zuzustellen. Im Güteverfahren ist dem Antragsgegner der Güteantrag unter Hinweis auf die Versäumnisfolgen zuzustellen.

Mit der Zustellung der Klageschrift ist die Aufforderung an den Beklagten zu verbinden, etwaige gegen die Behauptungen des Klägers vorzubringende Einwendungen und Beweismittel unter genauer Bezeichnung dem Gerichte mitzuteilen. *§ 253 Abs. 3 Nr. 1*[31] findet keine Anwendung.

Die Klage gilt unbeschadet der Bestimmung im § 496 Abs. 3 erst mit der Zustellung an den Beklagten als erhoben.

§ 499

Die Frist zur Einlassung auf einen Güteantrag oder auf eine Klage beträgt mindestens drei Tage, wenn die Zustellung an einem Orte erfolgt, der Sitz des Prozeßgerichts ist oder im Bezirke des Prozeßgerichts liegt oder von dem ein Teil zu diesem Bezirke gehört; mindestens eine Woche, wenn die Zustellung sonst im Inland erfolgt; in Meß- und Marktsachen mindestens 24 Stunden.

---

[31] jetzt: § 261a Abs. 2 S. 2.

Ist die Zustellung im Ausland vorzunehmen, so hat das Gericht bei Festsetzung des Termins die Einlassungsfrist zu bestimmen.

§ 499a

Der Antragsteller hat in dem Güteantrag anzugeben, welche Ansprüche er gegen seinen Gegner erhebt und auf welche Tatsachen er sie stützt. Gleichzeitig soll er seine Beweismittel bezeichnen und die Gründe, aus denen der Gegner den Anspruch bestreitet, soweit sie ihm bekannt sind, mitteilen. Besitzt der Antragsteller auf die Sache bezügliche Urkunden, so soll er sie in Urschrift oder Abschrift beifügen.

§ 499b

Erscheint der erhobene Anspruch von vornherein aussichtslos, so kann das Gericht den Antrag durch Beschluß zurückweisen. Die Zurückweisung ist zu begründen und unterliegt keinem Rechtsmittel. In allen anderen Fällen beraumt das Gericht unverzüglich Termin zur Güteverhandlung an.

Das Gericht kann die zur Vorbereitung der Güteverhandlung ihm dienlich erscheinenden Maßnahmen treffen. Ordnet das Gericht das persönliche Erscheinen der Parteien an, so finden die Vorschriften des § 141 Abs. 2, 3 Anwendung.

§ 499c

In der Güteverhandlung erörtert das Gericht das gesamte Streitverhältnis in freier Würdigung aller Umstände mit den Parteien und sucht einen gütlichen Ausgleich herbeizuführen. Zur Aufklärung des Sachverhalts kann ein Augenschein eingenommen werden. Andere Beweise können insoweit erhoben werden, als die Beweiserhebung sofort geschehen kann. Inwieweit Zeugen oder Sachverständige eidlich oder uneidlich vernommen werden, bleibt dem Ermessen des Gerichts überlassen. Eine Parteivernehmung findet nicht statt.

§ 499d

Die örtliche Zuständigkeit des Gerichts bestimmt sich nach den für das Streitverfahren geltenden Vorschriften. Ist das angegangene Amtsgericht örtlich unzuständig und ist die Unzuständigkeit von dem Antragsgegner geltend gemacht, so hat sich das Gericht durch Beschluß für unzuständig zu erklären. Die Vorschriften des § 276 finden entsprechende Anwendung.

§ 499e

Einigen sich die Parteien in der Güteverhandlung nicht, so wird der Rechtsstreit auf den bis zur Beendigung der Verhandlung zu stellenden Antrag einer Partei, soweit möglich, sofort, sonst in einem alsbald anzuberaumenden neuen Termin streitig verhandelt. Für das Streitverfahren gilt in diesem Falle, auch in Ansehung des Eintritts der Rechtshängigkeit, der Güteantrag als Klageschrift; es sind jedoch Änderungen und Ergänzungen zu berücksichtigen, die der Antragsteller in der Güteverhandlung etwa vorgebracht hat.

Wird bei Erfolglosigkeit des Einigungsversuchs weder der Güteantrag zurückgenommen noch der Antrag auf Eintritt in das Streitverfahren gestellt, so erteilt das Gericht beiden Parteien eine Bescheinigung darüber, daß das Güteverfahren erfolglos geblieben ist. In der Bescheinigung ist anzugeben, welcher Anspruch den Gegenstand des Verfahrens gebildet hat.

§ 499f

Bleiben im Termin zur Güteverhandlung beide Parteien aus, so erklärt das Gericht durch Beschluß den Güteantrag für zurückgenommen.

Bleibt nur eine Partei aus, so wird auf Antrag der erschienenen Partei sofort in das Streitverfahren eingetreten. Der Güteantrag gilt auch in diesem Falle nach [1]) § 499e Abs. 1 Satz 2 als Klageschrift. Auf das weitere Verfahren finden die allgemeinen Vorschriften über das Versäumnisverfahren entsprechende Anwendung.

§ 499g

Über die wesentlichen Ergebnisse der Güteverhandlung ist ein Protokoll aufzunehmen. In diesem sind insbesondere festzustellen:

1. der Abschluß eines Vergleichs;
2. die Erklärung einer Zurücknahme des Güteantrags;
3. Beschlüsse des Gerichts und deren Verkündung;
4. von dem Antragsteller mündlich vorgebrachte Ergänzungen und Änderungen des Güteantrags;
5. die Aussagen von Zeugen und Sachverständigen und das Ergebnis eines Augenscheins;
6. der Eintritt in das Streitverfahren.

Die Aufnahme der unter Nr. 4 und 5 vorgesehenen Erklärungen und Ergebnisse kann unterbleiben, wenn die Verhandlung noch in demselben Termin zu einer endgültigen Erledigung der Sache führt.

§ 500

An ordentlichen Gerichtstagen können die Parteien ohne vorherigen Antrag und ohne Terminsbestimmung zur Güteverhandlung vor Gericht erscheinen. In diesem Falle ist, wenn bei Beendigung des Termins die Sache im Güteverfahren anhängig bleibt, der wesentliche Inhalt des mündlich gestellten Antrags in das Protokoll aufzunehmen. Führt der Termin zu einem Eintritt in das Streitverfahren, so wird die Klage durch mündlichen Vortrag erhoben und zu Protokoll genommen; nach der Klageerhebung kann jede Partei die Vertagung des Termins verlangen.

§ 500a

Soll das Streitverfahren vor dem Amtsgericht unmittelbar durch Klage eingeleitet werden, so hat der Kläger bei der Einreichung oder Anbringung der Klage entweder eine gerichtliche Bescheinigung darüber beizubringen, daß innerhalb des letzten Jahres über den Anspruch ein Güteverfahren erfolglos beendigt worden ist, oder, erforderlichenfalls unter Glaubhaftmachung, darzulegen, daß einer der Fälle vorliegt in denen es eines Güteverfahrens nicht bedarf (§ 495a Abs. 1).

Eine Klage, die dieser Vorschrift nicht genügt, gilt als Güteantrag.

§§ 501—503

(weggefallen)

§ 504

Die Vorschrift, daß prozeßhindernde Einreden gleichzeitig und vor der Verhandlung zur Hauptsache vorzubringen sind, findet nur insoweit Anwendung, als die Einrede der Unzuständigkeit des Gerichts und die Einrede, daß die Entscheidung des Rechtsstreits durch Schiedsrichter zu erfolgen habe, vor der Verhandlung zur Hauptsache geltend zu machen sind.

Ist das Amtsgericht sachlich unzuständig, so hat es vor der Verhandlung des Beklagten zur Hauptsache denselben auf die Unzuständigkeit aufmerksam zu machen.

§ 505

(weggefallen)

§ 506

Wird durch Widerklage oder durch Erweiterung des Klageantrags (§ 268 Nr. 2, 3) ein Anspruch erhoben, der zur Zuständigkeit der Landgerichte gehört, oder wird in Gemäßheit des § 280 die Feststellung eines Rechtsverhältnisses beantragt, für welches die Landgerichte zuständig sind, so hat das Amtsgericht, sofern eine Partei vor weiterer Verhandlung zur Hauptsache darauf anträgt, durch Beschluß sich für unzuständig zu erklären und den Rechtsstreit an das Landgericht zu verweisen.

Die Vorschriften des § 276 Abs. 2, Abs. 3 Satz 1 finden entsprechende Anwendung.

§ 507

Die Vorschriften des § 297 finden keine Anwendung.

§ 508

Die Geschäftsstelle hat die Zustellung des Versäumnisurteils zu vermitteln, sofern nicht die Partei, welche das Urteil erwirkt hat, erklärt hat, selbst einen Gerichtsvollzieher mit der Zustellung beauftragen zu wollen.

Die im § 339 Abs. 1 bezeichnete Frist beträgt eine Woche.

Eine Verweisung des Rechtsstreits an ein anderes Gericht nach §§ 276, 506 findet nur statt, wenn das Amtsgericht den Einspruch für zulässig erachtet.

Das Gericht, an welches der Rechtsstreit verwiesen wird, ist an die Entscheidung des Amtsgerichts, durch welche der Einspruch zugelassen wird, gebunden.

§ 509

(weggefallen)

§ 510

Wegen unterbliebener Erklärung ist eine Urkunde nur dann als anerkannt anzusehen, wenn die Partei durch das Gericht zur Erklärung über die Echtheit der Urkunde aufgefordert ist.

§ 510a

Anträge sowie die Erklärung auf einen Antrag auf Parteivernehmung sind durch das Sitzungsprotokoll festzustellen; anstatt der Feststellung genügt die Bezugnahme auf den Inhalt eines vorbereitenden Schriftsatzes.

Sonstige Erklärungen einer Partei, insbesondere Geständnisse, sind durch das Protokoll insoweit festzustellen, als das Gericht bei dem Schlusse der mündlichen Verhandlung die Feststellung für angemessen erachtet.

§ 510b

Erfolgt die Verurteilung zur Vornahme einer Handlung, so kann der Beklagte zugleich auf Antrag des Klägers für den Fall, daß die Handlung nicht binnen einer zu bestimmenden Frist vorgenommen ist, zur Zahlung einer Entschädigung verurteilt werden; das Gericht hat die Entschädigung nach freiem Ermessen festzusetzen.

§ 510c

(weggefallen)

Drittes Buch
Rechtsmittel

Erster Abschnitt
Berufung

§ 511

Die Berufung findet gegen die in erster Instanz erlassenen Endurteile statt.

§ 511a

XII) In Rechtsstreitigkeiten über vermögensrechtliche Ansprüche ist die Berufung unzulässig, wenn der Wert des Beschwerdegegenstandes 100 Reichsmark[5] nicht übersteigt.

In betreff des Wertes des Beschwerdegegenstandes kommen die §§ 3 bis 9 zur Anwendung.

Der Berufungskläger hat diesen Wert glaubhaft zu machen; zur Versicherung an Eides Statt darf er nicht zugelassen werden.

Insoweit es sich um die Unzulässigkeit des Rechtswegs handelt sowie in Rechtsstreitigkeiten über Ansprüche, für welche die Landgerichte ohne Rücksicht auf den Wert des Streitgegenstandes ausschließlich zuständig sind, findet die Berufung ohne Rücksicht auf den Wert des Beschwerdegegenstandes statt.[32]

§ 512

Der Beurteilung des Berufungsgerichts unterliegen auch diejenigen Entscheidungen, welche dem

---

[5] siehe Fußnote zu § 97.

[32] ferner § 14 Abs. 1 des Mieterschutzgesetzes; Art. 6 Abs. 1 S. 1 der 4. DVO. zum Binnenschiffahrtsgesetz — abgedr. unter VIII B —; VO. der brit. MilReg. Nr. 65 — Rheinschiffahrtsgerichte — MRABl. S. 359 —.

Endurteile vorausgegangen sind, sofern nicht dieselben nach den Vorschriften dieses Gesetzes unanfechtbar oder mit der Beschwerde anfechtbar sind.

§ 512a

Die Berufung kann in Streitigkeiten über vermögensrechtliche Ansprüche nicht darauf gestützt werden, daß das Gericht erster Instanz seine örtliche Zuständigkeit mit Unrecht angenommen hat.

§ 513

Ein Versäumnisurteil kann von der Partei, gegen welche es erlassen ist, mit der Berufung nicht angefochten werden.

Ein Versäumnisurteil, gegen welches der Einspruch an sich nicht statthaft ist, unterliegt der Berufung insoweit, als dieselbe darauf gestützt wird, daß der Fall der Versäumung nicht vorgelegen habe.

§ 514

Die Wirksamkeit eines nach Erlassung des Urteils erklärten Verzichts auf das Recht der Berufung ist nicht davon abhängig, daß der Gegner die Verzichtleistung angenommen hat.

§ 515

[XII]) Die Zurücknahme der Berufung ist ohne Einwilligung des Berufungsbeklagten nur bis zum Beginn der mündlichen Verhandlung des Berufungsbeklagten zulässig.

[XV]) Die Zurücknahme erfolgt, wenn sie nicht bei der mündlichen Verhandlung erklärt wird, durch Einreichung eines Schriftsatzes.

[XII]) Die Zurücknahme hat den Verlust des Rechtsmittels und die Verpflichtung zur Folge, die durch das Rechtsmittel entstandenen Kosten zu tragen.

Auf Antrag des Gegners sind diese Wirkungen durch Beschluß auszusprechen. Der Beschluß bedarf keiner mündlichen Verhandlung und ist unanfechtbar.

§ 516 XII)

Die Berufungsfrist beträgt einen Monat; sie ist eine Notfrist und beginnt mit der Zustellung des Urteils, spätestens aber mit dem Ablauf von fünf Monaten nach der Verkündung.

§ 517

Wird innerhalb der Berufungsfrist ein Urteil in Gemäßheit des § 321 durch eine nachträgliche Entscheidung ergänzt, so beginnt mit der Zustellung der nachträglichen Entscheidung der Lauf der Berufungsfrist auch für die Berufung gegen das zuerst ergangene Urteil von neuem. Wird gegen beide Urteile von derselben Partei Berufung eingelegt, so sind beide Berufungen miteinander zu verbinden.

§ 518 XII)

Die Einlegung der Berufung erfolgt durch Einreichung der Berufungsschrift bei dem Berufungsgerichte.

Die Berufungsschrift muß enthalten:

1. die Bezeichnung des Urteils, gegen welches die Berufung gerichtet wird;
2. die Erklärung, daß gegen dieses Urteil Berufung eingelegt werde.

Mit der Berufungsschrift soll eine Ausfertigung oder beglaubigte Abschrift des Urteils, gegen welches die Berufung sich richtet, sowie der Nachweis der Zustellung des Urteils dem Berufungsgerichte vorgelegt oder angegeben werden, daß das Urteil nicht zugestellt sei.

Die allgemeinen Bestimmungen über die vorbereitenden Schriftsätze finden auch auf die Berufungsschrift Anwendung.

§ 519 XII)

Der Berufungskläger muß die Berufung begründen.

Die Berufungsbegründung erfolgt, sofern sie nicht bereits in der Berufungsschrift enthalten ist, durch Einreichung eines Schriftsatzes bei dem Berufungsgerichte. Die Frist für die Berufungsbegründung beträgt einen Monat; sie beginnt mit der Einlegung der Berufung und kann auf Antrag von dem Vorsitzenden verlängert werden.

Die Berufungsbegründung muß enthalten:

1. die Erklärung, inwieweit das Urteil angefochten wird und welche Abänderungen des Urteils beantragt werden (Berufungsanträge);
2. die bestimmte Bezeichnung der im einzelnen anzuführenden Gründe der Anfechtung (Berufungsgründe) sowie der neuen Tatsachen, Beweismittel und Beweiseinreden, die die Partei zur Rechtfertigung ihrer Berufung anzuführen hat.

In der Berufungsbegründung soll ferner der Wert des nicht in einer bestimmten Geldsumme bestehenden Beschwerdegegenstandes angegeben werden, wenn von ihm die Zulässigkeit der Berufung abhängt.

Die allgemeinen Bestimmungen über die vorbereitenden Schriftsätze finden auch auf die Berufungsbegründung Anwendung.

§ 519a

Die Berufungsschrift und die Berufungsbegründung sind der Gegenpartei von Amts wegen zuzustellen. Mit der Zustellung der Berufungsschrift ist der Zeitpunkt mitzuteilen, in dem die Berufung eingelegt ist. Die erforderliche Zahl von beglaubigten Abschriften soll der Beschwerdeführer mit der Berufungsschrift oder der Berufungsbegründung einreichen.

§ 519b

XII) Das Berufungsgericht hat von Amts wegen zu prüfen, ob die Berufung an sich statthaft und ob die Einlegung und Begründung in der gesetzlichen Frist und Form erfolgt ist. Mangelt es einem dieser Erfordernisse, so ist die Berufung als unzulässig zu verwerfen.

XIV) Die Entscheidung kann ohnemündliche Verhandlung durch Beschluß erfolgen. Eine Entscheidung des Oberlandesgerichts unterliegt in diesem Falle der sofortigen Beschwerde, sofern gegen ein Urteil gleichen Inhalts die Revision zulässig wäre oder sofern das Oberlandesgericht die sofortige Beschwerde in dem Beschluß zugelassen hat.[33]

§ 520

Wird die Berufung nicht durch Beschluß als unzulässig verworfen, so ist der Termin zur mündlichen Verhandlung von Amts wegen zu bestimmen und den Parteien bekanntzumachen. In der Bekanntmachung soll der Berufungsbeklagte, sofern die Zustellung nicht an einen Rechtsanwalt erfolgt, darauf hingewiesen werden, daß er sich vor dem Berufungsgerichte durch einen bei diesem Gerichte zugelassenen Rechtsanwalt als Bevollmächtigten vertreten lassen muß.

---

[33] dazu: § 27 Nr. 2 DVO. MilRegVO. Nr. 98 — abgedr. unter XV Da.

In betreff der Frist, welche zwischen dem Zeitpunkt der Bekanntmachung des Termins und der mündlichen Verhandlung liegen muß, finden die Vorschriften des § 262 entsprechende Anwendung.

§ 521 XII)

Der Berufungsbeklagte kann sich der Berufung anschließen, selbst wenn er auf die Berufung verzichtet hat oder wenn die Berufungsfrist verstrichen ist.

Die Vorschriften über die Anfechtung des Versäumnisurteils durch Berufung finden auch auf die Anfechtung desselben durch Anschließung Anwendung.

§ 522 XII)

Die Anschließung verliert ihre Wirkung, wenn die Berufung zurückgenommen oder als unzulässig verworfen wird.

Hat der Berufungsbeklagte innerhalb der Berufungsfrist sich der erhobenen Berufung angeschlossen, so wird es so angesehen, als habe er die Berufung selbständig eingelegt.

§ 522a XII)

Die Anschließung erfolgt durch Einreichung der Berufungsanschlußschrift bei dem Berufungsgerichte.

Die Anschlußberufung muß vor Ablauf der Berufungsbegründungsfrist (§ 519 Abs. 2) und, sofern sie nach deren Ablauf eingelegt wird, in der Anschlußschrift begründet werden.

Die Vorschriften des § 518 Abs. 2, 4, des § 519 Abs. 3, 5 und der §§ 519a, 519b finden entsprechende Anwendung.

§ 523

Auf das weitere Verfahren finden die in erster Instanz für das Verfahren vor den Landgerichten geltenden Vorschriften entsprechende Anwendung, soweit nicht Abweichungen aus den Bestimmungen dieses Abschnitts sich ergeben.

§ 523a

Die Vorschrift des § 349 Abs. 3 findet keine Anwendung.

§ 524

(weggefallen)

§ 525

Vor dem Berufungsgerichte wird der Rechtsstreit in den durch die Anträge bestimmten Grenzen von neuem verhandelt.

§ 526

Bei der mündlichen Verhandlung haben die Parteien das durch die Berufung angefochtene Urteil sowie die dem Urteil vorausgegangenen Entscheidungen nebst den Entscheidungsgründen und den Beweishandlungen insoweit vorzutragen, als dies zum Verständnis der Berufungsanträge und zur Prüfung der Richtigkeit der angefochtenen Entscheidung erforderlich ist.

Im Falle der Unrichtigkeit oder Unvollständigkeit des Vortrags hat der Vorsitzende dessen Berichtigung oder Vervollständigung, nötigenfalls unter Wiedereröffnung der Verhandlung, zu veranlassen.

§ 527

(weggefallen)

§ 528

Prozeßhindernde Einreden, auf welche die Partei wirksam verzichten kann, dürfen nur geltend gemacht werden, wenn die Partei glaubhaft macht, daß sie ohne ihr Verschulden außerstande gewesen sei, dieselben in erster Instanz vorzubringen. Das gleiche gilt, wenn bei vermögensrechtlichen Ansprüchen für die Klage ein ausschließlicher Gerichtsstand oder die Zuständigkeit eines Arbeitsgerichts begründet ist, und von der Einrede der Unzuständigkeit des Gerichts, sofern der Beklagte in erster Instanz zur Hauptsache mündlich verhandelt hat; eine Prüfung der Zuständigkeit von Amts wegen findet nicht statt.

§ 529 XII)

Die Parteien können Angriffs- und Verteidigungsmittel, die in erster Instanz nicht geltend gemacht sind, insbesondere neue Tatsachen und Beweismittel, vorbringen.

Angriffs- und Verteidigungsmittel sowie Beweismittel und Beweiseinreden, die in erster Instanz hätten geltend gemacht werden können und deren Berücksichtigung die Erledigung des Rechtsstreits verzögern würde, sind jedoch nur zuzulassen, wenn nach der freien Überzeugung des Gerichts die Partei das Vorbringen in erster Instanz weder in der Absicht, den Prozeß zu verschleppen, noch aus grober Nachlässigkeit unterlassen hatte. Die Vorschrift gilt entsprechend für das Vorbringen einer Partei, das in erster Instanz nach den §§ 279, 279a, 283 Abs. 2 zurückgewiesen worden ist.

Die Vorschrift des Abs. 2 Satz 1 findet ferner entsprechende Anwendung, wenn der Berufungskläger ein neues Vorbringen, dessen Geltendmachung in der Berufungsinstanz zulässig ist, entgegen der Vorschrift des § 519 nicht in der Berufungsbegründung mitgeteilt hat.

Die Erhebung einer Widerklage ist nur zuzulassen, wenn der Gegner einwilligt oder das Gericht die Geltendmachung des mit ihr verfolgten Anspruchs in dem anhängigen Verfahren für sachdienlich hält.

Macht der Beklagte die Aufrechnung einer Gegenforderung geltend, so ist die hierauf gegründete Einwendung nur zuzulassen, wenn der Kläger einwilligt oder das Gericht die Geltendmachung in dem anhängigen Verfahren für sachdienlich hält.

§ 530

Die Verletzung einer das Verfahren erster Instanz betreffenden Vorschrift kann in der Berufungsinstanz nicht mehr gerügt werden, wenn in Gemäßheit der Bestimmung des § 295 die Partei das Rügerecht bereits in erster Instanz verloren hat.

§ 531 [XII)]

Die in erster Instanz unterbliebenen oder verweigerten Erklärungen über Tatsachen, Urkunden und Anträge auf Parteivernehmung können in der Berufungsinstanz nachgeholt werden.

§ 532 [XII)]

Das in erster Instanz abgelegte gerichtliche Geständnis behält seine Wirksamkeit auch für die Berufungsinstanz.

§ 533

Das Berufungsgericht darf die Vernehmung oder Beeidigung einer Partei, die in erster Instanz die

Vernehmung abgelehnt oder die Aussage oder den Eid verweigert hatte, nur anordnen, wenn es der Überzeugung ist, daß die Partei zu der Ablehnung oder Weigerung genügende Gründe hatte und diese Gründe seitdem fortgefallen sind.

War eine Partei in erster Instanz vernommen und auf ihre Aussage beeidigt, so darf das Berufungsgericht die eidliche Vernehmung des Gegners nur anordnen, wenn die in erster Instanz erfolgte Vernehmung oder Beeidigung unzulässig war.

§ 534

Ein nicht oder nicht unbedingt für vorläufig vollstreckbar erklärtes Urteil erster Instanz ist, soweit es durch die Berufungsanträge nicht angefochten wird, auf den im Laufe der mündlichen Verhandlung gestellten Antrag von dem Berufungsgerichte durch Beschluß für vorläufig vollstreckbar zu erklären.

Das gleiche gilt, wenn der Berufungskläger neue Angriffs- oder Verteidigungsmittel oder Beweismittel und Beweiseinreden vorbringt, durch welche die Erledigung des Rechtsstreits verzögert wird, und nach der freien Überzeugung des Gerichts die Verspätung des Vorbringens auf der Absicht der Prozeßverschleppung oder auf Nachlässigkeit beruht.

Eine Anfechtung der Entscheidung findet nicht statt.

§ 535

(weggefallen)

§ 536

Das Urteil erster Instanz darf nur insoweit abgeändert werden, als eine Abänderung beantragt ist.

§ 537

Gegenstand der Verhandlung und Entscheidung des Berufungsgerichts sind alle einen zuerkannten oder aberkannten Anspruch betreffenden Streitpunkte, über welche in Gemäßheit der Anträge eine Verhandlung und Entscheidung erforderlich ist, selbst wenn über diese Streitpunkte in erster Instanz nicht verhandelt oder nicht entschieden ist.

§ 538 XII)

Das Berufungsgericht soll die Sache, insofern ihre weitere Verhandlung erforderlich ist, an das Gericht erster Instanz zurückverweisen:

1. wenn durch das angefochtene Urteil ein Einspruch als unzulässig verworfen ist;
2. wenn durch das angefochtene Urteil nur über prozeßhindernde Einreden entschieden ist;
3. wenn im Falle eines nach Grund und Betrag streitigen Anspruchs durch das angefochtene Urteil über den Grund des Anspruchs vorab entschieden oder die Klage abgewiesen ist;
4. wenn das angefochtene Urteil im Urkunden- oder Wechselprozeß unter Vorbehalt der Rechte erlassen ist;
5. wenn das angefochtene Urteil ein Versäumnisurteil ist.

Im Falle der Nr. 2 hat das Berufungsgericht die sämtlichen prozeßhindernden Einreden zu erledigen.

Das Berufungsgericht soll jedoch in der Sache selbst verhandeln und entscheiden, wenn dies sachdienlich, insbesondere wenn die Sache zur Entscheidung reif ist.

§ 539 XII).

Leidet das Verfahren erster Instanz an einem wesentlichen Mangel, so kann das Berufungsgericht unter Aufhebung des Urteils und des Verfahrens, soweit das letztere durch den Mangel betroffen wird, die Sache an das Gericht erster Instanz zurückverweisen.

§§ 540—541

(weggefallen)

§ 542

Die Vorschriften über das Versäumnisverfahren in erster Instanz finden entsprechende Anwendung.

Beantragt der Berufungskläger gegen den im Termin zur mündlichen Verhandlung nicht erschienenen Berufungsbeklagten das Versäumnisurteil, so ist, soweit das festgestellte Sachverhältnis nicht entgegensteht, das tatsächliche mündliche Vorbringen des Berufungsklägers für zugestanden zu erachten und in Ansehung einer zulässigerweise beantragten Beweisaufnahme anzunehmen, daß sie das in Aussicht gestellte Ergebnis gehabt habe.

§ 543

Bei der Darstellung des Tatbestandes im Urteil ist eine Bezugnahme auf das Urteil voriger Instanz nicht ausgeschlossen.

§ 544

Die Geschäftsstelle des Berufungsgerichts hat innerhalb vierundzwanzig Stunden, nachdem die Berufungsschrift eingereicht ist, von der Geschäftsstelle des Gerichts erster Instanz die Prozeßakten einzufordern.

Nach Erledigung der Berufung sind die Akten der Geschäftsstelle des Gerichts erster Instanz nebst einer beglaubigten Abschrift des in der Berufungsinstanz erlassenen Urteils zurückzusenden.

Zweiter Abschnitt

Revision

§ 545

Die Revision findet gegen die in der Berufungsinstanz von den Oberlandesgerichten erlassenen Endurteile statt.[34]

[35] Gegen Urteile, durch welche über die Anordnung, Abänderung oder Aufhebung eines Arrestes oder einer einstweiligen Verfügung entschieden wird, ist die Revision nicht zulässig.

§ 546

[36] In Rechtsstreitigkeiten über vermögensrechtliche Ansprüche ist die Revision unzulässig, wenn der Wert des Beschwerdegegenstandes 6000 Reichsmark[5] nicht übersteigt.[37]

[38] In betreff des Wertes des Beschwerdegegenstandes kommen die Vorschriften der §§ 3 bis 9 zur Anwendung.

[38] Der Revisionskläger hat diesen Wert glaubhaft zu machen; zur Versicherung an Eides Statt darf er nicht zugelassen werden.

---

[34] jetzt: § 27 Nr. 1 DVO. MilRegVO. Nr. 98 — abgedr. unter XV Da.

[35] jetzt: § 28 DVO. MilRegVO. Nr. 98 — abgedr. unter XV Da —.

[36] jetzt: § 29 Abs. 1 DVO. MilRegVO. Nr. 98 — abgedr. unter XV Da —.

[5] siehe Fußnote zu § 97.

[37] Revision sonst nur bei ausdrücklicher Zulassung: § 29 Abs. 1 u. 2 DVO. MilRegVO. Nr. 98 — abgedr. unter XV Da —.

[38] jetzt: § 29 Abs. 3 DVO. MilRegVO. Nr. 98 — abgedr. unter XV Da —.

§ 547

[39] Ohne Rücksicht auf den Wert des Beschwerdegegenstandes findet die Revision statt:

1. insoweit es sich um die Unzulässigkeit des Rechtswegs oder die Unzulässigkeit der Berufung handelt;
2. in den Rechtsstreitigkeiten über Ansprüche, für welche die Landgerichte ohne Rücksicht auf den Wert des Streitgegenstandes ausschließlich zuständig sind.

§ 548

Der Beurteilung des Revisionsgerichts unterliegen auch diejenigen Entscheidungen, welche dem Endurteile vorausgegangen sind, sofern nicht dieselben nach den Vorschriften dieses Gesetzes unanfechtbar sind.

§ 549

Die Revision kann nur darauf gestützt werden, daß die Entscheidung auf der Verletzung eines Reichsgesetzes oder der Verletzung einer sonstigen im Bezirk des Berufungsgerichts geltenden Vorschrift beruht, deren Geltungsbereich sich über den Bezirk des Berufungsgerichts hinaus erstreckt oder die dem Bergrecht, dem gemeinen Recht, dem französischen Recht oder dem Badischen Landrecht einschließlich seiner Zusätze angehört.

In Rechtsstreitigkeiten über vermögensrechtliche Ansprüche kann die Revision nicht darauf gestützt werden, daß das Gericht seine örtliche Zuständigkeit mit Unrecht angenommen hat.

---

[39] jetzt: § 30 DVO. MilRegVO. Nr. 98 — abgedr. unter XV Da —.

§ 550

Das Gesetz ist verletzt, wenn eine Rechtsnorm nicht oder nicht richtig angewendet worden ist.

§ 551

Eine Entscheidung ist stets als auf einer Verletzung des Gesetzes beruhend anzusehen:

1. wenn das erkennende Gericht nicht vorschriftsmäßig besetzt war;
2. wenn bei der Entscheidung ein Richter mitgewirkt hat, welcher von der Ausübung des Richteramts kraft Gesetzes ausgeschlossen war, sofern nicht dieses Hindernis mittels eines Ablehnungsgesuchs ohne Erfolg geltend gemacht ist;
3. wenn bei der Entscheidung ein Richter mitgewirkt hat, obgleich derselbe wegen Besorgnis der Befangenheit abgelehnt und das Ablehnungsgesuch für begründet erklärt war;
4. wenn das Gericht seine Zuständigkeit oder Unzuständigkeit mit Unrecht angenommen hat;
5. wenn eine Partei in dem Verfahren nicht nach Vorschrift der Gesetze vertreten war, sofern sie nicht die Prozeßführung ausdrücklich oder stillschweigend genehmigt hat;
6. wenn die Entscheidung auf Grund einer mündlichen Verhandlung ergangen ist, bei welcher die Vorschriften über die Öffentlichkeit des Verfahrens verletzt sind;
7. wenn die Entscheidung nicht mit Gründen versehen ist.

§ 552

Die Revisionsfrist beträgt einen Monat; sie ist eine Notfrist und beginnt mit der Zustellung des in vollständiger Form abgefaßten Urteils, spätestens

trägt einen Monat; sie beginnt mit der Einlegung der Revision und kann auf Antrag von dem Vorsitzenden verlängert werden.

Die Revisionsbegründung muß enthalten:

1. die Erklärung, inwieweit das Urteil angefochten und dessen Aufhebung beantragt werde (Revisionsanträge);
2. die Angabe der Revisionsgründe, und zwar:
   a) die Bezeichnung der verletzten Rechtsnorm;
   b) insoweit die Revision darauf gestützt wird, daß das Gesetz in bezug auf das Verfahren verletzt sei, die Bezeichnung der Tatsachen, welche den Mangel ergeben.

In der Revisionsbegründung soll ferner der Wert des nicht in einer bestimmten Geldsumme bestehenden Beschwerdegegenstandes angegeben werden, wenn die Zulässigkeit der Revision von diesem Werte abhängt.

Die Vorschriften des § 553 Abs. 2 und des § 553a Abs. 2 Satz 1, 3 finden auf die Revisionsbegründung entsprechende Anwendung.

XIV) Nach dem Ablauf der Begründungsfrist ist die Geltendmachung neuer Revisionsgründe nicht zulässig.

XIV) [40] Sofern nicht dem Revisionskläger das Armenrecht bewilligt ist oder Gebührenfreiheit zusteht, hat der Vorsitzende eine Frist zu bestimmen, innerhalb deren der Revisionskläger den Nachweis zu erbringen hat, daß er die für die Revisionsinstanz von ihm erforderte Prozeßgebühr gezahlt hat. Wird der Nachweis nicht vor dem Ablauf der Frist erbracht, so gilt die Revision als nicht in gesetzlicher

[40] nicht anzuwenden nach § 31 Halbs. 2 DVO. Mil RegVO. Nr. 92 — abgedr. unter XV Da —.

Form begründet. Hat der Revisionskläger die Bewilligung des Armenrechts vor Ablauf der Frist beantragt, so wird der Lauf der Frist bis zum Ablauf von zwei Wochen nach Zustellung des auf dieses Gesuch ergehenden Beschlusses gehemmt.

§ 554a

Das Revisionsgericht hat von Amts wegen zu prüfen, ob die Revision an sich statthaft und ob die Einlegung und Begründung in der gesetzlichen Form und Frist erfolgt sei. Mangelt es an einem dieser Erfordernisse, so ist die Revision als unzulässig zu verwerfen.

Die Entscheidung kann ohne vorgängige mündliche Verhandlung durch Beschluß erfolgen.

§ 555

Wird die Revision nicht durch Beschluß als unzulässig verworfen, so ist der Termin zur mündlichen Verhandlung von Amts wegen zu bestimmen und den Parteien bekanntzumachen.

In betreff der Frist, welche zwischen dem Zeitpunkt der Bekanntmachung des Termins und der mündlichen Verhandlung liegen muß, finden die Vorschriften des § 262 entsprechende Anwendung.

§ 556[12])

Der Revisionsbeklagte kann sich bis zum Ablauf der Begründungsfrist der Revision anschließen, selbst wenn er auf die Revision verzichtet hat.

Die Anschließung erfolgt durch Einreichung der Revisionsanschlußschrift bei dem Revisionsgerichte. Die Anschlußrevision muß in der Anschlußschrift begründet werden. Die Vorschriften des § 521

Abs. 2, der §§ 522, 553, des § 553a Abs. 2 Satz 1, 3, des § 554 Abs. 3, 6 und des § 554a finden entsprechende Anwendung.

§ 557

Auf das weitere Verfahren finden die in erster Instanz für das Verfahren vor den Landgerichte, geltenden Vorschriften entsprechende Anwendung soweit nicht Abweichungen aus den Bestimmungen dieses Abschnitts sich ergeben.

§ 557a

Die Vorschriften der §§ 348 bis 350 finden keine Anwendung.

§ 558

Die Verletzung einer das Verfahren der Berufungsinstanz betreffenden Vorschrift kann in der Revisionsinstanz nicht mehr gerügt werden, wenn in Gemäßheit der Bestimmung des § 295 die Partei das Rügerecht bereits in der Berufungsinstanz verloren hat.

§ 559

Der Prüfung des Revisionsgerichts unterliegen nur die von den Parteien gestellten Anträge und, soweit die Revision darauf gestützt wird, daß das Gesetz in bezug auf das Verfahren verletzt sei, nur die nach Maßgabe der §§ 554, 556 geltend gemachten Revisionsgründe. Bei der Prüfung, ob sonst das Gesetz verletzt sei, ist das Revisionsgericht an die von den Parteien geltend gemachten Revisionsgründe nicht gebunden.

§ 560

Ein nicht oder nicht unbedingt für vorläufig vollstreckbar erklärtes Urteil des Berufungsgerichts ist, insoweit dasselbe durch die Revisionsanträge nicht angefochten wird, auf den im Laufe der mündlichen Verhandlung gestellten Antrag von dem Revisionsgerichte für vorläufig vollstreckbar zu erklären.

§ 561

Der Beurteilung des Revisionsgerichts unterliegt nur dasjenige Parteivorbringen, welches aus dem Tatbestande des Berufungsurteils oder dem Sitzungsprotokoll ersichtlich ist. Außerdem können nur die im § 554 Abs. 3 Nr. 2b erwähnten Tatsachen berücksichtigt werden.

Hat das Berufungsgericht festgestellt, daß eine tatsächliche Behauptung wahr oder nicht wahr sei, so ist die Feststellung für das Revisionsgericht bindend, es sei denn, daß in bezug auf die Feststellung ein zulässiger und begründeter Revisionsangriff erhoben ist.

§ 562

Die Entscheidung des Berufungsgerichts über das Bestehen und den Inhalt von Gesetzen, auf deren Verletzung die Revision nach § 549 nicht gestützt werden kann, ist für die auf die Revision ergehende Entscheidung maßgebend.

§ 563

Ergeben die Entscheidungsgründe zwar eine Gesetzesverletzung, stellt die Entscheidung selbst aber aus anderen Gründen sich als richtig dar, so ist die Revision zurückzuweisen.

§ 564

Insoweit die Revision für begründet erachtet wird, ist das angefochtene Urteil aufzuheben.

Erfolgt die Aufhebung des Urteils wegen eines Mangels des Verfahrens, so ist zugleich das Verfahren insoweit aufzuheben, als es durch den Mangel betroffen wird.

§ 565

Im Falle der Aufhebung des Urteils ist die Sache zur anderweiten Verhandlung und Entscheidung an das Berufungsgericht zurückzuverweisen. Die Zurückverweisung kann an einen anderen Senat des Berufungsgerichts erfolgen.

Das Berufungsgericht hat die rechtliche Beurteilung, welche der Aufhebung zugrunde gelegt ist, auch seiner Entscheidung zugrunde zu legen.

Das Revisionsgericht hat jedoch in der Sache selbst zu entscheiden:

1. wenn die Aufhebung des Urteils nur wegen Gesetzesverletzung bei Anwendung des Gesetzes auf das festgestellte Sachverhältnis erfolgt und nach letzterem die Sache zur Endentscheidung reif ist;
2. wenn die Aufhebung des Urteils wegen Unzuständigkeit des Gerichts oder wegen Unzulässigkeit des Rechtswegs erfolgt.

Kommt in den Fällen der Nr. 1 und 2 für die in der Sache selbst zu erlassende Entscheidung die Anwendbarkeit von Gesetzen, auf deren Verletzung die Revision nach § 549 nicht gestützt werden kann, in Frage, so kann die Sache zur anderweiten Verhandlung und Entscheidung an das Berufungsgericht zurückverwiesen werden.

§ 566

Die für die Berufung geltenden Vorschriften über die Anfechtbarkeit der Versäumnisurteile, über die Verzichtleistung auf das Rechtsmittel und die Zurücknahme desselben, über die Vertagung der mündlichen Verhandlung, über die Verhandlung prozeßhindernder Einreden, über den Vortrag der Parteien bei der mündlichen Verhandlung und über die Einforderung und Zurücksendung der Prozeßakten finden auf die Revision entsprechende Anwendung.

§ 566a XIV)

(weggefallen)

Dritter Abschnitt

Beschwerde

§ 567

Das Rechtsmittel der Beschwerde findet in den in diesem Gesetze besonders hervorgehobenen Fällen und gegen solche eine vorgängige mündliche Verhandlung nicht erfordernde Entscheidungen statt, durch welche ein das Verfahren betreffendes Gesuch zurückgewiesen ist.

XV) Die Beschwerde gegen Entscheidungen über Kosten, Gebühren und Auslagen ist nur zulässig, wenn der Wert des Beschwerdegegenstandes fünfzig Reichsmark[5] übersteigt.

XIV) Gegen die Entscheidungen der Oberlandesgerichte ist eine Beschwerde nicht zulässig. Ausgenommen sind Beschlüsse, durch die eine Berufung nach § 519b als unzulässig verworfen wird.

§ 568 XV)

Über die Beschwerde entscheidet das im Instanzenzuge zunächst höhere Gericht.

Gegen die Entscheidung des Beschwerdegerichts ist, soweit nicht in derselben ein neuer selbständiger

---

[5] siehe Fußnote zu § 97.

Beschwerdegrund enthalten ist, eine weitere Beschwerde nicht zulässig.

Entscheidungen der Landgerichte in betreff der Prozeßkosten unterliegen nicht der weiteren Beschwerde.

§ 569

Die Beschwerde wird bei dem Gericht eingelegt, von welchem oder von dessen Vorsitzenden die angefochtene Entscheidung erlassen ist; sie kann in dringenden Fällen auch bei dem Beschwerdegericht eingelegt werden.

Die Einlegung erfolgt durch Einreichung einer Beschwerdeschrift. Die Einlegung kann auch durch Erklärung zum Protokoll der Geschäftsstelle erfolgen, wenn der Rechtsstreit bei einem Amtsgericht anhängig ist oder anhängig war, wenn die Beschwerde das Armenrecht betrifft oder von einem Zeugen oder Sachverständigen erhoben wird.

§ 570 [XV)]

Die Beschwerde kann auf neue Tatsachen und Beweise gestützt werden.

§ 571

Erachtet das Gericht oder der Vorsitzende, dessen Entscheidung angefochten wird, die Beschwerde für begründet, so haben sie derselben abzuhelfen; andernfalls ist die Beschwerde vor Ablauf einer Woche dem Beschwerdegerichte vorzulegen.

§ 572

Die Beschwerde hat nur dann aufschiebende Wirkung, wenn sie gegen eine der in den §§ 109, 380, 390, 409, 619, 656, 678 erwähnten Entscheidungen gerichtet ist.

Das Gericht oder der Vorsitzende, dessen Entscheidung angefochten wird, kann anordnen, daß die Vollziehung derselben auszusetzen sei.

Das Beschwerdegericht kann vor der Entscheidung eine einstweilige Anordnung erlassen; es kann insbesondere anordnen, daß die Vollziehung der angefochtenen Entscheidung auszusetzen sei.

§ 573

Die Entscheidung über die Beschwerde kann ohne vorgängige mündliche Verhandlung erfolgen.

Ordnet das Gericht eine schriftliche Erklärung an, so kann die Abgabe derselben durch einen Anwalt erfolgen, der bei dem Gerichte zugelassen ist, von welchem oder dessen Vorsitzenden die angefochtene Entscheidung erlassen ist. In den Fällen, in welchen die Beschwerde zum Protokoll der Geschäftsstelle eingelegt werden darf, kann auch die Erklärung zum Protokoll der Geschäftsstelle abgegeben werden.

§ 574

Das Beschwerdegericht hat von Amts wegen zu prüfen, ob die Beschwerde an sich statthaft und ob sie in der gesetzlichen Form und Frist eingelegt sei. Mangelt es an einem dieser Erfordernisse, so ist die Beschwerde als unzulässig zu verwerfen.

§ 575

Erachtet das Beschwerdegericht die Beschwerde für begründet, so kann es demjenigen Gericht oder Vorsitzenden, von welchem die beschwerdende Entscheidung erlassen war, die erforderliche Anordnung übertragen.

§ 576

Wird die Änderung einer Entscheidung des beauftragten oder ersuchten Richters oder des Urkundsbeamten der Geschäftsstelle verlangt, so ist die Entscheidung des Prozeßgerichts nachzusuchen.

Die Beschwerde findet gegen die Entscheidung des Prozeßgerichts statt.

Die Bestimmung des ersten Absatzes gilt auch für das Reichsgericht und die Oberlandesgerichte.

§ 577 XV)

Für die Fälle der sofortigen Beschwerde gelten die nachfolgenden besonderen Bestimmungen.

Die Beschwerde ist binnen einer Notfrist von zwei Wochen, welche mit der Zustellung, in den Fällen der §§ 336 und 952 Abs. 4 mit der Verkündung der Entscheidung beginnt, einzulegen. Die Einlegung bei dem Beschwerdegerichte genügt zur Wahrung der Notfrist, auch wenn der Fall für dringlich nicht erachtet wird. Liegen die Erfordernisse der Nichtigkeits- oder der Restitutionsklage vor, so kann die Beschwerde auch nach Ablauf der Notfrist innerhalb der für diese Klagen geltenden Notfristen erhoben werden.

Das Gericht ist zu einer Änderung seiner der Beschwerde unterliegenden Entscheidung nicht befugt.

In den Fällen des § 576 muß auf dem für die Einlegung der Beschwerde vorgeschriebenen Wege die Entscheidung des Prozeßgerichts binnen der Notfrist nachgesucht werden. Das Prozeßgericht hat das Gesuch, wenn es demselben nicht entsprechen will, dem Beschwerdegerichte vorzulegen.

Viertes Buch

Wiederaufnahme des Verfahrens

§ 578

Die Wiederaufnahme eines durch rechtskräftiges Endurteil geschlossenen Verfahrens kann durch Nichtigkeitsklage und durch Restitutionsklage erfolgen.

Werden beide Klagen von derselben Partei oder von verschiedenen Parteien erhoben, so ist die Verhandlung und Entscheidung über die Restitutionsklage bis zur rechtskräftigen Entscheidung über die Nichtigkeitsklage auszusetzen.

§ 579

Die Nichtigkeitsklage findet statt:

1. wenn das erkennende Gericht nicht vorschriftsmäßig besetzt war;
2. wenn ein Richter bei der Entscheidung mitgewirkt hat, welcher von der Ausübung des Richteramts kraft des Gesetzes ausgeschlossen war, sofern nicht dieses Hindernis mittels eines Ablehnungsgesuchs oder eines Rechtsmittels ohne Erfolg geltend gemacht ist;
3. wenn bei der Entscheidung ein Richter mitgewirkt hat, obgleich derselbe wegen Besorgnis der Befangenheit abgelehnt und das Ablehnungsgesuch für begründet erklärt war;
4. wenn eine Partei in dem Verfahren nicht nach Vorschrift des Gesetzes vertreten war, sofern sie nicht die Prozeßführung ausdrücklich oder stillschweigend genehmigt hat.

In den Fällen Nr. 1, 3 findet die Klage nicht statt, wenn die Nichtigkeit mittels eines Rechtsmittels geltend gemacht werden konnte.

§ 580

Die Restitutionsklage findet statt:

1. wenn der Gegner durch Beeidigung einer Aussage, auf welche das Urteil gegründet ist, sich einer vorsätzlichen oder fahrlässigen Verletzung der Eidespflicht schuldig gemacht hat;
2. wenn eine Urkunde, auf welche das Urteil gegründet ist, fälschlich angefertigt oder verfälscht war;
3. x) wenn bei einem Zeugnis oder Gutachten, auf welches das Urteil gegründet ist, der Zeuge oder der Sachverständige sich einer strafbaren Verletzung der Wahrheitspflicht schuldig gemacht hat; AV
4. wenn das Urteil von dem Vertreter der Partei oder von dem Gegner oder dessen Vertreter durch eine in Beziehung auf den Rechtsstreit verübte Handlung erwirkt ist, welche mit einer im Wege des gerichtlichen Strafverfahrens zu verhängenden öffentlichen Strafe bedroht ist;
5. wenn ein Richter bei dem Urteil mitgewirkt hat, welcher sich in Beziehung auf den Rechtsstreit einer Verletzung seiner Amtspflichten gegen die Partei schuldig gemacht hat, sofern diese Verletzung mit einer im Wege des gerichtlichen Strafverfahrens zu verhängenden öffentlichen Strafe bedroht ist;
6. wenn das Urteil eines ordentlichen Gerichts, eines Sondergerichts oder eines Verwaltungsgerichts, auf welches das Urteil gegründet ist, durch eine anderes rechtskräftiges Urteil aufgehoben ist;
7. wenn die Partei
   a) ein in derselben Sache erlassenes, früher rechtskräftig gewordenes Urteil oder

b) eine andere Urkunde auffindet oder zu benutzen in den Stand gesetzt wird, welche eine ihr günstigere Entscheidung herbeigeführt haben würde.

§ 581

In den Fällen des vorhergehenden Paragraphen Nr. 1 bis 5 findet die Restitutionsklage nur statt, wenn wegen der strafbaren Handlung eine rechtskräftige Verurteilung ergangen ist, oder wenn die Einleitung oder Durchführung eines Strafverfahrens aus anderen Gründen als wegen Mangels an Beweis nicht erfolgen kann.

Der Beweis der Tatsachen, welche die Restitutionsklage begründen, kann durch den Antrag auf Parteivernehmung nicht geführt werden.

§ 582

Die Restitutionsklage ist nur zulässig, wenn die Partei ohne ihr Verschulden außerstande war, den Restitutionsgrund in dem früheren Verfahren, insbesondere durch Einspruch oder Berufung oder mittels Anschließung an eine Berufung, geltend zu machen.

§ 583

Mit den Klagen können Anfechtungsgründe, durch welche eine dem angefochtenen Urteil vorausgegangene Entscheidung derselben oder einer unteren Instanz betroffen wird, geltend gemacht werden, sofern das angefochtene Urteil auf dieser Entscheidung beruht.

§ 584

Für die Klagen ist ausschließlich zuständig: das Gericht, welches in erster Instanz erkannt hat;

wenn das angefochtene Urteil oder auch nur eines von mehreren angefochtenen Urteilen von dem Berufungsgericht erlassen wurde, oder wenn ein in der Revisionsinstanz erlassenes Urteil auf Grund des § 580 Nr. 1 bis 3, 6, 7 angefochten wird, das Berufungsgericht; wenn ein in der Revisionsinstanz erlassenes Urteil auf Grund der §§ 579, 580 Nr. 4, 5 angefochten wird, das Revisionsgericht.

Sind die Klagen gegen einen Vollstreckungsbefehl gerichtet, so gehören sie ausschließlich vor das Amtsgericht, dessen Geschäftsstelle den Befehl erlassen hat; wenn der Anspruch nicht zur Zuständigkeit der Amtsgerichte gehört, vor das für den Rechtsstreit über den Anspruch zuständige Gericht.

§ 585

Auf die Erhebung der Klagen und das weitere Verfahren finden die allgemeinen Vorschriften entsprechende Anwendung, sofern nicht aus den Bestimmungen dieses Gesetzes sich eine Abweichung ergibt.

§ 586

Die Klagen sind vor Ablauf der Notfrist eines Monats zu erheben.

Die Frist beginnt mit dem Tage, an welchem die Partei von dem Anfechtungsgrunde Kenntnis erhalten hat, jedoch nicht vor eingetretener Rechtskraft des Urteils. Nach Ablauf von fünf Jahren, von dem Tage der Rechtskraft des Urteils an gerechnet, sind die Klagen unstatthaft.

Die Vorschriften des vorstehenden Absatzes finden auf die Nichtigkeitsklage wegen mangelnder Vertretung keine Anwendung; die Frist für Erhebung der Klage läuft von dem Tage, an welchem der Partei und bei mangelnder Prozeßfähigkeit dem gesetzlichen Vertreter derselben das Urteil zugestellt ist.

§ 587

In der Klage muß die Bezeichnung des Urteils, gegen welches die Nichtigkeits- oder Restitutionsklage gerichtet wird, und die Erklärung, welche dieser Klagen erhoben werde, enthalten sein.

§ 588

Als vorbereitender Schriftsatz soll die Klage enthalten:

1. die Bezeichnung des Anfechtungsgrundes;
2. die Angabe der Beweismittel für die Tatsachen, welche den Grund und die Einhaltung der Notfrist ergeben;
3. die Erklärung, inwieweit die Beseitigung des angefochtenen Urteils und welche andere Entscheidung in der Hauptsache beantragt werde.

Dem Schriftsatze, durch welchen eine Restitutionsklage erhoben wird, sind die Urkunden, auf welche dieselbe gestützt wird, in Urschrift oder in Abschrift beizufügen. Befinden sich die Urkunden nicht in den Händen des Klägers, so hat er zu erklären, welchen Antrag er wegen Herbeischaffung derselben zu stellen beabsichtigt.

§ 589

Das Gericht hat von Amts wegen zu prüfen, ob die Klage an sich statthaft und ob sie in der gesetzlichen Form und Frist erhoben sei. Mangelt es an einem dieser Erfordernisse, so ist die Klage als unzulässig zu verwerfen.

Die Tatsachen, welche ergeben, daß die Klage vor Ablauf der Notfrist erhoben ist, sind glaubhaft zu machen.

§ 590

Die Hauptsache wird, insoweit sie von dem Anfechtungsgrunde betroffen ist, von neuem verhandelt.

Das Gericht kann anordnen, daß die Verhandlung und Entscheidung über Grund und Zulässigkeit der Wiederaufnahme des Verfahrens vor der Verhandlung über die Hauptsache erfolge. In diesem Falle ist die Verhandlung über die Hauptsache als Fortsetzung der Verhandlung über Grund und Zulässigkeit der Wiederaufnahme des Verfahrens anzusehen.

Das für die Klagen zuständige Revisionsgericht hat die Verhandlung über Grund und Zulässigkeit der Wiederaufnahme des Verfahrens zu erledigen, auch wenn diese Erledigung von der Feststellung und Würdigung bestrittener Tatsachen abhängig ist.

§ 591

Rechtsmittel sind insoweit zulässig, als sie gegen die Entscheidungen der mit den Klagen befaßten Gerichte überhaupt stattfinden.

Fünftes Buch

Urkunden- und Wechselprozeß[41]

§ 592

Ein Anspruch, welcher die Zahlung einer bestimmten Geldsumme oder die Leistung einer bestimmten Quantität anderer vertretbarer Sachen oder Wertpapiere zum Gegenstande hat, kann im Urkundenprozeß geltend gemacht werden, wenn

[41] Urkunden- und Wechselmahnverfahren: §§ 3f. Entl.-Bekm. — abgedr. unter VI A —.

die sämtlichen zur Begründung des Anspruchs erforderlichen Tatsachen durch Urkunden bewiesen werden können. Als ein Anspruch, welcher die Zahlung einer Geldsumme zum Gegenstande hat, gilt auch der Anspruch aus einer Hypothek, einer Grundschuld, einer Rentenschuld oder einer Schiffshypothek. VIII)

§ 593

Die Klage muß die Erklärung enthalten, daß im Urkundenprozeß geklagt werde.

Die Urkunden müssen in Urschrift oder in Abschrift der Klage oder einem vorbereitenden Schriftsatze beigefügt werden. Im letzteren Falle muß zwischen der Zustellung des Schriftsatzes und dem Termin zur mündlichen Verhandlung ein der Einlassungsfrist gleicher Zeitraum liegen.

§ 594

(weggefallen)

§ 595

Widerklagen sind nicht statthaft.

Als Beweismittel sind bezüglich der Echtheit oder Unechtheit einer Urkunde sowie bezüglich anderer als der im § 592 erwähnten Tatsachen nur Urkunden und Antrag auf Parteivernehmung zulässig.

Die Antretung des Urkundenbeweises kann nur durch Vorlegung der Urkunden erfolgen.

§ 596

Der Kläger kann, ohne daß es der Einwilligung des Beklagten bedarf, bis zum Schlusse der mündlichen Verhandlung von dem Urkundenprozesse in der Weise abstehen, daß der Rechtsstreit im ordentlichen Verfahren anhängig bleibt.

§ 597

Insoweit der in der Klage geltend gemachte Anspruch an sich oder infolge einer Einrede des Beklagten als unbegründet sich darstellt, ist der Kläger mit dem Anspruch abzuweisen.

Ist der Urkundenprozeß unstatthaft, ist insbesondere ein dem Kläger obliegender Beweis nicht mit den im Urkundenprozeß zulässigen Beweismitteln angetreten oder mit solchen Beweismitteln nicht vollständig geführt, so wird die Klage als in der gewählten Prozeßart unstatthaft abgewiesen, selbst wenn in dem Termin zur mündlichen Verhandlung der Beklagte nicht erschienen ist oder der Klage nur auf Grund von Einwendungen widersprochen hat, welche rechtlich unbegründet oder im Urkundenprozeß unstatthaft sind.

§ 598

Einwendungen des Beklagten sind, wenn der dem Beklagten obliegende Beweis derselben nicht mit den im Urkundenprozeß zulässigen Beweismitteln angetreten oder mit solchen Beweismitteln nicht vollständig geführt ist, als im Urkundenprozeß unstatthaft zurückzuweisen.

§ 599

Dem Beklagten, welcher dem geltend gemachten Anspruch widersprochen hat, ist in allen Fällen, in denen er verurteilt wird, die Ausführung seiner Rechte vorzubehalten.

Enthält das Urteil keinen Vorbehalt, so kann die Ergänzung des Urteils nach Vorschrift des § 321 beantragt werden.

Das Urteil, welches unter Vorbehalt der Rechte ergeht, ist in betreff der Rechtsmittel und der Zwangsvollstreckung als Endurteil anzusehen.

§ 600

Wird dem Beklagten die Ausführung seiner Rechte vorbehalten, so bleibt der Rechtsstreit im ordentlichen Verfahren anhängig.

Soweit sich in diesem Verfahren ergibt, daß der Anspruch des Klägers unbegründet war, finden die Vorschriften des § 302 Abs. 4 Satz 2 bis 4 Anwendung.

Erscheint in diesem Verfahren eine Partei nicht, so finden die Vorschriften über das Versäumnisurteil entsprechende Anwendung.

§ 601

(weggefallen)

§ 602

Werden im Urkundenprozesse Ansprüche aus Wechseln im Sinne des Wechselgesetzes geltend gemacht (Wechselprozeß), so kommen die nachfolgenden besonderen Vorschriften zur Anwendung.

§ 603

Wechselklagen können sowohl bei dem Gerichte des Zahlungsorts als bei dem Gericht angestellt werden, bei welchem der Beklagte seinen allgemeinen Gerichtsstand hat.

Wenn mehrere Wechselverpflichtete gemeinschaftlich verklagt werden, so ist außer dem Gerichte des Zahlungsortes jedes Gericht zuständig, bei welchem einer der Beklagten seinen allgemeinen Gerichtsstand hat.

§ 604

Die Klage muß die Erklärung enthalten, daß im Wechselprozeß geklagt werde.

Die Einlassungsfrist beträgt mindestens vierundzwanzig Stunden, wenn die Klage an dem Orte, der Sitz des Prozeßgerichts ist, zugestellt wird; mindestens drei Tage, wenn die Klage an einem anderen Orte zugestellt wird, der im Bezirke des Prozeßgerichts oder, falls dieses ein Amtsgericht ist, im Bezirke des dem Amtsgericht übergeordneten Landgerichts liegt, oder von dem ein Teil zu diesem Bezirke gehört; mindestens eine Woche, wenn die Klage sonst im Inland zugestellt wird. Das gleiche gilt von der Ladungsfrist, soweit sie nicht nach den allgemeinen Bestimmungen kürzer als die im ersten Satze festgesetzte Einlassungsfrist ist.

In den höheren Instanzen beträgt die Einlassungs- und Ladungsfrist mindestens vierundzwanzig Stunden, wenn die Zustellung der Berufungs- oder Revisionsschrift oder der Ladung an dem Orte erfolgt, der Sitz des höheren Gerichts ist; mindestens drei Tage, wenn die Zustellung an einem anderen Orte erfolgt, der ganz oder zum Teil in dem Landgerichtsbezirke liegt, in welchem das höhere Gericht seinen Sitz hat; mindestens eine Woche, wenn die Zustellung sonst im Inland erfolgt.

§ 605

Soweit es zur Erhaltung des wechselmäßigen Anspruchs der rechtzeitigen Protesterhebung nicht bedarf, ist als Beweismittel bezüglich der Vorlegung des Wechsels der Antrag auf Parteivernehmung zulässig.

Zur Berücksichtigung einer Nebenforderung genügt, daß sie glaubhaft gemacht ist.

§ 605a

Werden im Urkundenprozesse Ansprüche aus Schecks im Sinne des Scheckgesetzes geltend gemacht (Scheckprozeß), so finden die §§ 602 bis 605 entsprechende Anwendung.

Sechstes Buch

Ehesachen
Feststellung des Rechtsverhältnisses zwischen Eltern und Kindern
Entmündigungssachen

Erster Abschnitt

Verfahren in Ehesachen

§ 606 IX)

Für Klagen auf Scheidung, Aufhebung oder Nichtigerklärung einer Ehe, auf Feststellung des Bestehens oder Nichtbestehens einer Ehe zwischen den Parteien oder auf Herstellung des ehelichen Lebens (Ehesachen) ist das Landgericht ausschließlich zuständig, in dessen Bezirk die Ehegatten ihren gemeinsamen gewöhnlichen Aufenthalt haben oder zuletzt gehabt haben. Hat zur Zeit der Erhebung der Klage im Bezirk dieses Gerichts keiner der Ehegatten seinen gewöhnlichen Aufenthalt oder haben sie einen gemeinsamen gewöhnlichen Aufenthalt im Inland nicht gehabt, so ist das Landgericht, in dessen Bezirk der gewöhnliche Aufenthaltsort des Mannes oder, falls ein solcher im Inland fehlt, der gewöhnliche Aufenthaltsort der Frau gelegen ist, sonst das Landgericht Berlin ausschließlich zuständig.

Besitzt der Mann nicht die deutsche Staatsangehörigkeit oder hat er seinen gewöhnlichen Aufenthalt nicht im Inland, so steht Abs. 1 der Anerkennung einer von einer ausländischen Behörde getroffenen Entscheidung nicht entgegen.[42]

Besitzt keiner der Ehegatten die deutsche Staatsangehörigkeit, so kann von einem deutschen Gericht in der Sache nur entschieden werden,

1. wenn der gewöhnliche Aufenthaltsort des Mannes oder der Frau im Inland gelegen ist und nach dem Heimatrecht des Mannes die von dem deutschen Gericht zu fällende Entscheidung anerkannt werden wird oder auch nur einer der Ehegatten staatenlos ist;
2. wenn die Frau zur Zeit der Eheschließung deutsche Staatsangehörige war und sie auf der Aufhebung oder Nichtigerklärung der Ehe oder auf Feststellung des Bestehens oder Nichtbestehens der Ehe oder der Staatsanwalt auf Nichtigerklärung der Ehe klagt.

§ 607 XVI)

In Ehesachen ist die Staatsanwaltschaft zur Mitwirkung befugt.

Der Verhandlung vor dem erkennenden Gericht, sowie vor einem beauftragten oder ersuchten Richter kann der Staatsanwalt beiwohnen.

Er kann sich über die zu erlassende Entscheidung gutachtlich äußern und sofern es sich um die Aufrechterhaltung einer Ehe handelt, neue Tatsachen und Beweismittel vorbringen.

---

[42] im übr. zu vgl. § 28 der Verordnung zur Ausführung des Ehegesetzes vom 20. Februar 1946 (Kontrollratsgesetz Nr. 16) vom 12. 7. 48 — VOBl. BZ. S. 210 —.

Im Sitzungsprotokoll ist der Name des Staatsanwalts anzugeben, auch sind in dasselbe die von dem Staatsanwalt gestellten Anträge aufzunehmen.

§ 608 III)

Wer eine Scheidungsklage oder eine Klage auf Herstellung des ehelichen Lebens beabsichtigt, hat bei dem für die Klage zuständigen Gericht einen Sühneversuch zu beantragen. In dem Antrag hat er die Gründe anzugeben, auf die er die Klage stützen will. Der Antrag kann vor der Geschäftsstelle zu Protokoll erklärt werden.

§ 609 III)

Der Vorsitzende kann den Sühneversuch erlassen, wenn sich der Beklagte im Ausland aufhält oder wenn sein Aufenthalt unbekannt ist, wenn dem Sühneversuch ein anderes schwer zu beseitigendes Hindernis entgegensteht, das von dem Kläger nicht verschuldet ist, oder wenn die Erfolglosigkeit des Sühneversuchs mit Bestimmtheit vorauszusehen ist.

Solange den Vorschriften über den Sühneversuch nicht genügt ist, hat der Vorsitzende die Anberaumung des Termins zur mündlichen Verhandlung abzulehnen.

§ 610 III)

Der Sühneversuch findet vor dem Vorsitzenden oder einem von ihm beauftragten Mitglied des Gerichts statt. Zu dem Termin ist das persönliche Erscheinen der Parteien anzuordnen. Die Parteien sind von Amts wegen und persönlich zu laden. Dem Gegner ist eine Abschrift des Antrags mitzuteilen.

Erscheint zu dem Sühneversuch der Kläger nicht, so hat er einen neuen Sühneversuch zu beantragen.

Erscheint der Kläger, aber nicht der Beklagte, so kann der Richter die einmalige Wiederholung des Sühneversuchs anordnen; andernfalls ist der Sühneversuch als mißlungen anzusehen.

Die Parteien können sich in dem zum Sühneversuch bestimmten Termin nicht durch Bevollmächtigte vertreten lassen. Beistände können zurückgewiesen werden.

§ 611

(weggefallen) III)

§ 612

In Ehesachen ist ein in der Geschäftsfähigkeit beschränkter Ehegatte prozeßfähig; dies gilt jedoch insoweit nicht, als nach § 30 des Ehegesetzes vom 20. Februar 1946 XVI) nur sein gesetzlicher Vertreter die Aufhebung der Ehe begehren kann. III)

Für einen geschäftsunfähigen Ehegatten wird der Rechtsstreit durch den gesetzlichen Vertreter geführt. Der gesetzliche Vertreter ist jedoch zur Erhebung der Klage auf Herstellung des ehelichen Lebens nicht befugt; zur Erhebung der Scheidungsklage oder der Aufhebungsklage III) bedarf er der Genehmigung des Vormundschaftsgerichts.

§ 613

Der Bevollmächtigte des klagenden Ehegatten bedarf einer besonderen, auf den Rechtsstreit gerichteten Vollmacht. Das Gericht hat den Mangel der Vollmacht von Amts wegen zu berücksichtigen.

§ 614

Bis zum Schlusse derjenigen mündlichen Verhandlung, auf welche das Urteil ergeht, können andere als die in der Klage vorgebrachten Klagegründe geltend gemacht werden.

Das neue Vorbringen und die Erhebung einer Widerklage ist von einem Sühneversuche nicht abhängig.

§ 614a XV)

Die Klage kann bis zur Rechtskraft des Urteils mit der Folge zurückgenommen werden, daß ein bereits ergangenes Urteil wirkungslos wird, ohne daß es seiner ausdrücklichen Aufhebung bedarf.

Die Zurücknahme und, soweit sie zur Wirksamkeit der Zurücknahme erforderlich ist, auch die Einwilligung des Beklagten sind dem Gericht gegenüber zu erklären. Die Erklärungen können auch vor dem beauftragten oder dem ersuchten Richter, insbesondere auch im Verfahren nach § 118a Abs. 2 Satz 1, sowie durch Einreichung eines Schriftsatzes abgegeben werden.

§ 615

Die Klage auf Herstellung des ehelichen Lebens, die Scheidungsklage und die Aufhebungsklage III) können verbunden werden.

Die Verbindung einer anderen Klage mit den erwähnten Klagen sowie die Erhebung einer Widerklage anderer Art ist unstatthaft.

§ 616

Der Kläger, welcher mit der Scheidungsklage oder der Aufhebungsklage abgewiesen ist, kann das Recht, die Scheidung oder die Aufhebung der Ehe III) zu verlangen, nicht mehr auf Tatsachen gründen, welche er in dem früheren Rechtsstreit geltend gemacht hat oder welche er in dem früheren Rechtsstreit oder durch Verbindung der Klagen geltend machen konnte. Das gleiche gilt im Falle der Abweisung der Scheidungsklage oder der Aufhebungsklage[III]) für den Beklagten in Ansehung der Tatsachen, auf welche er eine Widerklage zu gründen imstande war.

§ 617[III])

Die Vorschriften über die Wirkung eines Anerkenntnisses, über die Folgen der unterbliebenen oder verweigerten Erklärung über Tatsachen oder über die Echtheit von Urkunden, die Vorschriften über den Verzicht der Partei auf die Beeidigung der Gegenpartei oder von Zeugen und Sachverständigen und die Vorschriften über die Wirkung eines gerichtlichen Geständnisses finden keine Anwendung.

§ 618

Die Vorschrift des § 261 Abs. 2 kommt nicht zur Anwendung.

[XV] (Abs. 2 weggefallen).

Der Beklagte ist zu jedem Termin, welcher nicht in seiner Gegenwart anberaumt wurde, zu laden.

Die Vorschriften der Abs. 2, 3 finden keine Anwendung, wenn der Beklagte durch öffentliche Zustellung geladen, aber nicht erschienen ist.

Ein Versäumnisurteil gegen den Beklagten ist unzulässig.

Die Vorschriften der Absätze 2 bis 5 finden auf den Widerbeklagten entsprechende Anwendung.

§ 619

Das Gericht kann das persönliche Erscheinen einer Partei anordnen und dieselbe über die von ihr, von dem Gegner oder von dem Staatsanwalte behaupteten Tatsachen vernehmen.

Ist die zu vernehmende Partei am Erscheinen vor dem Prozeßgerichte verhindert oder hält sie sich in großer Entfernung von dem Sitze desselben auf, so kann die Vernehmung durch einen beauftragten oder ersuchten Richter erfolgen.

Gegen die nicht erschienene Partei ist wie gegen einen im Vernehmungstermin nicht erschienenen Zeugen zu verfahren; auf Haft darf nicht erkannt werden.

§ 620 III)

Hat der Kläger die Aussetzung des Verfahrens über eine Klage auf Herstellung des ehelichen Lebens oder über eine Scheidungsklage beantragt, so darf das Gericht über die Herstellungsklage nicht entscheiden oder auf Scheidung nicht erkennen, bevor das Verfahren ausgesetzt war. Das Gericht soll die Aussetzung von Amts wegen anordnen, wenn es zur gütlichen Beilegung des Rechtsstreits zweckmäßig ist.

Auf Grund dieser Bestimmungen darf die Aussetzung im Laufe des Verfahrens nur einmal und höchstens auf ein Jahr angeordnet werden.

§ 621

(weggefallen) III)

§ 622 III)

Das Gericht kann auch von Amts wegen die Aufnahme von Beweisen anordnen und nach Anhörung der Parteien auch solche Tatsachen berücksichtigen, die von den Parteien nicht vorgebracht sind.

Im Verfahren über eine Scheidungsklage, eine Aufhebungsklage oder eine Klage auf Herstellung des ehelichen Lebens kann das Gericht gegen den

Widerspruch der die Auflösung der Ehe begehrenden oder ihre Herstellung verweigernden Partei Tatsachen, die von den Parteien nicht vorgebracht sind, nur insoweit berücksichtigen, als sie geeignet sind, der Aufrechterhaltung der Ehe zu dienen.

§ 623 III)

Auf Scheidung wegen eines in den §§ 44 bis 46 XVI) des Ehegesetzes genannten Scheidungsgrundes soll erst erkannt werden, wenn das Gericht das Gutachten eines ärztlichen Sachverständigen eingeholt hat. Das Gericht kann die ärztliche Untersuchung eines Ehegatten anordnen, wenn dies zur Vorbereitung des Gutachtens erforderlich ist. Weigert sich der Ehegatte ohne triftigen Grund, sich der Untersuchung zu unterziehen, so findet § 619 Abs. 3 entsprechende Anwendung.

§ 624

Wird wegen Ehebruchs auf Scheidung erkannt und ergibt sich aus den Verhandlungen, mit welcher Person der Ehebruch begangen worden ist, so ist diese Person in dem Urteil festzustellen.

§ 625 XV)

Urteile in Ehesachen sind von Amts wegen zuzustellen.

§ 626 XII)

Die Vorschriften über die Zurückweisung verspäteten Vorbringens finden in der Berufungsinstanz nur insoweit Anwendung, als der Berufungskläger sein neues Vorbringen entgegen der Vorschrift des § 519 nicht in der Berufungsbegründung mitgeteilt oder die Partei nach der freien Überzeugung des Gerichts in der Absicht, den Prozeß zu verschleppen, ihre Angriffs- oder Verteidigungsmittel nicht früher vorgebracht hat.

§ 627 III)

In Ehesachen kann das Gericht auf Antrag für die Dauer des Rechtsstreits das Getrenntleben der Ehegatten gestatten, ihren gegenseitigen Unterhalt sowie die Verpflichtung zur Leistung eines Prozeßkostenvorschusses regeln, wegen der Sorge für die Person der gemeinschaftlichen minderjährigen Kinder, soweit es sich nicht um die gesetzliche Vertretung handelt, Anordnungen treffen und die Unterhaltspflicht gegenüber den Kindern im Verhältnis der Ehegatten zueinander ordnen.[43]

Der Antrag ist zulässig, sobald die Klage eingereicht oder der Termin zum Sühneversuch bestimmt ist.

Der Antrag kann vor der Geschäftsstelle zu Protokoll erklärt werden. Er soll die Voraussetzungen für die Anordnung glaubhaft machen. Über den Antrag wird durch Beschluß entschieden, der ohne mündliche Verhandlung ergehen kann. Zuständig ist das Gericht erster Instanz und, wenn der Rechtsstreit in der Berufungsinstanz schwebt, das Berufungsgericht. Während das Verfahren vor dem Einzelrichter hat dieser zu entscheiden.

Gegen den Beschluß des Landgerichts findet die Beschwerde statt. Das Landgericht kann zur Entscheidung über die Frage, ob es der Beschwerde abhelfen will (§ 571), mündliche Verhandlung anordnen. Schwebt der Rechtsstreit in der Berufungs-

---

[43] weiterer Inhalt nach § 19 6. DVO. z. Eheges.: Ehewohnung und Hausrat — abgedr. unter XI C —.

instanz, so ist die Beschwerde bei dem Oberlandesgericht einzulegen.

§ 627a[III])

Die nach § 627 getroffenen Anordnungen wegen der Sorge für die Person der gemeinschaftlichen minderjährigen Kinder bleiben während des Rechtsstreits und im Falle der Auflösung der Ehe durch Scheidung oder Aufhebung oder, sofern das Kind nicht unehelich ist, im Falle ihrer Nichtigkeit auch darüber hinaus so lange wirksam, bis das Vormundschaftsgericht eine andere Regelung getroffen hat.

§ 627b[III])

Das Gericht hat auf Antrag zugleich mit dem Urteil, durch das auf Scheidung oder Aufhebung der Ehe erkannt oder die Ehe für nichtig erklärt wird, einen Unterhaltsanspruch, der sich nach den Vorschriften des Ehegesetzes für einen Ehegatten gegenüber dem anderen ergibt, für die Zeit nach der Rechtskraft des Urteils durch Beschluß einstweilen zu regeln.

Der Beschluß wird mit der Rechtskraft des Urteils vollstreckbar, auf Grund dessen er ergangen ist.

Wird das Urteil angefochten, so hat das Gericht zugleich mit seiner Entscheidung über das Rechtsmittel darüber zu beschließen, ob es den Beschluß aufrechterhalten oder abändern will.

Auf Antrag des Unterhaltspflichtigen hat nach Rechtskraft des Urteils das Gericht erster Instanz eine Frist zu bestimmen, innerhalb deren der Unterhaltsberechtigte wegen seiner Ansprüche die Klage zu erheben hat. Wird die Frist nicht innegehalten, so hat das Gericht auf Antrag den Beschluß aufzuheben. Die Entscheidung über diesen Antrag unterliegt der sofortigen Beschwerde.

§ 627 Abs. 3 Satz 1 bis 3 findet entsprechende Anwendung.

§ 627c IX)

Die im Verfahren der einstweiligen Anordnung nach §§ 627, 627b entstehenden Kosten gelten, mit Ausnahme der Kosten des Aufhebungsverfahrens nach § 627b Abs. 4, für die Kostenentscheidung als Teil der Kosten der Hauptsache; § 96 gilt sinngemäß.

§ 628

Stirbt einer der Ehegatten vor der Rechtskraft des Urteils, so ist der Rechtsstreit in Ansehung der Hauptsache als erledigt anzusehen.[44]

§§ 629—630 (weggefallen) III) AV

§ 631

Für die Nichtigkeitsklage gelten die in den nachfolgenden Paragraphen enthaltenen besonderen Vorschriften.

§ 632 III)

Die Nichtigkeitsklage des Staatsanwalts ist gegen beide Ehegatten und, wenn einer von ihnen verstorben ist, gegen den überlebenden Ehegatten zu richten. Die Nichtigkeitsklage des einen Ehegatten ist gegen den anderen Ehegatten zu richten.

Im Falle der Doppelehe ist die Nichtigkeitsklage des Ehegatten der früheren Ehe gegen beide Ehegatten der späteren Ehe zu richten.

---

[44] nachträgliche Ehescheidung: 5. DVO. Eheges. vom 18. 3. 43 — RGBl. I 145 —, aufrechterhalten in § 29 der AusfVO. z. Eheges. 1946 vom 12. 7. 48 — VOBl. BZ. S. 210 —.

§ 633

Mit der Nichtigkeitsklage kann nur eine Klage auf Feststellung des Bestehens oder Nichtbestehens einer Ehe zwischen den Parteien verbunden werden.

Eine Widerklage ist nur statthaft, wenn sie eine Nichtigkeitsklage oder eine Feststellungsklage der im Abs. 1 bezeichneten Art ist.

§ 634

Der Staatsanwalt kann, auch wenn er die Klage nicht erhoben hat, den Rechtsstreit betreiben, insbesondere selbständig Anträge stellen und Rechtsmittel einlegen.

§ 635

Das Versäumnisurteil gegen den im Termin zur mündlichen Verhandlung nicht erschienenen Kläger ist dahin zu erlassen, daß die Klage als zurückgenommen gelte.

§ 636 III)

Hat der Staatsanwalt die Nichtigkeitsklage zu Lebzeiten beider Ehegatten erhoben, so findet, wenn ein Ehegatte stirbt, § 628 keine Anwendung. Das Verfahren wird gegen den überlebenden Ehegatten fortgesetzt.

§ 636a III)

Das auf eine Nichtigkeitsklage ergehende Urteil wirkt, wenn es zu Lebzeiten beider Ehegatten oder, falls der Staatsanwalt die Nichtigkeitsklage erhoben hatte, des Längstlebenden von ihnen rechtskräftig geworden ist, für und gegen alle.

§ 637

In den Fällen, in welchen der als Partei auftretende Staatsanwalt unterliegt, ist die Staatskasse zur Erstattung der dem obsiegenden Gegner erwachsenen Kosten in Gemäßheit der Bestimmungen des fünften Titels des zweiten Abschnitts des ersten Buchs zu verurteilen.

§ 638 [III)]

Die Vorschriften der §§ 633 bis 635 finden auf eine Klage, die die Feststellung des Bestehens oder Nichtbestehens einer Ehe zwischen den Parteien zum Gegenstande hat, entsprechende Anwendung. Das Urteil, durch das das Bestehen oder Nichtbestehen der Ehe festgestellt wird, wirkt, wenn es zu Lebzeiten beider Parteien rechtskräftig geworden ist, für und gegen alle.

§ 639 (weggefallen) [III)]

Zweiter Abschnitt

Verfahren in Rechtsstreitigkeiten, welche die Feststellung des Rechtsverhältnisses zwischen Eltern und Kindern zum Gegenstande haben

§ 640 [III) AV]

Auf einen Rechtsstreit, der die Anfechtung der Ehelichkeit eines Kindes[45], die Feststellung des Bestehens oder Nichtbestehens eines Eltern- und Kindesverhältnisses zwischen den Parteien oder die Feststellung des Bestehens oder Nichtbestehens der elterlichen Gewalt der einen Partei über die andere, zum Gegenstand hat, finden die Vorschriften des § 607 Abs. 1, der §§ 613, 614a, 617, 618, 619, des § 622 Abs. 1 und der §§ 625, 626, 628, 634, 635 und 637 entsprechende Anwendung.

---

[45] nachträgliche Anfechtung: § 1597 BGB. i. d. F. der FamR.AnglVO. vom 6. 2. 43 — RGBl. I S. 80 —.

Mit einer der im Abs. 1 bezeichneten Klagen kann eine Klage anderer Art nicht verbunden werden. Eine Widerklage anderer Art kann nicht erhoben werden.

(Abs. 3 weggefallen) XVI)

§ 641 III)

Für die Klage auf Anfechtung der Ehelichkeit eines Kindes ist der Ehemann der Mutter prozeßfähig, auch wenn er in der Geschäftsfähigkeit beschränkt ist. Für einen geschäftsunfähigen Ehemann wird der Rechtsstreit durch den gesetzlichen Vertreter geführt; der gesetzliche Vertreter kann die Anfechtungsklage nur mit Genehmigung des Vormundschaftsgerichts erheben.

§ 642 IX)

In den Fällen der §§ 640, 641 ist, wenn der Beklagte im Inland keinen allgemeinen Gerichtsstand hat, das Landgericht zuständig, in dessen Bezirk der Kläger seinen allgemeinen Gerichtsstand hat. Ist auch für diesen ein allgemeiner Gerichtsstand im Inland nicht begründet, so ist das Landgericht Berlin zuständig, falls auch nur eine der Parteien die deutsche Staatsangehörigkeit besitzt.

Für die Klage auf Anfechtung der Ehelichkeit eines Kindes ist, wenn die Mutter die deutsche Staatsangehörigkeit besitzt oder zur Zeit ihres Todes besessen hat, und nach den vorstehenden Vorschriften ein Gerichtsstand im Inland nicht begründet ist, das Landgericht, in dessen Bezirk die Mutter im Inland ihren Wohnsitz oder gewöhnlichen Aufenthalt hat oder zur Zeit des Todes gehabt hat, und in Ermangelung eines solchen das Landgericht Berlin zuständig.

§ 643

In den Fällen der §§ 640, 641 wirkt das Urteil, sofern es bei Lebzeiten der Parteien rechtskräftig wird, für und gegen alle. Ein Urteil, welches das Bestehen des Eltern- und Kindesverhältnisses oder der elterlichen Gewalt feststellt, wirkt jedoch gegenüber einem Dritten, welcher das elterliche Verhältnis oder die elterliche Gewalt für sich in Anspruch nimmt, nur dann, wenn er an dem Rechtsstreit teilgenommen hat.

§ 644

Die Vorschriften der §§ 640 bis 643 gelten nicht für einen Rechtsstreit, der die Feststellung des Bestehens oder Nichtbestehens der unehelichen Vaterschaft zum Gegenstande hat.

Dritter Abschnitt

Verfahren in Entmündigungssachen

§ 645

Die Entmündigung wegen Geisteskrankheit oder wegen Geistesschwäche erfolgt durch Beschluß des Amtsgerichts.

Der Beschluß wird nur auf Antrag erlassen.

§ 646

Der Antrag kann von dem Ehegatten, einem Verwandten oder demjenigen gesetzlichen Vertreter des zu Entmündigenden gestellt werden, welchem die Sorge für die Person zusteht. Gegen eine Person, die unter elterlicher Gewalt oder unter Vormundschaft steht, kann der Antrag von einem Verwandten nicht gestellt werden. Gegen eine Ehefrau kann der

Antrag von einem Verwandten nur gestellt werden, wenn auf Aufhebung der ehelichen Gemeinschaft erkannt ist oder wenn der Ehemann die Ehefrau verlassen hat oder wenn der Ehemann zur Stellung des Antrags dauernd außerstande oder sein Aufenthalt dauernd unbekannt ist.

In allen Fällen ist auch der Staatsanwalt bei dem vorgesetzten Landgericht zur Stellung des Antrags befugt.[46]

§ 647

Der Antrag kann bei dem Gerichte schriftlich eingereicht oder zum Protokoll der Geschäftsstelle angebracht werden. Er soll eine Angabe der ihn begründenden Tatsachen und die Bezeichnung der Beweismittel enthalten.

§ 648

Für die Einleitung des Verfahrens ist das Amtsgericht, bei welchem der zu Entmündigende seinen allgemeinen Gerichtsstand hat, ausschließlich zuständig.

Gegen einen Deutschen, welcher im Inland keinen allgemeinen Gerichtsstand hat, kann der Antrag bei dem Amtsgerichte gestellt werden, in dessen Bezirke der zu Entmündigende den letzten Wohnsitz im Inland hatte; in Ermangelung eines solchen Wohnsitzes finden die Vorschriften des § 15 Abs. 1, Satz 2, 3 entsprechende Anwendung.

§ 649

Das Gericht kann vor der Einleitung des Verfahrens die Beibringung eines ärztlichen Zeugnisses anordnen.

---

[46] gegen Fürsorgezöglinge: die Fürsorgeerziehungsbehörde (§ 70 Abs. 4 JWG.).

§ 650

Das Gericht kann nach der Einleitung des Verfahrens, wenn es mit Rücksicht auf die Verhältnisse des zu Entmündigenden erforderlich erscheint, die Verhandlung und Entscheidung dem Amtsgericht überweisen, in dessen Bezirk der zu Entmündigende sich aufhält.

Die Überweisung ist nicht mehr zulässig, wenn das Gericht den zu Entmündigenden vernommen hat (§ 654 Abs. 1).

Wird die Übernahme abgelehnt, so entscheidet das im Instanzenzuge zunächst höhere Gericht[3].

§ 651

Wenn nach der Übernahme des Verfahrens durch das Gericht, an welches die Überweisung erfolgt ist, ein Wechsel im Aufenthaltsorte des zu Entmündigenden eintritt, so ist dieses Gericht zu einer weiteren Überweisung befugt.

Die Vorschriften des § 650 finden entsprechende Anwendung.

§ 652

Der Staatsanwalt kann in allen Fällen das Verfahren durch Stellung von Anträgen betreiben und den Terminen beiwohnen. Er ist von der Einleitung des Verfahrens sowie von einer nach den §§ 650, 651 erfolgten Überweisung und von allen Terminen in Kenntnis zu setzen.

§ 653

Das Gericht hat unter Benutzung der in dem Antrag angegebenen Tatsachen und Beweismittel von

[3] siehe Fußnote bei § 36.

Amts wegen die zur Feststellung des Geisteszustandes erforderlichen Ermittlungen zu veranstalten und die erheblich erscheinenden Beweise aufzunehmen. Zuvor ist dem zu Entmündigenden Gelegenheit zur Bezeichnung von Beweismitteln zu geben, desgleichen demjenigen gesetzlichen Vertreter des zu Entmündigenden, welchem die Sorge für die Person zusteht, sofern er nicht die Entmündigung beantragt hat.

Für die Vernehmung und Beeidigung der Zeugen und Sachverständigen kommen die Bestimmungen im siebenten und achten Titel des ersten Abschnitts des zweiten Buches zur Anwendung. Die Anordnung der Haft im Falle des § 390 kann von Amts wegen erfolgen.

§ 654

Der zu Entmündigende ist persönlich unter Zuziehung eines oder mehrerer Sachverständiger zu vernehmen. Zu diesem Zwecke kann die Vorführung des zu Entmündigenden angeordnet werden.

Die Vernehmung kann auch durch einen ersuchten Richter erfolgen.

Die Vernehmung darf nur unterbleiben, wenn sie mit besonderen Schwierigkeiten verbunden oder nicht ohne Nachteil für den Gesundheitszustand des zu Entmündigenden ausführbar ist.

§ 655

Die Entmündigung darf nicht ausgesprochen werden, bevor das Gericht einen oder mehrere Sachverständige über den Geisteszustand des zu Entmündigenden gehört hat.

§ 656

Mit Zustimmung des Antragstellers kann das Gericht anordnen, daß der zu Entmündigende auf die

Dauer von höchstens sechs Wochen in eine Heilanstalt gebracht werde, wenn dies nach ärztlichem Gutachten zur Feststellung des Geisteszustandes geboten erscheint und ohne Nachteil für den Gesundheitszustand des zu Entmündigenden ausführbar ist. Vor der Entscheidung sind die im § 646 bezeichneten Personen soweit tunlich zu hören.

Gegen den Beschluß, durch welchen die Unterbringung angeordnet wird, steht dem zu Entmündigenden ,dem Staatsanwalt und binnen der für den zu Entmündigenden laufenden Frist den sonstigen im § 646 bezeichneten Personen die sofortige Beschwerde zu.

§ 657

Sobald das Gericht die Anordnung einer Fürsorge für die Person oder das Vermögen des zu Entmündigenden für erforderlich hält, ist der Vormundschaftsbehörde zum Zwecke dieser Anordnung Mitteilung zu machen.

§ 658

Die Kosten des Verfahrens sind, wenn die Entmündigung erfolgt, von dem Entmündigten, anderenfalls von der Staatskasse zu tragen.

Insoweit einen der im § 646 Abs. 1 bezeichneten Antragsteller bei Stellung des Antrags nach dem Ermessen des Gerichts ein Verschulden trifft, können demselben die Kosten ganz oder teilweise zur Last gelegt werden.

§ 659

Der über die Entmündigung zu erlassende Beschluß ist dem Antragsteller und dem Staatsanwalte von Amts wegen zuzustellen.

§ 660

Der die Entmündigung aussprechende Beschluß ist von Amts wegen der Vormundschaftsbehörde mitzuteilen und, wenn der Entmündigte unter elterlicher Gewalt oder unter Vormundschaft steht, auch demjenigen gesetzlichen Vertreter zuzustellen, welchem die Sorge für die Person des Entmündigten zusteht. Im Falle der Entmündigung wegen Geistesschwäche ist der Beschluß außerdem dem Entmündigten selbst zuzustellen.

§ 661

Die Entmündigung wegen Geisteskrankheit tritt, wenn der Entmündigte unter elterlicher Gewalt oder unter Vormundschaft steht, mit der Zustellung des Beschlusses an denjenigen gesetzlichen Vertreter, welchem die Sorge für die Person zusteht, andernfalls mit der Bestellung des Vormundes in Wirksamkeit.

Die Entmündigung wegen Geistesschwäche tritt mit der Zustellung des Beschlusses an den Entmündigten in Wirksamkeit.

§ 662

Der die Entmündigung ablehnende Beschluß ist von Amts wegen auch demjenigen zuzustellen, dessen Entmündigung beantragt war.

§ 663

Gegen den Beschluß, durch welchen die Entmündigung abgelehnt wird, steht dem Antragsteller und dem Staatsanwalt die sofortige Beschwerde zu.

In dem Verfahren vor dem Beschwerdegerichte finden die Vorschriften der §§ 652, 653 entsprechende Anwendung.

§ 664

Der die Entmündigung aussprechende Beschluß kann im Wege der Klage binnen der Frist eines Monats angefochten werden.

Zur Erhebung der Klage sind der Entmündigte selbst, derjenige gesetzliche Vertreter des Entmündigten, welchem die Sorge für die Person zusteht, und die übrigen im § 646 bezeichneten Personen befugt.

Die Frist beginnt im Falle der Entmündigung wegen Geisteskrankheit für den Entmündigten mit dem Zeitpunkt, in welchem er von der Entmündigung Kenntnis erlangt, für die übrigen Personen mit dem Zeitpunkt, in welchem die Entmündigung in Wirksamkeit tritt. Im Falle der Entmündigung wegen Geistesschwäche beginnt die Frist für den gesetzlichen Vertreter des unter elterlicher Gewalt oder unter Vormundschaft stehenden Entmündigten mit dem Zeitpunkt, in welchem ihm der Beschluß zugestellt wird, für den Entmündigten selbst und die übrigen Personen mit der Zustellung des Beschlusses an den Entmündigten.

§ 665

Für die Klage ist das Landgericht ausschließlich zuständig, in dessen Bezirke das Amtsgericht, welches über die Entmündigung entschieden hat, seinen Sitz hat.

§ 666

Die Klage ist gegen den Staatsanwalt zu richten.

Wird die Klage von dem Staatsanwalt erhoben, so ist sie gegen denjenigen gesetzlichen Vertreter des Entmündigten zu richten, welchem die Sorge für die Person zusteht.

Hat eine der im § 646 Abs. 1 bezeichneten Personen die Entmündigung beantragt, so ist dieselbe unter Mitteilung der Klage zum Termin zur mündlichen Verhandlung zu laden. Dieselbe gilt im Falle des Beitritts im Sinne des § 62 als Streitgenosse der Hauptpartei.

§ 667

Mit der die Entmündigung anfechtenden Klage kann eine andere Klage nicht verbunden werden.

Eine Widerklage ist unzulässig.

§ 668

Will der Entmündigte die Klage erheben, so ist ihm auf seinen Antrag von dem Vorsitzenden des Prozeßgerichts ein Rechtsanwalt als Vertreter beizuordnen.

§ 669

Bei der mündlichen Verhandlung haben die Parteien die Ergebnisse der bei dem Amtsgerichte stattgehabten Sachuntersuchung, soweit es zur Prüfung der Richtigkeit des angefochtenen Beschlusses erforderlich ist, vollständig vorzutragen.

Im Falle der Unrichtigkeit oder Unvollständigkeit des Vortrags hat der Vorsitzende dessen Berichtigung oder Vervollständigung, nötigenfalls unter Wiedereröffnung der Verhandlung, zu veranlassen.

§ 670

Die Vorschriften des § 617 *Abs. 1, 3* und der §§ 618, 622 finden entsprechende Anwendung.

Die eidliche Parteivernehmung ist ausgeschlossen.

§ 671

Die Bestimmungen der §§ 654, 655 finden in dem Verfahren über die Anfechtungsklage entsprechende Anwendung.

Von der Vernehmung Sachverständiger darf das Gericht Abstand nehmen, wenn es das vor dem Amtsgericht abgegebene Gutachten für genügend erachtet.

§ 672

Wird die Anfechtungsklage für begründet erachtet, so ist der die Entmündigung aussprechende Beschluß aufzuheben. Die Aufhebung tritt erst mit der Rechtskraft des Urteils in Wirksamkeit. Auf Antrag können jedoch zum Schutze der Person oder des Vermögens des Entmündigten einstweilige Verfügungen nach Maßgabe der §§ 936 bis 944 getroffen werden.

§ 673

Unterliegt der Staatsanwalt, so ist die Staatskasse zur Erstattung der dem obsiegenden Gegner erwachsenen Kosten in Gemäßheit der Bestimmungen des fünften Titels des zweiten Abschnitts des ersten Buches zu verurteilen.

Ist die Klage von dem Staatsanwalt erhoben, so hat die Staatskasse in allen Fällen die Kosten des Rechtsstreits zu tragen.

§ 674

Das Prozeßgericht hat der Vormundschaftsbehörde und dem Amtsgerichte von jedem in der Sache erlassenen Endurteile Mitteilung zu machen.

§ 675

Die Wiederaufhebung der Entmündigung erfolgt auf Antrag des Entmündigten oder desjenigen gesetzlichen Vertreters des Entmündigten, welchem die Sorge für die Person zusteht, oder des Staatsanwalts durch Beschluß des Amtsgerichts.

§ 676

Für die Wiederaufhebung der Entmündigung ist das Amtsgericht ausschließlich zuständig, bei welchem der Entmündigte seinen allgemeinen Gerichtsstand hat.

Ist der Entmündigte ein Deutscher und hat er im Inland keinen allgemeinen Gerichtsstand, so kann der Antrag bei dem Amtsgerichte gestellt werden, welches über die Entmündigung entschieden hat. Das gleiche gilt, wenn ein Ausländer, welcher im Inland entmündigt worden ist, im Inland keinen allgemeinen Gerichtsstand hat.

Die Bestimmungen des § 647 und der §§ 649 bis 655 finden entsprechende Anwendung.

§ 677

Die Kosten des Verfahrens sind von dem Entmündigten, wenn das Verfahren von dem Staatsanwalt ohne Erfolg beantragt ist, von der Staatskasse zu tragen.

§ 678

Der über die Wiederaufhebung der Entmündigung zu erlassende Beschluß ist dem Antragsteller und im Falle der Wiederaufhebung dem Entmündigten sowie dem Staatsanwalte von Amts wegen zuzustellen.

Gegen den Beschluß, durch welchen die Entmündigung aufgehoben wird, steht dem Staatsanwalte die sofortige Beschwerde zu.

Die rechtskräftig erfolgte Wiederaufhebung ist der Vormundschaftsbehörde mitzuteilen.

§ 679

Wird der Antrag auf Wiederaufhebung von dem Amtsgericht abgelehnt, so kann dieselbe im Wege der Klage beantragt werden.

Zur Erhebung der Klage ist derjenige gesetzliche Vertreter des Entmündigten, welchem die Sorge für die Person zusteht, und der Staatsanwalt befugt.

Will der gesetzliche Vertreter die Klage nicht erheben, so kann der Vorsitzende des Prozeßgerichts dem Entmündigten einen Rechtsanwalt als Vertreter beiordnen.

Auf das Verfahren finden die Vorschriften der §§ 665 bis 667, 669 bis 674 entsprechende Anwendung.

§ 680

Die Entmündigung wegen Verschwendung oder wegen Trunksucht erfolgt durch Beschluß des Amtsgerichts.

Der Beschluß wird nur auf Antrag erlassen.

Auf das Verfahren finden die Vorschriften des § 646 Abs. 1 und der §§ 647, 648, 653, 657, 663 entsprechende Anwendung.

Eine Mitwirkung der Staatsanwaltschaft findet nicht statt.

Die landesgesetzlichen Vorschriften, nach welchen eine Gemeinde oder ein der Gemeinde gleichstehender Verband oder ein *Armenverband*[47] berechtigt ist, die Entmündigung wegen Verschwendung oder wegen Trunksucht zu beantragen, bleiben unberührt.

§ 681

Ist die Entmündigung wegen Trunksucht beantragt, so kann das Gericht die Beschlußfassung über die Entmündigung aussetzen, wenn Aussicht besteht, daß der zu Entmündigende sich bessern werde.

§ 682

Die Kosten des amtsgerichtlichen Verfahrens sind, wenn die Entmündigung erfolgt, von dem

---

[47] jetzt: Fürsorgeverband.

Entmündigten, anderenfalls von dem Antragsteller zu tragen.

§ 683

Der über die Entmündigung zu erlassende Beschluß ist dem Antragsteller und dem zu Entmündigenden von Amts wegen zuzustellen.

Der die Entmündigung aussprechende Beschluß tritt mit der Zustellung an den Entmündigten in Wirksamkeit. Der Vormundschaftsbehörde ist ein solcher Beschluß von Amts wegen mitzuteilen.

§ 684

Der die Entmündigung aussprechende Beschluß kann binnen der Frist eines Monats von dem Entmündigten im Wege der Klage angefochten werden.

Die Frist beginnt mit der Zustellung des Beschlusses an den Entmündigten.

Die Klage ist gegen denjenigen, welcher die Entmündigung beantragt hatte, falls aber dieser verstorben oder sein Aufenthalt unbekannt oder im Ausland ist, gegen den Staatsanwalt zu richten.

Auf das Verfahren finden die Vorschriften der §§ 665, 667, 669, 670, 672 bis 674 entsprechende Anwendung.

§ 685

Die Wiederaufhebung der Entmündigung erfolgt auf Antrag des Entmündigten oder desjenigen gesetzlichen Vertreters des Entmündigten, welchem die Sorge für die Person zusteht, durch Beschluß des Amtsgerichts unter entsprechender Anwendung der §§ 647, 653, des § 676 Abs. 1, 2, des § 677 und des § 678 Abs. 1, 3.

§ 686

Wird der Antrag auf Wiederaufhebung von dem Amtsgericht abgelehnt, so kann dieselbe im Wege der Klage beantragt werden.

Zur Erhebung der Klage ist derjenige gesetzliche Vertreter des Entmündigten befugt, welchem die Sorge für die Person zusteht. Will dieser die Klage nicht erheben, so kann der Vorsitzende des Prozeßgerichts dem Entmündigten einen Rechtsanwalt als Vertreter beiordnen.

Die Klage ist gegen denjenigen, welcher die Entmündigung beantragt hatte, falls aber dieser verstorben oder sein Aufenthalt unbekannt oder im Ausland ist, gegen den Staatsanwalt zu richten.

Auf das Verfahren finden die Vorschriften der §§ 665, 667, 669, 670, 672 bis 674 entsprechende Anwendung.

§ 687

Die Entmündigung einer Person wegen Verschwendung oder wegen Trunksucht sowie die Wiederaufhebung einer solchen Entmündigung ist von dem Amtsgericht öffentlich bekanntzumachen.

Siebentes Buch

Mahnverfahren[41]

§ 688

Wegen eines Anspruchs, welcher die Zahlung einer bestimmten Geldsumme oder die Leistung einer bestimmten Quantität anderer vertretbarer Sachen oder Wertpapiere zum Gegenstande hat, ist auf Gesuch des Gläubigers ein bedingter Zahlungsbefehl

---

[41] Siehe Fußnote vor § 592.

zu erlassen. Als ein Anspruch, welcher die Zahlung einer Geldsumme zum Gegenstande hat, gilt auch der Anspruch aus einer Hypothek, einer Grundschuld, einer Rentenschuld oder einer Schiffshypothek. VIII)

Das Mahnverfahren findet nicht statt, wenn nach Inhalt des Gesuchs die Geltendmachung des Anspruchs von einer noch nicht erfolgten Gegenleistung abhängig ist oder wenn die Zustellung des Zahlungsbefehls im Ausland oder durch öffentliche Bekanntmachung erfolgen müßte.

§ 689

Die Zahlungsbefehle werden von den Amtsgerichten[6] erlassen.

Zuständig ist das Amtsgericht, welches für die im ordentlichen Verfahren erhobene Klage zuständig sein würde, wenn die Amtsgerichte in erster Instanz sachlich unbeschränkt zuständig wären.

§ 690

Das Gesuch muß enthalten:

1. die Bezeichnung der Parteien nach Namen, Stand oder Gewerbe und Wohnort;
2. die Bezeichnung des Gerichts;
3. die bestimmte Angabe des Betrags oder Gegenstandes und des Grundes des Anspruchs;
4. das Gesuch um Erlassung des Zahlungsbefehls.

§ 691

Entspricht das Gesuch nicht den Bestimmungen der vorstehenden Paragraphen oder ergibt sich aus dem Inhalt des Gesuchs, daß der Anspruch über-

[6] Siehe Fußnote zu § 109.

haupt oder zur Zeit nicht begründet ist, so wird dasselbe zurückgewiesen.

Das Gesuch ist auch dann zurückzuweisen, wenn der Zahlungsbefehl nur in Ansehung eines Teiles des Anspruchs nicht erlassen werden kann; vor der Zurückweisung ist der Gläubiger zu hören.

Eine Anfechtung der zurückweisenden Verfügung findet nicht statt.

§ 692

Der Zahlungsbefehl enthält die im § 690 Nr. 1 bis 3 bezeichneten Erfordernisse des Gesuchs und außerdem den Befehl an den Schuldner, binnen einer vom Tage der Zustellung laufenden Frist von einer Woche bei Vermeidung sofortiger Zwangsvollstreckung den Gläubiger wegen des Anspruchs nebst den dem Betrage nach zu bezeichnenden Kosten des Verfahrens und den geforderten Zinsen zu befriedigen oder, wenn er Einwendungen gegen den Anspruch habe, bei dem Gerichte Widerspruch zu erheben. Die Widerspruchsfrist ist den Vorschriften über die Einlassungsfrist entsprechend zu bemessen, falls diese weniger als eine Woche betragen würde.

§ 693

Die Zustellung des Zahlungsbefehls an den Schuldner erfolgt von Amts wegen.

Soll durch die Zustellung eine Frist gewahrt oder die Verjährung unterbrochen werden, so tritt die Wirkung, wenn die Zustellung demnächst erfolgt, bereits mit der Einreichung oder Anbringung des Gesuchs um Erlassung des Zahlungsbefehls ein.

Die Geschäftsstelle hat von der Zustellung des Zahlungsbefehls den Gläubiger in Kenntnis zu setzen.

§ 694

Der Schuldner kann gegen den Anspruch oder einen Teil desselben Widerspruch erheben, solange der Vollstreckungsbefehl nicht verfügt ist.

Das Gericht hat den Gläubiger von dem rechtzeitig erhobenen Widerspruch in Kenntnis zu setzen und dem Schuldner auf Verlangen eine Bescheinigung darüber zu erteilen, daß er rechtzeitig Widerspruch erhoben habe.

Einer Zurückweisung des nicht rechtzeitig erhobenen Widerspruchs bedarf es nicht.

§ 695

(weggefallen)

§ 696

Wird rechtzeitig Widerspruch erhoben, so ist auf Antrag einer Partei vor dem Amtsgerichte, das den Zahlungsbefehl erlassen hat, ein Termin anzuberaumen. Der Antrag kann schon in dem Gesuch um Erlassung des Zahlungsbefehles gestellt werden. Die Terminsbestimmung ist dem Gläubiger, sofern nicht das Gericht die Zustellung anordnet, ohne besondere Form mitzuteilen; § 496 Abs. 4 Satz 2 gilt entsprechend.

Der Termin ist zur Güteverhandlung anzuberaumen. Hat der Gläubiger eine Bescheinigung über die Erfolglosigkeit eines vorangegangenen Güteverfahrens beigebracht oder, erforderlichenfalls unter Glaubhaftmachung, dargelegt, daß es gemäß § 495a eines Güteverfahrens nicht bedarf, so ist alsbald Termin zur Streitverhandlung anzuberaumen. Das gleiche gilt, wenn der Anspruch zur Zuständigkeit der Landgerichte gehört.

Wird nach der Erhebung des Widerspruchs alsbald ein Termin zur Streitverhandlung anberaumt oder wird der Rechtsstreit im Anschluß an das Güteverfahren gemäß §§ 499e, 499f Abs. 2 im Streitverfahren verhandelt, so gilt die Streitsache als mit Zustellung des Zahlungsbefehls rechtshängig geworden.

Zur Herstellung eines Urteils in abgekürzter Form (§ 313 Abs. 3, § 317 Abs. 4) kann der Zahlungsbefehl an Stelle der Klageschrift benutzt werden.

§ 697

Ist ein Anspruch erhoben, der zur Zuständigkeit der Landgerichte gehört, so hat das Amtsgericht, sofern eine Partei vor der Verhandlung zur Hauptsache darauf anträgt, durch Beschluß sich für unzuständig zu erklären und den Rechtsstreit an das Landgericht zu verweisen; die Vorschriften des § 276 Abs. 2, Abs. 3 Satz 1 finden Anwendung.

Ist der Antrag auf Verweisung schon in dem Gesuch um Erlassung des Zahlungsbefehls gestellt oder mit dem Widerspruche verbunden worden, so kann die Entscheidung über den Antrag ohne vorgängige mündliche Verhandlung erfolgen. Wird Verweisung beschlossen, so gilt der Rechtsstreit mit der Zustellung des Beschlusses als bei dem Landgericht anhängig.

§ 698

Die Kosten des Mahnverfahrens sind im Falle der rechtzeitigen Erhebung des Widerspruchs als ein Teil der Kosten des entstehenden Rechtsstreits anzusehen.

§ 699

Der Zahlungsbefehl ist nach Ablauf der darin bestimmten Frist auf Gesuch des Gläubigers für vorläufig vollstreckbar zu erklären, sofern nicht vor der Vollstreckbarkeitserklärung von dem Schuldner Widerspruch erhoben ist. Die Vollstreckbarkeitserklärung erfolgt durch einen von dem Urkundsbeamten der Geschäftsstelle auf den Zahlungsbefehl zu setzenden Vollstreckungsbefehl. In den Vollstreckungsbefehl sind die von dem Gläubiger zu berechnenden Kosten des bisherigen Verfahrens aufzunehmen. Die Zustellung des Vollstreckungsbefehls erfolgt auf Betreiben des Gläubigers. Der Urkundsbeamte der Geschäftsstelle hat die Zustellung zu vermitteln, sofern nicht der Gläubiger erklärt hat, selbst einen Gerichtsvollzieher mit der Zustellung beauftragen zu wollen.

Will der Urkundsbeamte der Geschäftsstelle dem Gesuche des Gläubigers nicht entsprechen, so hat er das Gesuch dem Gerichte[6] zur Entscheidung vorzulegen. Gegen den Beschluß des Gerichts, durch welchen das Gesuch zurückgewiesen wird, findet sofortige Beschwerde statt.

§ 700

Der Vollstreckungsbefehl steht einem für vorläufig vollstreckbar erklärten, auf Versäumnis erlassenen Endurteile gleich; im Falle seiner Erlassung gilt der Anspruch als mit der Zustellung des Zahlungsbefehls im Streitverfahren rechtshängig geworden. Gegen den Vollstreckungsbefehl findet der Einspruch statt; die Vorschriften über den Einspruch gegen ein von dem Amtsgericht erlassenes Versäumnisurteil finden entsprechende Anwendung. Gehört der Anspruch nicht vor die Amtsgerichte, so findet eine Verweisung des Rechtsstreits an das Landgericht nach § 697 nur statt,

---

[6] Siehe Fußnote zu § 109.

wenn das Amtsgericht den Einspruch für zulässig erachtet. Das Landgericht ist an die Entscheidung des Amtsgerichts, durch welche der Einspruch zugelassen wird, gebunden.

§ 701

Wird in dem Falle, wenn Widerspruch nicht erhoben ist, die Erlassung des Vollstreckungsbefehls nicht binnen einer sechsmonatigen Frist, welche mit Ablauf der im Zahlungsbefehle bestimmten Frist beginnt, nachgesucht, so verliert der Zahlungsbefehl seine Kraft. Dasselbe gilt, wenn die Erlassung des Vollstreckungsbefehls rechtzeitig nachgesucht ist, das Gesuch aber zurückgewiesen wird.

§ 702

Das Gesuch um Erlassung eines Zahlungsbefehls oder eines Vollstreckungsbefehls sowie die Erhebung eines Widerspruchs werden der anderen Partei abschriftlich nicht mitgeteilt; im Falle ihrer mündlichen Anbringung ist die Aufnahme eines Protokolls nicht erforderlich.

§ 703

Des Nachweises einer Vollmacht bedarf es nicht, wenn für den Gläubiger die Erlassung eines Zahlungsbefehls nachgesucht oder für den Schuldner Widerspruch gegen einen Zahlungsbefehl erhoben wird.

Achtes Buch
Zwangsvollstreckung

Erster Abschnitt[AV]
Allgemeine Bestimmungen

§ 704

Die Zwangsvollstreckung findet statt aus Endurteilen, welche rechtskräftig oder für vorläufig vollstreckbar erklärt sind.

Urteile in Ehesachen und in Rechtsstreitigkeiten, welche die Feststellung des Rechtsverhältnisses zwischen Eltern und Kindern zum Gegenstand haben, dürfen nicht für vorläufig vollstreckbar erklärt werden.

§ 705

Die Rechtskraft der Urteile tritt vor Ablauf der für die Einlegung des zulässigen Rechtsmittels oder des zulässigen Einspruchs bestimmten Frist nicht ein. Der Eintritt der Rechtskraft wird durch rechtzeitige Einlegung des Rechtsmittels oder des Einspruchs gehemmt.

§ 706[AV]

Zeugnisse über die Rechtskraft der Urteile sind auf Grund der Prozeßakten von der Geschäftsstelle des Gerichts erster Instanz und, solange der Rechtsstreit in einer höheren Instanz anhängig ist, von der Geschäftsstelle des Gerichts dieser Instanz zu erteilen.

Insoweit die Erteilung des Zeugnisses davon abhängt, daß gegen das Urteil ein Rechtsmittel nicht eingelegt ist, genügt ein Zeugnis der Geschäftsstelle des für das Rechtsmittel zuständigen Gerichts, daß bis zum Ablauf der Notfrist eine Rechtsmittelschrift nicht eingereicht sei. *Eines Zeugnisses der Geschäftsstelle des Revisionsgerichts, daß eine Revisionsschrift nach § 566a nicht eingereicht sei, bedarf es nicht.*[48]

§ 707

Wird die Wiedereinsetzung in den vorigen Stand oder eine Wiederaufnahme des Verfahrens beantragt, so kann das Gericht auf Antrag anordnen, daß die Zwangsvollstreckung gegen oder ohne Sicherheitsleistung einstweilen eingestellt werde oder nur gegen Sicherheitsleistung stattfinde, und daß die erfolgten Vollstreckungsmaßregeln gegen Sicherheitsleistung aufzuheben seien. Die Einstellung der Zwangsvollstreckung ohne Sicherheitsleistung ist nur zulässig, wenn glaubhaft gemacht wird, daß die Zwangsvollstreckung einen nicht zu ersetzenden Nachteil bringen würde.

Die Entscheidung kann ohne vorgängige mündliche Verhandlung erfolgen. Eine Anfechtung des Beschlusses findet nicht statt.

§ 708

Auch ohne Antrag sind für vorläufig vollstreckbar zu erklären:

1. Urteile, welche auf Grund eines Anerkenntnisses eine Verurteilung aussprechen (§ 307);
2. (weggefallen);
3. Versäumnisurteile;
4. Urteile, welche im Urkunden- oder Wechselprozeß erlassen werden;
5. Urteile, durch welche Arreste oder einstweilige Verfügungen aufgehoben werden;

[48] überholt nach Wegfall des § 566a.

6. Urteile, welche die Verpflichtung zur Entrichtung von Alimenten oder zur Entrichtung einer nach den §§ 843, 844 des Bürgerlichen Gesetzbuchs geschuldeten Geldrente aussprechen, soweit die Entrichtung für die Zeit nach der Erhebung der Klage und für das der Erhebung der Klage vorausgehende letzte Vierteljahr zu erfolgen hat;
7. Urteile der Oberlandesgerichte in vermögensrechtlichen Streitigkeiten.

§ 709

Urteile sind ferner ohne Antrag für vorläufig vollstreckbar zu erklären, wenn sie betreffen:

1. Streitigkeiten zwischen dem Vermieter und dem Mieter oder Untermieter von Wohnräumen oder anderen Räumen oder zwischen dem Mieter und dem Untermieter solcher Räume wegen Überlassung, Benutzung oder Räumung[49] sowie wegen Zurückhaltung der von dem Mieter oder dem Untermieter in die Mietsräume eingebrachten Sachen;
2. Streitigkeiten zwischen Seeschiffern und ihren Arbeitgebern hinsichtlich des Dienst- oder Arbeitsverhältnisses, sofern sie während der Dauer des Dienst- oder Arbeitsverhältnisses entstehen;
3. Streitigkeiten zwischen Reisenden und Wirten, Fuhrleuten, Schiffern, Flößern oder Auswanderungsexpedienten in den Einschiffungshäfen, welche über Wirtszechen, Fuhrlohn, Überfahrtsgelder, Beförderung der Reisenden und ihrer Habe und über Verlust und Beschädigung der

[49] § 13 Abs. 2 Mieterschutzgesetz.

letzteren, sowie Streitigkeiten zwischen Reisenden und Handwerkern, welche aus Anlaß der Reise entstanden sind;

4. andere vermögensrechtliche Ansprüche, sofern der Gegenstand der Verurteilung an Geld oder Geldeswert die Summe von fünfhundert Reichsmark[5] nicht übersteigt; in betreff des Wertes des Gegenstandes kommen die Vorschriften der §§ 3 bis 9 zur Anwendung.

§ 710

Andere Urteile sind gegen eine der Höhe nach zu bestimmende Sicherheit für vorläufig vollstreckbar zu erklären. Auf Antrag sind sie auch ohne Sicherheitsleistung für vorläufig vollstreckbar zu erklären, wenn glaubhaft gemacht wird, daß der Gläubiger zur Sicherheitsleistung nicht in der Lage ist und daß die Aussetzung der Vollstreckung ihm einen schwer zu ersetzenden oder einen schwer zu ermittelnden Nachteil bringen würde.

§ 711

(weggefallen)

§ 712

Wird glaubhaft gemacht, daß die Vollstreckung des Urteils dem Schuldner einen nicht zu ersetzenden Nachteil bringen würde, so ist in den Fällen der §§ 708, 709, 710 Satz 1 auf Antrag des Schuldners auszusprechen, daß dasselbe nicht vorläufig vollstreckbar sei; in den Fällen des § 710 Satz 2 ist der Antrag des Gläubigers zurückzuweisen.

§ 713

Das Gericht kann auf Antrag die vorläufige Vollstreckbarkeit von einer vorgängigen Sicherheits-

[5] siehe Fußnote zu § 97.

leistung abhängig machen. Diese Vorschrift findet auf die im § 708 Nr. 7 bezeichneten Urteile keine Anwendung.

Das Gericht hat auf Antrag dem Schuldner nachzulassen, durch Sicherheitsleistung oder durch Hinterlegung die Vollstreckung abzuwenden, wenn nicht der Gläubiger sich erbietet, vor der Vollstreckung Sicherheit zu leisten.

§ 713a

Die in den §§ 712 und 713 zugunsten des Schuldners zugelassenen Anordnungen sollen nicht ergehen, wenn die Voraussetzungen, unter denen ein Rechtsmittel gegen das Urteil stattfindet, nach dem Ermessen des Gerichts unzweifelhaft nicht vorliegen.

§ 714

Die in den §§ 710 bis 713 erwähnten Anträge sind vor dem Schlusse der mündlichen Verhandlung zu stellen, auf welche das Urteil ergeht.

§ 715

In den Fällen der §§ 710, 713 kann das Gericht,[6] welches die Sicherheitsleistung angeordnet oder zugelassen hat, auf Antrag die Rückgabe der von dem Gläubiger geleisteten Sicherheit anordnen, wenn ein Zeugnis über die Rechtskraft des für vorläufig vollstreckbar erklärten Urteils vorgelegt wird. Die Vorschriften des § 109 Abs. 3 finden entsprechende Anwendung.

§ 716

Ist eine Entscheidung über die vorläufige Vollstreckbarkeit nicht erfolgt, so kommen wegen Er-

[6] Siehe Fußnote zu § 97.

gänzung des Urteils die Vorschriften des § 321 zur Anwendung.

§ 717

Die vorläufige Vollstreckbarkeit tritt mit der Verkündung eines Urteils, welches die Entscheidung in der Hauptsache oder die Vollstreckbarkeitserklärung aufhebt oder abändert, insoweit außer Kraft, als die Aufhebung oder Abänderung erfolgt.

Wird ein für vorläufig vollstreckbar erklärtes Urteil aufgehoben oder abgeändert, so ist der Kläger zum Ersatze des Schadens verpflichtet, der dem Beklagten durch die Vollstreckung des Urteils oder durch eine zur Abwendung der Vollstreckung gemachte Leistung entstanden ist. Der Beklagte kann den Anspruch auf Schadensersatz in dem anhängigen Rechtsstreit geltend machen; wird der Anspruch geltend gemacht, so ist er als zur Zeit der Zahlung oder Leistung rechtshängig geworden anzusehen.

Die Vorschriften des Abs. 2 finden auf die im § 708 Nr. 7 bezeichneten Urteile der Oberlandesgerichte, mit Ausnahme der Versäumnisurteile, keine Anwendung. Soweit ein solches Urteil aufgehoben oder abgeändert wird, ist der Kläger auf Antrag des Beklagten zur Erstattung des von diesem auf Grund des Urteils Gezahlten oder Geleisteten zu verurteilen. Die Erstattungspflicht des Klägers bestimmt sich nach den Vorschriften über die Herausgabe einer ungerechtfertigten Bereicherung. Wird der Antrag gestellt, so ist der Anspruch auf Erstattung als zur Zeit der Zahlung oder Leistung rechtshängig geworden anzusehen; die mit der Rechtshängigkeit nach den Vorschriften des bürgerlichen Rechtes verbundenen Wirkungen treten mit der Zahlung oder Leistung auch dann ein, wenn der Antrag nicht gestellt wird.

§ 718

In der Berufungsinstanz ist über die vorläufige Vollstreckbarkeit auf Antrag vorab zu verhandeln und zu entscheiden.

Eine Anfechtung der in der Berufungsinstanz über die vorläufige Vollstreckbarkeit erlassenen Entscheidung findet nicht statt.

§ 719

Wird gegen ein für vorläufig vollstreckbar erklärtes Urteil der Einspruch oder die Berufung eingelegt, so finden die Vorschriften des § 707 entsprechende Anwendung.

Wird Revision gegen ein für vorläufig vollstreckbar erklärtes Urteil eingelegt, so hat das Revisionsgericht auf Antrag anzuordnen, daß die Zwangsvollstreckung einstweilen eingestellt werde, wenn glaubhaft gemacht wird, daß die Vollstreckung einen nicht zu ersetzenden Nachteil bringen würde.

Die Entscheidung kann ohne mündliche Verhandlung erfolgen.

§ 720

Ist in Gemäßheit des § 713 Abs. 2 dem Schuldner nachgelassen, durch Sicherheitsleistung oder durch Hinterlegung die Vollstreckung abzuwenden, so ist gepfändetes Geld oder der Erlös gepfändeter Gegenstände zu hinterlegen.

§ 721

Wird auf Räumung einer Wohnung erkannt, so kann das Gericht auf Antrag dem Schuldner eine den Umständen nach angemessene Frist zur Räumung gewähren.[50]

[50] §§ 5a, 6, 27 Mieterschutzgesetz.

Auf den Antrag finden die Vorschriften der §§ 714, 716 entsprechende Anwendung.

§ 722

Aus dem Urteil eines ausländischen Gerichts findet die Zwangsvollstreckung nur statt, wenn ihre Zulässigkeit durch ein Vollstreckungsurteil ausgesprochen ist.

Für die Klage auf Erlassung desselben ist das Amtsgericht oder Landgericht, bei welchem der Schuldner seinen allgemeinen Gerichtsstand hat, und in Ermangelung eines solchen das Amtsgericht oder Landgericht zuständig, bei welchem in Gemäßheit des § 23 gegen den Schuldner Klage erhoben werden kann.

§ 723

Das Vollstreckungsurteil ist ohne Prüfung der Gesetzmäßigkeit der Entscheidung zu erlassen.

Das Vollstreckungsurteil ist erst zu erlassen, wenn das Urteil des ausländischen Gerichts nach dem für dieses Gericht geltenden Rechte die Rechtskraft erlangt hat. Es ist nicht zu erlassen, wenn die Anerkennung des Urteils nach § 328 ausgeschlossen ist.

§ 724

Die Zwangsvollstreckung erfolgt auf Grund einer mit der Vollstreckungsklausel versehenen Ausfertigung des Urteils (vollstreckbare Ausfertigung).

Die vollstreckbare Ausfertigung wird von dem Urkundsbeamten der Geschäftsstelle des Gerichts erster Instanz und, wenn der Rechtsstreit bei einem höheren Gericht anhängig ist, von dem Urkundsbeamten der Geschäftsstelle dieses Gerichts erteilt.

§ 725[51]

Die Vollstreckungsklausel:

„Vorstehende Ausfertigung wird dem usw. (Bezeichnung der Partei) zum Zwecke der Zwangsvollstreckung erteilt"

ist der Ausfertigung des Urteils am Schlusse beizufügen, von dem Urkundsbeamten der Geschäftsstelle zu unterschreiben und mit dem Gerichtssiegel zu versehen.

§ 726[52]

Von Urteilen, deren Vollstreckung nach ihrem Inhalt von dem durch die Gläubiger zu beweisenden Eintritt einer anderen Tatsache als einer dem Gläubiger obliegenden Sicherheitsleistung abhängt, darf eine vollstreckbare Ausfertigung nur erteilt werden, wenn der Beweis durch öffentliche oder öffentlich beglaubigte Urkunden geführt wird.

Hängt die Vollstreckung von einer Zug um Zug zu bewirkenden Leistung des Gläubigers an den Schuldner ab, so ist der Beweis, daß der Schuldner befriedigt oder im Verzuge der Annahme ist, nur dann erforderlich, wenn die dem Schuldner obliegende Leistung in der Abgabe einer Willenserklärung besteht.

§ 727

Eine vollstreckbare Ausfertigung kann für den Rechtsnachfolger des in dem Urteil bezeichneten Gläubigers sowie gegen denjenigen Rechtsnachfolger des in dem Urteil bezeichneten Schuldners und denjenigen Besitzer der in Streit befangenen Sache, gegen welche das Urteil nach § 325 wirksam ist, erteilt werden, sofern die Rechtsnachfolge oder

---

[51] wertbeständige Schuldtitel: §§ 10—17 EntlBekm. — abgedr. unter VI A —.

[52] § 16 Mieterschutzgesetz.

das Besitzverhältnis bei dem Gericht offenkundig ist oder durch öffentliche oder öffentlich beglaubigte Urkunden nachgewiesen wird.

Ist die Rechtsnachfolge oder das Besitzverhältnis bei dem Gericht offenkundig, so ist dies in der Vollstreckungsklausel zu erwähnen.

§ 728

Ist gegenüber dem Vorerben ein nach § 326 dem Nacherben gegenüber wirksames Urteil ergangen, so finden auf die Erteilung einer vollstreckbaren Ausfertigung für und gegen den Nacherben die Vorschriften des § 727 entsprechende Anwendung.

Das gleiche gilt, wenn gegenüber einem Testamentsvollstrecker ein nach § 327 dem Erben gegenüber wirksames Urteil ergangen ist, für die Erteilung einer vollstreckbaren Ausfertigung für und gegen den Erben. Eine vollstreckbare Ausfertigung kann gegen den Erben erteilt werden, auch wenn die Verwaltung des Testamentsvollstreckers noch besteht.

§ 729

Hat jemand das Vermögen eines anderen durch Vertrag mit diesem nach der rechtskräftigen Feststellung einer Schuld des anderen übernommen, so finden auf die Erteilung einer vollstreckbaren Ausfertigung des Urteils gegen den Übernehmer die Vorschriften des § 727 entsprechende Anwendung.

Das gleiche gilt für die Erteilung einer vollstreckbaren Ausfertigung gegen denjenigen, welcher ein unter Lebenden erworbenes Handelsgeschäft unter der bisherigen Firma fortführt, in Ansehung der Verbindlichkeiten, für welche er nach § 25 Abs. 1 Satz 1, Abs. 2 des Handelsgesetzbuches haftet, sofern sie vor dem Erwerbe des Geschäfts gegen den früheren Inhaber rechtskräftig festgestellt worden sind.

§ 730

In den Fällen des § 726 Abs. 1 und der §§ 727 bis 729 darf die vollstreckbare Ausfertigung nur auf Anordnung des Vorsitzenden[6] erteilt werden.

Vor der Entscheidung kann der Schuldner gehört werden.

Die Anordnung ist in der Vollstreckungsklausel zu erwähnen.

§ 731

Kann der nach dem § 726 Abs. 1 und den §§ 727 bis 729 erforderliche Nachweis durch öffentliche oder öffentlich beglaubigte Urkunden nicht geführt werden, so hat der Gläubiger bei dem Prozeßgericht erster Instanz aus dem Urteil auf Erteilung der Vollstreckungsklausel Klage zu erheben.

§ 732

Über Einwendungen des Schuldners, welche die Zulässigkeit der Vollstreckungsklausel betreffen, entscheidet das Gericht, von dessen Geschäftsstelle die Vollstreckungsklausel erteilt ist. Die Entscheidung kann ohne vorgängige mündliche Verhandlung erfolgen.

Das Gericht kann vor der Entscheidung eine einstweilige Anordnung erlassen; es kann insbesondere anordnen, daß die Zwangsvollstreckung gegen oder ohne Sicherheitsleistung einstweilen einzustellen oder nur gegen Sicherheitsleistung fortzusetzen sei.

---

[6] Siehe Fußnote zu § 109.

§ 733

Eine weitere vollstreckbare Ausfertigung darf derselben Partei, sofern nicht die zuerst erteilte Ausfertigung zurückgegeben wird, nur auf Anordnung des Vorsitzenden[6] erteilt werden.

Vor der Entscheidung kann der Schuldner gehört werden.

Die Geschäftsstelle hat von der Erteilung der weiteren Ausfertigung, wenn die Entscheidung, durch welche dieselbe angeordnet wird, nicht verkündet ist, den Gegner in Kenntnis zu setzen.

Die weitere Ausfertigung ist als solche unter Erwähnung der Entscheidung ausdrücklich zu bezeichnen.

§ 734

Vor der Aushändigung einer vollstreckbaren Ausfertigung ist auf der Urschrift des Urteils zu bemerken, für welche Partei und zu welcher Zeit die Ausfertigung erteilt ist.

§ 735

Zur Zwangsvollstreckung in das Vermögen eines nicht rechtsfähigen Vereins genügt ein gegen den Verein ergangenes Urteil.

§ 736

Zur Zwangsvollstreckung in das Gesellschaftsvermögen einer nach § 705 des Bürgerlichen Gesetzbuchs eingegangenen Gesellschaft ist ein gegen alle Gesellschafter ergangenes Urteil erforderlich.

§ 737

Bei dem Nießbrauch an einem Vermögen ist wegen der vor der Bestellung des Nießbrauchs ent-

[6] Siehe Fußnote zu § 109.

standenen Verbindlichkeiten des Bestellers die Zwangsvollstreckung in die dem Nießbrauch unterliegenden Gegenstände ohne Rücksicht auf den Nießbrauch zulässig, wenn der Besteller zu der Leistung und der Nießbraucher zur Duldung der Zwangsvollstreckung verurteilt ist.

Das gleiche gilt bei dem Nießbrauch an einer Erbschaft für die Nachlaßverbindlichkeiten.

§ 738

Ist die Bestellung des Nießbrauchs an einem Vermögen nach der rechtskräftigen Feststellung einer Schuld des Bestellers erfolgt, so finden auf die Erteilung einer in Ansehung der dem Nießbrauch unterliegenden Gegenstände vollstreckbaren Ausfertigung des Urteils gegen den Nießbraucher die Vorschriften der §§ 727, 730 bis 732 entsprechende Anwendung.

Das gleiche gilt bei dem Nießbrauch an einer Erbschaft für die Erteilung einer vollstreckbaren Ausfertigung des gegen den Erblasser ergangenen Urteils.

§ 739

Bei dem Güterstande der Verwaltung und Nutznießung, der Errungenschaftsgemeinschaft oder der Fahrnisgemeinschaft ist die Zwangsvollstreckung in das eingebrachte Gut der Ehefrau nur zulässig, wenn die Ehefrau zu der Leistung und der Ehemann zur Duldung der Zwangsvollstreckung in das eingebrachte Gut verurteilt ist.

§ 740

Bei dem Güterstande der allgemeinen Gütergemeinschaft, der Errungenschaftsgemeinschaft oder der Fahrnisgemeinschaft ist zur Zwangsvollstreckung in das Gesamtgut ein gegen den Ehemann ergangenes Urteil erforderlich und genügend.

§ 741

Betreibt die Ehefrau selbständig ein Erwerbsgeschäft, so ist zur Zwangsvollstreckung in das eingebrachte Gut und in das Gesamtgut ein gegen die Ehefrau ergangenes Urteil genügend, es sei denn, daß zur Zeit des Eintritts der Rechtshängigkeit der Einspruch des Ehemanns gegen den Betrieb des Erwerbsgeschäfts oder der Widerruf seiner Einwilligung zu dem Betrieb im Güterrechtsregister eingetragen war.

§ 742

Ist der Güterstand der Verwaltung und Nutznießung, der Errungenschaftsgemeinschaft oder der Fahrnisgemeinschaft erst eingetreten, nachdem ein von der Ehefrau oder gegen sie geführter Rechtsstreit rechtshängig geworden ist, so finden auf die Erteilung einer in Ansehung des eingebrachten Gutes der Ehefrau vollstreckbaren Ausfertigung des Urteils für oder gegen den Ehemann die Vorschriften der §§ 727, 730 bis 732 entsprechende Anwendung.

Das gleiche gilt für die Erteilung einer in Ansehung des Gesamtguts vollstreckbaren Ausfertigung, wenn die allgemeine Gütergemeinschaft oder die Fahrnisgemeinschaft erst eingetreten ist, nachdem ein von der Ehefrau oder gegen sie geführter Rechtsstreit rechtshängig geworden ist.

§ 743

Nach der Beendigung der allgemeinen Gütergemeinschaft, der Errungenschaftsgemeinschaft oder

der Fahrnisgemeinschaft ist vor der Auseinandersetzung die Zwangsvollstreckung in das Gesamtgut nur zulässig, wenn beide Ehegatten zu der Leistung oder der eine Ehegatte zu der Leistung und der andere zur Duldung der Zwangsvollstreckung verurteilt sind.

§ 744

Ist die Beendigung der allgemeinen Gütergemeinschaft, der Errungenschaftsgemeinschaft oder der Fahrnisgemeinschaft nach der Beendigung eines Rechtsstreits des Ehemanns eingetreten, so finden auf die Erteilung einer in Ansehung des Gesamtguts vollstreckbaren Ausfertigung des Urteils gegen die Ehefrau die Vorschriften der §§ 727, 730 bis 732 entsprechende Anwendung.

§ 745

Im Falle der fortgesetzten Gütergemeinschaft ist zur Zwangsvollstreckung in das Gesamtgut ein gegen den überlebenden Ehegatten ergangenes Urteil erforderlich und genügend.

Nach der Beendigung der fortgesetzten Gütergemeinschaft finden die Vorschriften der §§ 743, 744 mit der Maßgabe Anwendung, daß an die Stelle des Ehemanns der überlebende Ehegatte, an die Stelle der Ehefrau die anteilsberechtigten Abkömmlinge treten.

§ 746

Zur Zwangsvollstreckung in das der elterlichen Nutznießung unterliegende Vermögen des Kindes ist ein gegen das Kind ergangenes Urteil genügend.

§ 747

Zur Zwangsvollstreckung in einen Nachlaß ist, wenn mehrere Erben vorhanden sind, bis zur Teilung ein gegen alle Erben ergangenes Urteil erforderlich.

§ 748

Unterliegt ein Nachlaß der Verwaltung eines Testamentsvollstreckers, so ist zur Zwangsvollstreckung in den Nachlaß ein gegen den Testamentsvollstrecker ergangenes Urteil erforderlich und genügend.

Steht dem Testamentsvollstrecker nur die Verwaltung einzelner Nachlaßgegenstände zu, so ist die Zwangsvollstreckung in diese Gegenstände nur zulässig, wenn der Erbe zu der Leistung, der Testamentsvollstrecker zur Duldung der Zwangsvollstreckung verurteilt ist.

Zur Zwangsvollstreckung wegen eines Pflichtteilsanspruchs ist im Falle des Abs. 1 wie im Falle des Abs. 2 ein sowohl gegen den Erben als gegen den Testamentsvollstrecker ergangenes Urteil erforderlich.

§ 749

Auf die Erteilung einer vollstreckbaren Ausfertigung eines für oder gegen den Erblasser ergangenen Urteils für oder gegen den Testamentsvollstrecker finden die Vorschriften des §§ 727, 730 bis 732 entsprechende Anwendung. Auf Grund einer solchen Ausfertigung ist die Zwangsvollstreckung nur in die der Verwaltung des Testamentsvollstreckers unterliegenden Nachlaßgegenstände zulässig.

§ 750

Die Zwangsvollstreckung darf nur beginnen, wenn die Personen, für und gegen welche sie stattfinden soll, in dem Urteil oder in der demselben beigefügten Vollstreckungsklausel namentlich bezeichnet sind und das Urteil bereits zugestellt ist oder gleichzeitig zugestellt wird.

Handelt es sich um die Vollstreckung eines Urteils, dessen vollstreckbare Ausfertigung nach § 726 Abs. 1 erteilt worden ist, oder soll ein Urteil, welches nach den §§ 727 bis 729, 738, 742, 744, dem § 745 Abs. 2 und dem § 749 für oder gegen eine der dort bezeichneten Personen wirksam ist, für oder gegen eine dieser Personen vollstreckt werden, so muß außer dem zu vollstreckenden Urteil auch die demselben beigefügte Vollstreckungsklausel und, sofern die Vollstreckungsklausel auf Grund öffentlicher oder öffentlich beglaubigter Urkunden erteilt ist, auch eine Abschrift dieser Urkunden vor Beginn der Zwangsvollstreckung zugestellt sein oder gleichzeitig mit Beginn derselben zugestellt werden.

§ 751

Ist die Geltendmachung des Anspruchs von dem Eintritt eines Kalendertags abhängig, so darf die Zwangsvollstreckung nur beginnen, wenn der Kalendertag abgelaufen ist.

Hängt die Vollstreckung von einer dem Gläubiger obliegenden Sicherheitsleistung ab, so darf der Beginn der Zwangsvollstreckung nur erfolgen, wenn die Sicherheitsleistung durch eine öffentliche oder öffentlich beglaubigte Urkunde nachgewiesen und eine Abschrift dieser Urkunde bereits zugestellt ist oder gleichzeitig zugestellt wird.

§ 752

Gegen einen Angehörigen der Wehrmacht darf die Zwangsvollstreckung erst beginnen, nachdem von derselben die vorgesetzte Militärbehörde Anzeige erhalten hat.

Dem Gläubiger ist auf Verlangen der Empfang der Anzeige von der Militärbehörde zu bescheinigen.

§ 753

Die Zwangsvollstreckung erfolgt, soweit sie nicht den Gerichten zugewiesen ist, durch Gerichtsvollzieher, welche dieselbe im Auftrag des Gläubigers zu bewirken haben.

Der Gläubiger kann wegen Erteilung des Auftrags zur Zwangsvollstreckung die Mitwirkung der Geschäftsstelle in Anspruch nehmen. Der von der Geschäftsstelle beauftragte Gerichtsvollzieher gilt als von dem Gläubiger beauftragt.

§ 754

In dem schriftlichen oder mündlichen Auftrag zur Zwangsvollstreckung in Verbindung mit der Übergabe der vollstreckbaren Ausfertigung liegt die Beauftragung des Gerichtsvollziehers, die Zahlungen oder sonstigen Leistungen in Empfang zu nehmen, über das Empfangene wirksam zu quittieren und dem Schuldner, wenn dieser seiner Verbindlichkeit genügt hat, die vollstreckbare Ausfertigung auszuliefern.

§ 755

Dem Schuldner und Dritten gegenüber wird der Gerichtsvollzieher zur Vornahme der Zwangsvollstreckung und der im § 754 bezeichneten Handlungen durch den Besitz der vollstreckbaren Ausfertigung ermächtigt. Der Mangel oder die Beschränkung des Auftrags kann diesen Personen gegenüber von dem Gläubiger nicht geltend gemacht werden.

§ 756

Hängt die Vollstreckung von einer Zug um Zug zu bewirkenden Leistung des Gläubigers an den Schuldner ab, so darf der Gerichtsvollzieher die Zwangsvollstreckung nicht beginnen, bevor er dem Schuldner die diesem gebührende Leistung in einer den Verzug der Annahme begründenden Weise angeboten hat, sofern nicht der Beweis, daß der Schuldner befriedigt oder im Verzug der Annahme ist, durch öffentliche oder öffentlich beglaubigte Urkunden geführt wird und eine Abschrift dieser Urkunden bereits zugestellt ist oder gleichzeitig zugestellt wird.

§ 757

Der Gerichtsvollzieher hat nach Empfang der Leistungen dem Schuldner die vollstreckbare Ausfertigung nebst einer Quittung auszuliefern, bei teilweiser Leistung diese auf der vollstreckbaren Ausfertigung zu bemerken und dem Schuldner Quittung zu erteilen.

Das Recht des Schuldners, nachträglich eine Quittung des Gläubigers selbst zu fordern, wird durch diese Bestimmungen nicht berührt.

§ 758

Der Gerichtsvollzieher ist befugt, die Wohnung und die Behältnisse des Schuldners zu durchsuchen, soweit der Zweck der Vollstreckung dies erfordert.

Er ist befugt, die verschlossenen Haustüren, Zimmertüren und Behältnisse öffnen zu lassen.

Er ist, wenn er Widerstand findet, zur Anwendung von Gewalt befugt und kann zu diesem Zwecke die Unterstützung der polizeilichen Vollzugsorgane nachsuchen. *Ist militärische Hilfe erforderlich, so hat er sich an das Vollstreckungsgericht zu wenden.*

§ 759

Wird bei einer Vollstreckungshandlung Widerstand geleistet oder ist bei einer in der Wohnung des Schuldners erfolgenden Vollstreckungshandlung weder der Schuldner noch eine zur Familie desselben gehörige oder in dieser Familie dienende erwachsene Person gegenwärtig, so hat der Gerichtsvollzieher zwei erwachsene Personen oder einen Gemeinde- oder Polizeibeamten als Zeugen zuzuziehen.

§ 760

Jeder Person, welche bei dem Vollstreckungsverfahren beteiligt ist, muß auf Begehren Einsicht der Akten des Gerichtsvollziehers gestattet und Abschrift einzelner Aktenstücke erteilt werden.

§ 761

Zur Nachtzeit (§ 188 Abs. 1) sowie an Sonntagen und allgemeinen Feiertagen darf eine Vollstreckungshandlung nur mit Erlaubnis des Amtsrichters erfolgen, in dessen Bezirk die Handlung vorgenommen werden soll.

Die Verfügung, durch welche die Erlaubnis erteilt wird, ist bei der Zwangsvollstreckung vorzuzeigen.

§ 762

Der Gerichtsvollzieher hat über jede Vollstreckungshandlung ein Protokoll aufzunehmen.

Das Protokoll muß enthalten:

1. Ort und Zeit der Aufnahme;
2. den Gegenstand der Vollstreckungshandlung unter kurzer Erwähnung der wesentlichen Vorgänge;

3. die Namen der Personen, mit welchen verhandelt ist;
4. die Unterschrift dieser Personen und die Bemerkung, daß die Unterzeichnung nach vorgängiger Vorlesung oder Vorlegung zur Durchsicht und nach vorgängiger Genehmigung erfolgt sei;
5. die Unterschrift des Gerichtsvollziehers.

Hat einem der unter Nr. 4 bezeichneten Erfordernisse nicht genügt werden können, so ist der Grund anzugeben.

§ 763

Die Aufforderungen und sonstigen Mitteilungen, welche zu den Vollstreckungshandlungen gehören, sind von dem Gerichtsvollzieher mündlich zu erlassen und vollständig in das Protokoll aufzunehmen.

Kann die mündliche Ausführung nicht erfolgen, so hat der Gerichtsvollzieher eine Abschrift des Protokolls unter entsprechender Anwendung der §§ 172, 181 bis 186 zuzustellen und durch die Post zu übersenden. Die Befolgung dieser Vorschrift muß zum Protokoll bemerkt werden. Eine öffentliche Zustellung findet nicht statt.

§ 764

Die den Gerichten zugewiesene Anordnung von Vollstreckungshandlungen und Mitwirkung bei solchen gehört zur Zuständigkeit der Amtsgerichte als Vollstreckungsgerichte.[53]

---

[53] für Zwangsvollstr. in land- oder forstwirtschaftliche Grundstücke einschl. Zubehör tritt nach § 3 Abs. 1 S. 2 der Verfahrensordnung für Landwirtschaftssachen (LVO.) vom 2. 12. 47 — VOBl. BZ. S. 157 — an Stelle des Vollstreckungsgerichts das dort bezeichnete AG., an Stelle des Beschwerdegerichts das OLG.

Als Vollstreckungsgericht ist, sofern nicht das Gesetz ein anderes Amtsgericht bezeichnet, dasjenige Amtsgericht anzusehen, in dessen Bezirke das Vollstreckungsverfahren stattfinden soll oder stattgefunden hat.

Die Entscheidungen des Vollstreckungsgerichts können ohne vorgängige mündliche Verhandlung erfolgen.

§ 765

Hängt die Vollstreckung von einer Zug um Zug zu bewirkenden Leistung des Gläubigers an den Schuldner ab, so darf das Vollstreckungsgericht eine Vollstreckungsmaßregel nur anordnen, wenn der Beweis, daß der Schuldner befriedigt oder im Verzuge der Annahme ist, durch öffentliche oder öffentlich beglaubigte Urkunden geführt wird und eine Abschrift dieser Urkunden bereits zugestellt ist. Der Zustellung bedarf es nicht, wenn bereits der Gerichtsvollzieher die Zwangsvollstreckung nach § 756 begonnen hatte und der Beweis durch das Protokoll des Gerichtsvollziehers geführt wird.

§ 766

Über Anträge, Einwendungen und Erinnerungen, welche die Art und Weise der Zwangsvollstreckung oder das bei derselben vom Gerichtsvollzieher zu beobachtende Verfahren betreffen, entscheidet das Vollstreckungsgericht. Dasselbe ist befugt, die im § 732 Abs. 2 bezeichneten Anordnungen zu erlassen.

Dem Vollstreckungsgerichte steht auch die Entscheidung zu, wenn ein Gerichtsvollzieher sich weigert, einen Vollstreckungsauftrag zu übernehmen oder eine Vollstreckungshandlung dem Auftrag gemäß auszuführen, oder wenn in Ansehung der von dem Gerichtsvollzieher in Ansatz gebrachten Kosten Erinnerungen erhoben werden.

§ 767

Einwendungen, welche den durch das Urteil festgestellten Anspruch selbst betreffen, sind von dem Schuldner im Wege der Klage bei dem Prozeßgericht erster Instanz geltend zu machen.

Dieselben sind nur insoweit zulässig, als die Gründe, auf denen sie beruhen, erst nach dem Schlusse derjenigen mündlichen Verhandlung, in welcher Einwendungen in Gemäßheit der Bestimmungen dieses Gesetzes spätestens hätten geltend gemacht werden müssen, entstanden sind und durch Einspruch nicht mehr geltend gemacht werden können.

Der Schuldner muß in der von ihm zu erhebenden Klage alle Einwendungen geltend machen, welche er zur Zeit der Erhebung der Klage geltend zu machen imstande war.

§ 768

Die Bestimmungen des § 767 Abs. 1, 3 finden entsprechende Anwendung, wenn in den Fällen des § 726 Abs. 1, der §§ 727 bis 729, 738, 742, 744, des § 745 Abs. 2 und des § 749 der Schuldner den bei der Erteilung der Vollstreckungsklausel als bewiesen angenommenen Eintritt der Voraussetzung für die Erteilung der Vollstreckungsklausel bestreitet, unbeschadet der Befugnis des Schuldners, in diesen Fällen Einwendungen gegen die Zulässigkeit der Vollstreckungsklausel in Gemäßheit des § 732 zu erheben.

§ 769

Das Prozeßgericht kann auf Antrag anordnen, daß bis zur Erlassung des Urteils über die in den §§ 767, 768 bezeichneten Einwendungen die Zwangsvollstreckung gegen oder ohne Sicherheitsleistung eingestellt oder nur gegen Sicherheitsleistung fortgesetzt werde und daß die erfolgten Vollstreckungsmaßregeln gegen Sicherheitsleistung aufzuheben seien. Die tatsächlichen Behauptungen, welche den Antrag begründen, sind glaubhaft zu machen.

In dringenden Fällen kann das Vollstreckungsgericht[6] eine solche Anordnung erlassen, unter Bestimmung einer Frist, innerhalb welcher die Entscheidung des Prozeßgerichts beizubringen sei. Nach fruchtlosem Ablauf der Frist wird die Zwangsvollstreckung fortgesetzt.

Die Entscheidung über diese Anträge kann ohne vorgängige mündliche Verhandlung erfolgen.

§ 770

Das Prozeßgericht kann in dem Urteil, durch welches über die Einwendungen entschieden wird, die in dem vorstehenden Paragraphen bezeichneten Anordnungen erlassen oder die bereits erlassenen Anordnungen aufheben, abändern oder bestätigen. In betreff der Anfechtung einer solchen Entscheidung finden die Vorschriften des § 718 entsprechende Anwendung.

§ 771

Behauptet ein Dritter, daß ihm an dem Gegenstande der Zwangsvollstreckung ein die Veräußerung hinderndes Recht zustehe, so ist der Widerspruch gegen die Zwangsvollstreckung im Wege der Klage bei dem Gerichte geltend zu machen, in dessen Bezirke die Zwangsvollstreckung erfolgt.

Wird die Klage gegen den Gläubiger und den Schuldner gerichtet, so sind diese als Streitgenossen anzusehen.

Auf die Einstellung der Zwangsvollstreckung und die Aufhebung der bereits erfolgten Vollstreckungsmaßregeln finden die Vorschriften der §§ 769, 770[6]

[6] Siehe Fußnote zu § 109.

entsprechende Anwendung. Die Aufhebung einer Vollstreckungsmaßregel ist auch ohne Sicherheitsleistung zulässig.

§ 772

Solange ein Veräußerungsverbot der in den §§ 135, 136 des Bürgerlichen Gesetzbuchs bezeichneten Art besteht, soll der Gegenstand, auf welchen es sich bezieht, wegen eines persönlichen Anspruchs oder auf Grund eines infolge des Verbots unwirksamen Rechtes nicht im Wege der Zwangsvollstreckung veräußert oder überwiesen werden. Auf Grund des Veräußerungsverbots kann nach Maßgabe des § 771 Widerspruch erhoben werden.

§ 773

Ein Gegenstand, der zu einer Vorerbschaft gehört, soll nicht im Wege der Zwangsvollstreckung veräußert oder überwiesen werden, wenn die Veräußerung oder die Überweisung im Falle des Eintritts der Nacherbfolge nach § 2115 des Bürgerlichen Gesetzbuchs dem Nacherben gegenüber unwirksam ist. Der Nacherbe kann nach Maßgabe des § 771 Widerspruch erheben.

§ 774

Findet nach § 741 die Zwangsvollstreckung in das eingebrachte Gut der Ehefrau oder in das Gesamtgut statt, so kann der Ehemann nach Maßgabe des § 771 Widerspruch erheben, wenn das gegen die Ehefrau ergangene Urteil in Ansehung des eingebrachten Gutes oder des Gesamtguts ihm gegenüber unwirksam ist.

§ 775

Die Zwangsvollstreckung ist einzustellen oder zu beschränken:

1. wenn die Ausfertigung einer vollstreckbaren Entscheidung vorgelegt wird, aus welcher sich ergibt, daß das zu vollstreckende Urteil oder dessen vorläufige Vollstreckbarkeit aufgehoben oder daß die Zwangsvollstreckung für unzulässig erklärt oder deren Einstellung angeordnet ist;
2. wenn die Ausfertigung einer gerichtlichen Entscheidung vorgelegt wird, aus welcher sich ergibt, daß die einstweilige Einstellung der Vollstreckung oder einer Vollstreckungsmaßregel angeordnet ist;
3. wenn eine öffentliche Urkunde vorgelegt wird, aus welcher sich ergibt, daß die zur Abwendung der Vollstreckung nachgelassene Sicherheitsleistung oder Hinterlegung erfolgt ist;
4. wenn eine öffentliche Urkunde oder eine von dem Gläubiger ausgestellte Privaturkunde vorgelegt wird, aus welcher sich ergibt, daß der Gläubiger nach Erlassung des zu vollstreckenden Urteils befriedigt ist oder Stundung bewilligt hat;
5. wenn ein Postschein vorgelegt wird, aus welchem sich ergibt, daß nach Erlassung des Urteils die zur Befriedigung des Gläubigers erforderliche Summe zur Auszahlung an den letzteren bei der Post eingezahlt ist.

§ 776

In den Fällen des § 775 Nr. 1, 3 sind zugleich die bereits erfolgten Vollstreckungsmaßregeln aufzuheben. In den Fällen der Nr. 4, 5 bleiben diese Maßregeln einstweilen bestehen; dasselbe gilt in den Fällen der Nr. 2, sofern nicht durch die betreffende Entscheidung auch die Aufhebung der bisherigen Vollstreckungshandlungen angeordnet ist.

§ 777

Hat der Gläubiger eine bewegliche Sache des Schuldners in Besitz, in Ansehung deren ihm ein Pfandrecht oder ein Zurückbehaltungsrecht für seine Forderung zusteht, so kann der Schuldner der Zwangsvollstreckung in sein übriges Vermögen nach § 766 widersprechen, soweit die Forderung durch den Wert der Sache gedeckt ist. Steht dem Gläubiger ein solches Recht in Ansehung der Sache auch für eine andere Forderung zu, so ist der Widerspruch nur zulässig, wenn auch diese Forderung durch den Wert der Sache gedeckt ist.

§ 778

Solange der Erbe die Erbschaft nicht angenommen hat, ist eine Zwangsvollstreckung wegen eines Anspruchs, der sich gegen den Nachlaß richtet, nur in den Nachlaß zulässig.

Wegen eigener Verbindlichkeiten des Erben ist eine Zwangsvollstreckung in den Nachlaß vor der Annahme der Erbschaft nicht zulässig.

§ 779

Eine Zwangsvollstreckung, welche zur Zeit des Todes des Schuldners gegen diesen bereits begonnen hatte, wird in den Nachlaß desselben fortgesetzt.

Ist bei einer Vollstreckungshandlung die Zuziehung des Schuldners nötig, so hat, wenn die Erbschaft noch nicht angenommen oder wenn der Erbe unbekannt oder es ungewiß ist, ob er die Erbschaft angenommen hat, das Vollstreckungsgericht auf Antrag des Gläubigers dem Erben einen einstweiligen besonderen Vertreter zu bestellen. Die Bestellung hat zu unterbleiben, wenn ein Nachlaßpfleger bestellt ist oder wenn die Verwaltung des Nachlasses einem Testamentsvollstrecker zusteht.

§ 780

Der als Erbe des Schuldners verurteilte Beklagte kann die Beschränkung seiner Haftung nur geltend machen, wenn sie ihm im Urteil vorbehalten ist.

Der Vorbehalt ist nicht erforderlich, wenn der Fiskus als gesetzlicher Erbe verurteilt wird oder wenn das Urteil über eine Nachlaßverbindlichkeit gegen einen Nachlaßverwalter oder einen anderen Nachlaßpfleger oder gegen einen Testamentsvollstrecker, dem die Verwaltung des Nachlasses zusteht, erlassen wird.

§ 781

Bei der Zwangsvollstreckung gegen den Erben des Schuldners bleibt die Beschränkung der Haftung unberücksichtigt, bis auf Grund derselben gegen die Zwangsvollstreckung von dem Erben Einwendungen erhoben werden.

§ 782

Der Erbe kann auf Grund der ihm nach den §§ 2014, 2015 des Bürgerlichen Gesetzbuchs zustehenden Einreden nur verlangen, daß die Zwangsvollstreckung für die Dauer der dort bestimmten Fristen auf solche Maßregeln beschränkt wird, die zur Vollziehung eines Arrestes zulässig sind. Wird vor dem Ablauf der Frist die Eröffnung des Nachlaßkonkurses beantragt, so ist auf Antrag die Beschränkung der Zwangsvollstreckung auch nach dem Ablauf der Frist aufrechtzuerhalten, bis über die Eröffnung des Konkursverfahrens rechtskräftig entschieden ist.

§ 783

In Ansehung der Nachlaßgegenstände kann der Erbe die Beschränkung der Zwangsvollstreckung nach § 782 auch gegenüber den Gläubigern verlangen, die nicht Nachlaßgläubiger sind, es sei denn, daß er für die Nachlaßverbindlichkeiten unbeschränkt haftet.

§ 784

Ist eine Nachlaßverwaltung angeordnet oder der Nachlaßkonkurs eröffnet, so kann der Erbe verlangen, daß Maßregeln der Zwangsvollstreckung, die zugunsten eines Nachlaßgläubigers in sein nicht zum Nachlaß gehörendes Vermögen erfolgt sind, aufgehoben werden, es sei denn, daß er für die Nachlaßverbindlichkeiten unbeschränkt haftet.

Im Falle der Nachlaßverwaltung steht dem Nachlaßverwalter das gleiche Recht gegenüber Maßregeln der Zwangsvollstreckung zu, die zugunsten eines anderen Gläubigers als eines Nachlaßgläubigers in den Nachlaß erfolgt sind.

§ 785

Die Erledigung der auf Grund der §§ 781 bis 784 erhobenen Einwendungen erfolgt nach den Bestimmungen der §§ 767, 769, 770

§ 786

Die Bestimmungen des § 780 Abs. 1 und der §§ 781 bis 785 finden auf die nach § 1489 des Bürgerlichen Gesetzbuchs eintretende beschränkte Haftung, die Bestimmungen des § 780 Abs. 1 und der §§ 781, 785 finden auf die nach den §§ 419, 1480, 1504, 2187 des Bürgerlichen Gesetzbuchs eintretende beschränkte Haftung entsprechende Anwendung.

§ 787

Soll durch die Zwangsvollstreckung ein Recht an einem Grundstück, das von dem bisherigen Eigentümer nach § 928 des Bürgerlichen Gesetzbuchs aufgegeben und von dem Aneignungsberechtigten noch nicht erworben worden ist, geltend gemacht werden, so hat das Vollstreckungsgericht auf Antrag einen Vertreter zu bestellen, dem bis zur Eintragung eines neuen Eigentümers die Wahrnehmung der sich aus dem Eigentum ergebenden Rechte und Verpflichtungen im Zwangsvollstreckungsverfahren obliegt.

VIII) Abs. 1 gilt entsprechend, wenn durch die Zwangsvollstreckung ein Recht an einem eingetragenen Schiff oder Schiffsbauwerk geltend gemacht werden soll, das von dem bisherigen Eigentümer nach § 7 des Gesetzes über Rechte an eingetragenen Schiffen und Schiffsbauwerken vom 15. November 1940 (Reichsgesetzbl. I S. 1499) aufgegeben und von dem Aneignungsberechtigten noch nicht erworben worden ist.

§ 788

Die Kosten der Zwangsvollstreckung fallen, soweit sie notwendig waren (§ 91), dem Schuldner zur Last; sie sind zugleich mit dem zur Zwangsvollstreckung stehenden Anspruch beizutreiben. Als Kosten der Zwangsvollstreckung gelten auch die Kosten der Ausfertigung und der Zustellung des Urteils.

Die Kosten der Zwangsvollstreckung sind dem Schuldner zu erstatten, wenn das Urteil, aus welchem dieselbe erfolgt ist, aufgehoben wird.

§ 789

Wird zum Zwecke der Vollstreckung das Einschreiten einer Behörde erforderlich, so hat das Gericht die Behörde um ihr Einschreiten zu ersuchen.

§ 790

Soll die Zwangsvollstreckung gegen einen Soldaten in Kasernen oder anderen militärischen Dienstgebäuden oder auf Kriegsfahrzeugen erfolgen, so hat auf Antrag des Gläubigers das Vollstreckungsgericht die zuständige Militärbehörde um die Zwangsvollstreckung zu ersuchen.

Die gepfändeten Gegenstände sind einem von dem Gläubiger zu beauftragenden Gerichtsvollzieher zu übergeben.

§ 791

Soll die Zwangsvollstreckung in einem ausländischen Staate erfolgen, dessen Behörden im Wege der Rechtshilfe die Urteile deutscher Gerichte vollstrecken, so hat auf Antrag des Gläubigers das Prozeßgericht erster Instanz die zuständige Behörde des Auslandes um die Zwangsvollstreckung zu ersuchen.

Kann die Vollstreckung durch einen Reichskonsul erfolgen, so ist das Ersuchen an diesen zu richten.

§ 792

Bedarf der Gläubiger zum Zwecke der Zwangsvollstreckung eines Erbscheins oder einer anderen Urkunde, die dem Schuldner auf Antrag von einer Behörde, einem Beamten oder einem Notar zu erteilen ist, so kann er die Erteilung an Stelle des Schuldners verlangen.

§ 793

Gegen Entscheidungen, welche im Zwangsvollstreckungsverfahren ohne vorgängige mündliche Verhandlung erfolgen können, findet sofortige Beschwerde statt.

(Abs. 2 weggefallen) [XV]

§ 794

Die Zwangsvollstreckung findet ferner statt:[54]

1. aus Vergleichen, welche nach Erhebung der Klage oder in einem Güteverfahren zwischen den Parteien oder zwischen einer Partei und einem Dritten zur Beilegung des Rechtsstreits seinem ganzen Umfang nach oder in betreff eines Teiles des Streitgegenstandes vor einem deutschen Gericht oder vor einer Gütestelle der im § 495a Abs. 1 Nr. 1 bezeichneten Art abgeschlossen sind, sowie aus Vergleichen, die gemäß § 118a Abs. 3 zu richterlichem Protokoll genommen sind;
2. aus Kostenfestsetzungsbeschlüssen;
3. aus Entscheidungen, gegen welche das Rechtsmittel der Beschwerde stattfindet;
4. aus Vollstreckungsbefehlen;

4a. aus den für vollstreckbar erklärten Schiedssprüchen und schiedsrichterlichen Vergleichen, sofern die Entscheidung über die Vollstreckbarkeit rechtskräftig oder für vorläufig vollstreckbar erklärt ist;

5. aus Urkunden, welche von einem deutschen Gericht oder von einem deutschen Notar innerhalb der Grenzen seiner Amtsbefugnisse in der vorgeschriebenen Form aufgenommen sind, sofern die Urkunde über einen Anspruch errichtet ist, welcher die Zahlung einer bestimmten Geldsumme oder die Leistung einer bestimmten Quantität anderer vertretbarer Sachen oder Wertpapiere zum Gegenstande hat, und der Schuldner sich in der Urkunde der sofortigen Zwangsvollstreckung unterworfen hat.[AV] Als ein Anspruch, welcher die Zahlung einer Geldsumme

[54] aus Überlassungsanordnungen laut § 33 des Demontageausgleichgesetzes vom 19. 5. 48 — GuVBlWiR. S. 43 —.

zum Gegenstande hat, gilt auch der Anspruch aus einer Hypothek, einer Grundschuld, einer Rentenschuld oder einer Schiffshypothek.[VIII])

Soweit nach den Vorschriften der §§ 737, 739, 743, des § 745 Abs. 2 und des § 748 Abs. 2 die Verurteilung eines Beteiligten zur Duldung der Zwangsvollstreckung erforderlich ist, wird sie dadurch ersetzt, daß der Beteiligte in einer nach Abs. 1 Nr. 5 aufgenommenen Urkunde die sofortige Zwangsvollstreckung in die seinem Rechte unterworfenen Gegenstände bewilligt.

§ 795

Auf die Zwangsvollstreckung aus den in dem vorstehenden Paragraphen erwähnten Schuldtiteln finden die Bestimmungen der §§ 724 bis 793 entsprechende Anwendung, soweit nicht in den §§ 795a bis 800 abweichende Vorschriften enthalten sind.

§ 795a

Die Zwangsvollstreckung aus einem Kostenfestsetzungsbeschlusse, der gemäß § 105 auf das Urteil gesetzt ist, erfolgt auf Grund einer vollstreckbaren Ausfertigung des Urteils; einer besonderen Vollstreckungsklausel für den Festsetzungsbeschluß bedarf es nicht.

§ 796

Vollstreckungsbefehle bedürfen der Vollstreckungsklausel nur, wenn die Zwangsvollstreckung für einen anderen als den in dem Befehle bezeichneten Gläubiger oder gegen einen anderen als den in dem Befehle bezeichneten Schuldner erfolgen soll.

Einwendungen, welche den Anspruch selbst betreffen, sind nur insoweit zulässig, als die Gründe, auf denen sie beruhen, nach Zustellung des Vollstreckungsbefehls entstanden sind.

Für Klagen auf Erteilung der Vollstreckungsklausel sowie für Klagen, durch welche die den Anspruch selbst betreffenden Einwendungen geltend gemacht werden oder der bei der Erteilung der Vollstreckungsklausel als bewiesen angenommene Eintritt der Voraussetzung für die Erteilung der Vollstreckungsklausel bestritten wird, ist das Amtsgericht zuständig, dessen Geschäftsstelle den Vollstreckungsbefehl erlassen hat. Gehört der Anspruch nicht vor die Amtsgerichte, so sind die Klagen bei dem zuständigen Landgerichte zu erheben.

§ 797

Die vollstreckbare Ausfertigung gerichtlicher Urkunden wird von dem Urkundsbeamten der Geschäftsstelle des Gerichts erteilt, welches die Urkunde verwahrt.

Die vollstreckbare Ausfertigung notarieller Urkunden wird von dem Notar erteilt, welcher die Urkunde verwahrt. Befindet sich die Urkunde in der Verwahrung einer Behörde, so hat diese die vollstreckbare Ausfertigung zu erteilen.

Die Entscheidung über Einwendungen, welche die Zulässigkeit der Vollstreckungsklausel betreffen, sowie die Entscheidung über Erteilung einer weiteren vollstreckbaren Ausfertigung erfolgt bei gerichtlichen Urkunden von dem im ersten Absatz bezeichneten Gerichte, bei notariellen Urkunden von dem Amtsgerichte, in dessen Bezirke der im zweiten Absatz bezeichnete Notar oder die daselbst bezeichnete Behörde den Amtssitz hat.

Auf die Geltendmachung von Einwendungen, welche den Anspruch selbst betreffen, findet die beschränkende Vorschrift des § 767 Abs. 2 keine Anwendung.

Für Klagen auf Erteilung der Vollstreckungsklausel sowie für Klagen, durch welche die den Anspruch selbst betreffenden Einwendungen geltend gemacht werden oder der bei der Erteilung der Vollstreckungsklausel als bewiesen angenommene Eintritt der Voraussetzung für die Erteilung der Vollstreckungsklausel bestritten wird, ist das Gericht, bei welchem der Schuldner im Deutschen Reiche seinen allgemeinen Gerichtsstand hat, und in Ermangelung eines solchen das Gericht zuständig, bei welchem in Gemäßheit des § 23 gegen den Schuldner Klage erhoben werden kann.

§ 797a

Bei Vergleichen, die vor Gütestellen der im § 495a Abs. 1 Nr. 1 bezeichneten Art geschlossen sind, wird die Vollstreckungsklausel von dem Urkundsbeamten der Geschäftsstelle desjenigen Amtsgerichts erteilt, in dessen Bezirk die Gütestelle ihren Sitz hat.

Über Einwendungen, welche die Zulässigkeit der Vollstreckungsklausel betreffen, entscheidet das im Abs. 1 bezeichnete Gericht.

§ 797 Abs. 5 findet entsprechende Anwendung.

Die Landesjustizverwaltung kann Vorsteher von Gütestellen ermächtigen, die Vollstreckungsklausel für Vergleiche zu erteilen, die vor der Gütestelle geschlossen sind. Die Ermächtigung erstreckt sich nicht auf diejenigen Fälle, in denen die Vollstreckungsklausel nur auf Anordnung des Vorsitzenden erteilt werden kann. Über Einwendungen, welche die Zulässigkeit der Vollstreckungsklausel betreffen, entscheidet das im Abs. 1 bezeichnete Gericht.

§ 798

Aus einem Kostenfestsetzungsbeschlusse, der nicht auf das Urteil gesetzt ist, und aus den nach

§ 794 Nr. 5 aufgenommenen Urkunden darf die Zwangsvollstreckung nur beginnen, wenn der Schuldtitel mindestens eine Woche vorher zugestellt ist.

§ 799

Hat sich der Eigentümer eines mit einer Hypothek, einer Grundschuld oder einer Rentenschuld belasteten Grundstücks in einer nach § 794 Nr. 5 aufgenommenen Urkunde der sofortigen Zwangsvollstreckung unterworfen und ist dem Rechtsnachfolger des Gläubigers eine vollstreckbare Ausfertigung erteilt, so ist die Zustellung der die Rechtsnachfolge nachweisenden öffentlichen oder öffentlich beglaubigten Urkunde nicht erforderlich, wenn der Rechtsnachfolger als Gläubiger im Grundbuch eingetragen ist.

§ 800

Der Eigentümer kann sich in einer nach § 794 Nr. 5 aufgenommenen Urkunde in Ansehung einer Hypothek, einer Grundschuld oder einer Rentenschuld der sofortigen Zwangsvollstreckung in der Weise unterwerfen, daß die Zwangsvollstreckung aus der Urkunde gegen den jeweiligen Eigentümer des Grundstücks zulässig sein soll. Die Unterwerfung bedarf in diesem Falle der Eintragung in das Grundbuch.

Bei der Zwangsvollstreckung gegen einen späteren Eigentümer, der im Grundbuch eingetragen ist, bedarf es nicht der Zustellung der den Erwerb des Eigentums nachweisenden öffentlichen oder öffentlich beglaubigten Urkunde.

Ist die sofortige Zwangsvollstreckung gegen den jeweiligen Eigentümer zulässig, so ist für die im § 797 Abs. 5 bezeichneten Klagen das Gericht zuständig, in dessen Bezirk das Grundstück belegen ist.

§ 800a VIII)

Die Vorschriften der §§ 799, 800 gelten für eingetragene Schiffe und Schiffsbauwerke, die mit einer Schiffshypothek belastet sind, entsprechend.

Ist die sofortige Zwangsvollstreckung gegen den jeweiligen Eigentümer zulässig, so ist für die im § 797 Abs. 5 bezeichneten Klagen das Gericht zuständig, in dessen Bezirk das Register für das Schiff oder das Schiffsbauwerk geführt wird.

§ 801[55]

Die Landesgesetzgebung ist nicht gehindert, auf Grund anderer als der in den §§ 704, 794 bezeichneten Schuldtitel die gerichtliche Zwangsvollstreckung zuzulassen und insoweit abweichende Vorschriften von den Bestimmungen dieses Gesetzes über die Zwangsvollstreckung zu treffen.

§ 802

Die in diesem Buche angeordneten Gerichtsstände sind ausschließliche.

Zweiter Abschnitt

Zwangsvollstreckung wegen Geldforderungen

Erster Titel

Zwangsvollstreckung in das bewegliche Vermögen

I. Allgemeine Bestimmungen

§ 803

Die Zwangsvollstreckung in das bewegliche Vermögen erfolgt durch Pfändung. Sie darf nicht weiter ausgedehnt werden, als zur Befriedigung des

[55] Verordnung über die Vollstreckung landesrechtlicher Schuldtitel vom 15. 4. 37 — RGBl. I S. 466 — abgedr. unter XII C —.

Gläubigers und zur Deckung der Kosten der Zwangsvollstreckung erforderlich ist.

Die Pfändung hat zu unterbleiben, wenn sich von der Verwertung der zu pfändenden Gegenstände ein Überschuß über die Kosten der Zwangsvollstreckung nicht erwarten läßt.

§ 804

Durch die Pfändung erwirbt der Gläubiger ein Pfandrecht an dem gepfändeten Gegenstande.

Das Pfandrecht gewährt dem Gläubiger im Verhältnis zu anderen Gläubigern dieselben Rechte wie ein durch Vertrag erworbenes Faustpfandrecht; es geht Pfand- und Vorzugsrechten vor, welche für den Fall eines Konkurses den Faustpfandrechten nicht gleichgestellt sind.

Das durch eine frühere Pfändung begründete Pfandrecht geht demjenigen vor, welches durch eine spätere Pfändung begründet wird.

§ 805

Der Pfändung einer Sache kann ein Dritter, welcher sich nicht im Besitze der Sache befindet, auf Grund eines Pfand- oder Vorzugsrechts nicht widersprechen; er kann jedoch seinen Anspruch auf vorzugsweise Befriedigung aus dem Erlöse im Wege der Klage geltend machen, ohne Rücksicht darauf, ob seine Forderung fällig ist oder nicht.

Die Klage ist bei dem Vollstreckungsgericht und, wenn der Streitgegenstand zur Zuständigkeit der Amtsgerichte nicht gehört, bei dem Landgerichte zu erheben, in dessen Bezirke das Vollstreckungsgericht seinen Sitz hat.

Wird die Klage gegen den Gläubiger und den Schuldner gerichtet, so sind diese als Streitgenossen anzusehen.

Wird der Anspruch glaubhaft gemacht, so hat das Gericht[6] die Hinterlegung des Erlöses anzuordnen. Die Vorschriften der §§ 769, 770 finden hierbei entsprechende Anwendung.

§ 806

Wird ein Gegenstand auf Grund der Pfändung veräußert, so steht dem Erwerber wegen eines Mangels im Rechte oder wegen eines Mangels der veräußerten Sache ein Anspruch auf Gewährleistung nicht zu.

§ 807[56]

Hat die Pfändung zu einer vollständigen Befriedigung des Gläubigers nicht geführt oder macht dieser glaubhaft, daß er durch Pfändung seine Befriedigung nicht vollständig erlangen könne, so ist der Schuldner auf Antrag verpflichtet, ein Verzeichnis seines Vermögens vorzulegen, in betreff seiner Forderungen den Grund und die Beweismittel zu bezeichnen sowie den Offenbarungseid dahin zu leisten:

> daß er nach bestem Wissen sein Vermögen so vollständig angegeben habe, als er dazu imstande sei.

---

[6] Siehe Fußnote zu § 109.

[56] hierzu § 19d der Verordnung über Maßnahmen auf dem Gebiet der Zwangsvollstreckung vom 26. 5. 33 — RGBl. I S. 308 — i. d. F. des Ges. vom 24. 10. 34 — RGBl. I S. 1070 — abgedr. unter XII Ab —, ferner Verordnung zur Ergänzung der Vorschriften über das Offenbarungseidsverfahren vom 11. 5. 38 — RGBl. I S. 520 — abgedr. unter XII A e —.

II. Zwangsvollstreckung in körperliche Sachen

§ 808 AV

Die Pfändung der im Gewahrsam des Schuldners befindlichen körperlichen Sachen wird dadurch bewirkt, daß der Gerichtsvollzieher dieselben in Besitz nimmt.

Andere Sachen als Geld, Kostbarkeiten und Wertpapiere sind im Gewahrsam des Schuldners zu belassen, sofern nicht hierdurch die Befriedigung des Gläubigers gefährdet wird. Werden die Sachen im Gewahrsam des Schuldners belassen, so ist die Wirksamkeit der Pfändung dadurch bedingt, daß durch Anlegung von Siegeln oder auf sonstige Weise die Pfändung ersichtlich gemacht ist.

Der Gerichtsvollzieher hat den Schuldner von der geschehenen Pfändung in Kenntnis zu setzen.

§ 809

Die vorstehenden Bestimmungen finden entsprechende Anwendung auf die Pfändung von Sachen, welche sich im Gewahrsam des Gläubigers oder eines zur Herausgabe bereiten Dritten befinden.

§ 810

Früchte, die von dem Boden noch nicht getrennt sind, können gepfändet werden, solange nicht ihre Beschlagnahme im Wege der Zwangsvollstreckung in das unbewegliche Vermögen erfolgt ist. Die Pfändung darf nicht früher als einen Monat vor der gewöhnlichen Zeit der Reife erfolgen.

Ein Gläubiger, der ein Recht auf Befriedigung aus dem Grundstück hat, kann der Pfändung nach

Maßgabe des § 771 widersprechen, sofern nicht die Pfändung für einen im Falle der Zwangsvollstreckung in das Grundstück vorgehenden Anspruch erfolgt ist.

§ 811

Folgende Sachen sind der Pfändung nicht unterworfen:

1. [11] die dem persönlichen Gebrauch oder dem Haushalt dienenden Sachen, insbesondere Kleidungsstücke, Wäsche, Betten, Haus- und Küchengerät, soweit der Schuldner ihrer zu einer angemessenen, bescheidenen Lebens- und Haushaltsführung bedarf;
2. [57] die für den Schuldner, seine Familie und sein Gesinde auf vier Wochen erforderlichen Nahrungs-, Feuerungs- und Beleuchtungsmittel oder, soweit solche Vorräte auf zwei Wochen nicht vorhanden und ihre Beschaffung für diesen Zeitraum auf anderem Wege nicht gesichert ist, der zur Beschaffung erforderliche Geldbetrag;
3. [57,58] eine Milchkuh oder nach der Wahl des Schuldners statt einer solchen zwei Ziegen oder zwei Schafe nebst den zum Unterhalt und zur Streu für dieselben auf vier Wochen erforderlichen Futter- und Streuvorräten oder, soweit

[57] Art. I der Notverordnung zur Ergänzung der Vorschriften über die Zwangsvollstreckung bei landwirtschaftlichen Betrieben und über das Sicherungsverfahren vom 19. 2. 32 — RGBl. I S. 71 — abgedr. unter XII A c —.

[58] weitergehender Schutz bei Schweinen: Verordnung zur Ergänzung der Vorschriften über den Pfändungsschutz bei der Fahrnisvollstreckung vom 17. 7. 39 — RGBl. I S. 1313 — abgedr. unter XII A d —.

solche Vorräte auf zwei Wochen nicht vorhanden, dem zur Beschaffung erforderlichen Geldbetrage, wenn die bezeichneten Tiere für die Ernährung des Schuldners, seiner Familie und seines Gesindes unentbehrlich sind;

4. bei Personen, welche Landwirtschaft betreiben, das zum Wirtschaftsbetrieb erforderliche Gerät und Vieh nebst dem nötigen Dünger sowie die landwirtschaftlichen Erzeugnisse, soweit sie zur Fortführung der Wirtschaft bis zu der Zeit erforderlich sind, zu welcher gleiche oder ähnliche Erzeugnisse voraussichtlich gewonnen werden;

5.[II]) bei Personen, die aus ihrer körperlichen oder geistigen Arbeit oder sonstigen persönlichen Leistungen ihren Erwerb ziehen, die zur Fortsetzung dieser Erwerbstätigkeit erforderlichen Gegenstände;

6.[II]) bei den Witwen und minderjährigen Erben der unter Nr. 5 bezeichneten Personen, wenn sie die Erwerbstätigkeit für ihre Rechnung durch einen Stellvertreter fortführen, die zur Fortführung dieser Erwerbstätigkeit erforderlichen Gegenstände;

7.[II]) Uniformen und sonstige Dienstkleidungsstücke sowie Dienstausrüstungsgegenstände, soweit sie zum Gebrauch des Schuldners bestimmt sind, sowie bei Beamten, Geistlichen, Rechtsanwälten, Notaren, Ärzten und Hebammen die zur Ausübung des Berufes erforderlichen Gegenstände einschließlich angemessener Kleidung;

8.[II]) bei Personen, die wiederkehrende Einkünfte der in *den §§ 850 bis 850b, 850f bis 850h*[59] be-

---

[59] jetzt: §§ 1—4 der LohnpfändungsVO. — abgedr. unter XII Ba —.

zeichneten Art beziehen, ein Geldbetrag, der dem der Pfändung nicht unterworfenen Teil der Einkünfte für die Zeit von der Pfändung bis zu dem nächsten Zahlungstermin entspricht;

9. die zum Betrieb einer Apotheke unentbehrlichen Geräte, Gefäße und Waren;
10. die Bücher, welche zum Gebrauche des Schuldners und seiner Familie in der Kirche oder Schule oder einer sonstigen Unterrichtsanstalt oder bei der häuslichen Arbeit bestimmt sind;
11. die in Gebrauch genommenen Haushaltungs- und Geschäftsbücher, die Familienpapiere sowie die Trauringe, Orden und Ehrenzeichen;
12. künstliche Gliedmaßen, Brillen und andere wegen körperlicher Gebrechen notwendige Hilfsmittel, soweit diese Gegenstände zum Gebrauche des Schuldners und seiner Familie bestimmt sind;
13. die zur unmittelbaren Verwendung für die Bestattung bestimmten Gegenstände.

§ 812

Gegenstände, welche zum gewöhnlichen Hausrat gehören und im Haushalt des Schuldners gebraucht werden, sollen nicht gepfändet werden, wenn ohne weiteres ersichtlich ist, daß durch deren Verwertung nur ein Erlös erzielt werden würde, welcher zu dem Werte außer allem Verhältnis steht.

§ 813

Zur Pfändung von Früchten, die von dem Boden noch nicht getrennt sind, und zur Pfändung von Gegenständen der im § 811 Nr. 4 bezeichneten Art bei Personen, welche Landwirtschaft betreiben, soll ein landwirtschaftlicher Sachverständiger zugezogen werden, sofern anzunehmen ist, daß der Wert der zu pfändenden Gegenstände den Betrag von eintausend Reichsmark[5] übersteigt.

Inwieweit bei einem geringeren Werte ein Sachverständiger zugezogen werden soll, bestimmt die Landesjustizverwaltung.

§ 814[AV]

Die gepfändeten Sachen sind von dem Gerichtsvollzieher öffentlich zu versteigern, Kostbarkeiten sind vor der Versteigerung durch einen Sachverständigen abzuschätzen.[60, 61, 62]

§ 815

Gepfändetes Geld ist dem Gläubiger abzuliefern.

Wird dem Gerichtsvollzieher glaubhaft gemacht, daß an gepfändetem Gelde ein die Veräußerung hinderndes Recht eines Dritten bestehe, so ist das Geld zu hinterlegen. Die Zwangsvollstreckung ist fortzusetzen, wenn nicht binnen einer Frist von zwei Wochen seit dem Tage der Pfändung eine Entscheidung des nach § 771 Abs. 1 zuständigen Gerichts über die Einstellung der Zwangsvollstreckung beigebracht wird.

---

[5] Siehe Fußnote zu § 97.

[60] Bekanntmachung über das Mindestgebot bei der Versteigerung gepfändeter Sachen vom 8. 10. 14 — RGBl. S. 427 — abgedr. unter XII A a —.

[61] §§ 18, 19a der Verordnung über Maßnahmen auf dem Gebiete der Zwangsvollstreckung vom 26. 5. 33 — RGBl. I S. 302 — i. d. F. des Ges. vom 24. 10. 34 — RGBl. I S. 1070 — abgedr. unter XII A b —.

[62] Verordnung über die Wirkungen der Beschlagnahme zur Regelung des Warenverkehrs vom 4. 3. 40 — RGBl. I S. 551 — abgedr. unter XII A g —.

Die Wegnahme des Geldes durch den Gerichtsvollzieher gilt als Zahlung von seiten des Schuldners, sofern nicht nach Abs. 2 oder nach § 720 die Hinterlegung zu erfolgen hat.

§ 816

Die Versteigerung der gepfändeten Sachen darf nicht vor Ablauf einer Woche seit dem Tage der Pfändung geschehen, sofern nicht der Gläubiger und der Schuldner über eine frühere Versteigerung sich einigen oder dieselbe erforderlich ist, um die Gefahr einer beträchtlichen Wertverringerung der zu versteigernden Sache abzuwenden oder um unverhältnismäßige Kosten einer längeren Aufbewahrung zu vermeiden.

Die Versteigerung erfolgt in der Gemeinde, in welcher die Pfändung geschehen ist, sofern nicht der Gläubiger und der Schuldner über einen anderen Ort sich einigen.

Zeit und Ort der Versteigerung sind unter allgemeiner Bezeichnung der zu versteigernden Sachen öffentlich bekanntzumachen.

Bei der Versteigerung finden die Vorschriften des § 1239 Abs. 1 Satz 1, Abs. 2 des Bürgerlichen Gesetzbuchs entsprechende Anwendung.

§ 817

Dem Zuschlag an den Meistbietenden soll ein dreimaliger Aufruf vorausgehen; die Vorschriften des § 156 des Bürgerlichen Gesetzbuchs finden Anwendung.

Die Ablieferung einer zugeschlagenen Sache darf nur gegen bare Zahlung geschehen.

Hat der Meistbietende nicht zu der in den Versteigerungsbedingungen bestimmten Zeit oder in

Ermangelung einer solchen Bestimmung nicht vor dem Schlusse des Versteigerungstermines die Ablieferung gegen Zahlung des Kaufgeldes verlangt, so wird die Sache anderweit versteigert. Der Meistbietende wird zu einem weiteren Gebote nicht zugelassen; er haftet für den Ausfall, auf den Mehrerlös hat er keinen Anspruch.

Wird der Zuschlag dem Gläubiger erteilt, so ist dieser von der Verpflichtung zur baren Zahlung so weit befreit, als der Erlös nach Abzug der Kosten der Zwangsvollstreckung zu seiner Befriedigung zu verwenden ist, sofern nicht dem Schuldner nachgelassen ist, durch Sicherheitsleistung oder durch Hinterlegung die Vollstreckung abzuwenden. Soweit der Gläubiger von der Verpflichtung zur baren Zahlung befreit ist, gilt der Betrag als von dem Schuldner an den Gläubiger gezahlt.

§ 818

Die Versteigerung wird eingestellt, sobald der Erlös zur Befriedigung des Gläubigers und zur Deckung der Kosten der Zwangsvollstreckung hinreicht.

§ 819

Die Empfangnahme des Erlöses durch den Gerichtsvollzieher gilt als Zahlung von seiten des Schuldners, sofern nicht dem Schuldner nachgelassen ist, durch Sicherheitsleistung oder durch Hinterlegung die Vollstreckung abzuwenden.

§ 820

Gold- und Silbersachen dürfen nicht unter ihrem Gold- oder Silberwerte zugeschlagen werden. Wird ein den Zuschlag gestattendes Gebot nicht abgegeben, so kann der Gerichtsvollzieher den Verkauf aus freier Hand zu dem Preise bewirken, welcher den Gold- oder Silberwert erreicht.

§ 821

Gepfändete Wertpapiere sind, wenn sie einen Börsen- oder Marktpreis haben, von dem Gerichtsvollzieher aus freier Hand zum Tageskurse zu verkaufen und, wenn sie einen solchen Preis nicht haben, nach den allgemeinen Bestimmungen zu versteigern[60].

§ 822

Lautet ein Wertpapier auf Namen, so kann der Gerichtsvollzieher durch das Vollstreckungsgericht ermächtigt werden, die Umschreibung auf den Namen des Käufers zu erwirken und die hierzu erforderlichen Erklärungen an Stelle des Schuldners abzugeben.

§ 823

Ist ein Inhaberpapier durch Einschreibung auf den Namen oder in anderer Weise außer Kurs gesetzt, so kann der Gerichtsvollzieher durch das Vollstreckungsgericht ermächtigt werden, die Wiederinkurssetzung zu erwirken und die hierzu erforderlichen Erklärungen an Stelle des Schuldners abzugeben.

§ 824

Die Versteigerung gepfändeter, von dem Boden noch nicht getrennter Früchte ist erst nach der Reife zulässig. Sie kann vor oder nach der Trennung der Früchte erfolgen; im letzteren Falle hat der Gerichtsvollzieher die Aberntung bewirken zu lassen.

---

[60] Siehe Fußnote zu § 814.

§ 825

Auf Antrag des Gläubigers oder des Schuldners kann das Vollstreckungsgericht anordnen, daß die Verwertung einer gepfändeten Sache in anderer Weise oder an einem anderen Orte, als in den vorstehenden Paragraphen bestimmt ist, stattzufinden habe oder daß die Versteigerung durch eine andere Person als den Gerichtsvollzieher vorzunehmen sei.

§ 826

Zur Pfändung bereits gepfändeter Sachen genügt die in das Protokoll aufzunehmende Erklärung des Gerichtsvollziehers, daß er die Sachen für seinen Auftraggeber pfände.

Ist die erste Pfändung durch einen anderen Gerichtsvollzieher bewirkt, so ist diesem eine Abschrift des Protokolls zuzustellen.

Der Schuldner ist von den weiteren Pfändungen in Kenntnis zu setzen.

§ 827

Auf den Gerichtsvollzieher, von welchem die erste Pfändung bewirkt ist, geht der Auftrag des zweiten Gläubigers kraft Gesetzes über, sofern nicht das Vollstreckungsgericht auf Antrag eines beteiligten Gläubigers oder des Schuldners anordnet, daß die Verrichtungen jenes Gerichtsvollziehers von einem anderen zu übernehmen seien. Die Versteigerung erfolgt für alle beteiligten Gläubiger.

Ist der Erlös zur Deckung der Forderungen nicht ausreichend und verlangt der Gläubiger, für welchen die zweite oder eine spätere Pfändung erfolgt ist, ohne Zustimmung der übrigen beteiligten Gläubiger eine andere Verteilung als nach der Reihenfolge der Pfändungen, so hat der Gerichtsvollzieher die Sachlage unter Hinterlegung des Erlöses dem Vollstreckungsgericht anzuzeigen. Dieser Anzeige sind die auf das Verfahren sich beziehenden Schriftstücke beizufügen.

In gleicher Weise ist zu verfahren, wenn die Pfändung für mehrere Gläubiger gleichzeitig bewirkt ist.

III. Zwangsvollstreckung in Forderungen und andere Vermögensrechte

§ 828

Die gerichtlichen Handlungen, welche die Zwangsvollstreckung in Forderungen und andere Vermögensrechte zum Gegenstande haben, erfolgen durch das Vollstreckungsgericht.[6]

Als Vollstreckungsgericht ist das Amtsgericht, bei welchem der Schuldner im Deutschen Reiche seinen allgemeinen Gerichtsstand hat, und in Ermangelung eines solchen das Amtsgericht zuständig, bei welchem in Gemäßheit des § 23 gegen den Schuldner Klage erhoben werden kann.

§ 829

Soll eine Geldforderung gepfändet werden, so hat das Gericht dem Drittschuldner zu verbieten, an den Schuldner zu zahlen. Zugleich hat das Gericht an den Schuldner das Gebot zu erlassen, sich jeder Verfügung über die Forderung, insbesondere der Einziehung derselben, zu enthalten.

Der Gläubiger hat den Beschluß dem Drittschuldner zustellen zu lassen. Der Gerichtsvollzieher hat den Beschluß mit der Abschrift der Zustellungsurkunde dem Schuldner sofort zu-

[6] Siehe Fußnote zu § 109.

zustellen, sofern nicht eine öffentliche Zustellung erforderlich wird. Ist die Zustellung an den Drittschuldner auf unmittelbares Ersuchen der Geschäftsstelle durch die Post erfolgt, so hat die Geschäftsstelle für die Zustellung an den Schuldner in gleicher Weise Sorge zu tragen. An Stelle einer an den Schuldner im Ausland zu bewirkenden Zustellung erfolgt die Zustellung durch Aufgabe zur Post.

Mit der Zustellung des Beschlusses an den Drittschuldner ist die Pfändung als bewirkt anzusehen.

§ 830

Zur Pfändung einer Forderung, für welche eine Hypothek besteht, ist außer dem Pfändungsbeschlusse die Übergabe des Hypothekenbriefs an den Gläubiger erforderlich. Wird die Übergabe im Wege der Zwangsvollstreckung erwirkt, so gilt sie als erfolgt, wenn der Gerichtsvollzieher den Brief zum Zwecke der Ablieferung an den Gläubiger wegnimmt. Ist die Erteilung des Hypothekenbriefs ausgeschlossen, so ist die Eintragung der Pfändung in das Grundbuch erforderlich; die Eintragung erfolgt auf Grund des Pfändungsbeschlusses.

Wird der Pfändungsbeschluß vor der Übergabe des Hypothekenbriefs oder der Eintragung der Pfändung dem Drittschuldner zugestellt, so gilt die Pfändung diesem gegenüber mit der Zustellung als bewirkt.

Diese Vorschriften finden keine Anwendung, soweit es sich um die Pfändung der Ansprüche auf die im § 1159 des Bürgerlichen Gesetzbuchs bezeichneten Leistungen handelt. Das gleiche gilt bei einer Sicherungshypothek im Falle des § 1187 des Bürgerlichen Gesetzbuchs von der Pfändung der Hauptforderung.

§ 830a VIII)

Zur Pfändung einer Forderung, für die eine Schiffshypothek besteht, ist die Eintragung der Pfändung in das Schiffsregister oder in das Schiffsbauregister erforderlich; die Eintragung erfolgt auf Grund des Pfändungsbeschlusses.

Wird der Pfändungsbeschluß vor der Eintragung der Pfändung dem Drittschuldner zugestellt, so gilt die Pfändung diesem gegenüber mit der Zustellung als bewirkt.

Diese Vorschriften sind nicht anzuwenden, soweit es sich um die Pfändung der Ansprüche auf die im § 53 des Gesetzes über Rechte an eingetragenen Schiffen und Schiffsbauwerken vom 15. November 1940 (Reichsgesetzbl. I S. 1499) bezeichneten Leistungen handelt. Das gleiche gilt, wenn bei einer Schiffshypothek für eine Forderung aus einer Schuldverschreibung auf den Inhaber, aus einem Wechsel oder aus einem anderen durch Indossament übertragbaren Papier die Hauptforderung gepfändet wird.

§ 831

Die Pfändung von Forderungen aus Wechseln und anderen Papieren, welche durch Indossament übertragen werden können, wird dadurch bewirkt, daß der Gerichtsvollzieher diese Papiere in Besitz nimmt.

§ 832

Das Pfandrecht, welches durch die Pfändung einer Gehaltsforderung oder einer ähnlichen in fortlaufenden Bezügen bestehenden Forderung erworben wird, erstreckt sich auch auf die nach der Pfändung fällig werdenden Beträge.

§ 833

Durch die Pfändung eines Diensteinkommens wird auch dasjenige Einkommen betroffen, welches der Schuldner infolge der Versetzung in ein anderes Amt, der Übertragung eines neuen Amtes oder einer Gehaltserhöhung zu beziehen hat.

Diese Bestimmung findet auf den Fall der Änderung des Dienstherrn keine Anwendung.

§ 834

Vor der Pfändung ist der Schuldner über das Pfändungsgesuch nicht zu hören.

§ 835

Die gepfändete Geldforderung ist dem Gläubiger nach seiner Wahl zur Einziehung oder an Zahlungs Statt zum Nennwert zu überweisen.

Im letzteren Falle geht die Forderung auf den Gläubiger mit der Wirkung über, daß derselbe, soweit die Forderung besteht, wegen seiner Forderung an den Schuldner als befriedigt anzusehen ist.

Die Bestimmungen des § 829 Abs. 2, 3 finden auf die Überweisung entsprechende Anwendung.

§ 836

Die Überweisung ersetzt die förmlichen Erklärungen des Schuldners, von welchen nach den Vorschriften des bürgerlichen Rechtes die Berechtigung zur Einziehung der Forderung abhängig ist.

Der Überweisungsbeschluß gilt, auch wenn er mit Unrecht erlassen ist, zugunsten des Drittschuldners dem Schuldner gegenüber so lange als rechtsbeständig, bis er aufgehoben wird und die Aufhebung zur Kenntnis des Drittschuldners gelangt.

Der Schuldner ist verpflichtet, dem Gläubiger die zur Geltendmachung der Forderung nötige Auskunft zu erteilen und ihm die über die Forderung vorhandenen Urkunden herauszugeben. Die Herausgabe kann von dem Gläubiger im Wege der Zwangsvollstreckung erwirkt werden.

§ 837

Zur Überweisung einer gepfändeten Forderung, für welche die Hypothek besteht, genügt die Aushändigung des Überweisungsbeschlusses an den Gläubiger. Ist die Erteilung des Hypothekenbriefs ausgeschlossen, so ist zur Überweisung an Zahlungs Statt die Eintragung der Überweisung in das Grundbuch erforderlich; die Eintragung erfolgt auf Grund des Überweisungsbeschlusses.

Diese Vorschriften finden keine Anwendung, soweit es sich um die Überweisung der Ansprüche auf die im § 1159 des Bürgerlichen Gesetzbuchs bezeichneten Leistungen handelt. Das gleiche gilt bei einer Sicherungshypothek im Falle des § 1187 des Bürgerlichen Gesetzbuchs von der Überweisung der Hauptforderung.

Bei einer Sicherungshypothek der im § 1190 des Bürgerlichen Gesetzbuchs bezeichneten Art kann die Hauptforderung nach den allgemeinen Vorschriften gepfändet und überwiesen werden, wenn der Gläubiger die Überweisung der Forderung ohne die Hypothek an Zahlungs Statt beantragt.

§ 837a [VIII)]

Zur Überweisung einer gepfändeten Forderung, für die eine Schiffshypothek besteht, genügt, wenn die Forderung zur Einziehung überwiesen wird, die Aushändigung des Überweisungsbeschlusses an den

Gläubiger. Zur Überweisung an Zahlungs Statt ist die Eintragung der Überweisung in das Schiffsregister oder in das Schiffsbauregister erforderlich; die Eintragung erfolgt auf Grund des Überweisungsbeschlusses.

Diese Vorschriften sind nicht anzuwenden, soweit es sich um die Überweisung der Ansprüche auf die im § 53 des Gesetzes über Rechte an eingetragenen Schiffen und Schiffsbauwerken vom 15. November 1940 (Reichsgesetzbl. I S. 1499) bezeichneten Leistungen handelt. Das gleiche gilt, wenn bei einer Schiffshypothek für eine Forderung aus einer Schuldverschreibung auf den Inhaber, aus einem Wechsel oder aus einem anderen durch Indossament übertragbaren Papier die Hauptforderung überwiesen wird.

Bei einer Schiffshypothek für einen Höchstbetrag (§ 75 des im Abs. 2 genannten Gesetzes) gilt § 837 Abs. 3 entsprechend.

§ 838

Wird eine durch ein Pfandrecht an einer beweglichen Sache gesicherte Forderung überwiesen, so kann der Schuldner die Herausgabe des Pfandes an den Gläubiger verweigern, bis ihm Sicherheit für die Haftung geleistet wird, die für ihn aus einer Verletzung der dem Gläubiger dem Verpfänder gegenüber obliegenden Verpflichtungen entstehen kann.

§ 839

Ist in Gemäßheit des § 713 Abs. 2 dem Schuldner nachgelassen, durch Sicherheitsleistung oder durch Hinterlegung die Vollstreckung anzuwenden, so findet die Überweisung gepfändeter Geldforderungen nur zur Einziehung und nur mit der Wirkung statt, daß der Drittschuldner den Schuldbetrag hinterlege.

§ 840

Auf Verlangen des Gläubigers hat der Drittschuldner binnen zwei Wochen, von der Zustellung des Pfändungsbeschlusses an gerechnet, dem Gläubiger zu erklären:

1. ob und inwieweit er die Forderung als begründet anerkenne und Zahlung zu leisten bereit sei;
2. ob und welche Ansprüche andere Personen an die Forderung machen;
3. ob und wegen welcher Ansprüche die Forderung bereits für andere Gläubiger gepfändet sei.

Die Aufforderung zur Abgabe dieser Erklärungen muß in die Zustellungsurkunde aufgenommen werden. Der Drittschuldner haftet dem Gläubiger für den aus der Nichterfüllung seiner Verpflichtung entstehenden Schaden.

Die Erklärungen des Drittschuldners können bei Zustellung des Pfändungsbeschlusses oder innerhalb der im ersten Absatz bestimmten Frist an den Gerichtsvollzieher erfolgen. Im ersteren Falle sind dieselben in die Zustellungsurkunde aufzunehmen und von dem Drittschuldner zu unterschreiben.

§ 841

Der Gläubiger, welcher die Forderung einklagt, ist verpflichtet, dem Schuldner gerichtlich den Streit zu verkünden, sofern nicht eine Zustellung im Ausland oder eine öffentliche Zustellung erforderlich wird.

§ 842

Der Gläubiger, welcher die Beitreibung einer ihm zur Einziehung überwiesenen Forderung verzögert, haftet dem Schuldner für den daraus entstehenden Schaden.

§ 843

Der Gläubiger kann auf die durch Pfändung und Überweisung zur Einziehung erworbenen Rechte unbeschadet seines Anspruchs verzichten. Die Verzichtleistung erfolgt durch eine dem Schuldner zuzustellende Erklärung. Die Erklärung ist auch dem Drittschuldner zuzustellen.

§ 844

Ist die gepfändete Forderung eine bedingte oder eine betagte oder ist ihre Einziehung wegen der Abhängigkeit von einer Gegenleistung oder aus anderen Gründen mit Schwierigkeiten verbunden, so kann das Gericht auf Antrag an Stelle der Überweisung eine andere Art der Verwertung anordnen.

Vor dem Beschlusse, durch welchen dem Antrag stattgegeben wird, ist der Gegner zu hören, sofern nicht eine Zustellung im Ausland oder eine öffentliche Zustellung erforderlich wird.

§ 845 [XV)]

Schon vor der Pfändung kann der Gläubiger auf Grund eines vollstreckbaren Schuldtitels durch den Gerichtsvollzieher dem Drittschuldner und dem Schuldner die Benachrichtigung, daß die Pfändung bevorstehe, zustellen lassen mit der Aufforderung an den Drittschuldner, nicht an den Schuldner zu zahlen, und mit der Aufforderung an den Schuldner, sich jeder Verfügung über die Forderung, insbesondere der Einziehung derselben, zu enthalten. Der vorherigen Erteilung einer vollstreckbaren Ausfertigung und der Zustellung des Schuldtitels bedarf es nicht.

Die Benachrichtigung an den Drittschuldner hat die Wirkung eines Arrestes (§ 930), sofern die

Pfändung der Forderung innerhalb drei Wochen bewirkt wird. Die Frist beginnt mit dem Tage, an welchem die Benachrichtigung zugestellt ist.

§ 846

Die Zwangsvollstreckung in Ansprüche, welche die Herausgabe oder Leistung körperlicher Sachen zum Gegenstande haben, erfolgt nach den Vorschriften der §§ 829 bis 845 unter Berücksichtigung der nachfolgenden Bestimmungen.

§ 847

Bei der Pfändung eines Anspruchs, welcher eine bewegliche körperliche Sache betrifft, ist anzuordnen, daß die Sache an einen vom Gläubiger zu beauftragenden Gerichtsvollzieher herauszugeben sei.

Auf die Verwertung der Sache finden die Vorschriften über die Verwertung gepfändeter Sachen Anwendung.

§ 847a VIII)

Bei der Pfändung eines Anspruchs, der ein eingetragenes Schiff betrifft, ist anzuordnen, daß das Schiff an einen vom Vollstreckungsgericht zu bestellenden Treuhänder herauszugeben ist.

Ist der Anspruch auf Übertragung des Eigentums gerichtet, so vertritt der Treuhänder den Schuldner bei der Übertragung des Eigentums. Mit dem Übergang des Eigentums auf den Schuldner erlangt der Gläubiger eine Schiffshypothek für seine Forderung. Der Treuhänder hat die Eintragung der Schiffshypothek in das Schiffsregister zu bewilligen.

Die Zwangsvollstreckung in das Schiff wird nach den für die Zwangsvollstreckung in unbewegliche Sachen geltenden Vorschriften bewirkt.

Die vorstehenden Vorschriften gelten entsprechend, wenn der Anspruch ein Schiffsbauwerk betrifft, das im Schiffsbauregister eingetragen ist oder in dieses Register eingetragen werden kann.

§ 848

Bei Pfändung eines Anspruchs, welcher eine unbewegliche Sache betrifft, ist anzuordnen, daß die Sache an einen auf Antrag des Gläubigers vom Amtsgerichte[6] der belegenen Sache zu bestellenden Sequester herauszugeben sei.

Ist der Anspruch auf Übertragung des Eigentums gerichtet, so hat die Auflassung an den Sequester als Vertreter des Schuldners zu erfolgen. Mit dem Übergange des Eigentums auf den Schuldner erlangt der Gläubiger eine Sicherungshypothek für seine Forderung. Der Sequester hat die Eintragung der Sicherungshypothek zu bewilligen.

Die Zwangsvollstreckung in die herausgegebene Sache wird nach den für die Zwangsvollstreckung in unbewegliche Sachen geltenden Vorschriften bewirkt.

§ 849

Eine Überweisung der im § 846 bezeichneten Ansprüche an Zahlungs Statt ist unzulässig.

§ 850[VII])

Das in Geld zahlbare Einkommen der Beamten, Angestellten und Arbeiter aus Dienst- oder Arbeitsverhältnissen sowie ähnliche Bezüge unterliegen der Pfändung nur in dem durch die Verordnung zur einheitlichen Regelung des Pfändungsschutzes für Arbeitseinkommen vom 30. Oktober 1940 (Reichsgesetzbl. I S. 1451)[63] festgesetzten Umfange.

---

[6] Siehe Fußnote zu § 109.

[63] — abgedr. unter XII B a —.

§§ 850a—850h

(weggefallen) [VII])

§ 851

Eine Forderung ist in Ermangelung besonderer Vorschriften der Pfändung nur insoweit unterworfen, als sie übertragbar ist.

Eine nach § 399 des Bürgerlichen Gesetzbuchs nicht übertragbare Forderung kann insoweit gepfändet und zur Einziehung überwiesen werden, als der geschuldete Gegenstand der Pfändung unterworfen ist.

§ 852

Der Pflichtteilsanspruch ist der Pfändung nur unterworfen, wenn er durch Vertrag anerkannt oder rechtshängig geworden ist.

Das gleiche gilt für den nach § 528 des Bürgerlichen Gesetzbuchs dem Schenker zustehenden Anspruch auf Herausgabe des Geschenkes.

§ 853

Ist eine Geldforderung für mehrere Gläubiger gepfändet, so ist der Drittschuldner berechtigt und auf Verlangen eines Gläubigers, welchem die Forderung überwiesen wurde, verpflichtet, unter Anzeige der Sachlage und unter Aushändigung der ihm zugestellten Beschlüsse an das Amtsgericht, dessen Beschluß ihm zuerst zugestellt ist, den Schuldbetrag zu hinterlegen.

§ 854

Ist ein Anspruch, welcher eine bewegliche körperliche Sache betrifft, für mehrere Gläubiger gepfändet, so ist der Drittschuldner berechtigt und auf

Verlangen eines Gläubigers, welchem der Anspruch überwiesen wurde, verpflichtet, die Sache unter Anzeige der Sachlage und unter Aushändigung der ihm zugestellten Beschlüsse dem Gerichtsvollzieher herauszugeben, welcher nach dem ihm zuerst zugestellten Beschlusse zur Empfangnahme der Sache ermächtigt ist. Hat der Gläubiger einen solchen Gerichtsvollzieher nicht bezeichnet, so erfolgt dessen Ernennung auf Antrag des Drittschuldners von dem Amtsgerichte[6] des Ortes, wo die Sache herauszugeben ist.

Ist der Erlös zur Deckung der Forderungen nicht ausreichend und verlangt der Gläubiger, für welchen die zweite oder eine spätere Pfändung erfolgt ist, ohne Zustimmung der übrigen beteiligten Gläubiger eine andere Verteilung als nach der Reihenfolge der Pfändungen, so hat der Gerichtsvollzieher die Sachlage unter Hinterlegung des Erlöses dem Amtsgericht anzuzeigen, dessen Beschluß dem Drittschuldner zuerst zugestellt ist. Dieser Anzeige sind die auf das Verfahren sich beziehenden Schriftstücke beizufügen.

In gleicher Weise ist zu verfahren, wenn die Pfändung für mehrere Gläubiger gleichzeitig bewirkt ist.

§ 855

Betrifft der Anspruch eine unbewegliche Sache, so ist der Drittschuldner berechtigt und auf Verlangen eines Gläubigers, welchem der Anspruch überwiesen wurde, verpflichtet, die Sache unter Anzeige der Sachlage und unter Aushändigung der ihm zugestellten Beschlüsse an den von dem Amtsgerichte[6] der belegenen Sache ernannten oder auf

---

[6] Siehe Fußnote zu § 109.

seinen Antrag zu ernennenden Sequester herauszugeben.

§ 855a[VIII])

Betrifft der Anspruch ein eingetragenes Schiff, so ist der Drittschuldner berechtigt und auf Verlangen eines Gläubigers, dem der Anspruch überwiesen wurde, verpflichtet, das Schiff unter Anzeige der Sachlage und unter Aushändigung der Beschlüsse dem Treuhänder herauszugeben, der in dem ihm zuerst zugestellten Beschluß bestellt ist.

Abs. 1 gilt sinngemäß, wenn der Anspruch ein Schiffsbauwerk betrifft, das im Schiffsbauregister eingetragen ist oder in dieses Register eingetragen werden kann.

§ 856

Jeder Gläubiger, welchem der Anspruch überwiesen wurde, ist berechtigt, gegen den Drittschuldner Klage auf Erfüllung der nach den Bestimmungen der §§ 853 bis 855 diesem obliegenden Verpflichtungen zu erheben.

Jeder Gläubiger, für welchen der Anspruch gepfändet ist, kann sich dem Kläger in jeder Lage des Rechtsstreits als Streitgenosse anschließen.

[XV]) Der Drittschuldner hat bei dem Prozeßgericht zu beantragen, daß die Gläubiger, welche die Klage nicht erhoben und dem Kläger sich nicht angeschlossen haben, zum Termine zur mündlichen Verhandlung geladen werden.

Die Entscheidung, welche in dem Rechtsstreit über den in der Klage erhobenen Anspruch erlassen wird, ist für und gegen sämtliche Gläubiger wirksam.

[XV]) Gegen einen Gläubiger, dessen Ladung der Drittschuldner nicht beantragt hat, kann dieser sich auf die ihm günstige Entscheidung nicht berufen.

§ 857

Auf die Zwangsvollstreckung in andere Vermögensrechte, welche nicht Gegenstand der Zwangsvollstreckung in das bewegliche Vermögen sind, finden die vorstehenden Bestimmungen entsprechende Anwendung.

Ist ein Drittschuldner nicht vorhanden, so ist die Pfändung mit dem Zeitpunkt als bewirkt anzusehen, in welchem dem Schuldner das Gebot, sich jeder Verfügung über das Recht zu enthalten, zugestellt ist.

Ein unveräußerliches Recht ist in Ermangelung besonderer Vorschriften der Pfändung insoweit unterworfen, als die Ausübung einem anderen überlassen werden kann.

Das Gericht kann bei der Zwangsvollstreckung in unveräußerliche Rechte, deren Ausübung einem anderen überlassen werden kann, besondere Anordnungen erlassen. Es kann insbesondere bei der Zwangsvollstreckung in Nutzungsrechte eine Verwaltung anordnen; in diesem Falle wird die Pfändung durch Übergabe der zu benutzenden Sache an den Verwalter bewirkt, sofern sie nicht durch Zustellung des Beschlusses bereits vorher bewirkt ist.

Ist die Veräußerung des Rechtes selbst zulässig, so kann auch diese Veräußerung von dem Gericht angeordnet werden.

Auf die Zwangsvollstreckung in eine Reallast, eine Grundschuld oder eine Rentenschuld finden die Vorschriften über die Zwangsvollstreckung in eine Forderung, für welche eine Hypothek besteht, entsprechende Anwendung.

§ 858VIII)

Für die Zwangsvollstreckung in die Schiffspart (§§ 489ff. des Handelsgesetzbuchs) gilt § 857 mit folgenden Abweichungen:

Als Vollstreckungsgericht ist das Amtsgericht zuständig, bei dem das Register für das Schiff geführt wird.

Die Pfändung bedarf der Eintragung in das Schiffsregister; die Eintragung erfolgt auf Grund des Pfändungsbeschlusses. Der Pfändungsbeschluß soll dem Korrespondentreeder zugestellt werden; wird der Beschluß diesem vor der Eintragung zugestellt, so gilt die Pfändung ihm gegenüber mit der Zustellung als bewirkt.

Verwertet wird die gepfändete Schiffspart im Wege der Veräußerung. Dem Antrag auf Anordnung der Veräußerung ist ein Auszug aus dem Schiffsregister beizufügen, der alle das Schiff und die Schiffspart betreffenden Eintragungen enthält; der Auszug darf nicht älter als eine Woche sein.

Ergibt der Auszug aus dem Schiffsregister, daß die Schiffspart mit einem Pfandrecht belastet ist, das einem andern als dem betreibenden Gläubiger zusteht, so ist die Hinterlegung des Erlöses anzuordnen. Der Erlös wird in diesem Fall nach den Bestimmungen der §§ 873 bis 882 verteilt; Forderungen, für die ein Pfandrecht an der Schiffspart eingetragen ist, sind nach dem Inhalt des Schiffsregisters in den Teilungsplan aufzunehmen.

§ 859

Der Anteil eines Gesellschafters an dem Gesellschaftsvermögen einer nach § 705 des Bürgerlichen Gesetzbuchs eingegangenen Gesellschaft ist der Pfändung unterworfen. Der Anteil eines Gesellschafters an den einzelnen zu dem Gesellschaftsvermögen gehörenden Gegenständen ist der Pfändung nicht unterworfen.

Die gleichen Vorschriften gelten für den Anteil eines Miterben an dem Nachlaß und an den einzelnen Nachlaßgegenständen.

§ 860

Bei dem Güterstande der allgemeinen Gütergemeinschaft, der Errungenschaftsgemeinschaft oder der Fahrnisgemeinschaft ist der Anteil eines der Ehegatten an dem Gesamtgut und an den einzelnen dazu gehörenden Gegenständen der Pfändung nicht unterworfen. Das gleiche gilt bei der fortgesetzten Gütergemeinschaft von den Anteilen des überlebenden Ehegatten und der Abkömmlinge

Nach der Beendigung der Gemeinschaft ist der Anteil an dem Gesamtgut zugunsten der Gläubiger des Anteilsberechtigten der Pfändung unterworfen.

§ 861

Das Recht, welches bei dem Güterstande der Verwaltung und Nutznießung dem Ehemann an dem eingebrachten Gute zusteht, ist der Pfändung nicht unterworfen. Die von dem Ehemann erworbenen Früchte des eingebrachten Gutes sind der Pfändung nicht unterworfen, soweit sie zur Erfüllung der in den §§ 1384 bis 1387 des Bürgerlichen Gesetzbuchs bestimmten Verpflichtungen des Ehemanns, zur Erfüllung der ihm seiner Ehefrau, seiner früheren Ehefrau oder seinen Verwandten gegenüber gesetzlich obliegenden Unterhaltspflicht und zur Bestreitung seines standesmäßigen Unterhalts erforderlich sind.

Der Widerspruch kann auch von der Ehefrau nach § 766 geltend gemacht werden.

§ 862

Das Recht, welches dem Vater oder der Mutter kraft der elterlichen Nutznießung an dem Vermögen des Kindes zusteht, ist der Pfändung nicht unterworfen. Das gleiche gilt von den ihnen nach den §§ 1655, 1656 des Bürgerlichen Gesetzbuchs zustehenden Ansprüchen, solange die Ansprüche nicht fällig sind.

Auf die Pfändung der von dem Vater oder der Mutter kraft der elterlichen Nutznießung erworbenen Früchte finden die Vorschriften des § 861 Abs. 1 Satz 2 mit der Maßgabe entsprechende Anwendung, daß die in den §§ 1655, 1656 des Bürgerlichen Gesetzbuchs bezeichneten Ansprüche, wenn sie fällig sind, den erworbenen Früchten gleichstehen.

Der Widerspruch kann auch von dem Kinde nach § 766 geltend gemacht werden.

§ 863

Ist der Schuldner als Erbe nach § 2338 des Bürgerlichen Gesetzbuchs durch die Einsetzung eines Nacherben beschränkt, so sind die Nutzungen der Erbschaft der Pfändung nicht unterworfen, soweit sie zur Erfüllung der dem Schuldner seinem Ehegatten, seinem früheren Ehegatten oder seinen Verwandten gegenüber gesetzlich obliegenden Unterhaltspflicht und zur Bestreitung seines standesmäßigen Unterhalts erforderlich sind. Das gleiche gilt, wenn der Schuldner nach § 2338 des Bürgerlichen Gesetzbuchs durch die Ernennung eines Testamentsvollstreckers beschränkt ist, für seinen Anspruch auf den jährlichen Reinertrag.

Die Pfändung ist unbeschränkt zulässig, wenn der Anspruch eines Nachlaßgläubigers oder ein auch dem Nacherben oder dem Testamentsvollstrecker gegenüber wirksames Recht geltend gemacht wird.

Diese Vorschriften finden entsprechende Anwendung, wenn der Anteil eines Abkömmlinges an dem Gesamtgute der fortgesetzten Gütergemeinschaft nach § 1513 Abs. 2 des Bürgerlichen Gesetzbuchs einer Beschränkung der im Abs. 1 bezeichneten Art unterliegt.

Zweiter Titel

Zwangsvollstreckung in das unbewegliche Vermögen

§ 864 VIII)

Der Zwangsvollstreckung in das unbewegliche Vermögen unterliegen außer den Grundstücken die Berechtigungen, für welche die sich auf Grundstücke beziehenden Vorschriften gelten, die im Schiffsregister eingetragenen Schiffe und die Schiffsbauwerke, die im Schiffsregister eingetragen sind oder in dieses Register eingetragen werden können.

Die Zwangsvollstreckung in den Bruchteil eines Grundstücks, einer Berechtigung der im Abs. 1 bezeichneten Art oder eines Schiffs oder Schiffsbauwerks ist nur zulässig, wenn der Bruchteil in dem Anteil eines Miteigentümers besteht oder wenn sich der Anspruch des Gläubigers auf ein Recht richtet, mit dem der Bruchteil als solcher belastet ist.

§ 865

Die Zwangsvollstreckung in das unbewegliche Vermögen umfaßt auch die Gegenstände, auf welche sich bei Grundstücken und Berechtigungen die Hypothek, bei Schiffen oder Schiffsbauwerken die Schiffshypothek VIII) erstreckt.

Diese Gegenstände können, soweit sie Zubehör sind, nicht gepfändet werden. Im übrigen unterliegen sie der Zwangsvollstreckung in das bewegliche Vermögen, solange nicht ihre Beschlagnahme im Wege der Zwangsvollstreckung in das unbewegliche Vermögen erfolgt ist.

§ 866

Die Zwangsvollstreckung in ein Grundstück erfolgt durch Eintragung einer Sicherungshypothek für die Forderung, durch Zwangsversteigerung und durch Zwangsverwaltung.[64]

Der Gläubiger kann verlangen, daß eine dieser Maßregeln allein oder neben den übrigen ausgeführt werde.

Eine Sicherungshypothek darf gemäß Abs. 1 nur für einen Betrag von mehr als 300 Reichsmark[5] eingetragen werden; Zinsen bleiben dabei unberücksichtigt, soweit sie als Nebenforderung geltend gemacht sind. Auf Grund mehrerer demselben Gläubiger zustehender Schuldtitel kann eine einheitliche Sicherungshypothek eingetragen werden.

§ 867

Die Sicherungshypothek wird auf Antrag des Gläubigers in das Grundbuch eingetragen; die Eintragung ist auf dem vollstreckbaren Titel zu vermerken. Mit der Eintragung entsteht die Hypothek. Das Grundstück haftet auch für die dem Schuldner zur Last fallenden Kosten der Eintragung.

Sollen mehrere Grundstücke des Schuldners mit der Hypothek belastet werden, so ist der Betrag der

---

[64] für Reichsheimstätten Beschränkungen nach § 20 des Reichsheimstättengesetzes vom 10. 5. 20 i. d. F. der Bekm. vom 25. 11. 37 — RGBl. I S. 1291 —.

[5] siehe Fußnote zu § 97.

Forderung auf die einzelnen Grundstücke zu verteilen; die Größe der Teile bestimmt der Gläubiger.

§ 868

Wird durch eine vollstreckbare Entscheidung die zu vollstreckende Entscheidung oder ihre vorläufige Vollstreckbarkeit aufgehoben oder die Zwangsvollstreckung für unzulässig erklärt oder deren Einstellung angeordnet, so erwirbt der Eigentümer des Grundstücks die Hypothek.

Das gleiche gilt, wenn durch eine gerichtliche Entscheidung die einstweilige Einstellung der Vollstreckung und zugleich die Aufhebung der erfolgten Vollstreckungsmaßregeln angeordnet wird oder wenn die zur Abwendung der Vollstreckung nachgelassene Sicherheitsleistung oder Hinterlegung erfolgt.

§ 869

Die Zwangsversteigerung und die Zwangsverwaltung werden durch ein besonderes Gesetz geregelt.[65]

§ 870

Auf die Zwangsvollstreckung in eine Berechtigung, für welche die sich auf Grundstücke beziehenden Vorschriften gelten, finden die Vorschriften über die Zwangsvollstreckung in Grundstücke entsprechende Anwendung.

(Abs. 2 weggefallen)[VIII])

§ 870a[VIII])

Die Zwangsvollstreckung in ein eingetragenes Schiff oder in ein Schiffsbauwerk, das im Schiffsbauregister eingetragen ist oder in dieses Register eingetragen werden kann, erfolgt durch Eintragung einer Schiffshypothek für die Forderung oder durch Zwangsversteigerung.

Gesetz über die Zwangsversteigerung und die Zwangsverwaltung v. 24. 3. 1897 (RGBl. 97) i. d. F. der Bkm. v. 20. 5. 1898 (RGBl. 713, 750).

§ 866 Abs. 2, 3, § 867 gelten entsprechend. Wird durch eine vollstreckbare Entscheidung die zu vollstreckende Entscheidung oder ihre vorläufige Vollstreckbarkeit aufgehoben oder die Zwangsvollstreckung für unzulässig erklärt oder deren Einstellung angeordnet, so erlischt die Schiffshypothek; § 57 Abs. 3 des Gesetzes über Rechte an eingetragenen Schiffen und Schiffsbauwerken vom 15. November 1940 (Reichsgesetzbl. I S. 1499) findet Anwendung. Das gleiche gilt, wenn durch eine gerichtliche Entscheidung die einstweilige Einstellung der Zwangsvollstreckung und zugleich die Aufhebung der erfolgten Vollstreckungsmaßregeln angeordnet wird oder wenn die zur Abwendung der Vollstreckung nachgelassene Sicherheitsleistung oder Hinterlegung erfolgt.

§ 871

Unberührt bleiben die landesgesetzlichen Vorschriften, nach welchen, wenn ein anderer als der Eigentümer einer Eisenbahn oder Kleinbahn den Betrieb der Bahn kraft eigenen Nutzungsrechts ausübt, das Nutzungsrecht und gewisse dem Betriebe gewidmete Gegenstände in Ansehung der Zwangsvollstreckung zum unbeweglichen Vermögen gehören und die Zwangsvollstreckung abweichend von den Vorschriften der Reichsgesetze geregelt ist.

Dritter Titel

Verteilungsverfahren

§ 872

Das Verteilungsverfahren tritt ein, wenn bei der Zwangsvollstreckung in das bewegliche Vermögen ein Geldbetrag hinterlegt ist, welcher zur Befriedigung der beteiligten Gläubiger nicht hinreicht.

§ 873

Das zuständige Amtsgericht (§§ 827, 853, 854) hat nach Eingang der Anzeige über die Sachlage an jeden der beteiligten Gläubiger die Aufforderung zu erlassen, binnen zwei Wochen eine Berechnung der Forderung an Kapital, Zinsen, Kosten und sonstigen Nebenforderungen einzureichen.

§ 874

Nach Ablauf der zweiwöchigen Fristen wird von dem Gericht ein Teilungsplan angefertigt.

Der Betrag der Kosten des Verfahrens ist von dem Bestande der Masse vorweg in Abzug zu bringen.

Die Forderung eines Gläubigers, welcher bis zur Anfertigung eines Teilungsplans der an ihn gerichteten Aufforderung nicht nachgekommen ist, wird nach der Anzeige und deren Unterlagen berechnet. Eine nachträgliche Ergänzung der Forderung findet nicht statt.

§ 875

Das Gericht hat zur Erklärung über den Teilungsplan sowie zur Ausführung der Verteilung einen Termin zu bestimmen. Der Teilungsplan muß spätestens drei Tage vor dem Termin auf der Geschäftsstelle zur Einsicht der Beteiligten niedergelegt werden.

Die Ladung des Schuldners zu dem Termin ist nicht erforderlich, wenn sie durch Zustellung im Ausland oder durch öffentliche Zustellung erfolgen müßte.

§ 876

Wird in dem Termin ein Widerspruch gegen den Plan nicht erhoben, so ist dieser zur Ausführung zu bringen. Erfolgt ein Widerspruch, so hat sich jeder bei demselben beteiligte Gläubiger sofort zu erklären. Wird der Widerspruch von den Beteiligten als begründet anerkannt oder kommt anderweit eine Einigung zustande, so ist der Plan demgemäß zu berichtigen. Wenn ein Widerspruch sich nicht erledigt, so erfolgt die Ausführung des Planes insoweit, als der Plan durch den Widerspruch nicht betroffen wird.

§ 877

Gegen einen Gläubiger, welcher in dem Termin weder erschienen ist noch vor dem Termin bei dem Gerichte Widerspruch erhoben hat, wird angenommen, daß er mit der Ausführung des Planes einverstanden sei.

Ist ein in dem Termin nicht erschienener Gläubiger bei dem Widerspruche beteiligt, welchen ein anderer Gläubiger erhoben hat, so wird angenommen, daß er diesen Widerspruch nicht als begründet anerkenne.

§ 878

Der widersprechende Gläubiger muß ohne vorherige Aufforderung binnen einer Frist von einem Monat, welche mit dem Terminstage beginnt, dem Gerichte nachweisen, daß er gegen die beteiligten Gläubiger Klage erhoben habe. Nach fruchtlosem Ablauf dieser Frist wird die Ausführung des Planes ohne Rücksicht auf den Widerspruch angeordnet.

Die Befugnis des Gläubigers, welcher dem Plane widersprochen hat, ein besseres Recht gegen den Gläubiger, welcher einen Geldbetrag nach dem Plane erhalten hat, im Wege der Klage geltend zu machen, wird durch die Versäumnis der Frist und durch die Ausführung des Planes nicht ausgeschlossen.

§ 879

Die Klage ist bei dem Verteilungsgericht und, wenn der Streitgegenstand zur Zuständigkeit der Amtsgerichte nicht gehört, bei dem Landgerichte zu erheben, in dessen Bezirke das Verteilungsgericht seinen Sitz hat.

Das Landgericht ist für sämtliche Klagen zuständig, wenn seine Zuständigkeit nach dem Inhalt der erhobenen und in dem Termin nicht zur Erledigung gelangten Widersprüche auch nur in betreff einer Klage begründet ist, sofern nicht die sämtlichen beteiligten Gläubiger vereinbaren, daß das Verteilungsgericht über alle Widersprüche entscheiden solle.

§ 880

In dem Urteil, durch welches über einen erhobenen Widerspruch entschieden wird, ist zugleich zu bestimmen, an welche Gläubiger und in welchen Beträgen der streitige Teil der Masse auszuzahlen sei. Wird dies nicht für angemessen erachtet, so ist die Anfertigung eines neuen Planes und ein anderweites Verteilungsverfahren in dem Urteil anzuordnen.

§ 881

Das Versäumnisurteil gegen einen widersprechenden Gläubiger ist dahin zu erlassen, daß der Widerspruch als zurückgenommen anzusehen sei.

§ 882

Auf Grund des erlassenen Urteils wird die Auszahlung oder das anderweite Verteilungsverfahren von dem Verteilungsgericht angeordnet.

Dritter Abschnitt

Zwangsvollstreckung zur Erwirkung der Herausgabe von Sachen und zur Erwirkung von Handlungen oder Unterlassungen

§ 883

Hat der Schuldner eine bewegliche Sache oder von bestimmten beweglichen Sachen eine Quantität herauszugeben, so sind dieselben von dem Gerichtsvollzieher ihm wegzunehmen und dem Gläubiger zu übergeben.

Wird die herauszugebende Sache nicht vorgefunden, so ist der Schuldner verpflichtet, auf Antrag des Gläubigers den Offenbarungseid dahin zu leisten:

daß er die Sache nicht besitze, auch nicht wisse, wo die Sache sich befinde.

Das Gericht kann eine der Lage der Sache entsprechende Änderung der vorstehenden Eidesnorm beschließen.

§ 884

Hat der Schuldner eine bestimmte Quantität vertretbarer Sachen oder Wertpapiere zu leisten, so findet die Vorschrift des § 883 Abs. 1 entsprechende Anwendung.

§ 885

Hat der Schuldner eine unbewegliche Sache [AV] oder ein eingetragenes Schiff oder Schiffsbauwerk [VIII]) herauszugeben, zu überlassen oder zu räumen, so hat der Gerichtsvollzieher den Schuldner aus dem Besitze zu setzen und den Gläubiger in den Besitz einzuweisen.

Bewegliche Sachen, welche nicht Gegenstand der Zwangsvollstreckung sind, werden von dem Gerichtsvollzieher weggeschafft und dem Schuldner oder, wenn dieser abwesend ist, einem Bevollmächtigten desselben oder einer zur Familie des Schuldners gehörigen oder in dieser Familie dienenden erwachsenen Person übergeben oder zur Verfügung gestellt.

Ist weder der Schuldner noch eine der bezeichneten Personen anwesend, so hat der Gerichtsvollzieher die Sachen auf Kosten des Schuldners in das Pfandlokal zu schaffen oder anderweit in Verwahrung zu bringen.

Verzögert der Schuldner die Abforderung, so kann das Vollstreckungsgericht den Verkauf der Sachen und die Hinterlegung des Erlöses anordnen.

§ 886

Befindet sich eine herauszugebende Sache im Gewahrsam eines Dritten, so ist dem Gläubiger auf dessen Antrag der Anspruch des Schuldners auf Herausgabe der Sache nach den Vorschriften zu überweisen, welche die Pfändung und Überweisung einer Geldforderung betreffen.

§ 887

Erfüllt der Schuldner die Verpflichtung nicht, eine Handlung vorzunehmen, deren Vornahme durch einen Dritten erfolgen kann, so ist der Gläubiger vor dem Prozeßgericht erster Instanz auf Antrag zu ermächtigen, auf Kosten des Schuldners die Handlung vornehmen zu lassen.

Der Gläubiger kann zugleich beantragen, den Schuldner zur Vorauszahlung der Kosten zu verurteilen, welche durch die Vornahme der Handlung entstehen werden, unbeschadet des Rechtes auf eine Nachforderung, wenn die Vornahme der Handlung einen größeren Kostenaufwand verursacht.

Auf die Zwangsvollstreckung zur Erwirkung der Herausgabe oder Leistung von Sachen finden die vorstehenden Bestimmungen keine Anwendung.

§ 888

Kann eine Handlung durch einen Dritten nicht vorgenommen werden, so ist, wenn sie ausschließlich von dem Willen des Schuldners abhängt, auf Antrag von dem Prozeßgericht erster Instanz zu erkennen, daß der Schuldner zur Vornahme der Handlung durch Geldstrafen oder durch Haft anzuhalten sei. Das Höchstmaß der Geldstrafe ist unbeschränkt.

Diese Bestimmung kommt im Falle der Verurteilung zur Eingehung einer Ehe, im Falle der Verurteilung zur Herstellung des ehelichen Lebens und im Falle der Verurteilung zur Leistung von Diensten aus einem Dienstvertrag nicht zur Anwendung.

§ 888a

Ist im Falle des § 510b der Beklagte zur Zahlung einer Entschädigung verurteilt, so ist die Zwangsvollstreckung auf Grund der Vorschriften der §§ 887, 888 ausgeschlossen.

§ 889

Ist der Schuldner auf Grund der Vorschriften des bürgerlichen Rechtes zur Leistung eines Offenbarungseids verurteilt, so erfolgt die Eidesleistung vor dem Prozeßgericht erster Instanz. Auf die Abnahme des Eides finden die Vorschriften des §§ 478 bis 484 Anwendung.

Erscheint der Schuldner in dem zur Eidesleistung bestimmten Termin nicht oder verweigert er die Eidesleistung, so ist nach § 888 zu verfahren. Ist der

Schuldner zur Erzwingung der Eidesleistung in Haft genommen, so finden die Vorschriften des § 902 Anwendung.

§ 890

Handelt der Schuldner der Verpflichtung zuwider, eine Handlung zu unterlassen oder die Vornahme einer Handlung zu dulden, so ist er wegen einer jeden Zuwiderhandlung auf Antrag des Gläubigers von dem Prozeßgericht erster Instanz zu einer Geldstrafe oder zur Strafe der Haft bis zu sechs Monaten zu verurteilen. Das Maß der Gesamtstrafe darf zwei Jahre Haft nicht übersteigen. Das Höchstmaß der Geldstrafe ist unbeschränkt.

Der Verurteilung muß eine Strafandrohung vorausgehen, welche, wenn sie in dem die Verpflichtung aussprechenden Urteil nicht enthalten ist, auf Antrag von dem Prozeßgericht erster Instanz erlassen wird.

Auch kann der Schuldner auf Antrag des Gläubigers zur Bestellung einer Sicherheit für den durch fernere Zuwiderhandlung entstehenden Schaden auf bestimmte Zeit verurteilt werden.

§ 891

Die in Gemäßheit der §§ 887 bis 890 zu erlassenden Entscheidungen können ohne vorgängige mündliche Verhandlung erfolgen. Vor der Entscheidung ist der Schuldner zu hören.

§ 892

Leistet der Schuldner Widerstand gegen die Vornahme einer Handlung, welche er nach den Bestimmungen der §§ 887, 890 zu dulden hat, so kann der Gläubiger zur Beseitigung des Widerstandes einen Gerichtsvollzieher zuziehen, welcher nach den Bestimmungen des § 758 Abs. 3 und des § 759 zu verfahren hat.

§ 893

Durch die Bestimmungen dieses Abschnitts wird das Recht des Gläubigers nicht berührt, die Leistung des Interesse zu verlangen.

Den Anspruch auf Leistung des Interesse hat der Gläubiger im Wege der Klage bei dem Prozeßgericht erster Instanz geltend zu machen.

§ 894

Ist der Schuldner zur Abgabe einer Willenserklärung verurteilt, so gilt die Erklärung als abgegeben, sobald das Urteil die Rechtskraft erlangt hat. Ist die Willenserklärung von einer Gegenleistung abhängig gemacht, so tritt diese Wirkung ein, sobald nach den Bestimmungen der §§ 726, 730 eine vollstreckbare Ausfertigung des rechtskräftigen Urteils erteilt ist.

Die Vorschrift des ersten Absatzes kommt im Falle der Verurteilung zur Eingehung einer Ehe nicht zur Anwendung.

§ 895 [VIII)]

Ist durch ein vorläufig vollstreckbares Urteil der Schuldner zur Abgabe einer Willenserklärung verurteilt, auf Grund deren eine Eintragung in das Grundbuch, das Schiffsregister oder das Schiffsbauregister erfolgen soll, so gilt die Eintragung einer Vormerkung oder eines Widerspruchs als bewilligt. Die Vormerkung oder der Widerspruch erlischt, wenn das Urteil durch eine vollstreckbare Entscheidung aufgehoben wird.

§ 896

Soll auf Grund eines Urteils, das eine Willenserklärung des Schuldners ersetzt, eine Eintragung in ein öffentliches Buch oder Register vorgenommen werden, so kann der Gläubiger an Stelle des Schuldners die Erteilung der im § 792 bezeichneten Urkunden verlangen, soweit er dieser Urkunden zur Herbeiführung der Eintragung bedarf.

§ 897

Ist der Schuldner zur Übertragung des Eigentums oder zur Bestellung eines Rechtes an einer beweglichen Sache verurteilt, so gilt die Übergabe der Sache als erfolgt, wenn der Gerichtsvollzieher die Sache zum Zwecke der Ablieferung an den Gläubiger wegnimmt.

Das gleiche gilt, wenn der Schuldner zur Bestellung einer Hypothek, Grundschuld oder Rentenschuld oder zur Abtretung oder Belastung einer Hypothekenforderung, Grundschuld oder Rentenschuld verurteilt ist, für die Übergabe des Hypotheken-, Grundschuld- oder Rentenschuldbriefs.

§ 898

Auf einen Erwerb, der sich nach den §§ 894, 897 vollzieht, finden die Vorschriften des bürgerlichen Rechtes zugunsten derjenigen, welche Rechte von einem Nichtberechtigten herleiten, Anwendung.

Vierter Abschnitt

Offenbarungseid und Haft

§ 899

Für die Abnahme des Offenbarungseids in den Fällen der §§ 807[56], 883 ist das Amtsgericht, in

[56] Siehe Fußnote zu § 807.

dessen Bezirke der Schuldner im Deutschen Reiche seinen Wohnsitz oder in Ermangelung eines solchen seinen Aufenthaltsort hat, als Vollstreckungsgericht zuständig.

§ 900

Das Verfahren beginnt mit dem Antrag des Gläubigers auf Bestimmung eines Termins zur Leistung des Offenbarungseids. Dem Antrag sind der Vollstreckungstitel und die sonstigen Urkunden, aus denen sich die Verpflichtung des Schuldners zur Leistung des Eides ergibt, beizufügen.

Die Ladung zu dem Termin zur Leistung des Offenbarungseides ist dem Schuldner selbst zuzustellen, auch wenn er einen Prozeßbevollmächtigten bestellt hat; einer Mitteilung an den Prozeßbevollmächtigten bedarf es nicht. Dem Gläubiger ist die Terminsbestimmung nach Maßgabe des § 357 Abs. 2 mitzuteilen. Seine Anwesenheit in dem Termin ist nicht erforderlich.

Bestreitet der Schuldner die Verpflichtung zur Leistung des Eides, so ist von dem Gerichte durch Beschluß über den Widerspruch zu entscheiden. Die Eidesleistung erfolgt erst nach Eintritt der Rechtskraft der Entscheidung; das Vollstreckungsgericht kann jedoch die Eidesleistung vor Eintritt der Rechtskraft anordnen, wenn bereits ein früherer Widerspruch rechtskräftig verworfen ist.

§ 901

Gegen den Schuldner, welcher in dem zur Leistung des Offenbarungseids bestimmten Termin nicht erscheint oder die Leistung des Eides ohne Grund verweigert, hat das Gericht zur Erzwingung der Eidesleistung auf Antrag die Haft anzuordnen.

§ 902

Der verhaftete Schuldner kann zu jeder Zeit bei dem Amtsgerichte des Haftorts beantragen, ihm den Eid abzunehmen. Dem Antrag ist ohne Verzug stattzugeben.

Nach Leistung des Eides wird der Schuldner aus der Haft entlassen und der Gläubiger hiervon in Kenntnis gesetzt.

§ 903

Ein Schuldner, welcher den im § 807 erwähnten Offenbarungseid geleistet hat, ist zur nochmaligen Leistung des Eides auch einem anderen Gläubiger gegenüber nur verpflichtet, wenn glaubhaft gemacht wird, daß er später Vermögen erworben habe.

Diese Vorschrift findet keine Anwendung, wenn seit der Eidesleistung fünf Jahre verstrichen sind.

§ 904

Die Haft ist unstatthaft:

1. gegen Mitglieder *des Reichstags oder* eines Landtags während der Tagung, sofern nicht die Versammlung die Vollstreckung genehmigt;
2. *gegen Militärpersonen, welche zu einem mobilen Truppenteil oder zur Besatzung eines in Dienst gestellten Kriegsfahrzeugs gehören*;
3. gegen den Schiffer, die Schiffsmannschaft und alle übrigen auf einem Seeschiff angestellten Personen, wenn das Schiff zum Abgehen fertig (segelfertig) ist.

§ 905

Die Haft wird unterbrochen:

1. gegen Mitglieder *des Reichstags oder* eines Landtags für die Dauer der Tagung, wenn die Versammlung die Freilassung verlangt;

2. *gegen Militärpersonen, welche zu einem mobilen Truppenteil oder auf ein in Dienst gestelltes Kriegsfahrzeug einberufen werden, für die Dauer dieser Verhältnisse.*

§ 906

Gegen einen Schuldner, dessen Gesundheit durch die Vollstreckung der Haft einer nahen und erheblichen Gefahr ausgesetzt wird, darf, solange dieser Zustand dauert, die Haft nicht vollstreckt werden.

§ 907

Die Haft wird in einem Raume vollstreckt, in welchem nicht zugleich Untersuchungs- oder Strafgefangene sich befinden.

§ 908

Das Gericht hat bei Anordnung der Haft einen Haftbefehl zu erlassen, in welchem der Gläubiger, der Schuldner und der Grund der Verhaftung zu bezeichnen sind.

§ 909

Die Verhaftung des Schuldners erfolgt durch einen Gerichtsvollzieher. Der Haftbefehl muß bei der Verhaftung dem Schuldner vorgezeigt und auf Begehren abschriftlich mitgeteilt werden.

§ 910

Vor der Verhaftung eines Beamten, eines Geistlichen oder eines Lehrers an öffentlichen Unterrichtsanstalten ist der vorgesetzten Dienstbehörde von dem Gerichtsvollzieher Anzeige zu machen. Die Verhaftung darf erst erfolgen, nachdem die vorgesetzte Behörde für die dienstliche Vertretung des Schuldners gesorgt hat. Die Behörde ist verpflichtet, ohne Verzug die erforderlichen Anordnungen zu treffen und den Gerichtsvollzieher hiervon in Kenntnis zu setzen.

§ 911

Der Gläubiger hat die Kosten, welche durch die Haft entstehen, einschließlich der Verpflegungskosten von Monat zu Monat vorauszuzahlen. Die Aufnahme des Schuldners in das Gefängnis ist unstatthaft, wenn nicht mindestens für einen Monat die Zahlung geleistet ist. Wird die Zahlung nicht spätestens bis zum Mittag des letzten Tages erneuert, für welchen sie geleistet ist, so wird der Schuldner von Amts wegen aus der Haft entlassen. Gegen den Schuldner, welcher aus diesem Grunde oder ohne sein Zutun auf Antrag des Gläubigers entlassen ist, findet auf Antrag desselben Gläubigers eine Erneuerung der Haft nicht statt.

§ 912

Soll die Haft gegen einen Angehörigen der Wehrmacht vollstreckt werden, so hat das Gericht die vorgesetzte Militärbehörde um die Vollstreckung zu ersuchen.

§ 913

Die Haft darf die Dauer von sechs Monaten nicht übersteigen. Nach Ablauf der sechs Monate wird der Schuldner von Amts wegen aus der Haft entlassen.

§ 914

Ein Schuldner, gegen welchen wegen Verweigerung des im § 807 erwähnten Offenbarungseides eine Haft von sechs Monaten vollstreckt ist, kann auch auf Antrag eines anderen Gläubigers von neuem zur Leistung dieses Eides durch Haft nur angehalten werden, wenn glaubhaft gemacht wird, daß der Schuldner später Vermögen erworben habe.

Diese Vorschrift findet keine Anwendung, wenn seit der Beendigung der Haft fünf Jahre verstrichen sind.

§ 915[AV]

Das Vollstreckungsgericht hat ein Verzeichnis derjenigen Personen zu führen, welche vor ihm den im § 807 erwähnten Offenbarungseid geleistet haben oder gegen welche wegen Verweigerung des Eides die Haft angeordnet ist. Die Vollstreckung einer Haft ist in dem Verzeichnis zu vermerken, wenn sie sechs Monate gedauert hat.

Sind seit dem Schlusse des Jahres, in welchem die Eintragung in das Verzeichnis bewirkt ist, fünf Jahre verstrichen, so ist die Eintragung dadurch zu löschen, daß der Name unkenntlich gemacht oder das Verzeichnis vernichtet wird.

Die Einsicht des Verzeichnisses ist jedem gestattet, auch hat die Geschäftsstelle auf Antrag über das Bestehen oder Nichtbestehen einer Eintragung Auskunft zu erteilen.

Fünfter Abschnitt

Arrest und einstweilige Verfügung

§ 916

Der Arrest findet zur Sicherung der Zwangsvollstreckung in das bewegliche oder unbewegliche Vermögen wegen einer Geldforderung oder wegen eines Anspruchs statt, welcher in eine Geldforderung übergehen kann.

Die Zulässigkeit des Arrestes wird nicht dadurch ausgeschlossen, daß der Anspruch ein betagter oder ein bedingter ist, es sei denn, daß der bedingte Anspruch wegen der entfernten Möglichkeit des Eintritts der Bedingung einen gegenwärtigen Vermögenswert nicht hat.

§ 917

Der dingliche Arrest findet statt, wenn zu besorgen ist, daß ohne dessen Verhängung die Vollstreckung des Urteils vereitelt oder wesentlich erschwert werden würde.

Als ein zureichender Arrestgrund ist es anzusehen, wenn das Urteil im Ausland vollstreckt werden müßte.

§ 918

Der persönliche Sicherheitsarrest findet nur statt, wenn er erforderlich ist, um die gefährdete Zwangsvollstreckung in das Vermögen des Schuldners zu sichern.

§ 919

Für die Anordnung des Arrestes ist sowohl das Gericht der Hauptsache als das Amtsgericht zuständig, in dessen Bezirke der mit Arrest zu belegende Gegenstand oder die in ihrer persönlichen Freiheit zu beschränkende Person sich befindet.

§ 920

Das Gesuch soll die Bezeichnung des Anspruchs unter Angabe des Geldbetrags oder des Geldwerts sowie die Bezeichnung des Arrestgrundes enthalten.

Der Anspruch und der Arrestgrund sind glaubhaft zu machen.

Das Gesuch kann vor der Geschäftsstelle zu Protokoll erklärt werden.

§ 921

Die Entscheidung kann ohne vorgängige mündliche Verhandlung erfolgen.

Das Gericht kann, auch wenn der Anspruch oder der Arrestgrund nicht glaubhaft gemacht ist, den Arrest anordnen, sofern wegen der dem Gegner drohenden Nachteile Sicherheit geleistet wird. Es kann die Anordnung des Arrestes von einer Sicherheitsleistung abhängig machen, selbst wenn der Anspruch und der Arrestgrund glaubhaft gemacht sind.

§ 922

Die Entscheidung über das Gesuch erfolgt im Falle einer vorgängigen mündlichen Verhandlung durch Endurteil, andernfalls durch Beschluß.

Den Beschluß, durch welchen ein Arrest angeordnet wird, hat die Partei, welche den Arrest erwirkt hat, zustellen zu lassen.

Der Beschluß, durch welchen das Arrestgesuch zurückgewiesen oder vorgängige Sicherheitsleistung für erforderlich erklärt wird, ist dem Gegner nicht mitzuteilen.

(Abs. 4 weggefallen)XV)

§ 923

In dem Arrestbefehl ist ein Geldbetrag festzustellen, durch dessen Hinterlegung die Vollziehung des Arrestes gehemmt und der Schuldner zu dem Antrag auf Aufhebung des vollzogenen Arrestes berechtigt wird.

§ 924

Gegen den Beschluß, durch welchen ein Arrest angeordnet wird, findet Widerspruch statt.

XV) Die widersprechende Partei hat in dem Widerspruch die Gründe darzulegen, die sie für die Aufhebung des Arrestes geltend machen will. Das Gericht hat Termin zur mündlichen Verhandlung von Amts wegen zu bestimmen. Ist das Arrestgericht ein Amtsgericht, so ist der Widerspruch unter Angabe der Gründe, die für die Aufhebung des Arrestes geltend gemacht werden sollen, schriftlich oder zum Protokoll der Geschäftsstelle zu erheben.

Durch Erhebung des Widerspruchs wird die Vollziehung des Arrestes nicht gehemmt. Das Gericht kann aber eine einstweilige Anordnung nach § 707 treffen.

§ 925

Wird Widerspruch erhoben, so ist über die Rechtmäßigkeit des Arrestes durch Endurteil zu entscheiden.

Das Gericht kann den Arrest ganz oder teilweise bestätigen, abändern oder aufheben, auch die Bestätigung, Abänderung oder Aufhebung von einer Sicherheitsleistung abhängig machen.

(Abs. 3 weggefallen) XV)

§ 926

Ist die Hauptsache nicht anhängig, so hat das Arrestgericht[6] auf Antrag ohne vorgängige mündliche Verhandlung anzuordnen, daß die Partei, welche den Arrestbefehl erwirkt hat, binnen einer zu bestimmenden Frist Klage zu erheben habe.

Wird dieser Anordnung nicht Folge geleistet, so ist auf Antrag die Aufhebung des Arrestes durch Endurteil auszusprechen.

§ 927

Auch nach der Bestätigung des Arrestes kann wegen veränderter Umstände, insbesondere wegen Erledigung des Arrestgrundes oder auf Grund des Erbietens zur Sicherheitsleistung die Aufhebung des Arrestes beantragt werden.

---

[6] Siehe Fußnote zu § 109.

Die Entscheidung ist durch Endurteil zu erlassen; sie erfolgt durch das Gericht, welches den Arrest angeordnet hat, und wenn die Hauptsache anhängig ist, durch das Gericht der Hauptsache.

§ 928

Auf die Vollziehung des Arrestes finden die Vorschriften über die Zwangsvollstreckung entsprechende Anwendung, soweit nicht die nachfolgenden Paragraphen abweichende Bestimmungen enthalten[62].

§ 929

Arrestbefehle bedürfen der Vollstreckungsklausel nur, wenn die Vollziehung für einen anderen als den in dem Befehle bezeichneten Gläubiger oder gegen einen anderen als den in dem Befehle bezeichneten Schuldner erfolgen soll.

Die Vollziehung des Arrestbefehls ist unstatthaft, wenn seit dem Tage, an welchem der Befehl verkündet oder der Partei, auf deren Gesuch derselbe erging, zugestellt ist, ein Monat verstrichen ist.

Die Vollziehung ist vor der Zustellung des Arrestbefehls an den Schuldner zulässig. Sie ist jedoch ohne Wirkung, wenn die Zustellung nicht innerhalb einer Woche nach der Vollziehung und vor Ablauf der für diese im vorhergehenden Absatz bestimmten Frist erfolgt.

§ 930

Die Vollziehung des Arrestes in bewegliches Vermögen wird durch Pfändung bewirkt. Die Pfändung erfolgt nach denselben Grundsätzen wie jede andere Pfändung und begründet ein Pfandrecht mit den im § 804 bestimmten Wirkungen. Für die Pfändung

---

[62] Siehe Fußnote zu § 814.

einer Forderung ist das Arrestgericht[6] als Vollstreckungsgericht zuständig.

Gepfändetes Geld und ein im Verteilungsverfahren auf den Gläubiger fallender Betrag des Erlöses werden hinterlegt.

Das Vollstreckungsgericht kann auf Antrag anordnen, daß eine bewegliche körperliche Sache, wenn sie der Gefahr einer beträchtlichen Wertverringerung ausgesetzt ist oder wenn ihre Aufbewahrung unverhältnismäßige Kosten verursachen würde, versteigert und der Erlös hinterlegt werde.

§ 931 VIII)

Die Vollziehung des Arrestes in ein eingetragenes Schiff oder Schiffsbauwerk wird durch Pfändung nach den Vorschriften über die Pfändung beweglicher Sachen mit folgenden Abweichungen bewirkt:

Die Pfändung begründet ein Pfandrecht an dem gepfändeten Schiff oder Schiffsbauwerk; das Pfandrecht gewährt dem Gläubiger im Verhältnis zu anderen Rechten dieselben Rechte wie eine Schiffshypothek.

Die Pfändung wird auf Antrag des Gläubigers vom Arrestgericht als Vollstreckungsgericht angeordnet; das Gericht hat zugleich das Registergericht um die Eintragung einer Vormerkung zur Sicherung des Arrestpfandrechts in das Schiffsregister oder Schiffsbauregister zu ersuchen; die Vormerkung erlischt, wenn die Vollziehung des Arrestes unstatthaft wird.

Der Gerichtsvollzieher hat bei der Vornahme der Pfändung das Schiff oder Schiffsbauwerk in Bewachung und Verwahrung zu nehmen.

Ist zur Zeit der Arrestvollziehung die Zwangsversteigerung des Schiffs oder Schiffsbauwerks ein-

---

[6] Siehe Fußnote zu § 109.

geleitet, so gilt die in diesem Verfahren erfolgte Beschlagnahme des Schiffs oder Schiffsbauwerks als erste Pfändung im Sinne des § 826; die Abschrift des Pfändungsprotokolls ist dem Vollstreckungsgericht einzureichen.

Das Arrestpfandrecht wird auf Antrag des Gläubigers in das Schiffsregister oder Schiffsbauregister eingetragen; der nach § 923 festgestellte Geldbetrag ist als der Höchstbetrag zu bezeichnen, für den das Schiff oder Schiffsbauwerk haftet. Im übrigen gelten die §§ 867, 870a Abs. 3 entsprechend, soweit nicht vorstehend etwas anderes bestimmt ist.

§ 932

Die Vollziehung des Arrestes in ein Grundstück oder in eine Berechtigung, für welche die sich auf Grundstücke beziehenden Vorschriften gelten, erfolgt durch Eintragung einer Sicherungshypothek für die Forderung; der nach § 923 festgestellte Geldbetrag ist als der Höchstbetrag zu bezeichnen, für welchen das Grundstück oder die Berechtigung haftet.

Im übrigen finden die Vorschriften der §§ 867, 868 Anwendung.

Der Antrag auf Eintragung der Hypothek gilt im Sinne des § 929 Abs. 2, 3 als Vollziehung des Arrestbefehls.

§ 933

Die Vollziehung des persönlichen Sicherheitsarrestes richtet sich, wenn sie durch Haft erfolgt, nach den Vorschriften der §§ 904 bis 913 und, wenn sie durch sonstige Beschränkung der presönlichen Freiheit erfolgt, nach den vom Arrestgerichte zu treffenden besonderen Anordnungen, für welche die Beschränkungen der Haft maßgebend sind. In den Haftbefehl ist der nach § 923 festgestellte Geldbetrag aufzunehmen.

§ 934

Die Aufhebung eines vollzogenen Arrestes gegen Hinterlegung des in dem Arrestbefehle festgestellten Geldbetrags erfolgt von dem Vollstreckungsgerichte.[6]

Das Vollstreckungsgericht kann die Aufhebung des Arrestes auch anordnen, wenn die Fortdauer besondere Aufwendungen erfordert und die Partei, auf deren Gesuch der Arrest verhängt wurde, den nötigen Geldbetrag nicht vorschießt.

Die in diesem Paragraphen erwähnten Entscheidungen können ohne vorgängige mündliche Verhandlung erfolgen.

Gegen den Beschluß, durch welchen der Arrest aufgehoben wird, findet sofortige Beschwerde statt.

§ 935

Einstweilige Verfügungen in Beziehung auf den Streitgegenstand sind zulässig, wenn zu besorgen ist, daß durch eine Veränderung des bestehenden Zustandes die Verwirklichung des Rechtes einer Partei vereitelt oder wesentlich erschwert werden könnte.

§ 936

Auf die Anordnung einstweiliger Verfügungen und das weitere Verfahren finden die Vorschriften über die Anordnung von Arresten und über das Arrestverfahren entsprechende Anwendung, soweit nicht die nachfolgenden Paragraphen abweichende Vorschriften enthalten.

---

[6] Siehe Fußnote zu § 109.

§ 937

Für die Erlassung einstweiliger Verfügungen ist das Gericht der Hauptsache zuständig.

Die Entscheidung kann in dringenden Fällen ohne vorgängige mündliche Verhandlung erfolgen.

§ 938

Das Gericht bestimmt nach freiem Ermessen, welche Anordnungen zur Erreichung des Zweckes erforderlich sind.

Die einstweilige Verfügung kann auch in einer Sequestration sowie darin bestehen, daß dem Gegner eine Handlung geboten oder verboten, insbesondere die Veräußerung, Belastung oder Verpfändung eines Grundstücks oder eines eingetragenen Schiffs oder Schiffsbauwerks[VIII]) untersagt wird.

§ 939

Nur unter besonderen Umständen kann die Aufhebung einer einstweiligen Verfügung gegen Sicherheitsleistung gestattet werden.

§ 940

Einstweilige Verfügungen sind auch zum Zwecke der Regelung eines einstweiligen Zustandes in bezug auf ein streitiges Rechtsverhältnis zulässig, sofern diese Regelung, insbesondere bei dauernden Rechtsverhältnissen zur Abwendung wesentlicher Nachteile oder zur Verhinderung drohender Gewalt oder aus anderen Gründen nötig erscheint.

§ 941

Hat auf Grund der einstweiligen Verfügung eine Eintragung in das Grundbuch, das Schiffsregister oder das Schiffsbauregister[VIII]) zu erfolgen, so ist das

Gericht befugt, das Grundbuchamt oder die Registerbehörde um die Eintragung zu ersuchen.

§ 942

XV) In dringenden Fällen kann das Amtsgericht, in dessen Bezirke sich der Streitgegenstand befindet, eine einstweilige Verfügung erlassen, unter Bestimmung einer Frist, innerhalb welcher die Ladung des Gegners zur mündlichen Verhandlung über die Rechtmäßigkeit der einstweiligen Verfügung vor dem Gericht der Hauptsache zu beantragen ist.

VIII) Die einstweilige Verfügung, auf Grund deren eine Vormerkung oder ein Widerspruch gegen die Richtigkeit des Grundbuchs, des Schiffsregisters oder des Schiffsbauregisters eingetragen werden soll, kann von dem Amtsgericht erlassen werden, in dessen Bezirk das Grundstück belegen ist oder der Heimathafen oder der Heimatort des Schiffs oder der Bauort des Schiffsbauwerkes sich befindet, auch wenn der Fall nicht für dringlich erachtet wird; liegt der Heimathafen des Schiffs nicht im Deutschen Reich, so kann die einstweilige Verfügung vom Amtsgericht in Hamburg erlassen werden. Die Bestimmung der im Abs. 1 bezeichneten Frist hat nur auf Antrag des Gegners zu erfolgen.

Nach fruchtlosem Ablauf der Frist hat das Amtsgericht auf Antrag die erlassene Verfügung aufzuheben.

Die in diesem Paragraphen erwähnten Entscheidungen des Amtsgerichts können ohne vorgängige mündliche Verhandlung erfolgen.

§ 943

Als Gericht der Hauptsache im Sinne der Bestimmungen dieses Abschnitts ist das Gericht erster

Instanz und, wenn die Hauptsache in der Berufungsinstanz anhängig ist, das Berufungsgericht anzusehen.

Das Gericht der Hauptsache ist für die nach § 109 zu treffenden Anordnungen ausschließlich zuständig, wenn die Hauptsache anhängig ist oder anhängig gewesen ist.

§ 944

In dringenden Fällen kann der Vorsitzende über die in diesem Abschnitt erwähnten Gesuche, sofern deren Erledigung eine vorgängige mündliche Verhandlung nicht erfordert, anstatt des Gerichts entscheiden.

§ 945

Erweist sich die Anordnung eines Arrestes oder einer einstweiligen Verfügung als von Anfang an ungerechtfertigt oder wird die angeordnete Maßregel auf Grund des § 926 Abs. 2 oder des § 942 Abs. 3 aufgehoben, so ist die Partei, welche die Anordnung erwirkt hat, verpflichtet, dem Gegner den Schaden zu ersetzen, der ihm aus der Vollziehung der angeordneten Maßregel oder dadurch entsteht, daß er Sicherheit leistet, um die Vollziehung abzuwenden oder die Aufhebung der Maßregel zu erwirken.

Neuntes Buch

Aufgebotsverfahren

§ 946

Eine öffentliche gerichtliche Aufforderung zur Anmeldung von Ansprüchen oder Rechten findet mit der Wirkung, daß die Unterlassung der Anmeldung einen Rechtsnachteil zur Folge hat, nur in den durch das Gesetz bestimmten Fällen statt.

Für das Aufgebotsverfahren ist das durch das Gesetz bestimmte Gericht zuständig.

§ 947

Der Antrag kann schriftlich oder zum Protokoll der Geschäftsstelle gestellt werden. Die Entscheidung kann ohne vorgängige mündliche Verhandlung erfolgen.

Ist der Antrag zulässig, so hat das Gericht das Aufgebot zu erlassen. In dasselbe ist insbesondere aufzunehmen:

1. die Bezeichnung des Antragstellers;
2. die Aufforderung, die Ansprüche und Rechte spätestens im Aufgebotstermin anzumelden;
3. die Bezeichnung der Rechtsnachteile, welche eintreten, wenn die Anmeldung unterbleibt;
4. die Bestimmung eines Aufgebotstermins.

§ 948

Die öffentliche Bekanntmachung des Aufgebots erfolgt durch Anheftung an die Gerichtstafel und durch einmalige Einrückung in den Deutschen Reichsanzeiger[66], sofern nicht das Gesetz für den betreffenden Fall eine abweichende Anordnung getroffen hat.

Das Gericht kann anordnen, daß die Einrückung noch in andere Blätter und zu mehreren Malen erfolge.

§ 949

Auf die Gültigkeit der öffentlichen Bekanntmachung hat es keinen Einfluß, wenn das anzu-

---

[66] zu vgl. Kontrollratsges. Nr. 38 — abgedr. unter XIV F — nebst Fußnote dort.

heftende Schriftstück von dem Orte der Anheftung zu früh entfernt ist oder wenn im Falle wiederholter Bekanntmachung die vorgeschriebenen Zwischenfristen nicht eingehalten sind.

§ 950

Zwischen dem Tage, an welchem die Einrückung oder die erste Einrückung des Aufgebots in den Deutschen Reichsanzeiger[86] erfolgt ist, und dem Aufgebotstermin muß, sofern das Gesetz nicht eine abweichende Anordnung enthält, ein Zeitraum (Aufgebotsfrist) von mindestens sechs Wochen liegen.

§ 951

Eine Anmeldung, welche nach dem Schlusse des Aufgebotstermins, jedoch vor Erlassung des Ausschlußurteils erfolgt, ist als eine rechtzeitige anzusehen.

§ 952

Das Ausschlußurteil ist in öffentlicher Sitzung auf Antrag zu erlassen.

Einem in der Sitzung gestellten Antrag wird ein Antrag gleichgeachtet, welcher vor dem Aufgebotstermin schriftlich gestellt oder zum Protokoll der Geschäftsstelle erklärt worden ist.

Vor Erlassung des Urteils kann eine nähere Ermittlung, insbesondere die Versicherung der Wahrheit einer Behauptung des Antragstellers an Eides Statt, angeordnet werden.

Gegen den Beschluß, durch welchen der Antrag auf Erlassung des Ausschlußurteils zurückgewiesen wird, sowie gegen Beschränkungen und Vorbehalte, welche dem Ausschlußurteile beigefügt sind, findet sofortige Beschwerde statt.

§ 953

Erfolgt eine Anmeldung, durch welche das von dem Antragsteller zur Begründung des Antrags behauptete Recht bestritten wird, so ist nach Beschaffenheit des Falles entweder das Aufgebotsverfahren bis zur endgültigen Entscheidung über das angemeldete Recht auszusetzen oder in dem Ausschlußurteile das angemeldete Recht vorzubehalten.

§ 954

Wenn der Antragsteller weder in dem Aufgebotstermin erschienen ist noch vor dem Termin den Antrag auf Erlassung des Ausschlußurteils gestellt hat, so ist auf seinen Antrag ein neuer Termin zu bestimmen. Der Antrag ist nur binnen einer vom Tage des Aufgebotstermins laufenden Frist von sechs Monaten zulässig.

§ 955

Wird zur Erledigung des Aufgebotsverfahrens ein neuer Termin bestimmt, so ist eine öffentliche Bekanntmachung des Termins nicht erforderlich.

§ 956

Das Gericht kann die öffentliche Bekanntmachung des wesentlichen Inhalts des Ausschlußurteils durch einmalige Einrückung in den Deutschen Reichsanzeiger[86] anordnen.

§ 957

Gegen das Ausschlußurteil findet ein Rechtsmittel nicht statt.

Das Ausschlußurteil kann bei dem Landgericht, in dessen Bezirke das Aufgebotsgericht seinen Sitz hat, mittels einer gegen den Antragsteller zu erhebenden Klage angefochten werden:

1. wenn ein Fall nicht vorlag, in welchem das Gesetz das Aufgebotsverfahren zuläßt;
2. wenn die öffentliche Bekanntmachung des Aufgebots oder eine in dem Gesetze vorgeschriebene Art der Bekanntmachung unterblieben ist;
3. wenn die vorgeschriebene Aufgebotsfrist nicht gewahrt ist;
4. wenn der erkennende Richter von der Ausübung des Richteramts kraft Gesetzes ausgeschlossen war;
5. wenn ein Anspruch oder ein Recht ungeachtet der erfolgten Anmeldung nicht dem Gesetze gemäß in dem Urteil berücksichtigt ist;
6. wenn die Voraussetzungen vorliegen, unter welchen die Restitutionsklage wegen einer strafbaren Handlung stattfindet.

§ 958

Die Anfechtungsklage ist binnen der Notfrist eines Monats zu erheben. Die Frist beginnt mit dem Tage, an welchem der Kläger Kenntnis von dem Ausschlußurteil erhalten hat, in dem Falle jedoch, wenn die Klage auf einem der im § 957 Nr. 4, 6 bezeichneten Anfechtungsgründe beruht und dieser Grund an jenem Tage noch nicht zur Kenntnis des Klägers gelangt war, erst mit dem Tage, an welchem der Anfechtungsgrund dem Kläger bekannt geworden ist.

Nach Ablauf von zehn Jahren, von dem Tage der Verkündung des Ausschlußurteils an gerechnet, ist die Klage unstatthaft.

§ 959

Das Gericht kann die Verbindung mehrerer Aufgebote anordnen, auch wenn die Voraussetzungen des § 147 nicht vorliegen.

§§ 960—976 (weggefallen) [V]

§ 977

Für das Aufgebotsverfahren zum Zwecke der Ausschließung des Eigentümers eines Grundstücks nach § 927 des Bürgerlichen Gesetzbuchs gelten die nachfolgenden besonderen Bestimmungen.

§ 978

Zuständig ist das Gericht, in dessen Bezirke das Grundstück belegen ist.

§ 979

Antragsberechtigt ist derjenige, welcher das Grundstück seit der im § 927 des Bürgerlichen Gesetzbuchs bestimmten Zeit im Eigenbesitze hat.

§ 980

Der Antragsteller hat die zur Begründung des Antrags erforderlichen Tatsachen vor der Einleitung des Verfahrens glaubhaft zu machen.

§ 981

In dem Aufgebot ist der bisherige Eigentümer aufzufordern, sein Recht spätestens im Aufgebotstermin anzumelden, widrigenfalls seine Ausschließung erfolgen werde.

§ 981 a [VIII]

Für das Aufgebotsverfahren zum Zweck der Ausschließung des Eigentümers eines eingetragenen Schiffs oder Schiffsbauwerks nach § 6 des Gesetzes über Rechte an eingetragenen Schiffen und Schiffsbauwerken vom 15. November 1940 (Reichsgesetzblatt I S. 1499) gelten die §§ 979 bis 981 entsprechend. Zuständig ist das Gericht, bei dem das Register für das Schiff oder Schiffsbauwerk geführt wird.

§ 982

Für das Aufgebotsverfahren zum Zwecke der Ausschließung eines Hypotheken-, Grundschuld- oder Rentenschuldgläubigers auf Grund der §§ 1170, 1171 des Bürgerlichen Gesetzbuchs gelten die nachfolgenden besonderen Bestimmungen.

§ 983

Zuständig ist das Gericht, in dessen Bezirke das belastete Grundstück belegen ist.

§ 984

Antragsberechtigt ist der Eigentümer des belasteten Grundstücks.

Im Falle des § 1170 des Bürgerlichen Gesetzbuchs ist auch ein im Range gleich- oder nachstehender Gläubiger, zu dessen Gunsten eine Vormerkung nach § 1179 des Bürgerlichen Gesetzbuchs eingetragen ist, und bei einer Gesamthypothek, Gesamtgrundschuld oder Gesamtrentenschuld außerdem derjenige antragsberechtigt, welcher auf Grund eines im Range gleich- oder nachstehenden Rechtes Befriedigung aus einem der belasteten Grundstücke verlangen kann, sofern der Gläubiger oder der sonstige Berechtigte für seinen Anspruch einen vollstreckbaren Schuldtitel erlangt hat.

§ 985

Der Antragsteller hat vor der Einleitung des Verfahrens glaubhaft zu machen, daß der Gläubiger unbekannt ist.

§ 986

Im Falle des § 1170 des Bürgerlichen Gesetzbuchs hat der Antragsteller vor der Einleitung des Verfahrens auch glaubhaft zu machen, daß nicht eine das Aufgebot ausschließende Anerkennung des Rechtes des Gläubigers erfolgt ist.

Ist die Hypothek für die Forderung aus einer Schuldverschreibung auf den Inhaber bestellt oder der Grundschuld- oder Rentenschuldbrief auf den Inhaber ausgestellt, so hat der Antragsteller glaubhaft zu machen, daß die Schuldverschreibung oder der Brief bis zum Ablauf der im § 801 des Bürgerlichen Gesetzbuchs bezeichneten Frist nicht vorgelegt und der Anspruch nicht gerichtlich geltend gemacht worden ist. Ist die Vorlegung oder die gerichtliche Geltendmachung erfolgt, so ist die im Abs. 1 vorgeschriebene Glaubhaftmachung erforderlich.

Zur Glaubhaftmachung genügt in den Fällen der Abs. 1, 2 die Versicherung des Antragstellers an Eides Statt, unbeschadet der Befugnis des Gerichts, anderweitige Ermittlungen anzuordnen.

In dem Aufgebot ist als Rechtsnachteil anzudrohen, daß die Ausschließung des Gläubigers mit seinem Rechte erfolgen werde.

Wird das Aufgebot auf Antrag eines nach § 984 Abs. 2 Antragsberechtigten erlassen, so ist es dem Eigentümer des Grundstücks von Amts wegen mitzuteilen.

§ 987

Im Falle des § 1171 des Bürgerlichen Gesetzbuchs hat der Antragsteller sich vor der Einleitung des Verfahrens zur Hinterlegung des dem Gläubiger gebührenden Betrags zu erbieten.

In dem Aufgebot ist als Rechtsnachteil anzudrohen, daß der Gläubiger nach der Hinterlegung des ihm gebührenden Betrags seine Befriedigung statt aus dem Grundstück nur noch aus dem hinterlegten Betrag verlangen könne und sein Recht auf diesen erlösche, wenn er sich nicht vor dem Ablauf von dreißig Jahren nach der Erlassung des Ausschlußurteils bei der Hinterlegungsstelle melden.

Hängt die Fälligkeit der Forderung von einer Kündigung ab, so erweitert sich die Aufgebotsfrist um die Kündigungsfrist.

Das Ausschlußurteil darf erst dann erlassen werden, wenn die Hinterlegung erfolgt ist.

§ 987a VIII)

Für das Aufgebotsverfahren zum Zwecke der Ausschließung eines Schiffshypothekengläubigers auf Grund der §§ 66, 67 des Gesetzes über Rechte an eingetragenen Schiffen und Schiffsbauwerken vom 15. November 1940 (Reichsgesetzbl. I S. 1499) gelten die §§ 984 bis 987 entsprechend; an die Stelle der §§ 1170, 1171, 1179 des Bürgerlichen Gesetzbuchs treten die §§ 66, 67, 58 des genannten Gesetzes. Zuständig ist das Gericht, bei dem das Register für das Schiff oder Schiffsbauwerk geführt wird.

§ 988 VIII)

Die Vorschriften der §§ 983, 984 Abs. 1, 985, 986 Abs. 1 bis 4 und §§ 987, 987a gelten entsprechend für das Aufgebotsverfahren zum Zwecke der in den §§ 887, 1104, 1112 des Bürgerlichen Gesetzbuchs, § 13 des Gesetzes über Rechte an eingetragenen Schiffen und Schiffsbauwerken vom 15. November 1940 (Reichsgesetzbl. I S. 1499) für die Vormerkung, das Vorkaufsrecht und die Reallast bestimmten Ausschließung des Berechtigten. Antragsberechtigt ist auch, wer auf Grund eines im Range gleich- oder nachstehenden Rechts Befriedigung aus dem Grundstück oder dem Schiff oder Schiffsbauwerk verlangen kann, sofern er für seinen Anspruch einen vollstreckbaren Schuldtitel erlangt hat. Das Aufgebot ist dem Eigentümer des Grundstücks oder des Schiffs oder Schiffsbauwerks von Amts wegen mitzuteilen.

§ 989

Für das Aufgebotsverfahren zum Zwecke der Ausschließung von Nachlaßgläubigern auf Grund des § 1970 des Bürgerlichen Gesetzbuchs gelten die nachfolgenden besonderen Bestimmungen.

§ 990

Zuständig ist das Amtsgericht, dem die Verrichtungen des Nachlaßgerichts obliegen. Sind diese Verrichtungen einer anderen Behörde als einem Amtsgericht übertragen, so ist das Amtsgericht zuständig, in dessen Bezirke die Nachlaßbehörde ihren Sitz hat.

§ 991

Antragsberechtigt ist jeder Erbe, sofern er nicht für die Nachlaßverbindlichkeiten unbeschränkt haftet.

Zu dem Antrag sind auch ein Nachlaßpfleger und ein Testamentsvollstrecker berechtigt, wenn ihnen die Verwaltung des Nachlasses zusteht.

Der Erbe und der Testamentsvollstrecker können den Antrag erst nach der Annahme der Erbschaft stellen.

§ 992

Dem Antrag ist ein Verzeichnis der bekannten Nachlaßgläubiger mit Angabe ihres Wohnorts beizufügen.

§ 993

Das Aufgebot soll nicht erlassen werden, wenn die Eröffnung des Nachlaßkonkurses beantragt ist.

Durch die Eröffnung des Nachlaßkonkurses wird das Aufgebotsverfahren beendigt.

§ 994

Die Aufgebotsfrist soll höchstens sechs Monate betragen.

Das Aufgebot soll den Nachlaßgläubigern, welche dem Nachlaßgericht angezeigt sind und deren Wohnort bekannt ist, von Amts wegen zugestellt werden. Die Zustellung kann durch Aufgabe zur Post erfolgen.

§ 995

In dem Aufgebot ist den Nachlaßgläubigern, welche sich nicht melden, als Rechtsnachteil anzudrohen, daß sie, unbeschadet des Rechtes, vor den Verbindlichkeiten aus Pflichtteilsrechten, Vermächtnissen und Auflagen berücksichtigt zu werden, von dem Erben nur insoweit Befriedigung verlangen können, als sich nach Befriedigung der nicht ausgeschlossenen Gläubiger noch ein Überschuß ergibt.

§ 996

Die Anmeldung einer Forderung hat die Angabe des Gegenstandes und des Grundes der Forderung zu enthalten. Urkundliche Beweisstücke sind in Urschrift oder in Abschrift beizufügen.

Das Gericht hat die Einsicht der Anmeldungen jedem zu gestatten, der ein rechtliches Interesse glaubhaft macht.

§ 997

Sind mehrere Erben vorhanden, so kommen der von einem Erben gestellte Antrag und das von ihm erwirkte Ausschlußurteil, unbeschadet der Vorschriften des Bürgerlichen Gesetzbuchs über die unbeschränkte Haftung, auch den anderen Erben zustatten. Als Rechtsnachteil ist den Nachlaßgläubigern, welche sich nicht melden, auch anzudrohen, daß jeder Erbe nach der Teilung des Nachlasses nur für den seinem Erbteil entsprechenden Teil der Verbindlichkeit haftet.

Die Erlassung des Aufgebots mit Androhung des im Abs. 1 Satz 2 bestimmten Rechtsnachteils kann von jedem Erben auch dann beantragt werden, wenn er für die Nachlaßverbindlichkeiten unbeschränkt haftet.

§ 998

Im Falle der Nacherbfolge findet die Vorschrift des § 997 Abs. 1 Satz 1 auf den Vorerben und den Nacherben entsprechende Anwendung.

§ 999

Ist eine Ehefrau die Erbin und gehört der Nachlaß zum eingebrachten Gute oder zum Gesamtgut, so kann sowohl die Ehefrau als der Ehemann das Aufgebot beantragen, ohne daß die Zustimmung des anderen Teiles erforderlich ist. Das gleiche gilt, wenn der Nachlaß zum Gesamtgut gehört, auch nach der Beendigung der Gemeinschaft. Der von dem einen Ehegatten gestellte Antrag und das von ihm erwirkte Ausschlußurteil kommen auch dem anderen Ehegatten zustatten.

§ 1000

Hat der Erbe die Erbschaft verkauft, so kann sowohl der Käufer als der Erbe das Aufgebot beantragen. Der von dem einen Teile gestellte Antrag und das von ihm erwirkte Ausschlußurteil kommen, unbeschadet der Vorschriften des Bürgerlichen Gesetzbuchs über die unbeschränkte Haftung, auch dem anderen Teile zustatten.

Diese Bestimmungen finden entsprechende Anwendung, wenn jemand eine durch Vertrag erworbene Erbschaft verkauft oder sich zur Veräußerung einer ihm angefallenen oder anderweit von ihm erworbenen Erbschaft in sonstiger Weise verpflichtet hat.

§ 1001

Die Bestimmungen der §§ 990 bis 996, 999, 1000 finden im Falle der fortgesetzten Gütergemeinschaft auf das Aufgebotsverfahren zum Zwecke der nach dem § 1489 Abs. 2 und dem § 1970 des Bürgerlichen Gesetzbuchs zulässigen Ausschließung von Gesamtgutsgläubigern entsprechende Anwendung.

§ 1002

Für das Aufgebotsverfahren zum Zwecke der Ausschließung von Schiffsgläubigern auf Grund des § 765 des Handelsgesetzbuchs und des § 110 des Gesetzes, betreffend die privatrechtlichen Verhältnisse der Binnenschiffahrt, gelten die nachfolgenden besonderen Bestimmungen.

Zuständig ist das Gericht, in dessen Bezirke sich der Heimatshafen oder der Heimatsort des Schiffes befindet.

Unterliegt das Schiff der Eintragung in das Schiffsregister, so kann der Antrag erst nach der Eintragung der Veräußerung des Schiffes gestellt werden.

Der Antragsteller hat die ihm bekannten Forderungen von Schiffsgläubigern anzugeben.

Die Aufgebotsfrist muß mindestens drei Monate betragen.

In dem Aufgebot ist den Schiffsgläubigern, welche sich nicht melden, als Rechtsnachteil anzudrohen, daß ihre Pfandrechte erlöschen, sofern nicht ihre Forderungen dem Antragsteller bekannt sind.

§ 1003

Für das Aufgebotsverfahren zum Zwecke der Kraftloserklärung einer Urkunde gelten die nachfolgenden besonderen Bestimmungen[67].

§ 1004

Bei Papieren, welche auf den Inhaber lauten oder welche durch Indossament übertragen werden können und mit einem Blankoindossamente versehen sind, ist der bisherige Inhaber des abhanden gekommenen oder vernichteten Papiers berechtigt, das Aufgebotsverfahren zu beantragen.

Bei anderen Urkunden ist derjenige zu dem Antrag berechtigt, welcher das Recht aus der Urkunde geltend machen kann.

§ 1005

Für das Aufgebotsverfahren ist das Gericht des Ortes zuständig, welchen die Urkunde als den Erfüllungsort bezeichnet. Enthält die Urkunde eine solche Bezeichnung nicht, so ist das Gericht zuständig, bei welchem der Aussteller seinen allgemeinen Gerichtsstand hat, und in Ermangelung eines solchen Gerichts dasjenige, bei welchem der Aussteller zur Zeit der Ausstellung seinen allgemeinen Gerichtsstand gehabt hat.

[67] Kriegsschäden an Wertpapieren: 7. Durchführungs- und Ergänzungsverordnung zur Kriegssachschädenverordnung vom 6. 11. 43 — RGBl. I S. 632 —; dazu RdErl. d. RMdI. v. 6. 11. 43 — MBliV. S. 1749 —; jetzt mit § 3 des Ges. betr. Bekanntmachung über Wertpapiere und in Handelssachen vom 22. 6. 48 — GuVOBlWiR. S. 53 — abgedruckt unter XV H —.

Ist die Urkunde über ein im Grundbuch eingetragenes Recht ausgestellt, so ist das Gericht der belegenen Sache ausschließlich zuständig.

§ 1006

Die Erledigung der Anträge auf Erlassung des Aufgebots zum Zwecke der Kraftloserklärung eines auf den Inhaber lautenden Papiers kann von der Landesjustizverwaltung für mehrere Amtsgerichtsbezirke einem Amtsgericht übertragen werden. Auf Verlangen des Antragstellers erfolgt die Erledigung durch das nach § 1005 zuständige Gericht.

Wird das Aufgebot durch ein anderes als das nach § 1005 zuständige Gericht erlassen, so ist das Aufgebot auch durch Anheftung an die Gerichtstafel des letzteren Gerichts öffentlich bekanntzumachen.

Unberührt bleiben die landesgesetzlichen Vorschriften, durch welche für das Aufgebotsverfahren zum Zwecke der Kraftloserklärung von Schuldverschreibungen auf den Inhaber, die ein deutsches Land oder früherer Bundesstaat oder eine ihm angehörende Körperschaft, Stiftung oder Anstalt des öffentlichen Rechtes ausgestellt oder für deren Bezahlung ein deutsches Land oder früherer Bundesstaat die Haftung übernommen hat, ein bestimmtes Amtsgericht für ausschließlich zuständig erklärt wird.

§ 1007

Der Antragsteller hat zur Begründung des Antrags:

1. entweder eine Abschrift der Urkunde beizubringen oder den wesentlichen Inhalt der Urkunde und alles anzugeben, was zur vollständigen Erkennbarkeit derselben erforderlich ist;
2. den Verlust der Urkunde sowie diejenigen Tatsachen glaubhaft zu machen, von welchen seine

Berechtigung abhängt, das Aufgebotsverfahren zu beantragen;

3. sich zur Versicherung der Wahrheit seiner Angaben an Eides Statt zu erbieten.

§ 1008

In dem Aufgebot ist der Inhaber der Urkunde aufzufordern, spätestens im Aufgebotstermine seine Rechte bei dem Gericht anzumelden und die Urkunde vorzulegen. Als Rechtsnachteil ist anzudrohen, daß die Kraftloserklärung der Urkunde erfolgen werde.

§ 1009

Die öffentliche Bekanntmachung des Aufgebots erfolgt durch die Anheftung an die Gerichtstafel und in dem Lokale der Börse, wenn eine solche am Sitze des Aufgebotsgerichts besteht, sowie durch einmalige Einrückung in den Deutschen Reichsanzeiger[68].

Das Gericht kann anordnen, daß die Einrückung noch in andere Blätter und zu mehreren Malen erfolge.

Betrifft das Aufgebot ein auf den Inhaber lautendes Papier und ist in der Urkunde vermerkt oder in den Bestimmungen, unter denen die erforderliche staatliche Genehmigung erteilt worden ist, vor-

---

[68] nach § 7 der Verordnung zur Vereinfachung der Bekanntmachungen über Wertpapiere vom 22. 1. 44 — RGBl. I S. 42 —: „Sammelliste aufgerufener Wertpapiere" der Deutschen Reichsbank; jetzt nach § 2 des Ges. betr. Bekanntmachung über Wertpapiere und in Handelssachen vom 22. 6. 48 — GuVOBlWiR. S. 53 — abgedr. unter XV H —: „Öffentlicher Anzeiger für das Vereinigte Wirtschaftsgebiet" in Frankfurt a/M.

geschrieben, daß die öffentliche Bekanntmachung durch bestimmte andere Blätter zu erfolgen habe, so muß die Bekanntmachung auch durch Einrückung in diese Blätter erfolgen. Das gleiche gilt bei Schuldverschreibungen, die von einem deutschen Lande oder früheren Bundesstaat ausgegeben sind, wenn die öffentliche Bekanntmachung durch bestimmte Blätter landesgesetzlich vorgeschrieben ist.

§ 1010

Bei Wertpapieren, für welche von Zeit zu Zeit Zins-, Renten- oder Gewinnanteilscheine ausgegeben werden, ist der Aufgebotstermin so zu bestimmen, daß bis zu demselben der erste einer seit der Zeit des glaubhaft gemachten Verlustes ausgegebenen Reihe von Zins-, Renten- oder Gewinnanteilscheinen fällig geworden ist und seit der Fälligkeit desselben sechs Monate abgelaufen sind.

Vor Erlassung des Ausschlußurteils hat der Antragsteller ein nach Ablauf dieser sechsmonatigen Frist ausgestelltes Zeugnis der betreffenden Behörde, Kasse oder Anstalt beizubringen, daß die Urkunde seit der Zeit des glaubhaft gemachten Verlustes ihr zur Ausgabe neuer Scheine nicht vorgelegt sei und daß die neuen Scheine an einen anderen als den Antragsteller nicht ausgegeben seien.

§ 1011

Bei Wertpapieren, für welche Zins-, Renten- oder Gewinnanteilscheine zuletzt für einen längeren Zeitraum als vier Jahre ausgegeben sind, genügt es, wenn der Aufgebotstermin so bestimmt wird, daß bis zu demselben seit der Zeit des glaubhaft gemachten Verlustes von den zuletzt ausgegebenen Scheinen solche für vier Jahre fällig geworden und seit der Fälligkeit des letzten derselben sechs Monate abgelaufen sind. Scheine für Zeitabschnitte, für welche keine Zins-, Renten- oder Gewinnanteile gezahlt werden, kommen nicht in Betracht.

Vor Erlassung des Ausschlußurteils hat der Antragsteller ein nach Ablauf dieser sechsmonatigen Frist ausgestelltes Zeugnis der betreffenden Behörde, Kasse oder Anstalt beizubringen, daß die für die bezeichneten vier Jahre und später etwa fällig gewordenen Scheine ihr von einem anderen als dem Antragsteller nicht vorgelegt seien. Hat in der Zeit seit dem Erlasse des Aufgebots eine Ausgabe neuer Scheine stattgefunden, so muß das Zeugnis auch die im § 1010 Abs. 2 bezeichneten Angaben enthalten.

§ 1012

Die Vorschriften der §§ 1010, 1011 finden insoweit keine Anwendung, als die Zins-, Renten- oder Gewinnanteilscheine, deren Fälligkeit nach diesen Vorschriften eingetreten sein muß, von dem Antragsteller vorgelegt werden. Der Vorlegung der Scheine steht es gleich, wenn das Zeugnis der betreffenden Behörde, Kasse oder Anstalt beigebracht wird, daß die fällig gewordenen Scheine ihr von dem Antragsteller vorgelegt worden seien.

§ 1013

Bei Wertpapieren, für welche Zins-, Renten- oder Gewinnanteilscheine ausgegeben sind, aber nicht mehr ausgegeben werden, ist, wenn nicht die Voraussetzungen der §§ 1010, 1011 vorhanden sind, der Aufgebotstermin so zu bestimmen, daß bis zu demselben seit der Fälligkeit des letzten ausgegebenen Scheines sechs Monate abgelaufen sind.

§ 1014

Ist in einer Schuldurkunde eine Verfallzeit angegeben, welche zur Zeit der ersten Einrückung des Aufgebots in den Deutschen Reichsanzeiger[68] noch nicht eingetreten ist, und sind die Voraussetzungen der §§ 1010 bis 1013 nicht vorhanden, so ist der Aufgebotstermin so zu bestimmen, daß seit dem Verfalltag sechs Monate abgelaufen sind.

§ 1015

Die Aufgebotsfrist muß mindestens sechs Monate betragen. Der Aufgebotstermin darf nicht über ein Jahr hinaus bestimmt werden; solange ein so naher Termin nicht bestimmt werden kann, ist das Aufgebot nicht zulässig.

§ 1016

Meldet der Inhaber der Urkunde vor dem Aufgebotstermin seine Rechte unter Vorlegung der Urkunde an, so hat das Gericht den Antragsteller hiervon zu benachrichtigen und ihm die Einsicht der Urkunde innerhalb einer zu bestimmenden Frist zu gestatten. Auf Antrag des Inhabers der Urkunde ist zur Vorlegung derselben ein Termin zu bestimmen.

§ 1017

In dem Ausschlußurteil ist die Urkunde für kraftlos zu erklären.

Das Ausschlußurteil ist seinem wesentlichen Inhalt nach durch den Deutschen Reichsanzeiger[68] bekanntzumachen. Die Vorschriften des § 1009 Abs. 3 finden entsprechende Anwendung.

In gleicher Weise hat nach eingetretener Rechtskraft die Bekanntmachung des auf die Anfechtungs-

[68] Siehe Fußnote zu § 1009.

klage ergangenen Urteils, soweit dadurch die Kraftloserklärung aufgehoben wird, zu erfolgen.

§ 1018

Derjenige, welcher das Ausschlußurteil erwirkt hat, ist dem durch die Urkunde Verpflichteten gegenüber berechtigt, die Rechte aus der Urkunde geltend zu machen.

Wird das Ausschlußurteil infolge einer Anfechtungsklage aufgehoben, so bleiben die auf Grund des Urteils von dem Verpflichteten bewirkten Leistungen auch Dritten, insbesondere dem Anfechtungskläger, gegenüber wirksam, es sei denn, daß der Verpflichtete zur Zeit der Leistung die Aufhebung des Ausschlußurteils gekannt hat.

§ 1019

Bezweckt das Aufgebotsverfahren die Kraftloserklärung eines auf den Inhaber lautenden Papiers, so hat das Gericht auf Antrag an den Aussteller sowie die in dem Papier und die von dem Antragsteller bezeichneten Zahlstellen das Verbot zu erlassen, an den Inhaber des Papiers eine Leistung zu bewirken, insbesondere neue Zins-, Renten- oder Gewinnanteilscheine oder einen Erneuerungsschein auszugeben (Zahlungssperre); mit dem Verbot ist die Benachrichtigung von der Einleitung des Aufgebotsverfahrens zu verbinden. Das Verbot ist in gleicher Weise wie das Aufgebot öffentlich bekanntzumachen.

Das an den Aussteller erlassene Verbot ist auch den Zahlstellen gegenüber wirksam, welche nicht in dem Papiere bezeichnet sind.

Die Einlösung der vor dem Verbot ausgegebenen Zins-, Renten- oder Gewinnanteilscheine wird von dem Verbote nicht betroffen.

§ 1020

Ist die sofortige Einleitung des Aufgebotsverfahrens nach § 1015 Satz 2 unzulässig, so hat das Gericht die Zahlungssperre auf Antrag schon vor der Einleitung des Verfahrens zu verfügen, sofern die übrigen Erfordernisse für die Einleitung vorhanden sind. Auf den Antrag finden die Vorschriften des § 947 Abs. 1 Anwendung. Das Verbot ist durch Anheftung an die Gerichtstafel und durch einmalige Einrückung in den Deutschen Reichsanzeiger[68] öffentlich bekanntzumachen.

§ 1021

Wird die Zahlungssperre angeordnet, bevor seit der Zeit des glaubhaft gemachten Verlustes Zins-, Renten- oder Gewinnanteilscheine ausgegeben worden sind, so ist die Beibringung des im § 1010 Abs. 2 vorgeschriebenen Zeugnisses nicht erforderlich.

§ 1022

Wird das in Verlust gekommene Papier dem Gerichte vorgelegt oder wird das Aufgebotsverfahren in anderer Weise ohne Erlassung eines Ausschlußurteils erledigt, so ist die Zahlungssperre von Amts wegen aufzuheben. Das gleiche gilt, wenn die Zahlungssperre vor der Einleitung des Aufgebotsverfahrens angeordnet worden ist und die Einleitung nicht binnen sechs Monaten nach der Beseitigung des ihr entgegenstehenden Hindernisses beantragt wird. Ist das Aufgebot oder die Zahlungssperre öffentlich bekanntgemacht worden, so ist die Erledigung des Verfahrens oder die Aufhebung der Zahlungssperre von Amts wegen durch den Deutschen Reichsanzeiger[68] bekanntzumachen.

Im Falle der Vorlegung des Papiers ist die Zahlungssperre erst aufzuheben, nachdem dem Antrag-

[68] Siehe Fußnote zu § 1009.

steller die Einsicht nach Maßgabe des § 1016 gestattet worden ist.

Gegen den Beschluß, durch welchen die Zahlungssperre aufgehoben wird, findet sofortige Beschwerde statt.

§ 1023

Bezweckt das Aufgebotsverfahren die Kraftloserklärung einer Urkunde der im § 808 des Bürgerlichen Gesetzbuchs bezeichneten Art, so finden die Vorschriften des § 1006, des § 1009 Abs. 3, des § 1017 Abs. 2 Satz 2 und der §§ 1019 bis 1022 entsprechende Anwendung. Die Landesgesetze können über die Veröffentlichung des Aufgebots und der im § 1017 Abs. 2, 3 und in den §§ 1019, 1020, 1022 vorgeschriebenen Bekanntmachungen sowie über die Aufgebotsfrist abweichende Vorschriften erlassen.

§ 1024[68]

Bei Aufgeboten, welche auf Grund der §§ 887, 927, 1104, 1112, 1162, 1170, 1171, 1269 des Bürgerlichen Gesetzbuchs sowie auf Grund des § 765 des Handelsgesetzbuchs und des § 110 des Gesetzes, betreffend die privatrechtlichen Verhältnisse der Binnenschiffahrt, ergehen, können die Landesgesetze die Art der Veröffentlichung des Aufgebots und des Ausschlußurteils sowie die Aufgebotsfrist anders bestimmen, als in den §§ 948, 950, 956 vorgeschrieben ist.

Bei Aufgeboten, welche auf Grund des § 1162 des Bürgerlichen Gesetzbuchs ergehen, können die Landesgesetze die Art der Veröffentlichung des Aufgebots, des Ausschlußurteils und des im § 1017 Abs. 3 bezeichneten Urteils sowie die Aufgebotsfrist auch anders bestimmen, als in den §§ 1009, 1014, 1015, 1017 vorgeschrieben ist.

[68] Siehe Fußnote zu § 1009.

Zehntes Buch

Schiedsrichterliches Verfahren

§ 1025

Die Vereinbarung, daß die Entscheidung einer Rechtsstreitigkeit durch einen oder mehrere Schiedsrichter erfolgen solle, hat insoweit rechtliche Wirkung, als die Parteien berechtigt sind, über den Gegenstand des Streites einen Vergleich zu schließen.

Der Schiedsvertrag ist unwirksam, wenn eine Partei ihre wirtschaftliche oder soziale Überlegenheit dazu ausgenutzt hat, den anderen Teil zu seinem Abschluß oder zur Annahme von Bestimmungen zu nötigen, die ihr im Verfahren, insbesondere hinsichtlich der Ernennung oder Ablehnung der Schiedsrichter, ein Übergewicht über den anderen Teil einräumen.

§ 1026

Ein Schiedsvertrag über künftige Rechtsstreitigkeiten hat keine rechtliche Wirkung, wenn er nicht auf ein bestimmtes Rechtsverhältnis und die aus demselben entspringenden Rechtsstreitigkeiten sich bezieht.

§ 1027

Der Schiedsvertrag muß ausdrücklich geschlossen werden und bedarf der Schriftform;[69] andere Ver-

[69] hierzu: Gesetz über Schiedsabreden in Kartellverträgen vom 18. 12. 33 (RGBl. I S. 1081):

Schiedsabreden in Verträgen der im § 1 der Verordnung gegen Mißbrauch wirtschaftlicher Machtstellungen vom 2. November 1923 (Reichsgesetzbl. I S. 1067) bezeichneten Art bedürfen, soweit sie sich auf Verpflichtungen der im § 1 der genannten Verordnung bezeichneten Art beziehen, der im § 1027 der Zivilprozeßordnung in der Fassung des Gesetzes zur Ändeeinbarungen als solche, die sich auf das schiedsgerichtliche Verfahren beziehen, darf die Urkunde nicht enthalten. Der Mangel der Form wird durch die Einlassung auf die schiedsgerichtliche Verhandlung zur Hauptsache geheilt.

Die Vorschrift des Abs. 1 findet keine Anwendung, wenn der Schiedsvertrag für beide Teile ein Handelsgeschäft ist und keine der Parteien zu den im § 4 des Handelsgesetzbuchs bezeichneten Gewerbetreibenden gehört.

Soweit der Schiedsvertrag nach Abs. 2 der Schriftform nicht bedarf, kann jede Partei die Errichtung einer schriftlichen Urkunde über den Vertrag verlangen.

§ 1028

Ist in dem Schiedsvertrag eine Bestimmung über die Ernennung des Schiedsrichters nicht enthalten, so wird von jeder Partei ein Schiedsrichter ernannt.

§ 1029

Steht beiden Parteien die Ernennung von Schiedsrichtern zu, so hat die betreibende Partei dem Gegner den Schiedsrichter schriftlich mit der Aufforderung zu bezeichnen, binnen einer einwöchigen Frist seinerseits ein Gleiches zu tun.

Nach fruchtlosem Ablauf der Frist wird auf Antrag der betreibenden Partei der Schiedsrichter von dem zuständigen Gericht ernannt.

§ 1030

Eine Partei ist an die durch sie erfolgte Ernennung eines Schiedsrichters dem Gegner gegen-

---

rung des Verfahrens in bürgerlichen Rechtsstreitigkeiten vom 27. Oktober 1933 (Reichsgesetzbl. I S. 780) vorgeschriebenen Form nicht.

über gebunden, sobald derselbe die Anzeige von der Ernennung erhalten hat.

§ 1031

Wenn ein nicht in dem Schiedsvertrag ernannter Schiedsrichter stirbt oder aus einem anderen Grunde wegfällt oder die Übernahme oder die Ausführung des Schiedsrichteramts verweigert, so hat die Partei, welche ihn ernannt hat, auf Aufforderung des Gegners binnen einer einwöchigen Frist einen anderen Schiedsrichter zu bestellen. Nach fruchtlosem Ablauf der Frist wird auf Antrag der betreibenden Partei der Schiedsrichter von dem zuständigen Gericht ernannt.

§ 1032

Ein Schiedsrichter kann aus denselben Gründen und unter denselben Voraussetzungen abgelehnt werden, welche zur Ablehnung eines Richters berechtigen.

Die Ablehnung kann außerdem erfolgen, wenn ein nicht in dem Schiedsvertrag ernannter Schiedsrichter die Erfüllung seiner Pflichten ungebührlich verzögert.

Minderjährige, Taube, Stumme und Personen, welchen die bürgerlichen Ehrenrechte aberkannt sind, können abgelehnt werde. *Abgelehnt werden können ferner Nichtarier im Sinne des Gesetzes zur Wiederherstellung des Berufsbeamtentums vom 7. April 1933 (Reichsgesetzbl. I S. 175) und der dazu ergangenen Durchführungsverordnungen.*[70]

---

[70] jetzt: Art. II Nr. 3 des Ges. Nr. 1 der MilReg., Art. II des Ges. Nr. 1 des Kontrollrats — abgedr. unter XIV A u. C. —.

§ 1033

Der Schiedsvertrag tritt außer Kraft, sofern nicht für den betreffenden Fall durch eine Vereinbarung der Parteien Vorsorge getroffen ist:

1. wenn bestimmte Personen in dem Vertrage zu Schiedsrichtern ernannt sind und ein Schiedsrichter stirbt oder aus einem anderen Grunde wegfällt oder die Übernahme des Schiedsrichteramts verweigert oder von dem mit ihm geschlossenen Vertrage zurücktritt oder die Erfüllung seiner Pflichten ungebührlich verzögert;
2. wenn die Schiedsrichter den Parteien anzeigen, daß unter ihnen Stimmengleichheit sich ergeben habe.

§ 1034

Die Schiedsrichter haben vor Erlassung des Schiedsspruchs die Parteien zu hören und das dem Streite zugrunde liegende Sachverhältnis zu ermitteln, soweit sie die Ermittlung für erforderlich halten. Rechtsanwälte dürfen als Prozeßbevollmächtigte nicht zurückgewiesen werden; entgegenstehende Vereinbarungen sind unwirksam. Personen, die nach § 157 von dem mündlichen Verhandeln vor Gericht ausgeschlossen sind, dürfen zurückgewiesen werden.

Im übrigen wird das Verfahren, soweit nicht die Parteien eine Vereinbarung getroffen haben, von den Schiedsrichtern nach freiem Ermessen bestimmt.

§ 1035

Die Schiedsrichter können Zeugen und Sachverständige vernehmen, welche freiwillig vor ihnen erscheinen.

Zur Beeidigung eines Zeugen oder eines Sachverständigen oder einer Partei sind die Schiedsrichter nicht befugt.

§ 1036

Eine von den Schiedsrichtern für erforderlich erachtete richterliche Handlung, zu deren Vornahme dieselben nicht befugt sind, ist auf Antrag einer Partei, sofern der Antrag für zulässig erachtet wird, von dem zuständigen Gerichte vorzunehmen.

Dem Gerichte, welches die Vernehmung oder Beeidigung eines Zeugen oder eines Sachverständigen angeordnet hat, stehen auch die Entscheidungen zu, welche im Falle der Verweigerung des Zeugnisses oder des Gutachtens erforderlich werden.

§ 1037

Die Schiedsrichter können das Verfahren fortsetzen und den Schiedsspruch erlassen, auch wenn die Unzulässigkeit des schiedsrichterlichen Verfahrens behauptet, insbesondere wenn geltend gemacht wird, daß ein rechtsgültiger Schiedsvertrag nicht bestehe, daß der Schiedsvertrag sich auf den zu entscheidenden Streit nicht beziehe oder daß ein Schiedsrichter zu den schiedsrichterlichen Verrichtungen nicht befugt sei.

§ 1038

Ist der Schiedsspruch von mehreren Schiedsrichtern zu erlassen, so ist die absolute Mehrheit der Stimmen entscheidend, sofern nicht der Schiedsvertrag ein anderes bestimmt.

§ 1039

Der Schiedsspruch ist unter Angabe des Tages der Abfassung von den Schiedsrichtern zu unterschreiben, den Parteien in einer von den Schiedsrichtern unterschriebenen Ausfertigung zuzustellen und unter Beifügung der Beurkundung der Zustellung auf der Geschäftsstelle des zuständigen Gerichts niederzulegen.

§ 1040

Der Schiedsspruch hat unter den Parteien die Wirkungen eines rechtskräftigen gerichtlichen Urteils.

§ 1041

Die Aufhebung des Schiedsspruchs kann beantragt werden:

1. wenn dem Schiedsspruch ein gültiger Schiedsvertrag nicht zugrunde liegt oder der Schiedsspruch sonst auf einem unzulässigen Verfahren beruht;
2. wenn die Anerkennung des Schiedsspruchs gegen die guten Sitten oder die öffentliche Ordnung verstoßen würde;
3. wenn die Partei in dem Verfahren nicht nach Vorschrift der Gesetze vertreten war, sofern sie nicht die Prozeßführung ausdrücklich oder stillschweigend genehmigt hat;
4. wenn der Partei in dem Verfahren das rechtliche Gehör nicht gewährt war;
5. wenn der Schiedsspruch nicht mit Gründen versehen ist;
6. wenn die Voraussetzungen vorliegen, unter welchen in den Fällen der Nr. 1 bis 6 des § 580 die Restitutionsklage stattfindet.

Die Aufhebung des Schiedsspruchs findet aus dem unter Nr. 5 erwähnten Grunde nicht statt, wenn die Parteien ein anderes vereinbart haben.

§ 1042

Aus dem Schiedsspruch findet die Zwangsvollstreckung nur statt, wenn er für vollstreckbar erklärt ist.

Der Antrag ist unter Aufhebung des Schiedsspruchs abzulehnen, wenn einer der im § 1041 bezeichneten Aufhebungsgründe vorliegt.

§ 1042a

Über den Antrag auf Vollstreckbarerklärung kann ohne vorgängige mündliche Verhandlung durch Beschluß entschieden werden; vor der Entscheidung ist der Gegner zu hören. Im Falle einer vorgängigen mündlichen Verhandlung wird durch Endurteil entschieden.

Wird ein Aufhebungsgrund geltend gemacht, so ist, sofern nicht die alsbaldige Ablehnung des Antrags gerechtfertigt erscheint, mündliche Verhandlung anzuordnen.

§ 1042b

Dem Antrag soll die für die Zustellung erforderliche Zahl von Abschriften beigefügt werden.

Wird die mündliche Verhandlung angeordnet, so ist der Termin den Parteien von Amts wegen bekanntzumachen. Im Verfahren vor den Landgerichten soll die Bekanntmachung die Aufforderung gemäß § 215 enthalten.

§ 1042c

Der Beschluß, durch den der Schiedsspruch für vollstreckbar erklärt wird, ist für vorläufig vollstreckbar zu erklären.

Gegen den Beschluß findet Widerspruch statt. Wird Widerspruch erhoben, so ist über die Vollstreckbarerklärung des Schiedsspruchs durch Endurteil zu entscheiden. Die Vorschriften der §§ 707, 717 finden entsprechende Anwendung.

Der Beschluß, durch den der Antrag auf Vollstreckbarerklärung abgelehnt wird, unterliegt der sofortigen Beschwerde.

§ 1042d

Der Widerspruch ist innerhalb einer mit der Zustellung beginnenden Notfrist von zwei Wochen durch Einreichung einer Widerspruchsschrift einzulegen. § 339 Abs. 2 gilt entsprechend. Die Widerspruchsschrift soll zugleich dasjenige enthalten, was zur Vorbereitung der mündlichen Verhandlung erforderlich ist.

Der Termin zur mündlichen Verhandlung ist den Parteien von Amts wegen bekanntzumachen. Mit der Bekanntmachung ist der Gegenpartei die Widerspruchsschrift von Amts wegen zuzustellen. Die erforderliche Zahl von Abschriften soll die Partei mit der Widerspruchsschrift einreichen.

§ 1043

Ist der Schiedsspruch rechtskräftig für vollstreckbar erklärt, so kann seine Aufhebung nur aus den im § 1041 Nr. 6 bezeichneten Gründen und nur dann beantragt werden, wenn glaubhaft gemacht wird, daß die Partei ohne ihr Verschulden außerstande gewesen ist, den Aufhebungsgrund in dem früheren Verfahren geltend zu machen.

Die Klage ist innerhalb einer Notfrist von einem Monat zu erheben. Die Frist beginnt mit dem Tage, an welchem die Partei von dem Aufhebungsgrunde Kenntnis erhalten hat, jedoch nicht vor eingetretener Rechtskraft der Entscheidung über die Vollstreckbarerklärung. Nach Ablauf von zehn Jahren, von dem Tage der Rechtskraft der Entscheidung an gerechnet, ist die Klage unstatthaft.

Wird der Schiedsspruch aufgehoben, so ist zugleich die Vollstreckbarerklärung aufzuheben.

§ 1044

Ein ausländischer Schiedsspruch, der nach dem für ihn maßgebenden Rechte verbindlich geworden ist, wird, soweit nicht Staatsverträge ein anderes bestimmen, in dem für inländische Schiedssprüche vorgeschriebenen Verfahren für vollstreckbar erklärt. § 1039 findet keine Anwendung.

Der Antrag auf Vollstreckbarerklärung ist abzulehnen:

1. wenn der Schiedsspruch rechtsunwirksam ist; für die Rechtswirksamkeit des Schiedsspruchs ist, soweit nicht Staatsverträge ein anderes bestimmen, das für das Schiedsverfahren geltende Recht maßgebend;
2. wenn die Anerkennung des Schiedssspruchs gegen die guten Sitten oder die öffentliche Ordnung verstoßen würde, insbesondere wenn der Spruch eine Partei zu einer Handlung verurteilt, deren Vornahme nach den deutschen Gesetzen verboten ist;
3. wenn die Partei nicht ordnungsmäßig vertreten war, sofern sie nicht die Prozeßführung ausdrücklich oder stillschweigend genehmigt hat;
4. wenn der Partei in dem Verfahren das rechtliche Gehör nicht gewährt war.

An die Stelle der Aufhebung des Schiedsspruchs tritt die Feststellung, daß er im Inland nicht anzuerkennen ist.

Wird der Schiedsspruch, nachdem er für vollstreckbar erklärt worden ist, im Ausland aufgehoben, so kann im Wege der Klage die Aufhebung der Vollstreckbarerklärung beantragt werden. Auf die Klage finden die Vorschriften des § 1043 Abs. 2, 3 mit der Maßgabe entsprechende Anwendung, daß die Notfrist mit der Kenntnis der Partei von der rechtskräftigen Aufhebung des Schiedsspruchs beginnt.

§ 1044a

Hat sich der Schuldner in einem schiedsrichterlichen Vergleich der sofortigen Zwangsvollstreckung unterworfen, so findet die Zwangsvollstreckung aus dem Vergleich statt, wenn er für vollstreckbar erklärt ist. Der Vergleich darf nur für vollstreckbar erklärt werden, wenn er unter Angabe des Tages seines Zustandekommens von den Schiedsrichtern und den Parteien unterschrieben und auf der Geschäftsstelle des zuständigen Gerichts niedergelegt ist.

Die Vollstreckbarerklärung ist abzulehnen, wenn der Vergleich der Rechtswirksamkeit entbehrt oder seine Anerkennung gegen die guten Sitten oder die öffentliche Ordnung verstoßen würde.

Die Vorschriften der §§ 1042a bis 1042d finden entsprechende Anwendung; die Geltendmachung der Rechtsunwirksamkeit des Vergleichs steht der Geltendmachung von Aufhebungsgründen gegen einen Schiedsspruch gleich.

§ 1045

Für die gerichtlichen Entscheidungen über die Ernennung oder die Ablehnung eines Schiedsrichters oder über das Erlöschen eines Schiedsvertrags oder über die Anordnung der von den Schiedsrichtern für erforderlich erachteten richterlichen Handlungen ist das Amtsgericht oder das Landgericht zuständig, welches in dem Schiedsvertrag als solches bezeichnet ist, und in Ermangelung einer derartigen Bezeichnung das Amtsgericht oder das Landgericht, welches für die gerichtliche Geltendmachung des Anspruchs zuständig sein würde.

Die Entscheidung kann ohne vorgängige mündliche Verhandlung erfolgen. Vor der Entscheidung ist der Gegner zu hören.

Gegen die Entscheidung findet sofortige Beschwerde statt.

§ 1046

Das im § 1045 Abs. 1 bezeichnete Gericht ist auch für die Vollstreckbarerklärung von Schiedssprüchen und schiedsrichterlichen Vergleichen sowie für Klagen zuständig, welche die Unzulässigkeit des schiedsrichterlichen Verfahrens, die Aufhebung eines Schiedsspruchs oder die Vollstreckbarerklärung eines solchen oder die Rechtsunwirksamkeit eines schiedsrichterlichen Vergleichs zum Gegenstande haben.

§ 1047

Unter mehreren nach den §§ 1045, 1046 zuständigen Gerichten ist und bleibt dasjenige Gericht zuständig, an welches sich zuerst eine Partei oder das Schiedsgericht (§ 1039) gewendet hat.

§ 1048

Auf Schiedsgerichte, welche in gesetzlich statthafter Weise durch letztwillige oder andere nicht auf Vereinbarung beruhende Verfügungen angeordnet werden, finden die Bestimmungen dieses Buches entsprechende Anwendung.

II

Gesetz, betreffend die Einführung der Zivilprozeßordnung

vom 30. Januar 1877 (RGBl. 244),

abgeändert durch Ges. v. 17. 5. 98 (RGBl. 332), Ges. v. 22. 5. 10 (RGBl. 767) u. Ges. v. 20. 2. 11 (RGBl. 59).

§ 1

Die Zivilprozeßordnung tritt im ganzen Umfange des Reichs gleichzeitig mit dem Gerichtsverfassungsgesetz in Kraft.[1]

§ 2

Das Kostenwesen in bürgerlichen Rechtsstreitigkeiten wird für den ganzen Umfang des Reichs durch eine Gebührenordnung geregelt.[2]

§ 3

Die Zivilprozeßordnung findet auf alle bürgerlichen Rechtsstreitigkeiten Anwendung, welche vor die ordentlichen Gerichte gehören.

Insoweit die Gerichtsbarkeit in bürgerlichen Rechtsstreitigkeiten, für welche besondere Gerichte zugelassen sind, durch die Landesgesetzgebung den ordentlichen Gerichten übertragen wird, kann dieselbe ein abweichendes Verfahren gestatten.

---

[1] ZPO. und GVG. sind am 1. 10. 79 in Kraft getreten.

[2] Für das in der ZPO. geordnete Verfahren ist das Kostenwesen geregelt im GKG., ZeuguSachverstGebO., RAnwGebO., ArmenAnwGes., GerVollzGebO.

§ 4

Für bürgerliche Rechtsstreitigkeiten, für welche nach dem Gegenstand oder der Art des Anspruchs der Rechtsweg zulässig ist, darf aus dem Grunde, weil als Partei der Fiskus, eine Gemeinde oder eine andere öffentliche Korporation beteiligt ist, der Rechtsweg durch die Landesgesetzgebung nicht ausgeschlossen werden.

§ 5 (gegenstandslos)[3]

§ 6 (gegenstandslos)[4]

§ 7 (gegenstandslos)[5]

§ 8 (gegenstandslos)[5]

§ 9

Die Bestimmung des zuständigen Gerichts erfolgt, falls es sich um die Zuständigkeit solcher Gerichte handelt, welche verschiedenen deutschen Bundesstaaten angehören und nicht im Bezirk eines gemeinschaftlichen Oberlandesgerichts ihren Sitz haben, durch das Reichsgericht auch dann, wenn in einem dieser Länder ein oberstes Landesgericht für bürgerliche Rechtsstreitigkeiten errichtet ist.[6]

§ 10 (gegenstandslos)[7]

---

[3] Art. 109 WeimRV. hob die öffentlich-rechtlichen Vorrechte des Standes auf.

[4] Das Änderungsges. vom 27. 10. 33 änderte § 549 ZPO. dahin, daß die Aufzählung des revisiblen Rechts wegfiel.

[5] Die Verordnung über das Gerichtswesen in Bayern vom 19. 3. 35 (RGBl. I S. 383) schaffte das Bayer. Oberste Landesgericht ab.

[6] hierzu: Art. V Reichsges. v. 22. 5. 10 (RGBl. 767) und für Preußen AV. v. 18. 6. 10 (JMBl. 217), für Bayern VO. v. 19. 3. 35 (RGBl. I 383).

[7] Die beschränkte Entmündigung des franz. Rechts ist durch Art. 55 EG.BGB. abgeschafft.

§ 11

Die Landesgesetze können bei Aufgeboten, deren Zulässigkeit auf landesgesetzlichen Vorschriften beruht, die Anwendung der Bestimmungen der Zivilprozeßordnung über das Aufgebotsverfahren ausschließen oder diese Bestimmungen durch andere Vorschriften ersetzen.

§ 12

Gesetz im Sinne der Zivilprozeßordnung und dieses Gesetzes ist jede Rechtsnorm.

§ 13

Die prozeßrechtlichen Vorschriften der Reichsgesetze werden durch die Zivilprozeßordnung nicht berührt.

(Abs. 2 bis 4 gegenstandslos)

§ 14

Die prozeßrechtlichen Vorschriften der Landesgesetze treten für alle bürgerlichen Rechtsstreitigkeiten, deren Entscheidung in Gemäßheit des § 3 nach den Vorschriften der Zivilprozeßordnung zu erfolgen hat, außer Kraft, soweit nicht in der Zivilprozeßordnung auf sie verwiesen oder soweit nicht bestimmt ist, daß sie nicht berührt werden.

Außer Kraft treten insbesondere:

1. die Vorschriften über die bindende Kraft des strafgerichtlichen Urteils für den Zivilrichter;
2. die Vorschriften, welche in Ansehung gewisser Rechtsverhältnisse einzelne Arten von Beweismitteln ausschließen oder nur unter Beschränkungen zulassen;
3. die Vorschriften, nach welchen unter bestimmten Voraussetzungen eine Tatsache als mehr oder minder wahrscheinlich anzunehmen ist;

4. die Vorschriften über die Bewilligung von Moratorien, über die Urteilsfristen und über die Befugnisse des Gerichts, dem Schuldner bei der Verurteilung Zahlungsfrist zu gewähren;
5. die Vorschriften, nach welchen eine Nebenforderung als aberkannt gilt, wenn über dieselbe nicht entschieden ist.

§ 15

Unberührt bleiben:

1. die landesgesetzlichen Vorschriften über die Einstellung des Verfahrens für den Fall, daß ein Kompetenzkonflikt zwischen den Gerichten und den Verwaltungsbehörden oder Verwaltungsgerichten entsteht;
2. die landesgesetzlichen Vorschriften über das Verfahren bei Streitigkeiten, welche die Zwangsenteignung und die Entschädigung wegen derselben betreffen;
3. die landesgesetzlichen Vorschriften über die Zwangsvollstreckung wegen Geldforderungen gegen den Fiskus, eine Körperschaft, Stiftung oder Anstalt des öffentlichen Rechts oder eine unter der Verwaltung einer öffentlichen Behörde stehende Körperschaft oder Stiftung, soweit nicht dingliche Rechte verfolgt werden;
4. die landesgesetzlichen Vorschriften, nach welchen auf die Zwangsvollstreckung gegen einen Rechtsnachfolger des Schuldners, soweit sie in das zu einem Lehen, zu einem Stammgute, Familienfideikommiß oder Anerbengute gehörende Vermögen stattfinden soll, die Vorschriften über die Zwangsvollstreckung gegen einen Erben des Schuldners entsprechende Anwendung finden.

§ 16

Unberührt bleiben:

1. die Vorschriften des bürgerlichen Rechts über die Beweiskraft der Beurkundung des bürgerlichen Standes in Ansehung der Erklärungen, welche über Geburten und Sterbefälle von den zur Anzeige gesetzlich verpflichteten Personen angegeben werden;
2. die Vorschriften des bürgerlichen Rechts über die Verpflichtungen zur Leistung des Offenbarungseides;
3. die Vorschriften des bürgerlichen Rechts, nach welchen in bestimmten Fällen einstweilige Verfügungen erlassen werden können.

§ 17

Die Beweiskraft eines Schuldscheins oder einer Quittung ist an den Ablauf einer Zeitfrist nicht gebunden.

Abweichende Vorschriften des bürgerlichen Rechts über die zur Eintragung in das Grund- oder Hypothekenbuch bestimmten Schuldurkunden bleiben unberührt, soweit sie die Verfolgung des dinglichen Rechts betreffen.

§§ 18—23 (gegenstandslos)

§ 24

Unter Zustimmung des Bundesrats kann durch Anordnung des Reichskanzlers bestimmt werden, daß gegen einen ausländischen Staat sowie dessen Angehörige und ihre Rechtsnachfolger ein Vergeltungsrecht zur Anwendung gebracht wird.

III.

Gerichtsverfassungsgesetz

vom 27. Januar 1877 (RGBl. S. 41)

in der Fassung der Bekanntmachung vom 22. März 1924 (RGBl. I S. 299).

I) außer Kraft gesetzt durch § 110 Nr. 2 des Arbeitsgerichtsgesetzes vom 23. 12. 26 — RGBl. I S. 507 —.

II) geändert durch das Gesetz zur Änderung der Bezeichnungen „Gerichtsschreiberei", „Gerichtsschreiber" und „Gerichtsdiener" vom 9. 7. 27 — RGBl. I S. 175 —.

III) geändert durch Art. 2 der VO. über die Abänderung des Wortlauts verschiedener Gesetze und Verordnungen aus Anlaß des Fortfalls der Bezeichnungen „Gerichtsschreiberei" und „Gerichtsschreiber" vom 30. 11. 27 — RGBl. I S. 334 —.

IV) geändert durch die VO. des Reichspräsidenten zum Schutze der Wirtschaft vom 9. 3. 32 — RGBl. I S. 121 — Zweiter Teil Art. II.

V) geändert durch das Gesetz zur Änderung der Vorschriften des Gerichtsverfassungsgesetzes über die Präsidien der Gerichte vom 4. 7. 33 — RGBl. I S. 451 —.

VI) geändert durch das Gesetz zur Änderung des Gerichtsverfassungsgesetzes vom 13. 12. 34 — RGBl. I S. 1233 —.

VII) gestrichen durch das Gesetz über die Beseitigung der Gerichtsferien vom 7. 3. 35 — RGBl. I S. 352 —.

VIII) geändert (§ 131a eingefügt) durch Art. 3 des Gesetzes zur Änderung von Vorschriften des Strafverfahrens und des Gerichtsverfassungsgesetzes vom 28. 6. 35 — RGBl. I S. 844 —.

IX) gestrichen durch § 5 des Gesetzes über das Verfahren in Binnenschiffahrtssachen vom 30. 1. 37 — RGBl. I S. 97 —.

X) geändert durch § 30 der VO. zur Durchführung und Ergänzung des Gesetzes zur Vereinheitlichung des Rechts der Eheschließung und der Ehescheidung im Lande Österreich und im übrigen Reichsgebiet (Ehegesetz) vom 27. 7. 38 — RGBl. I S. 923 —.

XI) gestrichen durch § 28 des Gesetzes zur weiteren Überleitung der Rechtspflege im Lande Österreich und in den sudentendeutschen Gebieten vom 28. 2. 39 — RGBl. I S. 358 —.

XII) Satz 2 außer Kraft gesetzt durch § 21 Abs. 2 Nr. 3 der VO. zur Durchführung der VO. über die Zuständigkeit der Strafgerichte, die Sondergerichte und sonstige strafverfahrensrechtliche Vorschriften vom 13. 3. 40 — RGBl. I S. 489 —.

XIII) beruht auf Art. 1 der Verordnung zur Änderung von Vorschriften auf dem Gebiete der Gerichtsverfassung, der bürgerlichen Rechtspflege und des Kostenrechts vom 27. 1. 1948 — VOBl. BZ. S. 13 —.

Inhaltsübersicht zum Gerichtsverfassungsgesetz.

Erster Titel

Richteramt

§ 1

Die richterliche Gewalt wird durch unabhängige, nur dem Gesetz unterworfene Gerichte ausgeübt.

§ 2

Die Fähigkeit zum Richteramte wird durch die Ablegung zweier Prüfungen erlangt.

Der ersten Prüfung muß ein dreijähriges Studium der Rechtswissenschaft auf einer Universität vorangehen. Von dem dreijährigen Zeitraum sind mindestens drei Halbjahre dem Studium auf einer deutschen Universität zu widmen.

Zwischen der ersten und zweiten Prüfung muß ein Zeitraum von drei Jahren liegen, welcher im Dienste bei den Gerichten und den Rechtsanwälten zu verwenden ist, auch zum Teil bei der Staatsanwaltschaft verwendet werden kann.

In den einzelnen deutschen Ländern kann bestimmt werden, daß der für das Universitätsstudium oder für den Vorbereitungsdienst bezeichneten Zeitraum verlängert wird, oder daß ein Teil des letzteren Zeitraums, jedoch höchstens ein Jahr, im Dienste bei Verwaltungsbehörden zu verwenden ist oder verwendet werden darf.

§ 3

Wer in einem deutschen Lande die erste Prüfung bestanden hat, kann in jedem anderen Lande zur Vorbereitung für den Justizdienst und zur zweiten Prüfung zugelassen werden.

Die in einem deutschen Lande auf die Vorbereitung verwendete Zeit kann in jedem anderen Lande angerechnet werden.

§ 4

Zum Richteramte befähigt ist ferner jeder ordentliche öffentliche Lehrer des Rechtes an einer deutschen Universität.

§ 5

Wer in einem deutschen Lande die Fähigkeit zum Richteramte erlangt hat, ist, soweit dieses Gesetz keine Ausnahme bestimmt, zu jedem Richteramt innerhalb des Deutschen Reichs befähigt.

§ 6

Die Ernennung der Richter erfolgt auf Lebenszeit.

§ 7

Die Richter beziehen in ihrer richterlichen Eigenschaft ein festes Gehalt mit Ausschluß von Gebühren.

§ 8

Richter können wider ihren Willen nur kraft richterlicher Entscheidung und nur aus den Gründen und unter den Formen, welche die Gesetze bestimmen, dauernd oder zeitweise ihres Amtes enthoben oder an eine andere Stelle oder in den Ruhestand versetzt werden. Die Gesetzgebung kann Altersgrenzen festsetzen, bei deren Erreichung Richter in den Ruhestand treten.[1]

Die vorläufige Amtsenthebung, welche kraft Gesetzes eintritt, wird hierdurch nicht berührt.

Bei einer Veränderung in der Einrichtung der Gerichte oder ihrer Bezirke können unfreiwillige Versetzungen an ein anderes Gericht oder Entfernungen vom Amte unter Belassung des vollen Gehalts durch die Landesjustizverwaltung verfügt werden.

§ 9

Wegen vermögensrechtlicher Ansprüche der Richter aus ihrem Dienstverhältnis, insbesondere auf Gehalt, Wartegeld oder Ruhegehalt, darf der Rechtsweg nicht ausgeschlossen werden.

§ 10[XIII)]

Bei den Amtsgerichten und den Landgerichten kann als Hilfsrichter verwendet werden, wer zum Richteramt befähigt ist.

§ 11

Auf Handelsrichter, Schöffen und Geschworene finden die Bestimmungen der §§ 2 bis 9 keine Anwendung.

Zweiter Titel

Gerichtsbarkeit

§ 12

Die ordentliche streitige Gerichtsbarkeit wird durch Amtsgerichte und Landgerichte, durch Ober-

---

[1] zu vgl. §§ 6, 68, 71 des Deutschen Beamtengesetzes; in der brit. Zone: VO. über die Altersgrenze der Richter vom 30. 3. 48 — VOBl. BZ. S. 73 —.

landesgerichte und durch das Reichsgericht ausgeübt.

§ 13

Vor die ordentlichen Gerichte gehören alle bürgerlichen Rechtsstreitigkeiten und Strafsachen, für welche nicht entweder die Zuständigkeit von Verwaltungsbehörden oder Verwaltungsgerichten begründet ist oder reichsgesetzlich besondere Gerichte bestellt oder zugelassen sind.

§ 14

Als besondere Gerichte werden zugelassen:

1. (weggefallen);IX)[2]
2. Gerichte, welchen die Entscheidung von bürgerlichen Rechtsstreitigkeiten bei der Ablösung von Gerechtigkeiten oder Reallasten, bei Separationen, Konsolidationen, Verkoppelungen, gutsherrlich-bäuerlichen Auseinandersetzungen und dergleichen obliegt;
3. Gemeindegerichte, insoweit ihnen die Entscheidung über vermögensrechtliche Ansprüche obliegt, deren Gegenstand in Geld oder Geldeswert die Summe von sechzig[3] Reichsmark nicht übersteigt, jedoch mit der Maßgabe, daß gegen die Entscheidung der Gemeindegerichte innerhalb einer gesetzlich zu bestimmenden Frist sowohl dem Kläger wie dem Beklagten die Berufung auf den ordentlichen Rechtsweg zusteht, und daß der Gerichtsbarkeit des Gemeindegerichts, als Kläger oder Beklagter, nur Personen unterworfen werden dürfen, welche in

[2] betr. Rheinschiffahrtsgerichte zu vgl. Fußnote 1 zu VIII A.

[3] laut NotVO. v. 1. 12. 30, Neunter Teil § 1 — abgedr. unter V B —: 100 RM; jetzt „Deutsche Mark" laut § 2 des Ges. Nr. 61 der brit. MilReg. (Währungsges).

der Gemeinde den Wohnsitz, eine Niederlassung oder im Sinne der §§ 16, 20 der Zivilprozeßordnung den Aufenthalt haben;

4. (weggefallen).[1])

§ 15

Die Gerichte sind Staatsgerichte.[4]

Die Privatgerichtsbarkeit ist aufgehoben; an ihre Stelle tritt die Gerichtsbarkeit des deutschen Landes, in welchem sie ausgeübt wurde. Präsentationen für Anstellungen bei den Gerichten finden nicht statt.

Die Ausübung einer geistlichen Gerichtsbarkeit in weltlichen Angelegenheiten ist ohne bürgerliche Wirkung. Dies gilt insbesondere bei Ehe- und Verlöbnissachen.

§ 16

Ausnahmegerichte sind unstatthaft. Niemand darf seinem gesetzlichen Richter entzogen werden. Die gesetzlichen Bestimmungen über Kriegsgerichte und Standgerichte werden hiervon nicht berührt.

§ 17

Die Gerichte entscheiden über die Zulässigkeit des Rechtswegs.

Die Landesgesetzgebung kann jedoch die Entscheidung von Streitigkeiten zwischen den Gerichten und den Verwaltungsbehörden oder Verwaltungsgerichten über die Zulässigkeit des Rechtswegs besonderen Behörden nach Maßgabe der folgenden Bestimmungen übertragen:[5]

---

[4] hinsichtlich des Übergangs auf das Reich zu vgl. die Überleitungsvorschriften, abgedr. unter V A.

[5] hierzu VO. über die Behörden zur Entscheidung von Kompetenzkonflikten vom 27. 3. 35 (RGBl. I S. 492). Neuerdings § 28 Abs. 2 brit. MilRegVO. Nr. 165.

1. Die Mitglieder werden für die Dauer des zur Zeit ihrer Ernennung von ihnen bekleideten Amts oder, falls sie zu dieser Zeit ein Amt nicht bekleiden, auf Lebenszeit ernannt. Eine Enthebung vom Amte kann nur unter denselben Voraussetzungen wie bei den Mitgliedern des Reichsgerichts stattfinden.
2. Mindestens die Hälfte der Mitglieder muß dem Reichsgericht oder dem obersten Landesgericht oder einem Oberlandesgericht angehören. Bei Entscheidungen dürfen Mitglieder nur in der gesetzlich bestimmten Anzahl mitwirken. Diese Anzahl muß eine ungerade sein und mindestens fünf betragen.
3. Das Verfahren ist gesetzlich zu regeln. Die Entscheidung erfolgt in öffentlicher Sitzung nach Ladung der Parteien.
4. Sofern die Zulässigkeit des Rechtswegs durch rechtskräftiges Urteil des Gerichts feststeht, ohne daß zuvor auf die Entscheidung der besonderen Behörde angetragen war, bleibt die Entscheidung des Gerichts maßgebend.

§ 18 VI)

Die deutsche Gerichtsbarkeit erstreckt sich nicht auf die Leiter und Mitglieder der bei dem Deutschen Reich beglaubigten diplomatischen Vertretungen. Sie erstreckt sich auch nicht auf andere Personen, die nach den allgemein anerkannten Regeln des Völkerrechts oder nach einem Staatsvertrag von der deutschen Gerichtsbarkeit befreit sind.

Die Bestimmungen des Absatzes 1 finden auf die den Hausstand teilenden Familienmitglieder und das Geschäftspersonal der im Abs. 1 bezeichneten Personen Anwendung, es sei denn, daß die Befreiung nach einer im Reichsgesetzblatt veröffentlichten Bekanntmachung der Reichsregierung nicht gewährt wird.

Die Vorschrift des Absatzes 2 gilt auch für die nicht deutschen Bediensteten der im Abs. 1 bezeichneten Personen.

§ 19[VI)]

Besitzt eine der im § 18 Absätze 1 und 2 bezeichneten Personen die Reichsangehörigkeit, so ist die Person von der deutschen Gerichtsbarkeit nur befreit, wenn das Reich sich der Gerichtsbarkeit über sie durch eine Verfügung der *Reichsregierung* begeben hat.

Die Chefs und Mitglieder der bei einem deutschen Lande beglaubigten Missionen sind der Gerichtsbarkeit dieses Landes nicht unterworfen. *Dasselbe gilt von den Mitgliedern des Reichsrats, welche nicht von dem Lande abgeordnet sind, in dessen Gebiete der Reichsrat seinen Sitz hat.*

§ 20

Durch die Bestimmungen der §§ 18, 19 werden die Vorschriften über den ausschließlichen dinglichen Gerichtsstand in bürgerlichen Rechtsstreitigkeiten nicht berührt.

§ 21

Die im Deutschen Reiche angestellten Konsuln sind der inländischen Gerichtsbarkeit unterworfen, sofern nicht in Verträgen des Deutschen Reichs mit anderen Mächten Vereinbarungen über die Befreiung der Konsuln von der inländischen Gerichtsbarkeit getroffen sind.

Dritter Titel

Amtsgerichte

§ 22

Den Amtsgerichten stehen Einzelrichter vor.

Ein Amtsrichter kann zugleich Mitglied oder Direktor bei dem übergeordneten Landgericht sein.[6]

Die allgemeine Dienstaufsicht[7] kann von der Landesjustizverwaltung dem Präsidenten des übergeordneten Landgerichts übertragen werden. Geschieht dies nicht, so ist, wenn das Amtsgericht mit mehreren Richtern besetzt ist, einem von ihnen von der Landesjustizverwaltung die allgemeine Dienstaufsicht zu übertragen; ist die Zahl der Richter höher als fünfzehn, so kann die Dienstaufsicht zwischen mehreren von ihnen geteilt werden.

Jeder Amtsrichter erledigt die ihm obliegenden Geschäfte, soweit dieses Gesetz nichts anderes bestimmt, als Einzelrichter.[7a]

§ 23

Die Zuständigkeit der Amtsgerichte umfaßt in bürgerlichen Rechtsstreitigkeiten, soweit sie nicht ohne Rücksicht auf den Wert des Streitgegenstandes den Landgerichten zugewiesen sind:

XIII) 1. Streitigkeiten über vermögensrechtliche Ansprüche, deren Gegenstand an Geld oder Geldes-

[6] Amtsrichter zugleich bei mehreren Amtsgerichten: NotVO. vom 1. 12. 30, Neunter Teil § 3 — abgedr. unter V B —; zu vgl. aber § 19 der VO. vom 20. 3. 35 — abgedr. unter V C —.

[7] zu vgl. §§ 13ff. der VO. vom 20. 3. 35 — abgedr. unter V C —.

[7a] Verordnung über die Geschäftsverteilung bei den Amtsgerichten — abgedr. Nachtrag —.

wert die Summe von zweitausend Reichsmark[7b] nicht übersteigt;

2. ohne Rücksicht auf den Wert des Streitgegenstandes:

Streitigkeiten zwischen dem Vermieter und dem Mieter oder Untermieter von Wohnräumen oder anderen Räumen oder zwischen dem Mieter und dem Untermieter solcher Räume wegen Überlassung, Benutzung oder Räumung, sowie wegen Zurückhaltung der von dem Mieter oder dem Untermieter in die Mietsräume eingebrachten Sachen;

Streitigkeiten zwischen Dienstherrschaft und Gesinde, zwischen Arbeitgebern und Arbeitern hinsichtlich des Dienst- oder Arbeitsverhältnisses *sowie die im § 4 des Gewerbegerichtsgesetzes in der Fassung der Bekanntmachung vom 29. September 1901 (Reichsgesetzbl. S. 353) und des Gesetzes vom 14. Januar 1922 (Reichsgesetzbl. I S. 155) bezeichneten Streitigkeiten*, soweit sie während der Dauer des Dienst-, Arbeits- oder Lehrverhältnisses entstehen;[8]

Streitigkeiten zwischen Reisenden und Wirten, Fuhrleuten, Schiffern, Flößern oder Auswanderungsexpedienten in den Einschiffungshäfen, welche über Wirtszechen, Fuhrlohn, Überfahrtsgelder, Beförderung der Reisenden und ihrer Habe und über Verlust und Beschädigung der letzteren, sowie Streitigkeiten zwi-

---

[7b] jetzt „Deutsche Mark" (§ 2 des Ges. Nr. 61 der brit. MilReg.).

[8] bis auf Streitigkeiten zwischen Seeschiffern und ihren Arbeitgebern sind jetzt die Arbeitsgerichte zuständig (§§ 2 und 110 Nr. 1 des ArbGG.).

schen Reisenden und Handwerkern, welche aus Anlaß der Reise entstanden sind;

Streitigkeiten wegen Viehmängel;

Streitigkeiten wegen Wildschadens;[9 AV]

alle Ansprüche auf Erfüllung einer durch Ehe oder Verwandtschaft begründeten gesetzlichen Unterhaltspflicht;

Ansprüche aus einem außerehelichen Beischlaf;

Ansprüche aus einem mit der Überlassung eines Grundstücks in Verbindung stehenden Leibgedings-, Leibzuchts-, Altenteils- oder Auszugvertrag;[10]

das Aufgebotsverfahren.

§§ 24—26a (weggefallen)

§ 27

Im übrigen wird die Zuständigkeit und der Geschäftskreis der Amtsgerichte durch die Vorschriften dieses Gesetzes und der Prozeßordnung bestimmt.

Vierter Titel

Schöffengerichte

§§ 28—58

---

[9] zu vgl. § 50 der VO. zur Ausführung des Reichsjagdgesetzes vom 27. 3. 35 (RGBl. I S. 431) und Art. 3 der VO. über *die Rechtshilfe im Ehrengerichtsverfahren der deutschen Jägerschaft und* über den Gerichtsstand in Wild- und Jagdschadenssachen vom 10. 7. 35 (RGBl. I S. 912).

[10] zu vgl. Ges. über die anderweitige Festsetzung von Geldleistungen aus Altenteilsverträgen vom 18. 8. 23 (RGBl. I S. 815).

Fünfter Titel

Landgerichte

§ 59

Die Landgerichte werden mit einem Präsidenten und der erforderlichen Anzahl von Direktoren und Mitgliedern besetzt. Von der Ernennung eines Direktors kann abgesehen werden, wenn der Präsident den Vorsitz in den Kammern allein führen kann.

Die Direktoren und die Mitglieder können gleichzeitig Amtsrichter im Bezirke des Landgerichts sein.[10a]

§ 60

Bei den Landgerichten werden Zivil- und Strafkammern gebildet.

§ 61 (Strafsachen)

§ 62[XIII]

Den Vorsitz im Plenum führt der Präsident. Den Vorsitz in den Kammern führen der Präsident und die Direktoren.

§ 63[XIII]

Vor Beginn des Geschäftsjahres werden auf seine Dauer die Geschäfte unter die Kammern derselben Art verteilt und die Vorsitzenden und die ständigen Mitglieder der einzelnen Kammern sowie für den Fall der Verhinderung von Mitgliedern die regelmäßigen Vertreter bestimmt. Jeder Richter kann zum Mitglied mehrerer Kammern bestimmt werden.

Die getroffene Anordnung kann im Laufe der Geschäftsjahre nur geändert werden, wenn dies

---

[10a] zu vgl. aber § 19 der VO. vom 20. 3. 35 — abgedr. unter V C —.

wegen Überlastung einer Kammer oder infolge Wechsels oder dauernder Behinderung einzelner Mitglieder des Gerichts erforderlich wird.

§ 64 XIII)

Die im § 63 bezeichneten Anordnungen werden von dem Präsidium mit der Maßgabe getroffen, daß der Präsident selbst die Kammer bestimmt, der er sich anschließt.

Die im § 63 Abs. 2 bezeichneten Anordnungen trifft der Präsident, sofern eine Entscheidung des Präsidiums nicht rechtzeitig ergehen kann. Die Anordnung ist dem Präsidium unverzüglich vorzulegen. Sie bleibt in Kraft, solange das Präsidium nicht anderweit beschließt.

§ 64a XIII)

Das Präsidium besteht aus dem Präsidenten als Vorsitzenden, den Direktoren und den beiden dem Dienstalter nach ältesten Mitgliedern.

Sind bei einem Landgericht bei Beginn des Geschäftsjahres mehr als 6 Direktoren angestellt, so gelten folgende besondere Vorschriften: Das Präsidium wird durch den Präsidenten als Vorsitzenden, seinen ständigen Vertreter (§ 66 Abs. 2), fünf weitere Direktoren und zwei Mitglieder gebildet. Die Direktoren werden von der Gesamtheit der Direktoren, die Mitglieder von der Gesamtheit der Mitglieder des Landgerichts für die Dauer des Geschäftsjahres gewählt; bei der Wahl sollen Richter der Zivilkammern und der Strafkammern berücksichtigt werden. Sind für den Präsidenten zwei ständige Vertreter bestellt, so gehören beide dem Präsidium an; sind mehr als zwei Vertreter bestellt, so bestimmt die Landesjustizverwaltung zwei von ihnen.

Das Präsidium entscheidet nach Stimmenmehrheit; bei Stimmengleichheit gibt die Stimme des Präsidenten den Ausschlag.

Bei der Entscheidung über die Verteilung des Vorsitzes in den Kammern nehmen die beiden Mitglieder des Landgerichts nicht teil.

§ 65

Der Präsident kann bestimmen, daß einzelne Untersuchungen von dem Untersuchungsrichter, dessen Bestellung mit dem Ablauf des Geschäftsjahrs erlischt, zu Ende geführt werden, sowie daß in einzelnen Sachen, in welchen während des Geschäftsjahrs eine Verhandlung bereits stattgefunden hat, die Kammer in ihrer früheren Zusammensetzung auch nach Ablauf des Geschäftsjahres verhandle und entscheide.

§ 66 XIII)

Bei Verhinderung des ordentlichen Vorsitzenden führt den Vorsitz in der Kammer das von dem Präsidium vor Beginn des Geschäftsjahres zum regelmäßigen Vertreter bestellte Mitglied der Kammer; ist ein solcher Vertreter nicht bestellt oder ist auch er verhindert, so führt das Mitglied der Kammer, das dem Dienstalter nach oder bei gleichem Dienstalter der Geburt nach das älteste ist, den Vorsitz.

Die Landesjustizverwaltung kann zum ständigen Vertreter des Präsidenten in seinen übrigen ihm nach diesem oder einem sonstigen Reichsgesetz obliegenden Geschäften einen oder mehrere Direktoren und, wenn kein Direktor ernannt ist, ein Mitglied des Landgerichts bestellen. Sie kann für die Vertretung Grundsätze aufstellen.

Ist kein ständiger Vertreter bestellt, so wird der Präsident in den im Abs. 2 bezeichneten Geschäften durch den dem Dienstalter nach und bei gleichem Dienstalter den der Geburt nach ältesten Direktor und, wenn kein Direktor ernannt ist, durch das dem Dienstalter nach und bei gleichem Dienstalter der Geburt nach älteste Mitglied des Landgerichts vertreten.

§ 67

Im Falle der Verhinderung des regelmäßigen Vertreters eines Mitglieds wird ein zeitweiliger Vertreter durch den Präsidenten bestimmt.

§ 68

Die Bestimmungen der §§ 62 bis 67 finden auf die Kammern für Handelssachen keine Anwendung.

§ 69

Innerhalb der Kammer verteilt der Vorsitzende die Geschäfte auf die Mitglieder.

§ 70 XIII)

Soweit die Vertretung eines Mitglieds nicht durch ein Mitglied desselben Gerichts möglich ist, wird sie auf Antrag des Präsidiums durch die Landesjustizverwaltung geordnet.

Die Beiordnung eines nicht ständigen Richters darf, wenn sie auf eine bestimmte Zeit erfolgte, vor Ablauf dieser Zeit, wenn sie auf unbestimmte Zeit erfolgte, solange das Bedürfnis, durch welches sie veranlaßt wurde, fortdauert, nicht widerrufen werden. Ist mit der Vertretung eine Entschädigung verbunden, so ist diese für die ganze Dauer im voraus festzustellen.

§ 71

Vor die Zivilkammern, einschließlich der Kammern für Handelssachen, gehören alle bürgerlichen Rechtsstreitigkeiten, welche nicht den Amtsgerichten zugewiesen sind.

Die Landgerichte sind ohne Rücksicht auf den Wert des Streitgegenstandes ausschließlich zuständig:

1. für Ansprüche, welche auf Grund des Reichsbeamtengesetzes[11] gegen den Reichsfiskus erhoben werden;
2. für die Ansprüche gegen Reichsbeamte wegen Überschreitung ihrer amtlichen Befugnisse oder wegen pflichtwidriger Unterlassung von Amtshandlungen.

Der Landesgesetzgebung bleibt überlassen, Ansprüche der Staatsbeamten gegen den Staat aus ihrem Dienstverhältnisse, Ansprüche gegen den Staat wegen Verfügungen der Verwaltungsbehörden, wegen Verschuldung von Staatsbeamten und wegen Aufhebung von Privilegien, Ansprüche gegen Beamte wegen Überschreitung ihrer amtlichen Befugnisse oder wegen pflichtwidriger Unterlassung von Amtshandlungen sowie Ansprüche in betreff öffentlicher Abgaben ohne Rücksicht auf den Wert des Streitgegenstandes den Landgerichten ausschließlich zuzuweisen.

§ 72[XIII])

Die Zivilkammern, einschließlich der Kammern für Handelssachen, sind die Berufungs- und Be-

---

[11] anderweitige Regelung im 9. Abschnitt des Deutschen Beamtengesetzes.

schwerdegerichte in den vor den Amtsgerichten verhandelten bürgerlichen Rechtsstreitigkeiten.

§§ 73, 74 (Strafkammern)

§ 75 XIII)

Die Zivilkammern sind, soweit nicht nach den Vorschriften der Prozeßgesetze an Stelle der Kammer der Einzelrichter zu entscheiden hat, mit drei Mitgliedern einschließlich des Vorsitzenden besetzt.

§§ 76—78 (Strafkammern)

Sechster Titel

Schwurgerichte

§§ 79—92

Siebenter Titel

Kammern für Handelssachen

§ 93

Soweit die Landesjustizverwaltung ein Bedürfnis als vorhanden annimmt, können bei den Landgerichten für deren Bezirke oder für örtlich abgegrenzte Teile davon Kammern für Handelssachen gebildet werden.

Solche Kammern können ihren Sitz innerhalb des Landgerichtsbezirkes auch an Orten haben, an welchen das Landgericht seinen Sitz nicht hat.

§ 94

Ist bei einem Landgericht eine Kammer für Handelssachen gebildet, so tritt für Handelssachen diese Kammer an die Stelle der Zivilkammern nach Maßgabe der folgenden Vorschriften.

§ 95

Handelssachen im Sinne dieses Gesetzes sind die bürgerlichen Rechtsstreitigkeiten, in welchen durch die Klage ein Anspruch geltend gemacht wird:

1. gegen einen Kaufmann im Sinne des Handelsgesetzbuchs aus Geschäften, welche für beide Teile Handelsgeschäfte sind;
2. aus einem Wechsel im Sinne *der Wechselordnung*[12] oder aus einer der im § 363 des Handelsgesetzbuchs bezeichneten Urkunden;
3. auf Grund des Scheckgesetzes;
4. aus einem der nachstehend bezeichneten Rechtsverhältnisse:
   a) aus dem Rechtsverhältnisse zwischen den Mitgliedern einer Handelsgesellschaft oder zwischen dieser und ihren Mitgliedern oder zwischen dem stillen Gesellschafter und dem Inhaber des Handelsgeschäfts, sowohl während des Bestehens als auch nach Auflösung des Gesellschaftsverhältnisses, ingleichen aus dem Rechtsverhältnisse zwischen den Vorstehern oder den Liquidatoren einer Handelsgesellschaft und der Gesellschaft oder deren Mitgliedern;
   b) aus dem Rechtsverhältnisse, welches das Recht zum Gebrauche der Handelsfirma betrifft;
   c) aus den Rechtsverhältnissen, welche sich auf den Schutz der Warenbezeichnungen, Muster und Modelle beziehen;
   d) aus dem Rechtsverhältnisse, welches durch den Erwerb eines bestehenden Handels-

---

[12] jetzt: Wechselgesetz vom 21. 6. 33 (RGBl. I S. 399)

geschäfts unter Lebenden zwischen dem bisherigen Inhaber und dem Erwerber entsteht;

e) aus dem Rechtsverhältnisse zwischen einem Dritten und dem, welcher wegen mangelnden Nachweises der Prokura oder Handlungsvollmacht haftet;

f) aus den Rechtsverhältnissen des Seerechts oder des Rechtes der Binnenschiffahrt,[13] insbesondere aus denen, welche sich auf die Reederei, auf die Rechte und Pflichten des Reeders oder Schiffseigners, des Korrespondentreeders und der Schiffsbesatzung, auf die Bodmerei und die Haverei, auf den Schadensersatz im Falle des Zusammenstoßes von Schiffen, auf die Bergung und Hilfeleistung und auf die Ansprüche der Schiffsgläubiger beziehen;

5. auf Grund des Gesetzes gegen den unlauteren Wettbewerb vom 7. Juni 1909 (Reichsgesetzbl. S. 499);
6. aus den §§ 45 bis 48 des Börsengesetzes (Reichsgesetzbl. 1908 S. 215).

§ 96

Die Verhandlung des Rechtsstreits erfolgt vor der Kammer für Handelssachen, wenn der Kläger dies in der Klageschrift beantragt hat.

Ist ein Rechtsstreit nach den Vorschriften der §§ 276, 506 der Zivilprozeßordnung vom Amtsgericht an das Landgericht zu verweisen, so hat der Kläger den Antrag auf Verhandlung vor der Kam-

---

[13] Verfahren in Binnenschiffahrtssachen: Gesetz und DVO. — abgedr. unter VIII

mer für Handelssachen in der mündlichen Verhandlung vor dem Amtsgerichte zu stellen.

§ 97

Wird vor der Kammer für Handelssachen eine nicht vor sie gehörige Klage zur Verhandlung gebracht, so ist der Rechtsstreit auf Antrag des Beklagten an die Zivilkammer zu verweisen.

Gehört die Klage oder die im Falle des § 506 der Zivilprozeßordnung erhobene Widerklage als Klage nicht vor die Kammer für Handelssachen, so ist diese auch von Amts wegen befugt, den Rechtsstreit an die Zivilkammer zu verweisen, solange nicht eine Verhandlung zur Hauptsache erfolgt und darauf ein Beschluß verkündet ist. Die Verweisung von Amts wegen kann nicht aus dem Grunde erfolgen, daß der Beklagte nicht Kaufmann ist.

§ 98

Wird vor der Zivilkammer eine vor die Kammer für Handelssachen gehörige Klage zur Verhandlung gebracht, so ist der Rechtsstreit auf Antrag des Beklagten an die Kammer für Handelssachen zu verweisen. Ein Beklagter, welcher nicht in das Handelsregister eingetragen ist, kann den Antrag nicht darauf stützen, daß er Kaufmann ist.

Der Antrag ist zurückzuweisen, wenn die im Falle des § 506 der Zivilprozeßordnung erhobene Widerklage als Klage vor die Kammer für Handelssachen nicht gehören würde.

Zu einer Verweisung von Amts wegen ist die Zivilkammer nicht befugt.

Die Zivilkammer ist zur Verwerfung des Antrags auch dann befugt, wenn der Kläger ihm zugestimmt hat.

§ 99

Wird in einem bei der Kammer für Handelssachen anhängigen Rechtsstreit die Klage in Gemäßheit des § 280 der Zivilprozeßordnung durch den Antrag auf Feststellung eines Rechtsverhältnisses erweitert oder eine Widerklage erhoben und gehört die erweiterte Klage oder die Widerklage als Klage nicht vor die Kammer für Handelssachen, so ist der Rechtsstreit auf Antrag des Gegners an die Zivilkammer zu verweisen.

Unter der Beschränkung des § 97 Abs. 2 ist die Kammer zu der Verweisung auch von Amts wegen befugt. Diese Befugnis tritt auch dann ein, wenn durch eine Klageänderung ein Anspruch geltend gemacht wird, welcher nicht vor die Kammer für Handelssachen gehört.

§ 100

Die §§ 96 bis 99 finden auf das Verfahren in der Berufungsinstanz vor den Kammern für Handelssachen entsprechende Anwendung.

§ 101

Der Antrag auf Verweisung des Rechtsstreits an eine andere Kammer ist nur vor der Verhandlung des Antragstellers zur Sache zulässig.

Über den Antrag ist vorab zu verhandeln und zu entscheiden.

§ 102

Gegen die Entscheidung über Verweisung eines Rechtsstreits an die Zivilkammer oder an die Kammer für Handelssachen findet kein Rechtsmittel statt. Erfolgt die Verweisung an eine andere Kammer, so ist diese Entscheidung für die Kammer, an welche der Rechtsstreit verwiesen wird, bindend. Der Termin zur weiteren mündlichen Verhandlung wird von Amts wegen bestimmt und den Parteien bekanntgemacht.

§ 103

Bei der Kammer für Handelssachen kann ein Anspruch in Gemäßheit des § 64 der Zivilprozeßordnung nur dann geltend gemaeht werden, wenn der Rechtsstreit nach den Bestimmungen der §§ 94, 95 vor die Kammer für Handelssachen gehört.

§ 104

Wird die Kammer für Handelssachen als Beschwerdegericht mit einer vor sie nicht gehörigen Beschwerde befaßt, so ist die Beschwerde von Amts wegen an die Zivilkammer zu verweisen. Ebenso hat die Zivilkammer, wenn sie als Beschwerdegericht in einer Handelssache mit einer Beschwerde befaßt wird, diese von Amts wegen an die Kammer für Handelssachen zu verweisen. Die Vorschriften des § 102 Satz 1, 2 finden entsprechende Anwendung.

Eine Verweisung der Beschwerde an eine andere Kammer findet nicht statt, wenn bei der Kammer, welche mit der Beschwerde befaßt wird, die Hauptsache anhängig ist, oder diese Kammer bereits eine Entscheidung in der Hauptsache erlassen hat.

§ 105 XIII)

Die Kammern für Handelssachen entscheiden in der Besetzung mit einem Mitglied des Landgerichts als Vorsitzenden und zwei Handelsrichtern, soweit nicht nach den Vorschriften der Prozeßgesetze an Stelle der Kammer der Einzelrichter zu entscheiden hat.

Sämtliche Mitglieder der Kammer für Handelssachen haben gleiches Stimmrecht.

In Streitigkeiten, welche sich auf das Rechtsverhältnis zwischen Reeder oder Schiffer und Schiffsmannschaft beziehen, kann die Entscheidung in erster Instanz durch den Vorsitzenden allein erfolgen.

§ 106

Im Falle des § 93 Abs. 2 kann ein Amtsrichter Vorsitzender der Kammer für Handelssachen sein.

§ 107

Das Amt der Handelsrichter ist ein Ehrenamt.

Die Handelsrichter, die weder ihren Wohnsitz noch ihre gewerbliche Niederlassung am Sitze der Kammer für Handelssachen haben, erhalten Tage- und Übernachtungsgelder sowie Ersatz der verauslagten Fahrkosten nach den für die Reichsbeamten der Stufe III (§ 2 Abs. 2 der Reisekostenordnung für die Reichsbeamten, Reichsgesetzbl. 1921 S. 1345, 1923 I S. 981)[14] geltenden Vorschriften.

Handelsrichtern, die ihren Wohnsitz oder ihre gewerbliche Niederlassung am Sitze der Kammer für Handelssachen haben, werden die notwendigen Fahrkosten erstattet, wenn ihr Weg zum Gerichte mehr als zwei Kilometer beträgt.

§ 108

Die Handelsrichter werden auf gutachtlichen Vorschlag des zur Vertretung des Handelsstandes berufenen Organs für die Dauer von drei Jahren ernannt; eine wiederholte Ernennung ist nicht ausgeschlossen.

---

[14] überholt.

§ 109

Zum Handelsrichter kann jeder Deutsche ernannt werden, welcher das dreißigste Lebensjahr vollendet hat und als Kaufmann, als Vorstand einer Aktiengesellschaft, als Geschäftsführer einer Gesellschaft mit beschränkter Haftung oder als Vorstand einer sonstigen juristischen Person in das Handelsregister eingetragen ist oder eingetragen war.

Zum Handelsrichter soll nur ernannt werden, wer in dem Bezirke der Kammer für Handelssachen wohnt oder, wenn er als Kaufmann in das Handelsregister eingetragen ist, dort eine Handelsniederlassung hat; bei Personen, die als Vorstand einer Aktiengesellschaft, als Geschäftsführer einer Gesellschaft mit beschränkter Haftung oder als Vorstand einer sonstigen juristischen Person in das Handelsregister eingetragen sind, genügt es, wenn die Gesellschaft oder juristische Person eine Niederlassung in dem Bezirke hat.

Personen, welche infolge gerichtlicher Anordnung in der Verfügung über ihr Vermögen beschränkt sind, können nicht zu Handelsrichtern ernannt werden.

§ 110

An Seeplätzen können Handelsrichter auch aus dem Kreise der Schiffahrtskundigen ernannt werden.

§ 111

Die Handelsrichter sind vor ihrem Amtsantritt auf die Erfüllung der Obliegenheiten des ihnen übertragenen Amtes eidlich zu verpflichten.

§ 112

Die Handelsrichter haben während der Dauer ihres Amtes in Beziehung auf dasselbe alle Rechte und Pflichten richterlicher Beamten.

§ 113

Ein Handelsrichter ist seines Amtes zu entheben, wenn er eine der für die Ernennung erforderlichen Eigenschaften nachträglich verliert.

Die Enthebung erfolgt durch den ersten Zivilsenat des Oberlandesgerichts nach Anhörung des Beteiligten.

§ 114

Über Gegenstände, zu deren Beurteilung eine kaufmännische Begutachtung genügt, sowie über das Bestehen von Handelsgebräuchen kann die Kammer für Handelssachen auf Grund eigener Sachkunde und Wissenschaft entscheiden.

Achter Titel

Oberlandesgerichte

§ 115

Die Oberlandesgerichte werden mit einem Präsidenten und der erforderlichen Anzahl von Senatspräsidenten und Räten besetzt.

§ 116

Bei den Oberlandesgerichten werden Zivil- und Strafsenate gebildet.

§ 117 V)

Die Bestimmungen der §§ 62 bis 69 finden entsprechende Anwendung[15].

§ 118

Zu Hilfsrichtern dürfen nur ständig angestellte Richter berufen werden.

---

[15] hierzu § 8 der VO. vom 20. 3. 35 — abgedr. unter V C —.

§ 119

Die Oberlandesgerichte sind in bürgerlichen Rechtsstreitigkeiten zuständig für die Verhandlung und Entscheidung über die Rechtsmittel:

1. der Berufung gegen die Endurteile der Landgerichte,
2. der Beschwerde gegen Entscheidungen der Landgerichte.

§§ 120—121 (Strafsachen)

§ 122

Die Senate der Oberlandesgerichte entscheiden, soweit nicht nach den Vorschriften der Prozeßgesetze an Stelle des Senats der Einzelrichter zu entscheiden hat, in der Besetzung von drei Mitgliedern mit Einschluß des Vorsitzenden.

(Abs. 2: Strafsachen)

Neunter Titel

Reichsgericht[16]

§ 123

Der Sitz des Reichsgerichts wird durch Gesetz bestimmt.

§ 124

Das Reichsgericht wird mit einem Präsidenten und der erforderlichen Anzahl von Senatspräsidenten und Räten besetzt.

§ 125

Der Präsident, die Senatspräsidenten und Räte werden auf Vorschlag des Reichsrats von dem Reichspräsidenten ernannt.

---

[16] statt dessen jetzt: Oberster Gerichtshof für die Britische Zone laut DVO. z. MilRegVO. Nr. 98 — abgedr. unter XV Da.

Zum Mitglied des Reichsgerichts kann nur ernannt werden, wer die Fähigkeit zum Richteramt in einem deutschen Lande erlangt und das fünfunddreißigste Lebensjahr vollendet hat.

(Abs. 3 weggefallen). XI)

§§ 126—129[17]

§ 130

Bei dem Reichsgerichte werden Zivil- und Strafsenate gebildet. Ihre Zahl bestimmt der Reichsminister der Justiz.

§ 131

Die Bestimmungen der §§ 62 bis 69 finden mit der Maßgabe entsprechende Anwendung, daß das Präsidium aus dem Präsidenten, den Senatspräsidenten und den vier ältesten Mitgliedern des Gerichts besteht.

§ 131 a VIII)

Beim Reichsgericht werden ein Großer Senat für Zivilsachen und ein Großer Senat für Strafsachen gebildet.

Jeder Große Senat besteht aus dem Präsidenten, dem Vizepräsidenten und sieben Mitgliedern.

Die Mitglieder, ihre Vertreter und der Vertreter des Vizepräsidenten werden von dem Reichsminister der Justiz aus der Reihe der Senatspräsidenten und der Räte jeweils für die Dauer von zwei Geschäftsjahren bestellt.

Die vereinigten Großen Senate bestehen aus dem Präsidenten, dem Vizepräsidenten und sämtlichen Mitgliedern der Großen Senate.

---

[17] zu vgl. die Vorschriften des Deutschen Beamtengesetzes und der Reichsdienststrafordnung.

Den Vorsitz in den Großen Senaten und den vereinigten Großen Senaten führt der Präsident des Reichsgerichts. Ihn vertritt bei seiner Verhinderung der Vizepräsident, und falls auch dieser verhindert ist, sein Vertreter.

In den Fällen des § 136 können die Präsidenten der beteiligten Senate, in den Fällen des § 137 der Präsident des erkennenden Senats, oder ein von ihnen bestimmtes Mitglied ihres Senats an den Sitzungen des Großen Senats oder der vereinigten Großen Senate mit den Befugnissen eines Mitglieds teilnehmen.

Bei Stimmengleichheit gibt die Stimme des Vorsitzenden den Ausschlag.

§ 132

Die Zuziehung von Hilfsrichtern ist unzulässig.

§ 133

In bürgerlichen Rechtsstreitigkeiten ist das Reichsgericht zuständig für die Behandlung und Entscheidung über die Rechtsmittel

1. *der Revision gegen die Endurteile der Oberlandesgerichte sowie gegen die Endurteile der Landgerichte im Falle des § 566a der Zivilprozeßordnung,*
2. *der Beschwerde gegen Entscheidungen der Oberlandesgerichte in dem Falle des § 519b Abs. 2 der Zivilprozeßordnung.*

§ 134 (weggefallen)

§ 135 (Strafsachen)

§ 136 VIII)

Will in einer Rechtsfrage ein Zivilsenat von der Entscheidung eines anderen Zivilsenats oder des

Großen Senats für Zivilsachen oder ein Strafsenat von der Entscheidung eines anderen Strafsenats oder des Großen Senats für Strafsachen abweichen, so entscheidet im ersten Falle der Große Senat für Zivilsachen, im zweiten Falle der Große Senat für Strafsachen.*

Die vereinigten Großen Senate entscheiden, wenn ein Zivilsenat von der Entscheidung eines Strafsenats oder des Großen Senats für Strafsachen oder ein Strafsenat von der Entscheidung eines Zivilsenats oder des Großen Senats für Zivilsachen oder ein Senat von der früher eingeholten Entscheidung abweichen will.

§ 137 VIII)

Der erkennende Senat kann in einer Rechtsfrage von grundsätzlicher Bedeutung die Entscheidung des Großen Senats herbeiführen, wenn nach seiner Auffassung Fortbildung des Rechts oder Sicherung einer einheitlichen Rechtsprechung es erfordern.

Hält in einer Strafsache der Oberreichsanwalt aus diesen Gründen die Entscheidung durch den Großen Senat für erforderlich, so hat auf seinen Antrag der erkennende Senat die Verweisung auszusprechen.

§ 138 VIII)

Der Große Senat und die vereinigten Großen Senate entscheiden ohne vorherige mündliche Verhandlung nur über die Rechtsfrage.

Vor der Entscheidung des Großen Senats für Strafsachen oder der vereinigten Großen Senate sowie in Ehe- und Entmündigungssachen und in Rechtsstreitigkeiten, welche die Feststellung des Rechtsverhältnisses zwischen Eltern und Kindern oder die

Anfechtung[18] *einer Todeserklärung zum Gegenstande haben, ist der Oberreichsanwalt zu hören. Der Oberreichsanwalt kann auch in der Sitzung seine Auffassung darlegen.*

Die Entscheidung ist in der vorliegenden Sache für den erkennenden Senat bindend.

Erfordert die Entscheidung der Sache eine erneute mündliche Verhandlung vor dem erkennenden Senat, so sind die Beteiligten unter Mitteilung der ergangenen Entscheidung der Rechtsfrage zu der Verhandlung zu laden.

§ 139

Die Senate des Reichsgerichts entscheiden in der Besetzung von fünf Mitgliedern mit Einschluß des Vorsitzenden. XII)

§ 140

Der Geschäftsgang wird durch eine Geschäftsordnung geregelt, welche das Plenum auszuarbeiten und dem Reichsrat zur Bestätigung vorzulegen hat.

Zehnter Titel
Staatsanwaltschaft

§§ 141—152

Elfter Titel
Geschäftsstelle II)

§ 153 II)

Bei jedem Gerichte wird eine Geschäftsstelle eingerichtet, die mit der erforderlichen Zahl von Ur-

---

[18] seit Ges. vom 4. 7. 39 (RGBl. I S. 1186) nicht mehr Aufgebots-, sondern Verfahren der freiw. Gerichtsbarkeit.

kundsbeamten besetzt wird. Die Geschäftseinrichtung *bei dem Reichsgerichte* wird *durch den Reichsminister der Justiz,* bei den Landesgerichten durch die Landesjustizverwaltung bestimmt.

Zwölfter Titel

Zustellungs- und Vollstreckungsbeamte

§ 154

Die Dienst- und Geschäftsverhältnisse der mit den Zustellungen, Ladungen und Vollstreckungen zu betrauenden Beamten (Gerichtsvollzieher) werden *bei dem Reichsgerichte durch den Reichsminister der Justiz,* bei den Landesgerichten durch die Landesjustizverwaltung bestimmt.

§ 155

Der Gerichtsvollzieher ist von der Ausübung seines Amts kraft Gesetzes ausgeschlossen:

I. in bürgerlichen Rechtsstreitigkeiten:

1. wenn er selbst Partei oder gesetzlicher Vertreter einer Partei ist, oder zu einer Partei in dem Verhältnis eines Mitberechtigten, Mitverpflichteten oder Schadensersatzpflichtigen steht;
2. wenn sein Ehegatte Partei ist, auch wenn die Ehe nicht mehr besteht;
3. wenn eine Person Partei ist, mit welcher er in gerader Linie verwandt, verschwägert oder durch Annahme an Kindes Statt verbunden, in der Seitenlinie bis zum dritten Grade verwandt oder bis zum zweiten Grade verschwägert ist, auch wenn die Ehe, durch welche die Schwägerschaft begründet ist, nicht mehr besteht;

II. in Strafsachen:.....

Dreizehnter Titel

Rechtshilfe AV

§ 156

Die Gerichte haben sich in bürgerlichen Rechtsstreitigkeiten und in Strafsachen Rechtshilfe zu leisten.

§ 157

Das Ersuchen um Rechtshilfe ist an das Amtsgericht zu richten, in dessen Bezirk die Amtshandlung vorgenommen werden soll.[19]

§ 158 XIII)

Das Ersuchen darf nicht abgelehnt werden.

Das Ersuchen eines nicht im Instanzenzuge vorgesetzten Gerichts ist jedoch abzulehnen, wenn die vorzunehmende Handlung nach dem Rechte des ersuchten Gerichts verboten ist. Ist das ersuchte Gericht örtlich nicht zuständig, so gibt es das Ersuchen an das zuständige Gericht ab.

§ 159 XIII)

Wird das Ersuchen abgelehnt oder wird der Vorschrift des § 158 Abs. 2 zuwider dem Ersuchen stattgegeben, so entscheidet das Oberlandesgericht, zu dessen Bezirk das ersuchte Gericht gehört. Eine Anfechtung dieser Entscheidung findet nur statt, wenn sie die Rechtshilfe für unzulässig erklärt und das ersuchende und das ersuchte Gericht den Bezirken verschiedener Oberlandesgerichte angehören. Über die Beschwerde entscheidet der oberste Gerichtshof für die Britische Zone.

---

[19] Ermächtigung zur Zusammenfassung: NotVO. vom 1. 12. 30, Neunter Teil § 4, — abgedr. unter V B —.

Die Entscheidungen erfolgen auf Antrag der Beteiligten oder des ersuchenden Gerichts ohne vorgängige mündliche Verhandlung.

§ 160

Die Herbeiführung der zum Zwecke von Vollstreckungen, Ladungen und Zustellungen erforderlichen Handlungen erfolgt nach Vorschrift der Prozeßordnungen ohne Rücksicht darauf, ob die Handlungen in dem Lande, welchem das Prozeßgericht angehört, oder in einem anderen deutschen Lande vorzunehmen sind.

§ 161 III)

Gerichte, Staatsanwaltschaften und Geschäftsstellen der Gerichte können wegen Erteilung eines Auftrags an einen Gerichtsvollzieher die Mitwirkung der Geschäftsstelle des Amtsgerichts in Anspruch nehmen, in dessen Bezirk der Auftrag ausgeführt werden soll. Der von der Geschäftsstelle beauftragte Gerichtsvollzieher gilt als unmittelbar beauftragt.

§ 162 VI)

Hält sich ein zu einer Freiheitsstrafe Verurteilter außerhalb des Bezirks der Strafvollstreckungsbehörde auf, so kann diese Behörde die Staatsanwaltschaft des Landgerichts, in dessen Bezirk sich der Verurteilte befindet, um die Vollstreckung der Strafe ersuchen.

§ 163

Soll eine Freiheitsstrafe in dem Bezirk eines anderen Gerichts vollstreckt oder ein in dem Bezirk eines anderen Gerichts befindlicher Verurteilter zum Zwecke der Strafverbüßung ergriffen und abgeliefert werden, so ist die Staatsanwaltschaft bei dem Landgerichte des Bezirkes um die Ausführung zu ersuchen.

§ 164

Im Falle der Rechtshilfe unter den Behörden verschiedener deutscher Länder sind die baren Auslagen, welche durch eine Ablieferung oder Strafvollstreckung entstehen, der ersuchten Behörde von der ersuchenden zu erstatten.

Im übrigen werden Kosten der Rechtshilfe von der ersuchenden Behörde nicht erstattet.

Ist eine zahlungspflichtige Partei vorhanden, so sind die Kosten von ihr durch die ersuchende Behörde einzuziehen und der eingezogene Betrag der ersuchten Behörde zu übersenden.

Stempel-, Einregistrierungsgebühren oder andere öffentliche Abgaben, welchen die von der ersuchenden Behörde übersendeten Schriftstücke (Urkunden, Protokolle) nach dem Rechte der ersuchten Behörde unterliegen, bleiben außer Ansatz.

§ 165

Für die Höhe der den geladenen Zeugen und Sachverständigen gebührenden Beträge sind die Bestimmungen maßgebend, welche bei dem Gerichte gelten, vor welches die Ladung erfolgt.

Sind die Beträge nach dem Rechte des Aufenthaltsorts der geladenen Person höher, so können die höheren Beträge gefordert werden.

Bei weiterer Entfernung des Aufenthaltsorts der geladenen Personen ist ihnen auf Antrag ein Vorschuß zu bewilligen.

§ 166

Ein Gericht darf Amtshandlungen außerhalb seines Bezirkes ohne Zustimmung des Amtsgerichts des Ortes nur vornehmen, wenn Gefahr im Verzug obwaltet. In diesem Falle ist dem Amtsgerichte des Ortes Anzeige zu machen.

§ 167

Die Sicherheitsbeamten eines deutschen Landes sind ermächtigt, die Verfolgung eines Flüchtigen auf das Gebiet eines anderen deutschen Landes fortzusetzen und den Flüchtigen daselbst zu ergreifen.

Der Ergriffene ist unverzüglich an das nächste Gericht oder die nächste Polizeibehörde des Landes, in welchem er ergriffen wurde, abzuführen.

§ 168

Die in einem deutschen Lande bestehenden Vorschriften über die Mitteilung von Akten einer öffentlichen Behörde an ein Gericht dieses Landes kommen auch dann zur Anwendung, wenn das ersuchende Gericht einem anderen deutschen Lande angehört.

Vierzehnter Titel

Öffentlichkeit und Sitzungspolizei

§ 169

Die Verhandlung vor dem erkennenden Gerichte, einschließlich der Verkündung der Urteile und Beschlüsse, ist öffentlich.

§ 170 x)

Die Verhandlung in Ehesachen ist nicht öffentlich.

§ 171

In dem auf die Klage wegen Anfechtung oder Wiederaufhebung der Entmündigung einer Person wegen Geisteskrankheit oder wegen Geistesschwäche eingeleiteten Verfahren (§§ 664, 679 der Zivilprozeßordnung) ist die Öffentlichkeit während der Vernehmung des Entmündigten auszuschließen, auch kann auf Antrag einer der Parteien die Öffentlichkeit der Verhandlung überhaupt ausgeschlossen werden.

Das Verfahren wegen Entmündigung oder Wiederaufhebung der Entmündigung (§§ 645 bis 663, 675 bis 678 der Zivilprozeßordnung) ist nicht öffentlich.

§ 171a (Strafsachen)

§ 172 IV)

In allen Sachen kann durch das Gericht für die Verhandlung oder für einen Teil davon die Öffentlichkeit ausgeschlossen werden, wenn sie eine Gefährdung der öffentlichen Ordnung, insbesondere der Staatssicherheit, eine Gefährdung der Sittlichkeit oder eine Gefährdung eines wichtigen Geschäfts- oder Betriebsgeheimnisses besorgen läßt.

§ 173 IV)

Die Verkündigung des Urteils erfolgt in jedem Falle öffentlich.

Durch einen besonderen Beschluß des Gerichts kann unter den Voraussetzungen des § 172 auch für die Verkündung der Urteilsgründe oder eines Teiles davon die Öffentlichkeit ausgeschlossen werden.

§ 174 IV)

Die Verhandlung über die Ausschließung der Öffentlichkeit findet in nicht öffentlicher Sitzung statt, wenn ein Beteiligter es beantragt oder das

Gericht es für angemessen erachtet. Der Beschluß, welcher die Öffentlichkeit ausschließt, muß öffentlich verkündet werden. Bei der Verkündung ist in den Fällen der §§ 172, 173 anzugeben, aus welchem Grunde die Öffentlichkeit ausgeschlossen worden ist.

Ist die Öffentlichkeit wegen Gefährdung der Staatssicherheit oder eines Geschäfts- oder Betriebsgeheimnisses ausgeschlossen, so kann das Gericht den anwesenden Personen die Geheimhaltung von Tatsachen, welche durch die Verhandlung, durch die Anklageschrift oder durch andere amtliche Schriftstücke des Prozesses zu ihrer Kenntnis gelangen, zur Pflicht machen.[20] Der Beschluß ist in das Sitzungsprotokoll aufzunehmen. Gegen ihn findet Beschwerde statt. Die Beschwerde hat keine aufschiebende Wirkung.

§ 175

Der Zutritt zu öffentlichen Verhandlungen kann unerwachsenen oder solchen Personen versagt werden, welche sich nicht im Besitze der bürgerlichen Ehrenrechte befinden, oder welche in einer der Würde des Gerichts nicht entsprechenden Weise erscheinen.

Zu nicht öffentlichen Verhandlungen kann der Zutritt einzelnen Personen vom Gerichte gestattet werden. Einer Anhörung der Beteiligten bedarf es nicht.

Die Ausschließung der Öffentlichkeit steht der Anwesenheit der die Dienstaufsicht führenden Beamten der Justizverwaltung bei den Verhandlungen vor dem erkennenden Gerichte nicht entgegen.

---

[20] für Veröffentlichungen in der Presse: Ges. vom 5. 4. 88 (RGBl. S. 133) — abgedr. unter V F —.

§ 176

Die Aufrechterhaltung der Ordnung in der Sitzung liegt dem Vorsitzenden ob.[AV]

§ 177

Parteien, Beschuldigte, Zeugen, Sachverständige oder bei der Verhandlung nicht beteiligte Personen, welche den zur Aufrechterhaltung der Ordnung erlassenen Befehlen nicht gehorchen, können auf Beschluß des Gerichts aus dem Sitzungszimmer entfernt, auch zur Haft abgeführt und während einer in dem Beschlusse zu bestimmenden Zeit, welche vierundzwanzig Stunden nicht übersteigen darf, festgehalten werden.

§ 178

Das Gericht kann gegen Parteien, Beschuldigte, Zeugen, Sachverständige oder bei der Verhandlung nicht beteiligte Personen, welche sich in der Sitzung einer Ungebühr schuldig machen, vorbehaltlich der strafgerichtlichen Verfolgung, eine Ordnungsstrafe in Geld[21] oder bis zu drei Tagen Haft festsetzen und sofort vollstrecken lassen.

§ 179

Die Vollstreckung der vorstehend bezeichneten Ordnungsstrafen hat der Vorsitzende unmittelbar zu veranlassen.

§ 180

Die in den §§ 176 bis 179 bezeichneten Befugnisse stehen auch einem einzelnen Richter bei der Vornahme von Amtshandlungen außerhalb der Sitzung zu.

---

[21] VO. über Vermögensstrafen und Bußen vom 6. 2. 24 — RGBl. I S. 44 —; jetzt DM kraft § 2 des Ges. Nr. 61 der brit. MilReg.

§ 181

Ist in den Fällen der §§ 178 und 180 eine Ordnungsstrafe festgesetzt, so findet binnen der Frist von einer Woche nach der Bekanntmachung der Entscheidung Beschwerde statt, sofern die Entscheidung nicht von dem Reichsgerichte oder einem Oberlandesgerichte getroffen ist.

Die Beschwerde hat in dem Falle des § 178 keine aufschiebende Wirkung, in dem Falle des § 180 aufschiebende Wirkung.

Über die Beschwerde entscheidet das Oberlandesgericht.

§ 182

Ist eine Ordnungsstrafe wegen Ungebühr festgesetzt, oder eine Person zur Haft abgeführt, oder eine bei der Verhandlung beteiligte Person entfernt worden, so ist der Beschluß des Gerichts und dessen Veranlassung in das Protokoll aufzunehmen.

§ 183

Wird eine strafbare Handlung in der Sitzung begangen, so hat das Gericht den Tatbestand festzustellen und der zuständigen Behörde das darüber aufgenommene Protokoll mitzuteilen. In geeigneten Fällen ist die vorläufige Festnahme des Täters zu verfügen.

Fünfzehnter Titel

Gerichtssprache

§ 184

Die Gerichtssprache ist deutsch.

§ 185

Wird unter Beteiligung von Personen verhandelt, welche der deutschen Sprache nicht mächtig sind, so ist ein Dolmetscher zuzuziehen. Die Führung eines Nebenprotokolls in der fremden Sprache findet nicht statt; jedoch sollen Aussagen und Erklärungen in fremder Sprache, wenn und soweit der Richter dies mit Rücksicht auf die Wichtigkeit der Sache für erforderlich erachtet, auch in der fremden Sprache in das Protokoll oder in eine Anlage niedergeschrieben werden. In den dazu geeigneten Fällen soll dem Protokoll eine durch den Dolmetscher zu beglaubigende Übersetzung beigefügt werden.

Die Zuziehung eines Dolmetschers kann unterbleiben, wenn die beteiligten Personen sämtlich der fremden Sprache mächtig sind.

§ 186

Zur Verhandlung mit tauben oder stummen Personen ist, sofern nicht eine schriftliche Verständigung erfolgt, eine Person als Dolmetscher zuzuziehen, mit deren Hilfe die Verständigung in anderer Weise erfolgen kann.

§ 187

Ob einer Partei, welche taub ist, bei der mündlichen Verhandlung der Vortrag zu gestatten sei, bleibt dem Ermessen des Gerichts überlassen.

Dasselbe gilt in Anwaltsprozessen von einer Partei, die der deutschen Sprache nicht mächtig ist.

§ 188

Personen, welche der deutschen Sprache nicht mächtig sind, leisten Eide in der ihnen geläufigen Sprache.

§ 189

Der Dolmetscher[AV] hat einen Eid dahin zu leisten:

daß er treu und gewissenhaft übertragen werde.

Ist der Dolmetscher für Übertragungen der betreffenden Art im allgemeinen beeidigt, so genügt die Berufung auf den geleisteten Eid.

§ 190

Der Dienst des Dolmetschers kann von dem Urkundsbeamten der Geschäftsstelle wahrgenommen werden. Einer besonderen Beeidigung bedarf es nicht.

§ 191

Auf den Dolmetscher finden die Bestimmungen über Ausschließung oder Ablehnung der Sachverständigen entsprechende Anwendung. Die Entscheidung erfolgt durch das Gericht oder den Richter, von welchem der Dolmetscher zugezogen ist.

Sechzehnter Titel

Beratung und Abstimmung

§ 192

Bei Entscheidungen dürfen Richter nur in der gesetzlich bestimmten Anzahl mitwirken.

Bei Verhandlungen von längerer Dauer kann der Vorsitzende die Zuziehung von Ergänzungsrichtern anordnen, welche der Verhandlung beizuwohnen und im Falle der Verhinderung eines Richters für ihn einzutreten haben.

(Abs. 3 Strafsachen)

§ 193

Bei der Beratung und Abstimmung dürfen außer den zur Entscheidung berufenen Richtern nur die bei demselben Gerichte zu ihrer juristischen Ausbildung beschäftigten Personen zugegen sein, soweit der Vorsitzende deren Anwesenheit gestattet.

§ 194

Der Vorsitzende leitet die Beratung, stellt die Fragen und sammelt die Stimmen.

Meinungsverschiedenheiten über den Gegenstand, die Fassung und die Reihenfolge der Fragen oder über das Ergebnis der Abstimmung entscheidet das Gericht.

§ 195

Kein Richter, Schöffe oder Geschworener darf die Abstimmung über eine Frage verweigern, weil er bei der Abstimmung über eine vorhergegangene Frage in der Minderheit geblieben ist.

§ 196

Die Entscheidungen erfolgen, soweit das Gesetz nicht ein anderes bestimmt, nach der absoluten Mehrheit der Stimmen.

Bilden sich in Beziehung auf Summen, über welche zu entscheiden ist, mehr als zwei Meinungen, deren keine die Mehrheit für sich hat, so werden die für die größte Summe abgegebenen Stimmen den für die zunächst geringere abgegebenen so lange hinzugerechnet, bis sich eine Mehrheit ergibt.

(Abs. 3 Strafsachen)

§ 197

Die Richter stimmen nach dem Dienstalter, bei gleichem Dienstalter nach dem Lebensalter, Handelsrichter, Schöffen und Geschworene nach dem Lebensalter; der jüngere stimmt vor dem älteren. Die Schöffen und Geschworenen stimmen vor den Richtern. Wenn ein Berichterstatter ernannt ist, so stimmt er zuerst. Zuletzt stimmt der Vorsitzende.

§ 198 (Strafsachen)

Siebzehnter Titel

Gerichtsferien [22]

§§ 199—202 (weggefallen) VII)

[22] ähnlich: VO. über die einstweilige Zurückstellung bürgerlicher Rechtssachen im Geschäftsjahr 1948 vom 11. 5. 48 (VOBl. BZ. S. 115) — abgedr. unter XV G —.

IV.

Einführungsgesetz zum Gerichtsverfassungsgesetz

vom 27. Januar 1877 (RGBl. 77)

mit Abänderungen vom 12. 6. 89 (RGBl. 95), 17. 5. 98 (RGBl. 252), 22. 5. 10 (RGBl. 767), 20. 2. 11 (RGBl. 59).

§ 1

Das Gerichtsverfassungsgesetz tritt im ganzen Umfange des Reichs an einem durch Kaiserliche Verordnung mit Zustimmung des Bundesrats festzusetzenden Tage, spätestens am 1. Oktober 1879, gleichzeitig mit der im § 2 des Einführungsgesetzes der Zivilprozeßordnung vorgesehenen Gebührenordnung in Kraft.

§ 2

Die Vorschriften des Gerichtsverfassungsgesetzes finden nur auf die ordentliche streitige Gerichtsbarkeit und deren Ausübung Anwendung.

§ 3

Die Gerichtsbarkeit in bürgerlichen Rechtsstreitigkeiten und Strafsachen, für welche besondere Gerichte zugelassen sind, kann den ordentlichen Landesgerichten durch die Landesgesetzgebung übertragen werden. Die Übertragung darf nach anderen als den durch das Gerichtsverfassungsgesetz vorgeschriebenen Zuständigkeitsnormen erfolgen.

Auch kann die Gerichtsbarkeit letzter Instanz in den vorerwähnten Sachen auf Antrag des be-

treffenden Bundesstaatse mit Zustimmung des Bundesrats durch Kaiserliche Verordnung dem Reichsgerichte übertragen werden.

Insoweit für bürgerliche Rechtsstreitigkeiten ein von den Vorschriften der Zivilprozeßordnung abweichendes Verfahren gestattet ist, kann die Zuständigkeit der ordentlichen Landesgerichte durch die Landesgesetzgebung nach anderen als den durch das Gerichtsverfassungsgesetz vorgeschriebenen Normen bestimmt werden.

§ 4

Durch die Vorschriften des Gerichtsverfassungsgesetzes über die Zuständigkeit der Behörden wird die Landesgesetzgebung nicht gehindert, den betreffenden Landesbehörden jede andere Art der Gerichtsbarkeit, sowie Geschäfte der Justizverwaltung zu übertragen. Andere Gegenstände der Verwaltung dürfen den ordentlichen Gerichten nicht übertragen werden.

§ 5 (gegenstandslos)[1]

§§ 6, 7 (Strafsachen)

§ 8 (gegenstandslos)

§ 9 (Strafsachen)

§ 10 (gegenstandslos)

§ 11

Die landesgesetzlichen Bestimmungen, durch welche die strafrechtliche oder zivilrechtliche Verfolgung öffentlicher Beamten wegen der in Ausübung oder in Veranlassung der Ausübung ihres

---

[1] die öffentlich-rechtlichen Vorrechte des Standes sind durch Art. 109 WeimRV. abgeschafft.

Amts vorgenommenen Handlungen an besondere Voraussetzungen gebunden ist, treten außer Kraft.

Unberührt bleiben die landesgesetzlichen Vorschriften, durch welche die Verfolgung der Beamten entweder im Falle des Verlangens einer vorgesetzten Behörde oder unbedingt an die Vorentscheidung einer besonderen Behörde gebunden ist, mit der Maßgabe:

1. daß die Vorentscheidung auf die Feststellung beschränkt ist, ob der Beamte sich einer Überschreitung seiner Amtsbefugnisse oder der Unterlassung einer ihm obliegenden Amtshandlung schuldig gemacht habe;
2. daß in den Ländern, in welchen ein oberster Verwaltungsgerichtshof besteht, die Vorentscheidung diesem, in den anderen Ländern dem Reichsgericht zusteht.

§ 12 (weggefallen)[1]

§§ 13—16 (gegenstandslos)

§ 17

Auf Antrag eines Bundesstaates und mit Zustimmung des Bundesrats kann durch Kaiserliche Verordnung die Verhandlung und Entscheidung der im § 17 des Gerichtsverfassungsgesetzes bezeichneten Streitigkeiten dem Reichsgerichte zugewiesen werden.

(Abs. 2 gegenstandslos)

§§ 18—22 (gegenstandslos)

---

[1]) gestrichen durch § 1 des Ges. vom 12. 6. 89 (RGBl. S. 95).

V.

Ergänzende Vorschriften zur Gerichtsverfassung

A.

Erstes Gesetz zur Überleitung der Rechtspflege auf das Reich

vom 16. Februar 1934 (RGBl. I S. 91)

Die Reichsregierung hat das folgende Gesetz beschlossen, das hiermit verkündet wird:

Artikel 1

Sämtliche Gerichte sprechen Recht im Namen *des Deutschen Volkes.*

Artikel 2 (Strafsachen)

Artikel 3

Wer die Befähigung zum Richteramt erlangt hat, muß nach Maßgabe der geltenden reichsgesetzlichen Vorschriften in jedem Lande zur Rechtsanwaltschaft zugelassen werden.

Diese Vorschrift tritt an die Stelle des § 2 der Rechtsanwaltsordnung; der § 4 fällt fort.

Artikel 4

Notarielle Urkunden haben im gesamten Reichsgebiet dieselbe Wirksamkeit. Landesrechtliche Vorschriften, nach denen die Wirksamkeit einer notariellen Beurkundung oder Beglaubigung davon abhängig ist, daß die Beurkundung oder Beglaubigung von einem Notar des eigenen Landes oder eines bestimmten Landesteiles vorgenommen ist, treten außer Kraft.

Artikel 5

Der *Reichsminister der Justiz* wird ermächtigt, alle Bestimmungen zu treffen, die durch den Übergang der Justizhoheit auf das Reich erforderlich werden.

Berlin, den 16. Februar 1934.

Der Reichskanzler

Der Reichsminister der Justiz
zugleich für den Reichsminister für Ernährung und Landwirtschaft

Der Reichsminister des Innern

Der Reichsminister der Finanzen

Der Reichswirtschaftsminister

Der Reichsarbeitsminister

Der Reichswehrminister

B.

Verordnung des Reichspräsidenten zur Sicherung von Wirtschaft und Finanzen

vom 1. Dezember 1930 (RGBl. I S. 517)

Auf Grund des Artikel 48 Abs. 2 der Reichsverfassung wird folgendes verordnet:

Neunter Teil

Vereinfachungen und Ersparnisse auf dem Gebiete der Rechtspflege

§ 1

Die Wertgrenze, bis zu der die Entscheidung über vermögensrechtliche Ansprüche Gemeindegerichten übertragen werden kann (§ 14 Nr. 3 des Gerichtsverfassungsgesetzes), wird auf einhundert Reichsmark[1] erhöht.

§ 2 (überholt)

§ 3

Ein Amtsrichter kann zugleich mehreren Amtsgerichten angehören.

§ 4

Durch Anordnung der Landesjustizverwaltung können die Rechtshilfeersuchen (§ 157 des Gerichtsverfassungsgesetzes) für die Bezirke mehrerer Amtsgerichte einem von ihnen ganz oder zum Teil zur Erledigung zugewiesen werden. Ergeht eine derartige Anordnung, so gilt insoweit der Bezirk des letzteren Amtsgerichts als die Bezirke der übrigen Amtsgerichte mitumfassend. Die Anordnung ist auch zulässig, wenn die mehreren Amtsgerichte nicht im Bezirk desselben Landgerichts gelegen sind.

§ 5 (überholt)

§ 6 (Gerichtskosten)

§ 7 (Armenanwaltsgebühren)

Berlin, den 1. Dezember 1930.

Der Reichspräsident
Der Reichskanzler
Der Reichsminister des Innern

[1] jetzt „DM" (§ 2 des Ges. Nr. 61 der brit. MilReg.).

C.

Verordnung zur einheitlichen Regelung der Gerichtsverfassung

vom 20. März 1935 (RGBl. I S. 403)

Auf Grund des Artikels 5 des Ersten Gesetzes zur Überleitung der Rechtspflege auf das Reich vom 16. Februar 1934 (Reichsgesetzbl. I S. 91) wird für den Bereich der ordentlichen Gerichtsbarkeit übergangsweise verordnet:

Artikel I
Gliederung der Gerichte

§ 1

(1) Die Errichtung und Aufhebung eines Gerichts und die Verlegung eines Gerichtssitzes wird durch *Reichs*gesetz angeordnet.

(2) Änderungen in der Abgrenzung der Gerichtsbezirke verordnet *der Reichsminister der Justiz*.

(3) Stadt- und Landgemeinden, die mit ihrem ganzen Gebiet einheitlich einem Amtsgericht zugeteilt sind, gehören dem Bezirk dieses Gerichts mit ihrem jeweiligen Gebietsumfang an.

§ 2

Der Reichsminister der Justiz entscheidet über

1. bis 3. (Strafsachen),
4. die Bildung von Kammern für Handelssachen (§ 93 des Gerichtsverfassungsgesetzes),
5. (Strafsachen),
6. (freiwillige Gerichtsbarkeit).

Artikel II
Amtsgerichte

§ 3

Der Reichsminister der Justiz kann anordnen,

daß außerhalb des Sitzes eines Amtsgerichts Zweigstellen errichtet oder Gerichtstage abgehalten werden.

§ 4

(1) Bei den mit mehreren Amtsrichtern besetzten Amtsgerichten bestellt *der Reichsminister der Justiz* den aufsichtführenden Amtsrichter.

(2) Der Reichsminister der Justiz kann einen oder mehrere Amtsrichter zu ständigen Vertretern des aufsichtführenden Amtsrichters bestellen. Wird kein ständiger Vertreter bestellt oder ist dieser behindert, so wird der aufsichtführende Amtsrichter durch den dem Dienstalter, bei gleichem Dienstalter durch den der Geburt nach ältesten Amtsrichter vertreten. *Der Reichsminister der Justiz* kann Grundsätze für die Vertretung des aufsichtführenden Amtsrichters aufstellen.

§ 5

(1) Bei den mit mehreren Amtsrichtern besetzten Amtsgerichten verteilt der Landgerichtspräsident vor Beginn des Geschäftsjahres für seine Dauer die Geschäfte und regelt in gleicher Weise die Vertretung der Amtsrichter in Behinderungsfällen.

(2) Ist das Amtsgericht mit einem Präsidenten besetzt, so trifft dieser an Stelle des Landgerichtspräsidenten die im Abs. 1 bezeichneten Anordnungen. *Der Reichsminister der Justiz* kann noch für andere Gruppen von Amtsgerichten bestimmen, daß für die im Abs. 1 bezeichneten Anordnungen der aufsichtführende Amtsrichter zuständig ist.

(3) *Der Reichsminister der Justiz* kann Grundsätze für die Verteilung der Geschäfte bei den Amtsgerichten aufstellen.

§ 6

(1) Die auf Grund des § 5 getroffenen Anordnungen können im Laufe des Geschäftsjahres nur geändert werden, wenn dies wegen Überlastung, Wechsels oder dauernder Behinderung eines Richters erforderlich ist.

(2) Die Gültigkeit einer richterlichen Handlung wird nicht dadurch berührt, daß die Handlung nach der Geschäftsverteilung von einem anderen Richter vorzunehmen gewesen wäre.

Artikel III

Landgerichte

§ 7

(1) *Der Reichsminister der Justiz* kann Grundsätze für die Verteilung der Geschäfte bei den Landgerichten und für die Vertretung des Landgerichtspräsidenten aufstellen. Er bestellt den ständigen Vertreter des Präsidenten (§ 66 Abs. 2 des Gerichtsverfassungsgesetzes).

(2) Die Zahl der Zivil- und Strafkammern bei den Landgerichten bestimmt der Landgerichtspräsident; der Oberlandesgerichtspräsident kann ihm Weisungen hierfür erteilen.

(3) Die Untersuchungsrichter werden vom Oberlandesgerichtspräsidenten bestellt. In Fällen vorübergehenden Bedarfs können sie für kürzere Dauer als ein Geschäftsjahr bestellt werden.

(4) Die Vorsitzenden der Kammer für Handelssachen und ihre regelmäßigen Vertreter werden vor Beginn des Geschäftsjahres für seine Dauer vom Landgerichtspräsidenten bestellt. Sind mehrere Kammern für Handelssachen gebildet, so verteilt er in gleicher Weise die Geschäfte unter sie.

(5) Der Landgerichtspräsident bestellt den Vorsitzenden der bei einem Amtsgericht gebildeten Strafkammer. Er bestimmt für die Dauer des Geschäftsjahres die Amtsrichter, die der Strafkammer als Mitglieder oder als Vertreter von Mitgliedern angehören sollen.

Artikel IV
Oberlandesgerichte
§ 8

(1) *Der Reichsminister der Justiz* kann Grundsätze für die Verteilung der Geschäfte bei den Oberlandesgerichten und für die Vertretung des Oberlandesgerichtspräsidenten aufstellen. Der ständige[1]) Vertreter des Präsidenten (§ 66 Abs. 2, § 117 des Gerichtsverfassungsgesetzes) ist der Vizepräsident des Oberlandesgerichts.

(2) Die Zahl der Zivil- und Strafsenate bei den Oberlandesgerichten bestimmt der Oberlandesgerichtspräsident; *der Reichsminister der Justiz* kann ihm hierfür Weisungen erteilen.

Artikel V
Staatsanwaltschaft
§ 9

Die Beamten der Staatsanwaltschaft sind nichtrichterliche Beamte.

Artikel VI
Hilfsrichter
§ 10[2])

---

[1]) Berichtigung vom 28. 3. 35 (RGBl. I S. 489).

[2]) aufgehoben durch Art 6 II 2a der Verordnung zur Änderung von Vorschriften auf dem Gebiete der Gerichtsverfassung, der bürgerlichen Rechtspflege und des Kostenrechts vom 27. 1. 1948 — abgedr. unter XV E.

Artikel VII
Schöffen und Geschworene

§ 11

Artikel VIII
Geschäftsstellen und Gerichtsvollzieher

§ 12

Der Reichsminister der Justiz erläßt die allgemeinen Anordnungen für die Geschäftsstellen der Gerichte und der Staatsanwaltschaften und für die Gerichtsvollzieher.

Artikel IX
Justizverwaltung

§ 13

Die Präsidenten der Gerichte, die aufsichtführenden Amtsrichter, *der Oberreichsanwalt*, die Leiter der Staatsanwaltschaften und die Vorsteher der Gefangenenanstalten haben nach näherer Anordnung *des Reichsministers der Justiz* die ihnen zugewiesenen Geschäfte der Justizverwaltung zu erledigen. Sie werden im Falle der Behinderung in diesen Geschäften durch ihren ständigen Vertreter vertreten und können die ihrer Dienstaufsicht unterstellten Beamten zu den Geschäften der Justizverwaltung heranziehen.

§ 14

(1) Die Dienstaufsicht üben aus

1. *der Reichsminister der Justiz* über sämtliche Gerichte, Staatsanwaltschaften und Gefangenenanstalten;
2. *die Präsidenten des Reichsgerichts und des Volksgerichtshofs über das Gericht, dem sie angehören,*

3. der Oberlandesgerichtspräsident und der Landgerichtspräsident über die Gerichte ihres Bezirks *mit Ausnahme der in Nr. 2 genannten*,
4. der aufsichtführende Amtsrichter über das Amtsgericht,
5. *der Oberreichsanwalt über die Reichsanwaltschaft*,
6. der Generalstaatsanwalt beim Oberlandesgericht und der Oberstaatsanwalt beim Landgericht über die Staatsanwaltschaften, der Generalstaatsanwalt auch über die Gefangenenanstalten des Bezirks,
7. der Vorsteher des badischen Notariats, der Leiter der Amtsanwaltschaft und der Vorsteher der Gefangenenanstalt über die unterstellte Behörde.

(2) Dem Landgerichtspräsidenten steht die Dienstaufsicht über ein mit einem Präsidenten besetztes Amtsgericht nicht zu.

(3) *Der Reichsminister der Justiz* bestimmt, bei welchen Amtsgerichten der Präsident die Dienstaufsicht über andere zum Bezirk des übergeordneten Landgerichts gehörigen Amtsgerichte an Stelle des Landgerichtspräsidenten ausübt.

§ 15

Die Dienstaufsicht über eine Behörde erstreckt sich zugleich auf die bei ihr angestellten oder beschäftigten Beamten, Angestellten und Arbeiter. Die Dienstaufsicht des aufsichtführenden Amtsrichters beschränkt sich jedoch, wenn ihm nicht die Zuständigkeit für die im § 5 Abs. 1 bezeichneten Anordnungen übertragen worden ist, auf die bei dem Amtsgericht angestellten oder beschäftigten nichtrichterlichen Beamten, die Angestellten und Arbeiter; die Dienstaufsicht des Leiters der Amtsanwaltschaft, sofern er nicht Oberstaatsanwalt ist, beschränkt sich auf die nicht dem höheren oder dem Amtsanwaltsdienst angehörigen Beamten.

§ 16

(1) Wer die Dienstaufsicht über einen Beamten ausübt, ist Dienstvorgesetzter des Beamten.

(2) In der Dienstaufsicht liegt die Befugnis, die ordnungswidrige Ausführung eines Amtsgeschäfts zu rügen und zu seiner sachgemäßen Erledigung zu ermahnen.

§ 17

(1) Beschwerden in Angelegenheiten der Justizverwaltung werden im Dienstaufsichtswege erledigt.

(2) Über Aufsichtsbeschwerden, die sich gegen einen im ersten Rechtszuge vom Präsidenten eines Amtsgerichts erlassenen Bescheid richten, entscheidet der Oberlandesgerichtspräsident endgültig, wenn für Beschwerden dieser Art bestimmt ist, daß die Entscheidung des Landgerichtspräsidenten endgültig ist.

Artikel X

Schluß- und Übergangsvorschriften

§ 18

Der Reichsminister der Justiz kann die Ausübung der ihm in dieser Verordnung übertragenen Befugnisse auf die ihm unmittelbar nachgeordneten Präsidenten der Gerichte und Leiter der Staatsanwaltschaften übertragen.

§ 19

(1) Richter, die auf Grund des § 22 Abs. 2, § 59 Abs. 2 des Gerichtsverfassungsgesetzes oder des § 3

des Neunten Teils der Verordnung des Reichspräsidenten vom 1. Dezember 1930 (Reichsgesetzbl. I S. 517, 604) zugleich zu Richtern bei einem anderen Gericht ernannt worden sind, scheiden mit Ablauf des 30. April 1935 aus den Gerichten aus, bei denen sie keine Planstelle innehaben.

(2) Soweit in Ländern das Amt eines Staatsanwalts von Richtern auf Grund eines Auftrags ausgeübt wird, treten diese Beamten mit Ablauf des 30. April 1935 endgültig zur Staatsanwaltschaft über. Bis zu diesem Zeitpunkt verbleibt es bei der landesrechtlichen Regelung.

§ 20

(1) In den Ländern erlassene Vorschriften, nach denen Sachverständige für gerichtliche Angelegenheiten im allgemeinen vereidigt werden können, werden aufgehoben.

(2) Soweit Sachverständige allgemein vereidigt worden sind, verliert die Vereidigung mit Ablauf des 30. April 1935 ihre Wirkung.

§ 21

(1) Diese Verordnung tritt mit dem 1. April 1935 in Kraft.

(2) Die auf Grund der bisherigen Vorschriften getroffenen Anordnungen bleiben in Kraft, soweit nichts Abweichendes in dieser Verordnung bestimmt ist oder noch bestimmt wird.

Berlin, den 20. März 1935.

Der Reichsminister der Justiz

D.

Gesetz über die Zuständigkeit der Gerichte bei Änderungen der Gerichtseinteilung

vom 6. Dezember 1933 (RGBl. I S. 1037).

Die Reichsregierung hat das folgende Gesetz beschlossen, das hiermit verkündet wird:

Artikel 1

Für die Erledigung von bürgerlichen Rechtsstreitigkeiten einschließlich des Konkurses und des Vergleichsverfahrens sowie von Strafsachen gelten bei Aufhebung von Gerichten der Länder und bei Änderung ihrer Bezirke folgende Vorschriften:

§ 1

Wird der Bezirk eines Gerichts geändert, so wird dadurch die Zuständigkeit des Gerichts für die bei ihm anhängigen Sachen nicht berührt. Das Gericht bleibt auch weiterhin für die Angelegenheiten zuständig, bei denen sich die Zuständigkeit nach einem bei ihm anhängigen oder anhängig gewesenen Verfahren bestimmt (Kostenfestsetzungsverfahren, Verfahren nach Zurückverweisung, Wiederaufnahme des Verfahrens, Vollstreckungsgegenklage, Entscheidungen über die Strafvollstreckung u. dgl.).

§ 2

Wird ein Gericht aufgehoben und sein gesamter Bezirk dem Bezirk eines anderen Gerichts zugelegt, so tritt dieses Gericht in jeder Hinsicht an die Stelle des aufgehobenen Gerichts.

§ 3

Wird ein Gericht aufgehoben und sein Bezirk auf die Bezirke mehrerer Gerichte aufgeteilt, so bestimmt die Landesjustizverwaltung im Wege allgemeiner Anordnung, welches Gericht oder welche Gerichte die anhängigen Sachen zu erledigen haben und für die im § 1 Satz 2 bezeichneten Angelegenheiten zuständig sind. Ist eine solche Anordnung nicht getroffen, so geht die Zuständigkeit auf die Gerichte über, zu dessen Bezirk der Sitz des aufgehobenen Gerichts gelegt ist.

§ 4 (Strafsachen)

§ 5

Wird ein Gericht einem anderen übergeordneten Gericht unterstellt, so ist für die Entscheidung über Rechtsmittel, die sich gegen eine vor Inkrafttreten der Änderung erlassene Entscheidung richten, das Gericht zuständig, das dem erkennenden Gericht vor dem Inkrafttreten der Änderung übergeordnet war. Ebenso ist für die Entscheidung über Rechtsmittel, die sich gegen die Entscheidung eines aufgehobenen Gerichts richten, das Gericht zuständig, das dem aufgehobenen Gericht übergeordnet war.

Ist das übergeordnete Gericht, das für die Entscheidung über die Rechtsmittel nach Abs. 1 zuständig sein würde, aufgehoben, so gilt folgendes:

1. Ist der gesamte Bezirk des übergeordneten Gerichts dem Bezirk eines anderen Gerichts zugelegt, so tritt dieses Gericht an die Stelle des aufgehobenen Gerichts.
2. Ist der Bezirk des aufgehobenen übergeordneten Gerichts auf die Bezirke mehrerer Gerichte aufgeteilt, so bestimmt die Landesjustizverwaltung im Wege allgemeiner Anordnung, welches Gericht oder welche Gerichte für die Entscheidung über die Rechtsmittel zuständig sind. Ist eine solche Anordnung nicht getroffen, so ist für die

Entscheidung das Gericht zuständig, dessen Bezirk der Sitz des aufgehobenen übergeordneten Gerichts zugeteilt ist.

§ 6

Ist im Falle des § 5 ein Rechtsmittel bei einem nach dieser Vorschrift nicht zuständigen Gericht eingelegt, so wird dadurch die Zulässigkeit des Rechtsmittels nicht berührt. Die Sache ist von Amts wegen an das zuständige Gericht abzugeben; der Abgabebeschluß ist für das in dem Beschluß bezeichnete Gericht bindend.

§ 7

Die Landesjustizverwaltung kann bei der Aufhebung einzelner Gerichte oder der Änderung ihrer Bezirke im Wege allgemeiner Anordnung eine von den Vorschriften des § 1 und des § 5 Abs. 1 abweichende Regelung treffen.

§ 8

Geht auf Grund des § 2 oder des § 3 ein Rechtsstreit auf ein anderes Oberlandesgericht oder Landgericht über, so bleiben die zu Prozeßbevollmächtigten bestellten Rechtsanwälte zur Fortführung der Vertretung befugt, wenn sie bei einem anderen Gericht als Rechtsanwälte zugelassen bleiben oder neu zugelassen werden.

Wird ein Oberlandesgericht aufgehoben, so sind die Landgerichtsanwälte, die zugleich bei diesem Oberlandesgericht zugelassen waren, auf Antrag zugleich bei dem Oberlandesgericht zuzulassen, dem das Landgericht nunmehr unterstellt wird. Die Vorschriften der §§ 14a, 15 der Rechtsanwaltsordnung und des § 2 Satz 2 des Gesetzes über die Zulassung zur Rechtsanwaltschaft vom 7. April 1933 (Reichsgesetzbl. I S. 188) bleiben unberührt.

Artikel 2

Die bei der Aufhebung von Gerichten oder der Änderung von Gerichtsbezirken erforderlichen Vorschriften auf dem Gebiete der freiwilligen Gerichtsbarkeit und der den Gerichten sonst zugewiesenen Aufgaben werden von der Landesjustizverwaltung erlassen, soweit nicht Reichs- oder Landesgesetze bereits eine Regelung enthalten. Für die Rechtsmittel gilt die Vorschrift des Artikels 1 § 6 entsprechend.

Artikel 3

Die Landesjustizverwaltung kann ferner Handelsrichter, Schöffen und Geschworene, Arbeitsrichter und Landesarbeitsrichter sowie sonstige nichtrichterliche Gerichtsbeisitzer, die bei den aufgehobenen oder bei den von der Änderung betroffenen Gerichten vorhanden sind, für den Rest ihrer Amtszeit anderen Gerichten zuweisen.

Artikel 4

Vorschriften, die die Landesjustizverwaltung über die Zuständigkeit der Gerichte bei Änderungen der Gerichtseinteilung vor Inkrafttreten dieses Gesetzes erlassen haben, bleiben wirksam.

Die Vorschriften der Verordnung über Maßnahmen bei Aufhebung oder Zusammenlegung von Gerichten vom 29. Februar 1932 (Reichsgesetzbl. I S. 99) werden aufgehoben.

Artikel 5

Wird ein Gericht des Reichs aufgehoben oder sein Bezirk geändert, so erläßt der zuständige *Reichsminister* die erforderlichen Vorschriften.

Berlin, den 6. Dezember 1933.

Der Reichskanzler
Der Reichsminister der Justiz

E.

a) Gesetz über die Befähigung zum Richteramt

vom 27. Februar 1936 (RGBl. I S. 127).

Die Reichsregierung hat das folgende Gesetz beschlossen, das hiermit verkündet wird:

Der Reichsminister der Justiz kann aus besonderen Gründen einen deutschen Staatsangehörigen, der in einem ausländischen Staat die Befähigung zum Richteramt oder zur Anwaltschaft erlangt hat, auf Grund der Vorbildung im Ausland zur großen Staatsprüfung zulassen, wenn nicht mehr als drei Jahre verstrichen sind, seitdem der Bewerber seine berufliche Tätigkeit im Ausland aufgegeben hat. Der Minister kann die Zulassung von weiteren Voraussetzungen, insbesondere einem ergänzenden Vorbereitungsdienst in Deutschland, abhängig machen.

Mit dem Bestehen der Prüfung erlangt der Bewerber die Befähigung zum Richteramt.

War die Ausbildung im Auslande noch nicht abgeschlossen, so kann der Reichsminister der Justiz die ausländische Vorbereitungszeit ganz oder zum Teil anrechnen, auch von der Ablegung der ersten juristischen Staatsprüfung befreien.

Berlin, den 27. Februar 1936.

Der Führer und Reichskanzler
Der Reichsminister der Justiz

b) Verordnung über die Zuerkennung der Fähigkeit zum Richteramt an Volksdeutsche

vom 8. Dezember 1939 (RGBl. I S. 2390).

Auf Grund gesetzlicher Ermächtigung wird mit Zustimmung des Generalbevollmächtigten für die

Wirtschaft und des Oberkommandos der Wehrmacht für das Gebiet des Großdeutschen Reichs verordnet:

§ 1

Der Reichsminister der Justiz kann Volksdeutschen, die in einem anderen Lande nach den dort geltenden Vorschriften die Fähigkeit zum Richteramt, zum Notaramt oder zum Beruf des Rechtsanwalts erworben haben, die Fähigkeit zum Richteramt zuerkennen. Auf Grund der Zuerkennung ist der Volksdeutsche im Sinne des deutschen Gerichtsverfassungsgesetzes zum Richteramt befähigt.

§ 2

Der Reichsminister der Justiz regelt im Verwaltungswege die Ausbildung der Volksdeutschen, die sich in einem anderen Lande in der Vorbereitung oder Ausbildung für das Amt des Richters oder Staatsanwalts, das Amt des Notars oder den Beruf des Rechtsanwalts befanden.

§ 3

Diese Verordnung tritt mit dem Tage ihrer Verkündung in Kraft.

Berlin, den 8. Dezember 1939.

Der Generalbevollmächtigte für die Reichsverwaltung.

c) Verordnung über die Laufbahn für das Amt des Richters und des Staetsanwalts

vom 16. Mai 1939 (RGBl. I S. 917).

Auf Grund des Ersten Gesetzes zur Überleitung der Rechtspflege auf das Reich vom 16. Februar 1934 (Reichsgesetzbl. I S. 91) .... wird verordnet:

§ 1

(1) Wer nach den Vorschriften der Justizausbildungsordnung die große Staatsprüfung bestanden hat, ist berechtigt, die Bezeichnung Assessor zu führen. Mit Ablauf des Tages, an dem ihm das Ergebnis der Staatsprüfung eröffnet wird, scheidet er aus dem Justizdienst aus.

(2) *Der Reichsminister der Justiz* kann dem Assessor das Recht entziehen, diese Bezeichnung zu führen, falls er sich durch sein Verhalten dessen unwürdig erweist. Die Unwürdigkeit kann sich auch aus dem Verhalten des Assessors vor der großen Staatsprüfung ergeben.

§ 2

(1) Wer zum Richteramt befähigt ist, kann auf seinen Antrag als Anwärter für das Amt des Richters oder des Staatsanwalts übernommen werden.

(2) Der Antrag kann schon nach der Zulassung zur großen Staatsprüfung gestellt werden. Die im § 1 Abs. 1 Satz 2 vorgesehene Rechtsfolge tritt nicht ein, wenn der Antrag vor dem dort bezeichneten Zeitpunkt gestellt wird.

(3) Die Entscheidung über den Antrag trifft der *Reichsminister der Justiz*. Wird der Antrag abgelehnt, so ist im Falle des Abs. 2 das Beamtenverhältnis zu widerrufen.

§ 3

Der Assessor wird mit der Übernahme als Anwärter außerplanmäßiger unmittelbarer Reichsbeamter und erhält Bezüge nach den Reichsvorschriften. Der Anwärter führt die Amtsbezeichnung Gerichtsassessor.

§ 4

(1) Der Gerichtsassessor ist Beamter auf Widerruf.

(2) Der Widerruf darf nur ausgesprochen werden,

1. wenn der Gerichtsassessor den Dienst nicht unverzüglich nach der Übernahme als Anwärter antritt oder einem Dienstleistungsauftrag keine Folge leistet,
2. wenn Umstände vorliegen, welche die Entlassung aus dem Beamtenverhältnis, die Versetzung in den Ruhestand oder die Bestrafung im Dienststrafverfahren mit Gehaltskürzung oder mit Entfernung aus dem Dienst rechtfertigen,
3. zum Ablauf des ersten und des zweiten Jahres nach der Übernahme, zum Ablauf des zweiten Jahres jedoch nur, falls dem Gerichtsassessor vor Beginn dieses Jahres mitgeteilt wird, daß der Widerruf auch zum Ablauf des zweiten Jahres vorbehalten bleibt.

(3) Die Tatsachen, die nach Abs. 2 Nr. 2 die Entlassung durch Widerruf rechtfertigen, sind in einem Untersuchungsverfahren festzustellen, in dem die eidliche Vernehmung von Zeugen und Sachverständigen zugelassen und der Beamte zu hören ist.

(4) Wird ein Gerichtsassessor eines Dienstvergehens beschuldigt, das seine Entlassung nach Abs. 2 Nr. 2 zu rechtfertigen vermag, so kann der *Reichsminister der Justiz* die vorläufige Dienstenthebung und die Einbehaltung der Gehaltsbezüge (§§ 79 bis 82 der Reichsdienststrafordnung) anordnen.

§ 5

Wer als Anwärter übernommen wird, ist verpflichtet, bei jeder Behörde der *Reichs*justizverwaltung Aufgaben des höheren Justizdienstes wahrzunehmen.

§ 6

Die Zahl der Anwärter bestimmt der *Reichsminister der Justiz im Einvernehmen mit dem Reichsminister der Finanzen.*

§ 7

Wer zum Richteramt befähigt ist, kann mit der Wahrnehmung richterlicher oder staatsanwaltlicher Aufgaben vorübergehend betraut werden. Dazu bedarf es der Genehmigung *des Reichsministers der Justiz*; diese kann allgemein erteilt werden.

§ 8

(1) Wer sich bei Inkrafttreten dieser Verordnung noch als Assessor im Probedienst befindet, erhält mit diesem Zeitpunkt die Stellung eines Anwärters für das Amt des Richters oder des Staatsanwalts.

(2) Ein Gerichtsassessor, welcher die Richteramtsprüfung nach österreichischen Vorschriften bestanden hat, ist seit dem Tage des Bestehens dieser Prüfung als Anwärter für das Amt des Richters oder des Staatsanwalts anzusehen. Dies gilt auch, soweit Richteramtsprüfungen, die bei Inkrafttreten dieser Verordnung anhängig sind, nach den bisherigen Vorschriften zu Ende geführt werden.

(3) Im Falle des Abs. 1 beginnen die Jahresfristen des § 4 Abs. 2 Nr. 3 mit dem Tage der Übernahme in den Probedienst, im Falle des Abs. 2 mit dem Tage des Bestehens der Richteramtsprüfung. Die Mitteilung, daß der Widerruf auch zum Ablauf des zweiten Jahres vorbehalten bleibt, ist in den Fällen des Abs. 1 und des Abs. 2 Satz 1 bis zum 31. Juli

1939 noch zulässig, auch wenn die Frist des ersten Jahres bereits abgelaufen ist.

§ 9

(1) Die Verordnung tritt mit dem 1. Juni 1939 in Kraft.

(2) Die zu ihrer Durchführung erforderlichen Verwaltungsvorschriften erläßt der Reichsminister der Justiz.

Berlin, den 16. Mai 1939.

Der Reichsminister der Justiz

Der Reichsminister des Innern

F.

Gesetz, betreffend die unter Ausschluß der Öffentlichkeit stattfindenden Gerichtsverhandlungen

vom 5. April 1888 (RGBl. S. 133)

Artikel III

[1]) Soweit bei einer Gerichtsverhandlung die Öffentlichkeit wegen Gefährdung der Staatssicherheit oder eines Geschäfts- oder Betriebsgeheimnisses ausgeschlossen war, dürfen Berichte über die Verhandlung durch die Presse nicht veröffentlicht werden. Das gleiche gilt auch nach der Beendigung des Verfahrens in betreff der Veröffentlichung der Anklageschrift oder anderer amtlicher Schriftstücke des Prozesses.

(Zuwiderhandlungen)

---

[1]) Satz geändert durch die Verordnung des Reichspräsidenten zum Schutze der Wirtschaft vom 9. 3. 32 (RGBl. I S. 121) 2. Teil Art. III.

VI.
Entlastung

A.
Bekanntmachung zur Entlastung der Gerichte

vom 9. September 1915 in der Fassung der Bek. vom 13. Mai 1924 (RGBl. I S. 552)

Mahnverfahren vor den Amtsgerichten

§§ 1, 2 (weggefallen)

§ 3

Der Zahlungsbefehl wird als Urkunden- oder als Wechsel-Zahlungsbefehl bezeichnet:
1. wenn das Gesuch des Gläubigers auf den Erlaß eines Urkunden- oder eines Wechsel-Zahlungsbefehls gerichtet ist;
2. (weggefallen)

§ 4

Für das Urkunden- und Wechsel-Mahnverfahren gelten folgende besondere Vorschriften:
1. Die Bezeichnung als Urkunden- oder als Wechsel-Zahlungsbefehl hat die Wirkung, daß die Streitsache, wenn rechtzeitig Widerspruch erhoben wird, als im Urkunden- oder im Wechselprozesse rechtshängig geworden anzusehen ist.
2. Die Urkunden sollen in Urschrift oder in Abschrift dem Gesuch um Erlaß des Zahlungsbefehls (§ 3 Nr. 1) *oder der Klage (§ 3 Nr. 2)*

beigefügt und in Abschrift mit dem Zahlungsbefehle zugestellt werden.

3. Bei Erlaß des Zahlungsbefehls und des Vollstreckungsbefehls bedarf die Statthaftigkeit der gewählten Prozeßart keiner Prüfung.
4. Beschränkt sich der Widerspruch auf den Antrag, dem Beklagten die Ausführung seiner Rechte vorzubehalten, so ist der Vollstreckungsbefehl unter diesem Vorbehalte zu erlassen. Auf das weitere Verfahren findet die Vorschrift des § 600 der Zivilprozeßordnung entsprechende Anwendung.
5. Die Ladungsfrist beträgt mindestens drei Tage; soweit die Einlassungsfrist kürzer ist, entspricht sie dieser.

§ 5 (hier weggefallen)

Bewilligung von Zahlungsfristen

§ 6 (gegenstandslos)

Verfahren bis zum Urteil

§ 7

Mit Einverständnis der Parteien kann das Gericht eine Entscheidung ohne mündliche Verhandlung treffen. Die Verkündung der Entscheidung wird durch schriftliche Mitteilung ersetzt; bei Urteilen ist die Urteilsformel durch Zustellung mitzuteilen.

§ 8

Ein gemäß § 7 ohne mündliche Verhandlung geführtes Verfahren steht hinsichtlich der Gerichtskosten und der Anwaltsgebühren einem Verfahren mit mündlicher Verhandlung gleich. Wird nach einem Beweisaufnahmeverfahren ohne mündliche Verhandlung entschieden, so steht dem Rechtsanwalt in jedem Falle die erhöhte Verhandlungsgebühr (§ 17 der Gebührenordnung für Rechtsanwälte) zu.

Urteil und Zwangsvollstreckung

§ 9

In Urteilen, Zahlungsbefehlen, Vergleichen und vollstreckbaren Urkunden (§ 794 Nr. 5 der Zivilprozeßordnung) kann die Höhe einer zu zahlenden Geldsumme auch in solchen Umlaufmitteln bestimmt werden, die, ohne gesetzliches Zahlungsmittel zu sein, von den öffentlichen Kassen in Zahlung genommen werden. Die Höhe der Geldsumme kann ferner, soweit nicht *die Reichsregierung mit Zustimmung des Reichsrats* etwas anderes bestimmt, auch nach Maßgabe einer amtlichen Teuerungszahl festgesetzt werden. *Die Reichsregierung* wird ermächtigt, *mit Zustimmung des Reichsrats* daneben noch andere Werteinheiten, über die amtliche Feststellungen ergehen, als Maßstab zuzulassen.[1]

In dem Schuldtitel (wertbeständiger Schuldtitel) ist die Werteinheit sowie die nähere Art und Weise, in welcher sie als Maßstab dienen soll, genau zu bezeichnen. Ungenauigkeiten in der Bezeichnung können bei Urteilen und Zahlungsbefehlen unter entsprechender Anwendung des § 319 der Zivilprozeßordnung beseitigt werden.

---

[1] hierzu: Zweite Verordnung zur Durchführung der Verordnung zur Beschleunigung des Verfahrens in bürgerlichen Rechtsstreitigkeiten vom 27. 6. 24 (RGBl. I S. 660).

Die Vorschriften der Abs. 1, 2 finden auch im Urkundenprozeß Anwendung.

§ 10

Die vollstreckbare Ausfertigung eines wertbeständigen Schuldtitels wird erteilt, ohne daß es der ziffermäßigen Berechnung der Schuldsumme in gesetzlichen Zahlungsmitteln bedarf. Für die Durchführung der Zwangsvollstreckung gelten die Vorschriften der §§ 11—17.

§ 11

Bei der Zwangsvollstreckung in bewegliche Sachen berechnet der Gerichtsvollzieher die beizutreibende Geldsumme. Während der Durchführung der Vollstreckung eintretende Veränderungen der maßgebenden Wertverhältnisse sind zu berücksichtigen.

Wird gepfändetes Geld oder der Versteigerungserlös hinterlegt, so erfolgt die endgültige Berechnung durch das Vollstreckungsgericht, und zwar soweit ein Verteilungsverfahren stattfindet, in diesem Verfahren bei der Aufstellung des Teilungsplans, im übrigen auf Antrag des Gläubigers, des Schuldners oder eines an der Hinterlegung beteiligten Dritten durch besonderen Beschluß. In letzterem Falle ist bei einer nachträglichen Änderung der maßgebenden Wertverhältnisse der Beschluß auch nach Eintritt der Rechtskraft bis zur Auszahlung des hinterlegten Betrags auf Antrag zu ändern.

§ 12

Soll eine Forderung oder ein anderes Vermögensrecht gepfändet werden, so berechnet das Vollstreckungsgericht die beizutreibende Geldsumme in dem Pfändungsbeschlusse. Der Gläubiger hat dem Antrag eine Berechnung beizufügen. Ändern sich nach der Pfändung die maßgebenden Wertverhältnisse, so bleibt das Recht des Gläubigers auf Vornahme weiterer Vollstreckungsmaßregeln unberührt; Einwendungen des Schuldners sind ausschließlich gemäß § 766 der Zivilprozeßordnung zu erledigen.

§ 13

Bei der Pfändung eines Anspruchs auf Übertragung des Eigentums an einer unbeweglichen Sache entsteht die Sicherungshypothek (§ 848 Abs. 2 der Zivilprozeßordnung) als Höchstbetragshypothek (§ 1190 des Bürgerlichen Gesetzbuchs). Höchstbetrag ist der nach § 12 berechnete Betrag;

Ist die zu vollstreckende Forderung in der Art bestimmt, daß für sie eine wertbeständige Hypothek eingetragen werden kann, so findet § 12 keine Anwendung. Die Sicherungshypothek entsteht als wertbeständige Hypothek.

§ 14

Soll für die Forderung des Gläubigers eine Sicherungshypothek eingetragen werden (§§ 866—868 der Zivilprozeßordnung), und ist die Forderung in der Art bestimmt, daß für sie eine wertbeständige Hypothek eingetragen werden kann, so ist die Sicherungshypothek als wertbeständige einzutragen; dabei findet § 866 Abs. 3 der Zivilprozeßordnung keine Anwendung. Ist die Forderung nicht in dieser Art bestimmt, so ist die Sicherungshypothek als Höchstbetragshypothek einzutragen; Höchstbetrag ist die Geldsumme, die sich aus der letzten vor dem Eingang des Eintragungsantrags bei dem Grundbuchamte veröffentlichten amtlichen Feststellung ergibt.

§ 15

(Zwangsversteigerung)

§ 16

(Zwangsverwaltung)

§ 17

Soweit nach den Vorschriften der §§ 11—16 eine Berechnung der beizutreibenden Geldsumme vor der Beendigung der Vollstreckung erfolgt, nach dem Inhalt des Schuldtitels für die Berechnung der Schuldsumme jedoch ein späterer Zeitpunkt maßgebend sein soll, entscheidet sich die Frage, inwieweit der Gläubiger durch die Vollstreckung befriedigt ist, nach dem späteren Zeitpunkt.

In allen Fällen, in denen eine wertbeständige Forderung teilweise beigetrieben wird, ist in dem Vermerk anzugeben, wann die Beitreibung erfolgt und auf welchen Betrag die Schuldsumme in diesem Zeitpunkt berechnet worden ist. In Streitfällen hat das Vollstreckungsgericht auf Antrag eines Beteiligten durch Beschluß festzustellen, bis zu welchem Teile die Forderung aus dem wertbeständigen Schuldtitel getilgt ist.

Schiedsurteil

§ 18

Bei Rechtsstreitigkeiten, über deren Gegenstand die Parteien einen Vergleich zu schließen berechtigt sind, hat das zuständige Gericht erster oder zweiter Instanz auf den übereinstimmenden Antrag beider Parteien durch Schiedsurteil zu entscheiden. Der Antrag kann schon mit der Einreichung der Klageschrift oder der Berufungsschrift und bis zum Schlusse der mündlichen Verhandlung gestellt werden.

Ist der im Abs. 1 bezeichnete Antrag gestellt, so bestimmt das Gericht sein Verfahren unbeschadet der Vorschrift des § 78 der Zivilprozeßordnung nach freiem Ermessen. Das Schiedsurteil steht einem im ordentlichen Verfahren ergangenen rechtskräftigen Endurteil gleich. Mit Einverständnis der Parteien kann von einer schriftlichen Begründung Abstand genommen werden. Die Nichtigkeitsklage findet gegenüber dem Schiedsurteil außer in den Fällen des § 579 der Zivilprozeßordnung auch statt, wenn der Partei in dem Verfahren das rechtliche Gehör nicht gewährt war oder das Schiedsurteil, abgesehen vom Falle des Einverständnisses der Parteien, nicht mit Gründen versehen ist.

Die Gerichtskosten und Anwaltsgebühren bestimmen sich in den Fällen des Abs. 1 nach den für das ordentliche Verfahren geltenden Vorschriften, jedoch werden die in dem Verfahren entstehenden Gerichtsgebühren mit Ausnahme der Prozeßgebühr nur zur Hälfte erhoben.

§ 19

Im Falle des § 18 ist das Gericht, wenn die Parteien dies in dem Antrag übereinstimmend verlangen, mit einem Richter als Vorsitzenden und zwei nicht richterlichen Beisitzern, die volljährig sein müssen, zu besetzen. In diesem Falle tritt als Richter im Verfahren vor den Amtsgerichten der Amtsrichter, im Verfahren vor den Landgerichten und den Oberlandesgerichten der Vorsitzende der Kammer oder des Senats oder ein von ihm zu bestimmendes Mitglied ein; ein Handelsrichter darf nicht bestimmt werden. Benennen beide Parteien übereinstimmend den Vorsitzenden oder ein bestimmtes Mitglied mit Zustimmung des Benannten, so soll tunlichst dieser als Richter eintreten. Von den Beisitzern benennt jede Partei einen; Streitgenossen können nur gemeinschaftlich einen Beisitzer benennen.

Die Parteien haben bei Stellung ihres Antrags die Beisitzer zu benennen und deren schriftliche Erklärung, daß sie zur Übernahme des Amtes bereit sind, beizufügen. Unterläßt dies eine Partei, so setzt ihr das Gericht, im Verfahren vor den Landgerichten und den Oberlandesgerichten der Vorsitzende der Kammer oder des Senats, zur Nachholung der Benennung eine Frist. Nach fruchtlosem Ablauf der Frist weist das Gericht den Antrag zurück. Das gleiche gilt, wenn ein Beisitzer nach der Übernahme des Amtes ausscheidet und die Partei, die ihn benannt hat, nicht innerhalb einer ihr zu setzenden Frist einen anderen Beisitzer benennt.

Hinsichtlich der Ausschließung und Ablehnung gelten für die Beisitzer die gleichen Vorschriften wie für Richter. Die Entscheidung erfolgt durch das Gericht in der ordentlichen Besetzung und ist endgültig.

Die Beisitzer sind zur Führung ihres Amtes verpflichtet. Im Falle ihres Fernbleibens von einer Sitzung finden die für das Ausbleiben eines Sachverständigen geltenden Vorschriften entsprechende Anwendung.

Die Beisitzer haben Anspruch auf Vergütung aus der Staatskasse nach Maßgabe der Vorschriften über die Entschädigung von Sachverständigen. Die gerichtliche Festsetzung (§ 17 Abs. 1 der Gebührenordnung für Zeugen und Sachverständige, Reichsgesetzbl. 1922 I S. 242) erfolgt durch den Richter, der den Vorsitz geführt hat; Beschwerden werden im Aufsichtsweg entschieden. Die Parteien haben einen zur Deckung der Vergütung ausreichenden Vorschuß an die Staatskasse zu zahlen; die Vorschriften des Abs. 2 Satz 2 und 3 finden entsprechende Anwendung.

Die Parteien können untereinander und mit den Beisitzern vereinbaren, deren Vergütung selbst zu übernehmen. In diesem Falle finden die Vorschriften des Abs. 5 keine Anwendung; die den Parteien durch die Vergütung der Beisitzer entstehenden außergerichtlichen Kosten sind jedoch nur bis zu der aus Abs. 5 sich ergebenden Höhe erstattungsfähig.

Im übrigen finden auf die Beisitzer die Vorschriften der §§ 30—32, 51 des Gerichtsverfassungsgesetzes entsprechende Anwendung.

§ 20

Im amtsgerichtlichen Verfahren ist bei Streitigkeiten über vermögensrechtliche Ansprüche, sofern der Wert des Streitgegenstandes zur Zeit der Einreichung der Klage 50 Goldmark[2] nicht übersteigt, ohne Rücksicht auf die Anträge der Parteien nach den Grundsätzen des § 18 zu verfahren. § 19 findet in diesem Falle keine Anwendung.

Auf die in dem Gesetz über Mieterschutz und Mieteinigungsämter vom 1. Juni 1923 (Reichsgesetzbl. I S. 353) geregelten bürgerlichen Rechtsstreitigkeiten finden die Vorschriften des Abs. 1 keine Anwendung.

Schlußvorschrift

§ 21

Die *Reichsregierung* bestimmt *mit Zustimmung des Reichsrats*, wann und in welchem Umfang diese Verordnung außer Kraft tritt.

---

[2] Dritte VO. des Reichspräs. v. 6. 10. 31 (RGBl. I 537) Sechster Teil, Kap. I, § 10 Abs. 2: 100 RM. Jetzt „DM" laut § 2 des Ges. Nr. 61 der MilReg.

B.

a) Gesetz zur Entlastung der Gerichte

vom 11. März 1921 (RGBl. S. 229).

Artikel VI

§ 1

Die Landesjustizverwaltungen werden ermächtigt,

I. zu bestimmen, daß Urkundsbeamte der Geschäftsstelle die Entscheidung über den Erlaß des Vollstreckungsbefehls auch im Falle der Ablehnung zu treffen haben sowie die Vollstreckungsklausel im Falle des § 730 Abs. 1 und des § 733 der Zivilprozeßordnung ohne Einholung einer Anordnung des Vorsitzenden erteilen können,

II. die Erledigung der folgenden Geschäfte des Richters Urkundsbeamten der Geschäftsstelle zur selbständigen Erledigung zu übertragen:

1. die nach § 109 und § 715 der Zivilprozeßordnung, betreffend Rückgabe von Sicherheiten, zu treffenden Entscheidungen,
2. den Erlaß von Zahlungsbefehlen,
3. die in bezug auf die Zwangsvollstreckung in Forderungen und andere Vermögensrechte nach §§ 828 bis 863 der Zivilprozeßordnung zu treffenden Entscheidungen,
4. die in den Fällen der §§ 771, 805 vom Vollstreckungsgerichte gemäß § 769 Abs. 2 der Zivilprozeßordnung zu treffenden Entscheidungen,
5. Anordnung des Arrestgerichts auf Klageerhebung und Aufhebung des vollzogenen Arrestes nach Hinterlegung des in dem Arrestbefehl festgestellten Geldbetrages,

III. (Strafvollstreckung)

§ 2

(freiwillige Gerichtsbarkeit)

§ 3

(Abs. 1: Strafsachen)

Auf Einwendungen gegen Entscheidungen des Urkundsbeamten der Geschäftsstelle in den ihm auf Grund des § 2 zur selbständigen Erledigung übertragenen Angelegenheiten finden die Vorschriften des § 576 und des § 577 Abs. 4 der Zivilprozeßordnung entsprechende Anwendung mit der Maßgabe, daß an die Stelle des Prozeßgerichts das Gericht tritt, an dessen Statt der Urkundsbeamte der Geschäftsstelle entschieden hat.

b) Entlastung der Richter durch Beamte des gehobenen Justizdienstes (Reichs-Entlastungsverfügung)*)

AV. d. RJM. vom 3. Juli 1943 (3015 — I. a[11] 1501). — Deutsche Justiz S. 339 —

Um eine einheitliche Rechtsgrundlage für die Entlastung der Richter durch Rechtspfleger zu schaffen, bestimme ich auf Grund des Artikels VI des Reichsgesetzes zur Entlastung der Gerichte vom 11. März 1921 (Reichsgesetzbl. S. 229), des § 1 des Zweiten Gesetzes zur Überleitung der Rechtspflege auf das Reich vom 5. Dezember 1934 (Reichsgesetzbl. I S. 1214) sowie des § 1 Abs. 3 der Grundbuchordnung, § 125 Abs. 3 des Reichsgesetzes über die Angelegenheiten der freiwilligen Gerichtsbarkeit in der Fassung der Verordnung vom 10. August 1937 (Reichsgesetzbl. I S. 900) und der §§ 2, 65 der Schiffsregisterverordnung vom 19. Dezember 1940 (Reichsgesetzbl. I S. 1591):

---

*) Abkürzung: REntV.

I. Allgemeine Bestimmungen

§ 1

(1) Richterliche Geschäfte können nach Maßgabe dieser Verfügung durch Beamte, welche die Prüfung für den gehobenen Justizdienst bestanden haben, als Rechtspfleger selbständig wahrgenommen werden.

(2) Soweit nach den bisher geltenden Vorschriften auch anderen als den in Abs. 1 bezeichneten Beamten die Wahrnehmung richterlicher Geschäfte übertragen werden konnte, behält es hierbei einstweilen sein Bewenden.

(3) Die dienstliche Stellung dieser Beamten (Abs. 1 und 2) und ihre Pflicht zur Wahrnehmung der sonstigen Dienstgeschäfte bleiben unberührt.

§ 2

(1) Richterliche Geschäfte werden durch den Rechtspfleger selbständig wahrgenommen, soweit für das betreffende Gericht eine Entlastung der Richter angeordnet ist.

(2) Die Entlastung wird hiermit angeordnet:

a) bei den Amtsgerichten hinsichtlich der in den §§ 11 bis 14, 17, 20, 23, 24 bezeichneten Geschäfte,

b) bei den Landgerichten und Oberlandesgerichten hinsichtlich der Geschäfte aus § 11 Buchst. c, d, g und h.

(3) Der Oberlandesgerichtspräsident kann für ein Amtsgericht die Entlastung auf Grund der in den §§ 16, 18, 21, 26 erteilten Ermächtigung in erweitertem Umfang anordnen.

§ 3

(1) Der Rechtspfleger hat die ihm übertragenen Sachen dem Richter vorzulegen, wenn

a) die Vorlegung in dieser Verfügung ausdrücklich angeordnet ist (§§ 15, 19, 20 Buchst. g, 22),
b) sich bei ihrer Bearbeitung rechtliche Schwierigkeiten ergeben,
c) er von einer ihm bekannten Stellungnahme des Richters abweichen will,
d) die Änderung einer Entscheidung oder Verfügung des Rechtspflegers verlangt wird,
e) eine Mitteilung oder eine Anfrage an eine ausländische Behörde oder ein Bericht an den Reichsminister der Justiz erforderlich ist.

(2) Die weitere Bearbeitung der vorgelegten Sachen übernimmt der Richter. In den Fällen des Abs. 1 Buchst. a bis c kann der Richter sich jedoch darauf beschränken, zu bestimmen, wie zu einer Rechtsfrage Stellung zu nehmen ist; diese Bestimmung ist für den Rechtspfleger bindend.

§ 4

(1) Die Übertragung eines Geschäfts auf den Rechtspfleger erstreckt sich auf alle Maßnahmen, die zu dessen Erledigung notwendig sind. Insbesondere hat der Rechtspfleger in Angelegenheiten der freiwilligen Gerichtsbarkeit die für seine Entschließung erforderlichen Unterlagen durch Befragung von Beteiligten, Anhörung von Zeugen und Sachverständigen, Heranziehung von Akten und durch sonstige Ermittlungen zu beschaffen. Insoweit kann er auch um Rechtshilfe ersuchen. Über die Beeidigung von Zeugen, Sachverständigen und Dolmetschern entscheidet stets der Richter; er nimmt auch den Eid ab. Zur Androhung und Ver-

hängung von Ordnungsstrafen ist der Rechtspfleger nicht befugt.

(2) Der Rechtspfleger entscheidet auch über ein Armenrechtsgesuch, wenn das Gesuch ausschließlich ein übertragenes Geschäft (z. B. ausschließlich den Erlaß eines Zahlungsbefehls) betrifft.

(3) In Angelegenheiten, die ausschließlich ein übertragenes Geschäft betreffen, ist der Rechtspfleger auch befugt, die Nichterhebung von Gerichtskosten nach § 6 GKG. oder § 15 KostO. anzuordnen.

§ 5

(1) Der Rechtspfleger ist für die ordnungsmäßige Erledigung der übertragenen Geschäfte verantwortlich, insbesondere dafür, daß er sich der selbständigen oder weiteren selbständigen Wahrnehmung von Geschäften enthält, wenn sie ihm nach dieser AV. nicht zusteht oder wenn er die Sache dem Richter vorzulegen hat.

(2) Nimmt der Rechtspfleger ein Geschäft wahr, das ihm nicht übertragen ist oder das er dem Richter vorzulegen hat, so ist das Geschäft gültig, wenn es zu denjenigen gehört, die in dieser AV. als für die Übertragung geeignet bezeichnet sind oder von dem Oberlandesgerichtspräsidenten als geeignet bezeichnet werden können.

§ 6

Im Schriftverkehr und bei der Aufnahme von Urkunden in übertragenen Angelegenheiten ist das betreffende Gericht anzugeben und der Unterschrift die Amtsbezeichnung des Beamten und seine Eigenschaft als Rechtspfleger beizufügen.

§ 7

Eingänge, welche ausschließlich übertragene Geschäfte betreffen, sind von der Geschäftsstelle unmittelbar dem Rechtspfleger vorzulegen.

§ 8

(1) Die Verteilung der übertragenen Geschäfte unter mehrere Rechtspfleger sowie die Vertretung regelt der Geschäftsverteilungsplan.

(2) Bei der Geschäftsverteilung ist darauf Rücksicht zu nehmen, daß die zur Wahrnehmung von richterlichen Geschäften berufenen Beamten die hierzu erforderlichen Rechtskenntnisse und praktischen Erfahrungen besitzen.

§ 9

(1) Sind bei einem Gericht zur Wahrnehmung übertragener Geschäfte geeignete Beamte nicht vorhanden, so kann der Oberlandesgerichtspräsident anordnen:

a) daß auch Eingänge, welche lediglich übertragene Geschäfte betreffen, durch die Geschäftsstelle dem Richter vorzulegen sind. Der Richter kann sich die Erledigung dieser Eingänge im Einzelfalle ganz oder teilweise vorbehalten. Er kann sich darauf beschränken, zu bestimmen, wie zu einer Rechtsfrage Stellung zu nehmen ist; diese Bestimmung ist für den Rechtspfleger bindend.

Bei der Prüfung, ob er sich eine Sache vorbehalten soll, darf sich der Richter auf die Einsichtnahme des Eingangs mit eingereichten Urkunden beschränken, es sei denn, daß sich aus ihnen ein Anlaß zu Zweifeln ergibt; bestehen hiernach keine Bedenken gegen die selbständige Wahrnehmung des Geschäfts durch den Rechtspfleger, so ist der Richter für dessen Ausführung nicht verantwortlich.

Die Vorlegung der Eingänge macht der Richter aktenkundig, und zwar

1. bei übertragenen Sachen, die er sich nicht vorbehalten will, durch ein „Ges." (Gesehen),
2. bei übertragenen Sachen, die er sich vor. behalten will, durch ein „V." (Vorbehalt).

   Den Vermerken ist die Unterschrift oder das Namenszeichen mit Tagesangabe beizufügen;

b) daß die Entlastung eingeschränkt oder aufgehoben wird, falls die Maßnahme nach Buchstabe a nicht ausreichend erscheint.

(2) Der Oberlandesgerichtspräsident wird ermächtigt, die Entlastung auch dann einzuschränken oder aufzuheben, wenn ohne diese Maßnahme der Richter nicht voll beschäftigt sein würde oder eine übermäßige Belastung des Rechtspflegers vorliegt.

§ 10

Die Gültigkeit eines vom Richter wahrgenommenen Geschäfts wird nicht dadurch berührt, daß es zu den übertragenen Geschäften gehört. Der Richter soll sich jedoch der Bearbeitung eines übertragenen Geschäfts enthalten, es sei denn, daß zwischen diesem und einem vom Richter wahrzunehmenden Geschäft ein so enger Zusammenhang besteht, daß eine getrennte Bearbeitung nicht sachdienlich wäre.

II. Zivilprozeßsachen

§ 11

Zur selbständigen Wahrnehmung sind geeignet:

a) die Entscheidung auf das Gesuch um Erlaß eines Zahlungsbefehls,

b) die Zurückweisung eines Gesuchs, einen Zahlungsbefehl für vorläufig vollstreckbar zu erklären; gelangt nach § 3 oder § 9 Abs. 1 Buchst. a die Sache an den Richter, so hat dieser nur darüber zu entscheiden, ob die Voraussetzungen zum Erlaß eines Vollstreckungsbefehls vorliegen. Auf Grund dieser Entscheidung liegt dem Rechtspfleger die weitere Erledigung ob,

c) die Erteilung der vollstreckbaren Ausfertigung in den Fällen der §§ 730 Abs. 1, 733 Abs. 1 ZPO. ohne Einholung einer Anordnung des Vorsitzenden,

d) die Entscheidung, betreffend Rückgabe einer Sicherheit in den Fällen der §§ 109, 715 ZPO.,

e) die in bezug auf die Zwangsvollstreckung in Forderungen oder andere Vermögensrechte nach den §§ 828 bis 863 ZPO. von dem Vollstreckungsgericht oder in den Fällen der §§ 848, 854, 855 von einem anderen Amtsgerichte zu treffenden Entscheidungen und Anordnungen; hierunter fällt auch eine Pfändung auf Grund einer auf Geldzahlung lautenden einstweiligen Verfügung (§§ 936, 928, 828 ff. ZPO.); dagegen nicht eine Pfändung zur Arrestvollziehung (§ 930 ZPO.),

f) die in den Fällen der §§ 771, 805 ZPO. vom Vollstreckungsgerichte nach § 769 Abs. 2 ZPO. zu treffenden Entscheidungen, soweit es sich nicht um die Zwangsvollstreckung in das unbewegliche Vermögen handelt,

g) die Anordnung, daß die Partei, welche einen Arrestbefehl oder eine einstweilige Verfügung erwirkt hat, binnen einer zu bestimmenden Frist Klage zu erheben habe (§§ 926 Abs. 1, 936 ZPO.),

h) die Entscheidung über Anträge auf Aufhebung eines vollzogenen Arrestes gegen Hinterlegung des in dem Arrestbefehl festgestellten Geldbetrages (§ 934 Abs. 1 ZPO.).

VIII. Ergänzende Bestimmungen

§ 26

(freiw. Gerichtsbarkeit)

§ 27

Sind in einem Oberlandesgerichtsbezirk nach den bisher geltenden Entlastungsbestimmungen unmittelbar oder durch Anordnung des Oberlandesgerichtspräsidenten (Landgerichtspräsidenten, Gerichtsvorstandes) noch andere Geschäfte übertragen, die weder in dieser Verfügung als zur selbständigen Wahrnehmung geeignet bezeichnet sind (§§ 11—14, 17, 20, 23, 24), noch durch den Oberlandesgerichtspräsidenten auf Grund der Ermächtigung in den §§ 16, 18, 21, 26 als geeignet bezeichnet werden können, so bleibt diese Übertragung bis zum Ablauf des 30. Juni 1945[1]) bestehen.

Ich behalte mir eine abschließende Regelung der Übertragung dieser Geschäfte vor.

IX. Sondervorschriften für einzelne Oberlandesgerichtsbezirke

§§ 28, 29

(freiw. Gerichtsbarkeit)

1) Der Zeitpunkt wurde geändert durch die AV. vom 5. 6. 44 — DJ. S. 185 —.

X. Schlußvorschriften

§ 30

Die in sonstigen reichsrechtlichen Vorschriften enthaltenen Entlastungsbestimmungen bleiben unberührt.

§ 31

(1) Die von den früheren Landesjustizverwaltungen erlassenen Vorschriften über die Entlastung der Richter und Staatsanwälte durch Urkundsbeamte der Geschäftsstelle oder diesen gleichgestellte Beamte oder Angestellte treten mit Ablauf des 31. Juli 1943 außer Kraft, und zwar sowohl die zur Ausführung des Artikels VI des Reichsgesetzes zur Entlastung der Gerichte vom 11. März 1921 (Reichsgesetzbl. S. 229) als auch die zur Ausführung entsprechender bisher landesrechtlicher Gesetze oder Verordnungen ergangenen Bestimmungen.

(2) (freiw. Gerichtsbarkeit)

(3) Soweit in Rechts- oder Verwaltungsvorschriften auf die von den früheren Landesjustizverwaltungen erlassenen oder im Geltungsbereich dieser AV. auf die nach Abs. 2 außer Kraft tretenden Entlastungsbestimmungen Bezug genommen ist, tritt an deren Stelle jetzt diese AV.

§ 32

Diese AV. gilt in sämtlichen Oberlandesgerichtsbezirken *mit Ausnahme der Oberlandesgerichtsbezirke Graz, Innsbruck, Leitmeritz, Linz, Prag und Wien.*

Sie tritt am 1. August 1943 in Kraft.

VII
Ergänzungsvorschriften zum Streitverfahren

A

Vorspruch[1] zum Gesetz zur Änderung des Verfahrens in bürgerlichen Rechtsstreitigkeiten vom 27. 10. 1933 (RGBl. I S. 821).

Eine volkstümliche Rechtspflege ist nur in einem Verfahren möglich, das dem Volke verständlich ist und einen ebenso sicher wie schleunig wirkenden Rechtsschutz verbürgt.

Die Parteien und ihre Vertreter müssen sich bewußt sein, daß die Rechtspflege nicht nur ihnen, sondern zugleich und vornehmlich der Rechtssicherheit des Volksganzen dient.

Keiner Partei kann gestattet werden, das Gericht durch Unwahrheiten irrezuführen oder seine Arbeitskraft durch böswillige oder nachlässige Prozeßverschleppung zu mißbrauchen. Dem Rechtsschutz, auf den jeder Anrecht hat, entspricht die Pflicht, durch redliche und sorgfältige Prozeßführung dem Richter die Findung des Rechts zu erleichtern.

Aufgabe des Richters ist es, durch straffe Leitung des Verfahrens und in enger Fühlung mit den Parteien dahin zu wirken, daß jede Streitsache nach gründlicher Vorbereitung möglichst in einer einzigen Verhandlung aufgeklärt und entschieden

[1] Behandlung von Gesetzvorsprüchen jetzt: Art. III des Ges. Nr. 1 der Militärregierung — abgedr. unter XIV A —.

wird. Er hat Vertagungen, die nicht sachlich dringend geboten sind, zu vermeiden und zu verhindern, daß ein Verfahren durch verspätetes Vorbringen verschleppt wird.

Nur so gelangt man zu einem lebendigen Verfahren mit voller Mündlichkeit und Unmittelbarkeit, das dem Richter eine sichere Findung der Wahrheit ermöglicht und dessen Verlauf die Parteien mit Verständnis und Vertrauen folgen können.

Um die zur Erreichung dieser Ziele vorhandenen gesetzlichen Mittel zu verstärken und zugleich noch andere notwendige Verbesserungen des Verfahrens herbeizuführen, hat die Reichsregierung das nachstehende Gesetz beschlossen, das hiermit verkündet wird:

B

Beschleunigung und Unmittelbarkeit des Rechtsgangs[1]

AV. d. RJM. v. 11. 11. 1935 (IV b 7458). — Deutsche Justiz S. 1654 —.

. . . .

Damit der Erfolg der Neugestaltung des Verfahrens allerorts im Reiche ausnahmslos und einheitlich sichergestellt wird, fasse ich die von den Landesjustizverwaltungen ergangenen Hinweise und Anordnungen im folgenden für alle Gerichte des Reiches zusammen:

I.

Vom ersten Tage ab ist das Verfahren tatkräftig zu fördern mit dem Ziel, in möglichst einer einzigen, den gesamten Streitstoff und die

[1] Behandlung amtlicher Gesetzerklärungen: Art. III Nr. 6 des Ges. Nr. 1 der Militärregierung — abgedr. unter XIV A —.

Beweisaufnahme umfassenden Verhandlung zu einer abschließenden Entscheidung zu gelangen.

Die Termine sind sofort — binnen 24 Stunden (§ 216 Abs. 2 ZPO.) — anzusetzen und zwar durch den Richter, der nicht etwa bloß die Terminsbestimmung zu unterschreiben, sondern selbst den Termin der Sache entsprechend auszuwählen und zu bestimmen hat.

Die Termine sind grundsätzlich nicht weiter hinauszusetzen, als zur Wahrung der Einlassungs- oder Ladungsfrist erforderlich ist. Jedoch wird in solchen Sachen, in denen ersichtlich wird, daß eine umfangreiche Vorbereitung zu erwarten ist, hierauf bei Anberaumung des Termins Rücksicht zu nehmen sein. In Berufungssachen ist darauf zu achten, daß die durch die Fristen des § 519 Abs. 2 *und Abs. 6* ZPO. bedingten Verzögerungen auf ein Mindestmaß beschränkt bleiben und Verhandlungstermin möglichst unmittelbar nach Ablauf dieser Frist ansteht.

Auf pünktlichen und reibungslosen Verlauf der einzelnen Verhandlungen ist schon bei der Bestimmung der Terminsstunde Bedacht zu nehmen. Die Terminsstunden sind deshalb so zu verteilen, daß die anstehenden Sachen in der Reihenfolge der Terminsrolle ohne längeres Warten der Beteiligten verhandelt werden können. Überfüllung des Sitzungssaals, ungeduldiges Drängen und Sonderwünsche auf Vorwegnahme von Sachen werden dann von selbst vermieden. Die richtige Auswahl der Terminsstunde ist eine Kunst, die vielerorts mehr als bisher gepflegt werden sollte.

Zweifel und Meinungsverschiedenheiten über die Geschäftsverteilung dürfen unter keinen Umständen zu einer Verzögerung der Terminsbestimmung und der weiteren sachlichen Bearbeitung führen. In der Geschäftsverteilung ist hierauf durch entsprechende Anordnungen hinzuwirken.

Die mündliche Verhandlung umfassend vorzubereiten, muß der Richter vom ersten Tage ab als wichtigste Aufgabe betrachten. Von den in § 272b ZPO. eröffneten Möglichkeiten ist weitgehend Gebrauch zu machen und insbesondere auch darauf Bedacht zu nehmen, daß eine erforderliche Beweisaufnahme bereits in dem angesetzten Verhandlungstermin stattfinden kann.

Die Tätigkeit des Einzelrichters (§§ 348—350 ZPO.) wird in geeigneten Fällen in besonderem Maße zur Vorbereitung der mündlichen Verhandlung von Nutzen sein, sie darf aber nie dazu führen, das Verfahren in einer Reihe von Terminen vor dem Einzelrichter zu verzetteln.

Zur erfolgreichen Vorbereitung der mündlichen Verhandlung kann die Tatkraft des Gerichts allein nicht ausreichen. Genau so wichtig ist die sorgfältige und angespannte Mitwirkung der Parteien und ihrer Vertreter. Diese Mitwirkung ist nicht nur selbstverständliche Pflicht jeder Partei, die den Schutz des Gerichts in Anspruch nimmt; sie liegt auch in ihrem eigensten Interesse. Denn was sie bei der Vorbereitung von Terminen versäumt oder vernachlässigt, ist nicht ohne Schaden und oft genug überhaupt nicht mehr nachzuholen.

Der Richter selbst muß mit voller und sicherer Beherrschung des Prozeßstoffs in tatsächlicher und rechtlicher Beziehung in die Verhandlung eintreten. Das wird am ehesten gewährleistet durch die regelmäßige Anfertigung kurzer schriftlicher Gutachten, die die wesentlichsten Punkte klar und übersichtlich hervortreten lassen. Das gilt auch für den Alleinrichter, der entsprechende Aufzeichnungen zur Vorbereitung der Verhandlung, vor allem in umfangreichen oder verwickelten Sachen, nicht versäumen sollte.

II.

In den Terminen soll verhandelt, nicht vertagt werden. Vertagungen verzögern nicht nur das einzelne Verfahren erheblich, sie vergrößern auch die Zahl der Termine und überlasten dadurch die Sitzungen. Dadurch entsteht die Gefahr, daß das rechtliche Gehör in der mündlichen Verhandlung nicht ausreichend gewährt wird. Nichts aber entfremdet das Volk der Rechtspflege so sehr wie die Vernachlässigung der mündlichen Verhandlung.

Die Vertagung ist nach § 227 ZPO. nur aus erheblichen Gründen zulässig, niemals schon auf den bloßen, wenn auch übereinstimmenden Antrag der Parteien hin. Eine Vertagung zwecks gütlicher Beilegung des Streites kann im Einzelfall berechtigt sein, sie darf aber nicht, besonders nicht durch Wiederholungen, zum Mißbrauch ausarten.

Neues Vorbringen nötigt keineswegs ohne weiteres zur Vertagung. Hierzu weise ich zunächst auf das im § 272a ZPO. eröffnete Verfahren hin, die Beantwortung neuen Vorbringens dem Gegner in einem nachzureichenden Schriftsatz zu gestatten. Wenn hierdurch eine Partei das letzte Wort verliert, so hat sie das ihrem eigenen Verhalten zuzuschreiben.

Nötigenfalls wird die Zurückweisung verspäteten Vorbringens gemäß §§ 279, 279a, 283 Abs. 2 und 529 Abs. 2 und 3 ZPO. geboten sein. Soweit diese Zurückweisung vom Gesetz nicht schon zwingend vorgeschrieben ist, wird sie, zumal sie häufig nicht ohne Einfluß auf die sachliche Entscheidung bleiben wird, zwar das äußerste und letzte Mittel zur Bekämpfung der Prozeßverschleppung darstellen. Es wird gegebenenfalls aber entschlossen anzuwenden sein, denn das staatliche Interesse an der Aufrechterhaltung einer schnellen und reibungslosen Zivilrechtspflege ist den Sonderinteressen von Parteien, die ihre Sache nachlässig oder gar in der Absicht der Prozeßverschleppung führen, voranzustellen.

Auch durch Säumnis braucht sich kein Gericht eine Vertagung abtrotzen zu lassen. Hier wird vielmehr die Entscheidung nach Aktenlage — §§ 251a und 331a ZPO. — häufig das geeignete Mittel sein, Verzögerungsversuchen mit Nachdruck zu begegnen. Glaubt eine Partei, sich um die mündliche Verhandlung nicht kümmern zu brauchen, so hat sie es sich selbst zuzuschreiben, wenn ohne Berücksichtigung von Umständen, die sie vielleicht in der mündlichen Verhandlung noch hätte geltend machen können, entschieden wird. Nur wirklich stichhaltige Gründe dürfen zur Entschuldigung der Säumnis (§ 251a Abs. 1 Satz 4 ZPO.) zugelassen werden.

Wird die Vertagung ausnahmsweise einmal nötig, so darf das Gericht sie nicht beschließen, ohne gleichzeitig die nach Lage des Falles gebotenen Maßnahmen zur Förderung des Verfahrens, z. B. eine der Anordnungen des § 272b ZPO. oder eine Fristsetzung gemäß § 279a ZPO. zu treffen.

Die Aufhebung oder Verlegung eines Termins wirkt sich häufig ebenso ungünstig aus, wie eine Vertagung. Auch sie ist daher nur aus erheblichen Gründen zulässig (§ 227 ZPO.). Immerhin wird sie einer sonst etwa unvermeidlichen Vertagung in der Regel vorzuziehen sein.

Die in verschiedenen Vorschriften der ZPO. und des GKG. eröffneten Möglichkeiten, durch Kostenmaßnahmen der Prozeßverzögerung entgegenzutreten, werden im allgemeinen nicht genügend beachtet. Die §§ 278 Abs. 2 und 97 Abs. 2 ZPO. insbesondere enthalten zwingende Vorschriften, zu deren Anwendung die Gerichte sich nicht nur unter gesetzlichem Zwang, sondern auch aus Billigkeitserwägungen weit mehr als bisher entschließen sollten. Wer durch säumige Prozeßführung den Gegner und vor allem den Staat zu erhöhten Aufwendungen an Kosten oder Zeit oder Mühe genötigt hat, hat es vollauf verdient, wenn nunmehr ihn selbst die Kostenpflicht ganz oder teilweise trifft.

III.

Die mündliche Verhandlung ist der Kern des Verfahrens. Nur aus einer lebendigen und unmittelbaren mündlichen Verhandlung kann und soll der Richter seine Überzeugung schöpfen. Eine solche Verhandlung verlangt neben gründlicher Vorbereitung auch überlegene und straffe Leitung und gewissenhafte Mitwirkung aller Beteiligten. Zu einer straffen Leitung gehört vor allem, daß der Richter dem Verfahren Gestalt und Richtung gibt und unnötige Weitschweifigkeiten verhindert. Er hat den Vortrag der Parteien oder ihrer Vertreter auf die Punkte hinzulenken, die allein erheblich sind. Was so an Überflüssigem und Nebensächlichem erspart wird, mag bei dem wirklich Wesentlichen an Gründlichkeit zugesetzt werden.

Zur Pflege einer in der Sache und in der Form hochstehenden mündlichen Verhandlung ist in besonderem Maße die Rechtsanwaltschaft berufen. Mit ihrer Aufgabe und ihrer Stellung würde es nicht vereinbar sein, die mündliche Verhandlung durch die Entsendung nicht oder nur schlecht unterrichteter Terminvertreter zu vernachlässigen oder zu gefährden.

IV.

Die Beweisaufnahme kann wirklich lebenswahre Ergebnisse nur haben, wenn sie unmittelbar und einheitlich erfolgt.

Die Beweisaufnahme ist, wenn irgend möglich, auf Grund einer einzigen Entschließung des Gerichts in einem Zug einheitlich durchzuführen. Stückweise oder wiederholte Beweiserhebung ist in den seltensten Fällen von Nutzen. Sie führt vielmehr, und das gilt besonders für Unfallprozesse, leicht dazu, daß das zuerst noch aus der frischen Erinnerung der Zeugen erzielbare klare und lebendige Bild mit dem Nachlassen der Erinnerung immer mehr verblaßt oder gar durch die Einbildungskraft der Beteiligten verfälscht wird. Das Gericht wird sich in Unfall- und ähnlichen Schadensersatzprozessen auch darüber, welche Sachverständigen zu hören sind, so rechtzeitig schlüssig machen müssen, daß die Sachverständigen möglichst im Anschluß an die Zeugenvernehmung ausführlich vernommen werden und Gelegenheit haben, alsbald zu Einwendungen der Parteien Stellung zu nehmen. Eine solche Sachverständigenvernehmung wird dem Gericht ein klares und besseres Urteil ermöglichen, als die heute noch häufig beobachtete Übung, in großen zeitlichen Zwischenräumen eine ganze Reihe schriftlicher Gutachten hintereinander einzufordern. Die Vorschriften des § 287 Abs. 1 Satz 1 und 2 ZPO. werden in Unfallprozessen besonders zu beachten sein.

Unmittelbarkeit der Beweisaufnahme ist strenges Gebot. Nur die unmittelbare Beweisaufnahme aus eigener Anschauung und aus persönlichem Eindruck schafft dem erkennenden Richter die selbständige und unverfälschbare Grundlage einer eigenen Überzeugung, wie sie die lediglich durch Protokolle vermittelte Beweiserhebung durch den Einzelrichter oder durch den beauftragten Richter niemals zu bieten vermag. Bei der Beweisaufnahme wird häufig auch die persönliche Anwesenheit der Parteien von besonderem Nutzen sein. Daß die unmittelbare und straff zusammengefaßte Beweiserhebung die Gerichte nicht mehr, sondern weniger belastet, als das frühere Verfahren der wiederholten Beweiserhebungen vor dem beauftragten oder dem Einzelrichter haben die Erfahrungen der letzten Jahre klar gezeigt.

Der Unmittelbarkeit der Beweisaufnahme ist nicht genügt mit der unmittelbaren Erhebung der Beweise. Nicht minder wichtig ist vielmehr auch die unmittelbare Würdigung der Beweise. In unmittelbarem Anschluß an die Beweisaufnahme ist also zu verhandeln und zu entscheiden. Ein Hinausschieben der Verhandlung und Entscheidung führt in der Regel nicht nur zu einer Verzögerung, sondern auch zu einer Gefährdung der Beweiswürdigung, indem der unmittelbare und lebendige Eindruck der Beweisaufnahme immer mehr zurücktritt hinter dem, was nachträglich aus Protokollen herausgelesen und in die Beweisaufnahme hineingelegt wird. Deshalb wird dem Gebot der Unmittelbarkeit nur genügt, wenn die Beweisaufnahme möglichst mit der mündlichen Verhandlung verbunden und im unmittelbaren Anschluß an sie entschieden wird.

Es ist dafür zu sorgen. daß die zur erleichterten Durchführung der unmittelbaren Beweisaufnahme erforderlichen Schreibkräfte und technischen Hilfsmittel, insbesondere zur Sitzungsniederschrift in Kurzschrift (§ 163a ZPO.), zur Verfügung stehen.

Die Beweisaufnahme durch den beauftragten Richter oder durch den Einzelrichter kann nach dem Gesetz nur noch in ganz seltenen Ausnahmefällen zugelassen werden.

Die Beweisaufnahme durch den ersuchten Richter wird sich zwar nicht so häufig vermeiden lassen. Dann aber muß alles geschehen, um unnötiger Verzögerung und der gerade hier zu befürchtenden Gefährdung des Beweisergebnisses, bei dem es dem erkennenden Richter an jedem persönlichen Eindruck fehlt, entgegenzuwirken. Rechtshilfesachen sind daher mit möglichster Beschleunigung und ganz besonderer Sorgfalt — das gilt auch für die Auswahl des mit diesen Geschäften betrauten Richters — zu behandeln. Zur Beschleunigung hat das erkennende Gericht dadurch beizutragen, daß es die Beweisfrage klar und erschöpfend faßt und nötigenfalls im Ersuchungsschreiben erläutert; zeitraubende Aktenversendungen lassen sich dann häufig vermeiden und es können mehrere Ersuchen gleichzeitig ergehen.

Die schriftliche Auskunft des Zeugen kann in den Fällen des § 377 Abs. 3 ZPO. sehr zweckmäßig sein, während sie im Falle des § 377 Abs. 4 nur ausnahmsweise, insbesondere nur dann in Fage kommen kann, wenn die sichere Gewähr für das unbedingt selbständige Zustandekommen der schriftlichen Erklärung besteht.

Wenn auch die Beeidigung der Zeugen nicht mehr zwingende Regel ist, so entspricht es doch dem Gesetz, daß Zeugen in den Fällen, in denen dies mit Rücksicht auf die besondere Bedeutung der Aussage oder zur Ermittlung der Wahrheit nötig erscheint, vereidigt werden. Wo statt dessen das Unterlassen der Beeidigung von Zeugen zur fast ausnahmslosen Regel wird, kann in der Bevölkerung leicht zum Schaden der Rechtspflege der Eindruck entstehen, daß man es in den gerichtlichen Vernehmungen mit der Wahrheit nicht mehr so genau zu nehmen brauche wie früher.

V.

Das Urteil ist möglichst unmittelbar im Anschluß an die Verhandlung zu fällen, nach sorgfältiger Überlegung und Beratung, aber ohne Aufschub, der nur in besonderen Ausnahmefällen angebracht sein kann, als Regel eingeführt aber ein schwächliches Ausweichen vor dem eigenen Entschluß bedeutet.

Wo hiernach noch die Anberaumung eines Verkündungstermins in Betracht kommt, ist seine Hinausschiebung über die in § 310 ZPO. zugelassene einwöchige Frist hinaus — außer in den Fällen der §§ 272a, 251a, 331a ZPO. — entschieden zu mißbilligen. Sie läßt sich nur in ganz seltenen Fällen, nämlich bei Sachen von ungewöhnlichem Umfang, entschuldigen.

Unbedingt anzustreben ist, daß die Entscheidung sofort oder wenigstens in der einwöchigen Frist des § 315 Abs. 2 Satz 1 ZPO. in vollständiger Abfassung der Geschäftsstelle übergeben wird. Die in § 315 Abs. 2 Satz 2 und 3 ZPO. zugelassene Ausnahme ist nur durch besonders schwerwiegende Gründe zu rechtfertigen.

Mit allem Nachdruck ist dahin zu wirken, daß die Ausfertigungen ergangener Entscheidungen ohne jede Verzögerung mit größter Beschleunigung erteilt werden.

Das Urteil ist in guter deutscher Sprache zu verkünden. „Juristendeutsch" gibt es nicht. Richter und Volk sprechen eine gemeinsame Sprache, die deutsche Muttersprache, in der sie verbunden sind und einander verstehen!

VI.

Sachlich ungerechtfertigte Rechtsbehelfe und Rechtsmittel sowie Zwangsvollstreckungsklagen (§§ 767, 771, 805 ZPO.) sind ein beliebtes Mittel, den Rechtsgang zu verschleppen und so unter Mißbrauch des formalen Rechts die Verwirklichung des wahren Rechts zu hintertreiben oder zu erschweren.

Das ist insbesondere bei der Entscheidung über die Einstellung der Zwangsvollstreckung zu beachten, die nicht formularmäßig und mehr oder minder unbesehen bewilligt werden darf, sondern nur nach sorgfältiger Prüfung aller Voraussetzungen und Folgen.

Beschwerden und Ablehnungsgesuche, die nicht selten der Verschleppung dienen sollen, sind so zu behandeln, daß jede unnötige Verzögerung des Rechtsgangs ausgeschlossen bleibt. Die Entscheidung wird hier zumeist auch ohne ein langes Hin und Her gegenseitiger Schriftsätze getroffen werden können. Die Akten sind dem Prozeßgericht so beschleunigt wieder zuzuleiten, daß eine Vertagung der mündlichen Verhandlung bloß wegen Fehlens der Akten unter allen Umständen vermieden wird. Notfalls wird zu prüfen sein, ob nicht auch ohne die Akten verhandelt und entschieden werden kann. Entsprechendes gilt für die Behandlung von Dienstaufsichtsbeschwerden.

VII.

Das schriftliche Verfahren gemäß § 7 oder im Rahmen der §§ 18 und 20 EntlVO. soll seiner Zweckbestimmung nach ein vereinfachtes und abgekürztes Verfahren sein und sich auf wirklich geeignete Fälle beschränken. Überall, wo eine umfangreiche Sachaufklärung nötig wird, ist die mündliche Verhandlung der schnellste und sicherste Weg. Hier artet das schriftliche Verfahren leicht zu einem lang hingeschleppten und verworrenen Schriftwechsel aus. Beim Amtsgericht wird sich das schriftliche Verfahren nicht selten zum Nachteil schreibungewandter Volksgenossen auswirken, indem es sie zum Winkelschreiber drängt und für den Ausgang des Rechtsstreits statt des besseren Rechts die größere Federfertigkeit bestimmend werden läßt.

Das schriftliche Verfahren darf auch nicht dazu mißbraucht werden, die Vorschriften der §§ 300 Abs. 1 und 310 ZPO. zu umgehen; es ist also unzulässig und widersinnig, wenn es erst in einem Augenblick einsetzt, in dem bereits der gesamte bei der Entscheidung zu berücksichtigende Prozeßstoff einschließlich der Beweisergebnisse zum Gegenstand der mündlichen Verhandlung gemacht worden war.

VIII.
Binnenschiffahrtssachen

A.

Gesetz über das Verfahren in Binnenschiffahrtssachen

vom 30. Januar 1937 (RGBl. I S. 97)

Die Reichsregierung hat das folgende Gesetz beschlossen, das hiermit verkündet wird:

§ 1

(1) Die Vorschriften dieses Gesetzes gelten für bürgerliche Rechtsstreitigkeiten, die sich aus der Benutzung von Binnengewässern durch Schiffahrt und Flößerei ergeben und Ansprüche folgender Art zum Gegenstand haben (Binnenschiffahrtssachen):

1. Schadenersatzansprüche aus Zusammenstößen oder anderen Schiffahrtsunfällen sowie aus unerlaubten Handlungen, die sonst mit der Benutzung der Gewässer zusammenhängen;
2. Ansprüche auf Lotsenvergütungen;
3. Ansprüche aus Bergung und Hilfeleistung, namentlich auf Berge- und Hilfslohn.

(2) Das Gesetz gilt nicht für Binnengewässer, auf denen die Seewasserstraßenordnung vom 31. Oktober 1933 (Reichsgesetzbl. II S. 833) nebst Ergänzungen gilt.

§ 2

Für Binnenschiffahrtssachen sind im ersten Rechtszug ohne Rücksicht auf den Wert des Streitgegenstands die Amtsgerichte zuständig.

§ 3

(1) Vorbehaltlich einer abweichenden Vereinbarung über die Zuständigkeit ist zuständig:

im Falle des § 1 Nr. 1 nur das Gericht, in dessen Bezirk sich der Vorfall ereignet hat;

im Fall des § 1 Nr. 2 nur das Gericht des Erfüllungsorts;

im Fall des § 1 Nr. 3 nur das Gericht, in dessen Bezirk die Bergung bewirkt oder die Hilfe geleistet worden ist.

(2) Hat sich die den Anspruch begründende Tatsache auf einem Binnengewässer zwischen zwei deutschen Ufern ereignet, so sind die Schiffahrtsgerichte beider Ufer zuständig.

§ 4

Der Reichsminister der Justiz erläßt die zur Durchführung und Ergänzung dieses Gesetzes erforderlichen Rechts- und Verwaltungsvorschriften. Er kann namentlich durch Verordnung die Verhandlung und Entscheidung von Binnenschiffahrtssachen einem Amtsgericht für den Bezirk mehrerer Amtsgerichte zuweisen; er kann ferner für das Verfahren in diesen Sachen, namentlich über die zulässigen Rechtsmittel und über die zur Entscheidung über die Rechtsmittel zuständigen Gerichte, besondere Vorschriften erlassen.

§ 5

§ 14 Nr. 1 des Gerichtsverfassungsgesetzes und das Gesetz über die Rheinschiffahrtsgerichte vom 5. September 1935 (Reichsgesetzbl. I S. 1142) nebst

seinen Durchführungsverordnungen werden aufgehoben.[1]

§ 6

Dieses Gesetz tritt mit dem 1. Februar 1937 in Kraft.

Berlin, den 30. Januar 1937.

Der Führer und Reichskanzler

Der Reichsminister der Justiz

B.

Vierte Verordnung zur Durchführung des Gesetzes über das Verfahren in Binnenschiffahrtssachen

vom 26. Juni 1941 (RGBl. I S. 351).

Auf Grund des § 4 des Gesetzes über das Verfahren in Binnenschiffahrtssachen vom 30. Januar 1937 (Reichsgesetzbl. I S. 97) wird verordnet:

Artikel 1

Die Amtsgerichte, denen auf Grund des § 4 Satz 2 Halbsatz 1 des Gesetzes über das Verfahren in Binnenschiffahrtssachen die Verhandlung und Entscheidung von Binnenschiffahrtssachen zugewiesen wird, führen bei der Verhandlung und Entscheidung der Binnenschiffahrtssachen die Bezeichnung „Schiffahrtsgerichte".

---

[1] Deutsche Rheinschiffahrtsgerichte wiederhergestellt (brit. Zone: MilReg. VO. Nr. 65 — MRABl. S. 359 —; amerik. Zone: MilRegGes. Nr. 9); daneben Rheinschiffahrtsgerichte der MilRegierungen (brit. Zone: MilRegVO. Nr. 96 — MRABl. S. 360 — mit Verfahrensvorschr. vom 2. 1. 47 — MRABl. S. 377 —).

Artikel 2

Die Verhandlung und Entscheidung über Berufungen und Beschwerden (.......) gegen die Entscheidungen der Schiffahrtsgerichte wird den Oberlandesgerichten übertragen, die hierbei die Bezeichnung „Schiffahrtsobergerichte" führen.

Artikel 3

(1) Es werden bestellt:

1. ....
2. ....
3. das Amtsgericht Mannheim
   zum Schiffahrtsgericht für den Neckar;
   — Schiffahrtsobergericht Oberlandesgericht Stuttgart Zweigstelle Karlsruhe —
4. ....
5. das Amtsgericht Würzburg
   zum Schiffahrtsgericht für den Main flußabwärts bis zur bayrisch-hessischen Grenze;[1]
   — Schiffahrtsobergericht Oberlandesgericht Nürnberg —
6. das Amtsgericht St. Goar
   zum Schiffahrtsgericht für die Lahn;
   — Schiffahrtsobergericht Oberlandesgericht . .
7. das Amtsgericht Duisburg-Ruhrort
   zum Schiffahrtsgericht für den Spoykanal, den Rhein-Herne-Kanal vom Rhein bis Wanne-Eickel einschließlich und für den Lippe-Seitenkanal Wesel—Datteln vom Rhein bis zur Zeche Auguste Viktoria (Hafen) einschließlich, sowie für die Ruhr;
   — Schiffahrtsobergericht Oberlandesgericht Köln —

[1] VO. vom 15. 1. 48 bayr. StAnz. Nr. 10 vom 6. 3. 48.

8. das Amtsgericht Dortmund
zum Schiffahrtsgericht für den Dortmund-Ems-Kanal südlich von Bergeshövede ausschließlich, den Rhein-Herne-Kanal östlich von Wanne-Eickel ausschließlich, den Lippe-Seitenkanal Wesel—Datteln östlich von Zeche Auguste Viktoria (Hafen) auschließlich und für den Lippe-Seitenkanal Datteln—Hamm;
— Schiffahrtsobergericht Oberlandesgericht Hamm —

9. das Amtsgericht Emden
zum Schiffahrtsgericht für den Dortmund-Ems-Kanal nördlich von Bergeshövede einschließlich und für die Ems, für die linksemsischen Kanäle und die Hase, für den Küstenkanal von der Ems bis Schleuse Oldenburg einschließlich, für die Papenburger Kanäle, die Leda und Jümme, den Ems-Jade-Kanal, den Elisabethfehn-Kanal, die Fehnkanäle und andere Binnengewässer des Regierungsbezirks Aurich sowie für die zwischen dem Küstenkanal und der Nordseeküste liegenden Sieltiefe und Moorkanäle;
— Schiffahrtsobergericht Oberlandesgericht Hamburg —

10. das Amtsgericht Minden
zum Schiffahrtsgericht für die Weser abwärts bis Nienburg einschließlich, die Werra und Fulda sowie für den Ems-Weser-Elbe-Kanal (Mittellandkanal) vom Dortmund-Ems-Kanal bis zur Kreuzung mit der Oker nebst den Zweigkanälen nach Osnabrück, Linden, Hildesheim und Bleckenstedt-Hallendorf;
— Schiffahrtsobergericht Oberlandesgericht Hamm —

11. das Amtsgericht Bremen
zum Schiffahrtsgericht für die Weser abwärts von Nienburg ausschließlich, die Aller und die Leine, für die bremischen Häfen nördlich der Geeste, die Lesum, Wümme, Hamme, Hunte mit Küstenkanal unterhalb der Schleuse Oldenburg, die Lune, Geeste und Ochtum sowie für den Bederkesa-Geeste-Kanal und den Hadelner Kanal bis zur Grenze des Landgerichtsbezirks Stade;
— Schiffahrtsobergericht Oberlandesgericht Hamburg —

12. das Amtsgericht Dresden
zum Schiffahrtsgericht für die Elbe von der Grenze bis zur sächsisch-*preußischen* Landesgrenze;
— Schiffahrtsobergericht Oberlandesgericht Dresden —

13. das Amtsgericht Magdeburg
zum Schiffahrtsgericht für die Elbe von der sächsisch-*preußischen* Landesgrenze bis zur Grenze der *preußischen Provinzen* Sachsen und Hannover, für die Saale abwärts von Merseburg einschließlich, den Ems-Weser-Elbe-Kanal (Mittellandkanal) von Magdeburg bis zur Kreuzung mit der Oker, für den Elbe-Havel-Kanal von der Elbe bis zur Groß-Wusterwitzer Schleuse mit Pareyer Verbindungskanal und Altkanälen;
— Schiffahrtsobergericht Oberlandesgericht Hamburg —

14. das Amtsgericht Hamburg
zum Schiffahrtsgericht für die Elbe abwärts von der Grenze der preußischen Provinzen

Sachsen und Hannover mit Ilmenau, Jeetzel und Aland, für die auf der Westseite der Unterelbe einmündenden Wasserstraßen, soweit nicht das Amtsgericht Bremen zuständig ist, für den Hamme-Oste-Kanal, den Elbe-Lübeck-Kanal mit den Häfen in Lauenburg, die Müritz-Elde-Wasserstraße bis Parchim einschließlich, für die Stör-Wasserstraße und den Schweriner See, für die auf dem Ostufer der Unterelbe einmündenden Wasserstraßen, die Trave und Stepenitz;
— Schiffahrtsobergericht Oberlandesgericht Hamburg —

15.—25. . . . .

26. das Amtsgericht Regensburg
zum Schiffahrtsgericht für die Donau abwärts bis Passau einschließlich mit Lech, Isar, Naab und Regen sowie für den Ludwigs-Donau-Main-Kanal, die Altmühl und Regnitz;
— Schiffahrtsobergericht Oberlandesgericht Nürnberg —

27. . . . .

(2) Die Gerichtsbarkeit der Schiffahrtsgerichte erstreckt sich auf die im Abs. 1 genannten Gewässer nicht, soweit sie zum Geltungsbereich der Seewasserstraßenordnung vom 31. Oktober 1933 (Reichsgesetzbl. II S. 833) nebst Ergänzungen gehören.

Artikel 4

Soweit in Artikel 3 die Grenzen für die Bezirke der Schiffahrtsgerichte durch Ortsnamen bezeichnet sind, sind die Gemeindegrenzen dieser Orte maßgebend.

Artikel 5

Ist ein zum Schiffahrtsgericht bestelltes Amtsgericht mit mehreren Richtern besetzt, so sind bei der Geschäftsverteilung die Geschäfte des Schifffahrtsgerichtes einem von ihnen zu übertragen.

Artikel 6

(1) Im Geltungsbereich der Reichszivilprozeßordnung ist gegen die Urteile der Schiffahrtsgerichte die Berufung ohne Rücksicht auf den Wert des Streitgegenstandes zulässig. § 20 der Bekanntmachung zur Entlastung der Gerichte vom 13. Mai 1924 (Reichsgesetzbl. I S. 552) findet keine Anwendung.

(2) . . . .

Artikel 7

Im Geltungsbereich der Reichszivilprozeßordnung wird die Zulässigkeit des Rechtsmittels nicht dadurch berührt, daß es statt bei dem Oberlandesgericht bei dem dem Amtsgerichte übergeordneten Landgericht eingelegt ist; die Sache wird von Amts wegen an das Oberlandesgericht abgegeben.

Artikel 8

(1) Das Oberlandesgericht Karlsruhe hält seine mündlichen Verhandlungen in Binnenschiffahrtssachen in Mannheim ab.

(2) Die bei dem Amtsgericht oder dem Landgericht Mannheim zugelassenen Rechtsanwälte sind zugleich bei dem Oberlandesgericht Karlsruhe, soweit es in Binnenschiffahrtssachen befindet, zugelassen.

Artikel 9

Aufgehoben werden:

1. die Verordnung zur Durchführung des Gesetzes über das Verfahren in Binnenschiffahrtssachen vom 30. Januar 1937 (Reichsgesetzbl. I S. 101);

2. die Zweite Verordnung zur Durchführung des Gesetzes über das Verfahren in Binnenschiffahrtssachen vom 5. April 1938 (Reichsgesetzblatt I S. 374);
3. die Dritte Verordnung zur Durchführung des Gesetzes über das Verfahren in Binnenschiffahrtssachen vom 30. März 1939 (Reichsgesetzblatt I S. 700).

Artikel 10

Für die beim Inkrafttreten dieser Verordnung anhängigen Sachen bewendet es bei den bisherigen Vorschriften.

Artikel 11

Diese Verordnung tritt am 1. August 1941 in Kraft.

Berlin, den 26. Juni 1941.

Der Reichsminister der Justiz

IX.

Patentstreitsachen

A.

a) Patentgesetz

vom 5. Mai 1936 (RGBl. II S. 117)

Die Reichsregierung hat das folgende Gesetz beschlossen, das hiermit verkündet wird:

Fünfter Abschnitt

Verfahren in Patentstreitsachen

§ 51

(1) Für alle Klagen, durch die ein Anspruch aus einem der in diesem Gesetz geregelten Rechtsverhältnisse geltend gemacht wird (Patentstreitsachen), sind die Landgerichte ohne Rücksicht auf den Streitwert ausschließlich zuständig. Eine erweiterte Zulässigkeit von Rechtsmitteln nach den Vorschriften der §§ 511a Abs. 4, 547 Nr. 2 der Zivilprozeßordnung wird hierdurch nicht begründet.

(2) Der Reichsminister der Justiz kann die Patentstreitsachen für die Bezirke mehrerer Landgerichte einem von ihnen zuweisen.

(3) Die Parteien können sich vor dem Gericht für Patentstreitsachen auch durch Rechtsanwälte vertreten lassen, die bei dem Landgericht zugelassen sind, vor das die Klage ohne die Regelung nach Abs. 2 gehören würde. Das Entsprechende gilt für die Vertretung vor dem Berufungsgericht.

(4) Die Mehrkosten, die einer Partei dadurch erwachsen, daß sie sich gemäß Abs. 3 durch einen nicht beim Prozeßgericht zugelassenen Rechtsanwalt vertreten läßt, sind nicht zu erstatten.

(5) Von den Kosten, die durch die Mitwirkung eines Patentanwalts in dem Rechtsstreit entstehen, sind die Gebühren bis zum Betrage einer Gebühr nach § 9 der Gebührenordnung für Rechtsanwälte und außerdem die notwendigen Auslagen des Patentanwalts zu erstatten.

§ 52

(1) In Patentstreitsachen haben die Gerichte dem Präsidenten des Reichspatentamts Abschriften von allen Schriftsätzen, Protokollen, Verfügungen und Entscheidungen zu übersenden. Die Parteien haben dem Gerichte die erforderlichen Abschriften ihrer Schriftsätze einzureichen.

(2) Der Präsident kann aus den Mitgliedern und Hilfsmitgliedern des Reichspatentamts, die besondere Sachkunde auf dem vom Rechtsstreit betroffenen engeren Gebiet der Technik besitzen, einen Vertreter bestellen, der befugt ist, dem Gericht schriftliche Erklärungen abzugeben, den Terminen beizuwohnen, in ihnen Ausführungen zu machen und Fragen an Parteien, Zeugen und Sachverständige zu richten. Schriftliche Erklärungen sind den Parteien durch das Gericht mitzuteilen.

(3) Das Gericht kann auf Antrag oder von Amts wegen den Präsidenten des Reichspatentamts ersuchen, einen Vertreter mit den im Abs. 2 bezeichneten Eigenschaften in die mündliche Verhandlung zu entsenden, wenn es annimmt, daß der Vertreter durch nähere Mitteilung über den Gang des Erteilungsverfahrens zur besseren Beurteilung des technischen Sachverhalts oder zu seiner richtigen

rechtlichen Würdigung beitragen kann. In dem Ersuchen sind die Punkte anzugeben, die dem Gericht aufklärungsbedürftig erscheinen. Ist der Präsident der Auffassung, daß keine der als Vertreter in Betracht kommenden Personen in der Lage ist, Mitteilungen über den Gang des Erteilungsverfahrens aus eigener Wissenschaft zu machen, so kann er, statt einen Vertreter zu entsenden, zu dem Ersuchen schriftlich Stellung nehmen.

(4) Das Gericht kann den vom Präsidenten des Reichspatentamts bestimmten Vertreter zur Beratung zuziehen.

(5) Der *Reichsminister der Justiz* wird ermächtigt, ... für den Beweis durch Sachverständige besondere Anordnungen zu treffen.

§ 53

(1) Macht in einer Patentstreitsache eine Partei glaubhaft, daß die Belastung mit den Prozeßkosten nach dem vollen Streitwert ihre wirtschaftliche Lage erheblich gefährden würde, so kann das Gericht auf ihren Antrag anordnen, daß die Verpflichtung dieser Partei zur Zahlung von Gerichtskosten sich nach einem ihrer Wirtschaftslage angepaßten Teil des Streitwerts bemißt. Die Anordnung hat zur Folge, daß die begünstigte Partei die Gebühren ihres Rechtsanwalts ebenfalls nur nach diesem Teil des Streitwerts zu entrichten hat. Soweit ihr Kosten des Rechtsstreits auferlegt werden oder soweit sie diese übernimmt, hat sie die von dem Gegner entrichteten Gerichtsgebühren und die Gebühren seines Rechtsanwalts nur nach dem Teil des Streitwerts zu erstatten. Soweit die außergerichtlichen Kosten dem Gegner auferlegt oder von ihm übernommen werden, kann der Rechtsanwalt der be-

günstigten Partei seine Gebühren von dem Gegner nach dem für diesen geltenden Streitwert beitreiben.

(2) Der Antrag nach Abs. 1 kann vor der Geschäftsstelle des Gerichts zur Niederschrift erklärt werden. Er ist vor der Verhandlung zur Hauptsache anzubringen. Danach ist er nur zulässig, wenn der angenommene oder festgesetzte Streitwert später durch das Gericht heraufgesetzt wird. Vor der Entscheidung über den Antrag ist der Gegner zu hören.

§ 54

Wer eine Klage nach § 47 erhoben hat, kann gegen den Beklagten wegen derselben oder einer gleichartigen Handlung auf Grund eines anderen Patents nur dann eine weitere Klage erheben, wenn er ohne sein Verschulden nicht in der Lage war, auch dieses Patent in dem früheren Rechtsstreit geltend zu machen.

Berlin, den 5. Mai 1936.

Der Führer und Reichskanzler

Der Reichsminister der Justiz

b) Verordnung über die Zuweisung von Patentstreitsachen an die Landgerichte

vom 10. September 1936 (RGBl. II S. 299).

§ 1

Auf Grund des § 51 Abs. 2 des Patentgesetzes vom 5. Mai 1936 (Reichsgesetzbl. II S. 117) werden die Patentstreitsachen zugewiesen:

1. dem Landgericht Berlin

....

2. dem Landgericht Düsseldorf
für die Oberlandesgerichtsbezirke Düsseldorf, Hamm, Köln ....;
3. dem Landgericht Frankfurt (Main)
für die Oberlandesgerichtsbezirke Darmstadt, Frankfurt (Main), Karlsruhe, Kassel und Stuttgart;
4. dem Landgericht Hamburg
für die Oberlandesgerichtsbezirke Celle, Hamburg, Kiel, Oldenburg und Braunschweig[1];
5. dem Landgericht Leipzig
für die Oberlandesgerichtsbezirke Dresden, Jena und Naumburg (Saale);
6. dem Landgericht Nürnberg-Fürth
für die Oberlandesgerichtsbezirke Bamberg, München und Nürnberg.

§ 2

Die Verordnung tritt mit dem 1. Oktober 1936 in Kraft. Patentstreitsachen, die vorher anhängig geworden sind, werden durch sie nicht betroffen.

Berlin, den 10. September 1936.

Der Reichsminister der Justiz

c) Patentanwaltsgesetz

vom 28. September 1933 (RGBl. I S. 669).

§ 9

(Abs. 3) In Rechtsstreitigkeiten, in denen ein Anspruch aus einem der im Patentgesetz, im Gesetz betreffend den Schutz von Gebrauchsmustern

[1] „Braunschweig" hinzugefügt durch die Verordnung des Präs. des Zentral-Justizamts f. d. Brit. Zone vom 8. 10. 1946 — VOBl. BZ. S. 6 —.

und im Gesetz zum Schutz der Warenbezeichnungen geregelten Rechtsverhältnisse geltend gemacht wird, ist auf Antrag einer Partei ihrem Patentanwalt das Wort zu gestatten, ebenso im Berufungsverfahren vor dem Reichsgericht. Die Vorschriften der Zivilprozeßordnung § 157 Abs. 1, 2 gelten insoweit für Patentanwälte nicht.

d) Gesetz über die Beiordnung von Patentanwälten in Armensachen

vom 5. Februar 1938 (RGBl. I S. 116).

Die Reichsregierung hat das folgende Gesetz beschlossen, das hiermit verkündet wird:

§ 1

(1) Wird in einer Patentstreitsache (§ 51 des Patentgesetzes vom 5. Mai 1936 — Reichsgesetzbl. II S. 117), in einer Gebrauchsmusterstreitsache (§ 19 des Gebrauchsmustergesetzes vom 5. Mai 1936 — Reichsgesetzbl. II S. 130) oder in einer Warenzeichenstreitsache (§ 32 des Warenzeichengesetzes vom 5. Mai 1936 — Reichsgesetzbl. II S. 134) einer Partei das Armenrecht bewilligt, so kann ihr auf Antrag zu ihrer Beratung und zur Unterstützung des Rechtsanwalts ein Patentanwalt beigeordnet werden, wenn und soweit es zur sachgemäßen Rechtsverfolgung oder Rechtsverteidigung erforderlich erscheint.

(2) Die Vorschriften des § 115 Abs. 2, § 118 Abs. 1, § 119 Abs. 1, der §§ 121, 124, 125 Abs. 1, §§ 126, 127 der Zivilprozeßordnung gelten entsprechend.

§ 2

Auf die Erstattung der Gebühren und Auslagen des beigeordneten Patentanwalts finden die Vorschriften des Gesetzes, betreffend die Erstattung von Rechtsanwaltsgebühren in Armensachen, vom 20. Dezember 1928 (Reichsgesetzbl. I S. 411) und des weiteren Gesetzes über die Erstattung von Rechtsanwaltsgebühren in Armensachen vom 13. Dezember 1935 (Reichsgesetzbl. I S. 1469) sinngemäß Anwendung mit folgenden Maßgaben:

1. Der Patentanwalt erhält eine volle Gebühr und, wenn er eine mündliche Verhandlung oder einen Beweistermin wahrgenommen hat, insgesamt zwei volle Gebühren im Sinne der genannten Vorschriften.
2. Der dem Patentanwalt insgesamt zu ersetzende Gebührenbetrag darf den Betrag einer Gebühr nach § 9 der Gebührenordnung für Rechtsanwälte nicht übersteigen.
3. Reisekosten für die Wahrnehmung einer mündlichen Verhandlung oder eines Beweistermins werden nur ersetzt, wenn das Prozeßgericht vor dem Termin die Teilnahme des Patentanwalts für geboten erklärt hat.

Berlin, den 5. Februar 1938.

Der Führer und Reichskanzler

Der Reichsminister der Justiz

B.

a) Verordnung über die Behandlung von Erfindungen von Gefolgschaftsmitgliedern

vom 12. Juli 1942 (RGBl. I S. 466).

Erfindungen von Gefolgschaftsmitgliedern steigern die Leistung der Wirtschaft. Sie dienen vor allem der Rüstung und müssen tatkräftig gefördert, ausgewertet und geschützt werden. Da während des Krieges die vorgesehene ausführliche Regelung durch ein Reichsgesetz zurückgestellt werden muß, bestimme ich auf Grund der Verordnung zur Durchführung des Vierjahresplans vom 18. Oktober 1936 (Reichsgesetzbl. I S. 887) folgendes:

§ 1

In den Betrieben (private und öffentliche Betriebe) ist ...., für eine geeignete Betreuung der erfinderisch tätig werdenden Gefolgschaftsmitglieder zu sorgen.

§ 2

Jedes Gefolgschaftsmitglied ist verpflichtet, die von ihm gemachten Erfindungen, soweit sie aus seiner Arbeit im Betriebe heraus entstanden sind, dem Unternehmer zur Verfügung zu stellen. Der Unternehmer hat dafür eine angemessene Vergütung zu zahlen.

§ 3

Der Reichsminister für Bewaffnung und Munition erläßt im Einvernehmen mit dem *Reichs*arbeitsminister und den sonst beteiligten *Reichs*ministern die zur Durchführung und Ergänzung dieser Verordnung notwendigen Rechts- und Verwaltungsvorschriften.

§ 4

Diese Verordnung tritt mit der Verkündung in Kraft. ....

Berlin, den 12. Juli 1942.

Der Beauftragte für den Vierjahresplan

b) Durchführungsverordnung zur Verordnung über die Behandlung von Erfindungen von Gefolgschaftsmitgliedern

vom 20. März 1943 (RGBl. I S. 257).*)

Auf Grund des § 3 der Verordnung über die Behandlung von Erfindungen von Gefolgschaftsmitgliedern vom 12. Juli 1942 (Reichsgesetzbl. I S. 466) wird im Einvernehmen mit dem Beauftragten für den Vierjahresplan, dem Reichsarbeitsminister und den übrigen beteiligten Reichsministern verordnet:

§ 1

Geltungsbereich

§ 2

Erfinderbetreuung im Betriebe

§ 3

Meldung der Erfindung durch das Gefolgschaftsmitglied

§ 4

Inanspruchnahme der Erfindung durch den Unternehmer

§ 5

Anspruch des Gefolgschaftsmitgliedes auf angemessene Vergütung

§ 6

Erwirkung von Patenten

*) Veröffentlicht im Deutschen Reichsanzeiger und Preußischen Staatsanzeiger Nr. 70 vom 25. März 1943 und Nr. 88 vom 15. April 1943.

§ 7
Nichtaufrechterhaltung und Übertragung von Patenten

§ 8
Lösung des Arbeitsverhältnisses

§ 9
Unabdingbarkeit

§ 10
Zuständigkeit und Verfahren in Rechtsstreitigkeiten

(1) *In allen Streit- und Zweifelsfällen können die Rechtsberatungsstellen der DAF. zum Zwecke der gütlichen Beilegung angegangen werden. Vor der Durchführung der Rechtsstreitigkeiten müssen sie angerufen werden. Wird eine Verständigung nicht erzielt, so kann das Hauptamt für Technik der NSDAP. im Einvernehmen mit dem Amt für Rechtsberatungsstellen der DAF. zur Beilegung eines Streitfalls einen Einigungsvorschlag machen. Dieser wird für beide Teile verbindlich, sofern nicht der Streitteil, der dem Einigungsvorschlag nicht zustimmen will, innerhalb einer Frist von zwei Monaten nach Zustellung des Einigungsvorschlages die Entscheidung der ordentlichen Gerichte beantragt.*

(2) Für Angehörige des öffentlichen Dienstes entscheidet ihre oberste Dienstbehörde *nach Fühlungnahme mit dem Hauptamt für Technik der NSDAP., für Angehörige der Wehrmacht das Oberkommando des beteiligten Wehrmachtteils nach Fühlungnahme mit dem Hauptamt für Technik der NSDAP., für den Reichsarbeitsdienst der Reichsarbeitsführer nach Fühlungnahme mit dem Hauptamt für Technik der*

NSDAP. Gegen diese Entscheidung können innerhalb von zwei Monaten nach Zustellung, die nach den Vorschriften der Zivilprozeßordnung zu erfolgen hat, die ordentlichen Gerichte angerufen werden.

(3) Für Rechtsstreitigkeiten über Erfindungen von Gefolgschaftsmitgliedern sind die für Patentstreitsachen zuständigen Gerichte ausschließlich zuständig. Die bisherige Zuständigkeit der Arbeitsgerichte zur Entscheidung über Ansprüche von Vergütung oder Entschädigung für Erfindungen von Gefolgschaftsmitgliedern wird aufgehoben (§ 2 Abs. 1 Nr. 1 Halbsatz 2 des Arbeitsgerichtsgesetzes in der Fassung der Bekanntmachung vom 10. April 1934 — Reichsgesetzbl. I S. 319). Für Rechtsstreitigkeiten, die bei Verkündung dieser Verordnung anhängig sind, verbleibt es bei der bisherigen Zuständigkeit.

(4) Auf das Verfahren in Rechtsstreitigkeiten auf Grund dieser Verordnung finden die Vorschriften des § 51 Abs. 1 Satz 2 (Ausschluß der erweiterten Zulässigkeit von Rechtsmitteln), Abs. 3 bis 5 (Zulassung von Rechtsanwälten und Kostenregelung), § 52 Abs. 3, 4 (Mitwirkung des Reichspatentamts) und Abs. 5 (Besondere Anordnungen für den Beweis durch Sachverständige), sowie § 53 (Kostenfestsetzung nach einem Teil des Streitwerts) des Patentgesetzes vom 5. Mai 1936 (Reichsgesetzbl. II S. 117), sowie § 9 Abs. 3 (Mitwirkung von Patentanwälten) des Patentanwaltsgesetzes vom 28. September 1933 (Reichsgesetzbl. I S. 669) sowie die Vorschriften des Gesetzes über die Beiordnung von Patentanwälten in Armensachen vom 5. Februar 1938 (Reichsgesetzbl. I S. 116) Anwendung. § 74 Abs. 2 und 3 des Gerichtskostengesetzes (Vorauszahlung der Gerichtskosten) sind nicht anzuwenden

§ 11

Öffentlicher Dienst

§ 12

....

§ 13

Inkrafttreten und Rückwirkung

(1) Diese Verordnung tritt mit dem 22. Juli 1942 in Kraft...........

(2) ....

Berlin, den 20. März 1943.

Der Reichsminister für Bewaffnung und Munition

X.

Urkunden- und Aktenwesen

A.

Verordnung zur Vereinfachung des Verfahrens auf dem Gebiet des Beurkundungsrechts

vom 21. Oktober 1942 (RGBl. I S. 609).[AV]

Auf Grund des Erlasses des Führers über die Vereinfachung der Rechtspflege vom 21. März 1942 (Reichsgesetzbl. I S. 139) wird im Einvernehmen mit dem Reichsminister und Chef der Reichskanzlei und dem Leiter der Partei-Kanzlei verordnet:

§ 1

Beglaubigung von Lichtbildern

(1) Einer beglaubigten Abschrift steht ein Lichtbild gleich, wenn die zur Beglaubigung der Abschrift befugte Stelle bescheinigt, daß es ein vollständiges Lichtbild der Hauptschrift ist. Die Bescheinigung soll auf das Lichtbild oder ein besonderes, mit dem Lichtbild durch Schnur und Siegel zu verbindendes Blatt gesetzt sein, Ort und Tag der Ausstellung angeben und mit Unterschrift und Siegel oder Stempel versehen sein. Sie soll die Angabe enthalten, ob die Hauptschrift eine Urschrift, eine einfache oder beglaubigte Abschrift oder eine Ausfertigung ist; ist sie eine beglaubigte Abschrift oder Ausfertigung, so muß das Lichtbild den Beglaubigungsvermerk oder Ausfertigungsvermerk enthalten. Mängel der Hauptschrift, die nicht aus dem Lichtbild ersichtlich sind (z. B. Radierungen), sollen in der Bescheinigung angegeben werden.

(2) Ein Lichtbild einer Urkunde kann für die Erteilung einer Ausfertigung verwandt werden, wenn die ausfertigende Stelle bescheinigt, daß es ein vollständiges Lichtbild der Hauptschrift ist. Die Bescheinigung ist mit dem Ausfertigungsvermerk zu verbinden.

§ 2

Beweiskraft von Übersetzungen

(1) Die Übersetzung einer Urkunde, die in einer fremden Sprache abgefaßt ist, gilt als richtig und vollständig, wenn dies von einem Übersetzer bescheinigt wird, der dazu nach den Richtlinien des *Reichsministers der Justiz* ermächtigt ist. Die Bescheinigung soll auf die Übersetzung gesetzt sein, Ort und Tag der Übersetzung sowie die Stellung des Übersetzers angeben und mit seiner Unterschrift versehen sein.

(2) Der Gegenbeweis gegen die Richtigkeit oder Vollständigkeit der Übersetzung ist zulässig.

(3) Der Vorstandsbeamte des Amtsgerichts, in dessen Bezirk der Übersetzer seinen Wohnsitz hat, kann auf Antrag bestätigen, daß die Unterschrift von dem Übersetzer herrührt und daß er mit der Anfertigung derartiger Übersetzungen betraut ist. Für die Bestätigung wird eine Gebühr nach der Justizverwaltungskostenordnung vom 14. Februar 1940 (Reichsgesetzbl. I S. 357) Gebührenverzeichnis Nr. 2 Buchst. a erhoben.

(4) ....

§ 3

Erteilung von Ausfertigungen oder Abschriften von Übersetzungen

(1) Die Ausfertigung oder sonstige Abschrift einer in fremder Sprache abgefaßten Urkunde, die von

einem Gericht oder Notar verwahrt wird, ist, wenn dies den Umständen nach angebracht erscheint, von einer Übersetzung zu erteilen, die § 2 Abs. I dieser Verordnung .... entspricht. Die Übersetzung verbleibt in diesem Fall zusammen mit der Urschrift in der Verwahrung des Gerichts oder Notars.

(2) Die Beteiligten können verlangen, daß die Ausfertigung oder sonstige Abschrift von der Urschrift erteilt wird, wenn dazu ein besonderer Anlaß besteht. Wird dieses Verlangen abgelehnt, so ist dagegen nur die Beschwerde im Dienstaufsichtswege gegeben.

§ 4

Telegrafische Übermittlung von Urkunden

(1) Eine Niederschrift des *Auswärtigen Amts* über die telegrafische Übermittlung des Inhalts einer von einem deutschen Konsul aufgenommenen Urkunde durch diesen Konsul steht im Rechtsverkehr einer Ausfertigung der Urkunde gleich, wenn sie eine mit der Angabe von Ort und Zeit der Ausstellung, Unterschrift und Siegel versehene Bescheinigung des *Auswärtigen Amts* enthält, daß ihr Inhalt dem von dem Konsul unter ausdrücklicher Versicherung der Vollständigkeit und Richtigkeit übermittelten Wortlaut der Urkunde entspreche und von ihm bestätigt worden sei.

(2) Unter derselben Voraussetzung steht eine Niederschrift des *Auswärtigen Amts* über die telegrafische Übermittlung des Inhalts einer von einem Konsul beglaubigten Urkunde einer Zweitschrift der Urkunde, eine Niederschrift über die telegraphische Übermittlung einer anderen dem Konsul vorgelegten Urkunde einer beglaubigten Abschrift der Urkunde im Rechtsverkehr gleich.

(3) Die Niederschrift muß im Falle des Abs. 1 als telegraphische Ausfertigung ,im Fall des Abs. 2 Halbsatz 1 als telegraphische Zweitschrift, im Fall des Abs. 2 Halbsatz 2 als telegraphische Abschrift bezeichnet sein.

§ 5

Ausführungsvorschriften

Die Vorschriften zur Ausführung dieser Verordnung werden im Verwaltungswege erlassen.

§ 6

Inkrafttreten. Geltungsbereich

(1) Die Verordnung tritt mit dem Ablauf des siebenten Tages nach der Verkündung in Kraft

(2) ....

Berlin, den 21. Oktober 1942.

Der Reichsminister der Justiz

B.

Verordnung über die Ersetzung zerstörter oder abhanden gekommener gerichtlicher oder notarischer Urkunden

vom 18. Juni 1942 (RGBl. I S. 395).

Auf Grund des § 44 der Verordnung über Maßnahmen auf dem Gebiete der Gerichtsverfassung und der Rechtspflege vom 1. September 1939 (Reichsgesetzbl. I S. 1658) und des § 10 der Verordnung über weitere Maßnahmen auf dem Gebiete der Zwangsvollstreckung vom 31. Oktober 1939 (Reichsgesetzbl. I S. 2139) wird verordnet:

§ 1

(1) Ist die Urschrift einer von einem Gericht oder einem Notar aufgenommenen oder ausge-

stellten Urkunde oder einer gerichtlichen Entscheidung ganz oder teilweise zerstört worden oder abhanden gekommen und besteht Anlaß, sie wiederherzustellen, so wird die Urschrift, wenn noch eine Ausfertigung oder beglaubigte Abschrift vorhanden ist, durch eine beglaubigte Abschrift dieser Ausfertigung oder beglaubigten Abschrift ersetzt.

(2) Auf der Ersatzurkunde ist zu vermerken, daß sie an die Stelle der zerstörten oder abhanden gekommenen Urschrift tritt. Der Vermerk kann mit dem Beglaubigungsvermerk verbunden werden. Er ist vom Gericht oder Notar unter Angabe von Ort und Zeit zu unterschreiben. Wird die Ersatzurkunde den Beteiligten ausgehändigt, so ist sie überdies mit dem Siegel oder Stempel des Gerichts oder Notars zu versehen.

§ 2

Das Gericht kann von Amts wegen oder auf Ersuchen eines Notars, bei dem ein Verfahren nach § 1 schwebt, dem Besitzer von Ausfertigungen oder beglaubigten Abschriften aufgeben, diese dem Gericht zur Einsicht vorzulegen.

§ 3

(1) Ist eine Ausfertigung oder beglaubigte Abschrift nicht vorhanden, so kann das Gericht oder der Notar den Inhalt der Urkunde durch Beschluß feststellen. Der Beschluß tritt an die Stelle der Urschrift.

(2) Das Gericht (der Notar) bestimmt das Verfahren nach freiem Ermessen. Vor der Beschlußfassung sollen regelmäßig einer oder mehrere Beteiligte gehört werden. Handelt es sich um einen bürgerlichen Rechtsstreit, so sind die Parteien zu hören. Hält der Notar die eidliche Vernehmung von Zeugen oder Sachverständigen oder Maß-

nahmen zur Erzwingung der Aussage für erforderlich, so kann er das Amtsgericht, in dessen Bezirk sich die Zeugen oder Sachverständigen aufhalten, oder ein anderes geeignetes Amtsgericht um die Vernehmung ersuchen. Dem Amtsgericht ist auch die Entscheidung darüber vorbehalten, ob die Verweigerung der Aussage oder der Abgabe eines Gutachtens gerechtfertigt ist.

§ 4

(1) Für die Ersetzung der Urschrift nach den §§ 1 und 3 ist das Gericht oder der Notar zuständig, von dem die Urkunde aufgenommen oder ausgestellt worden ist. An die Stelle eines ausgeschiedenen Notars tritt die Stelle, bei der die Akten des ausgeschiedenen Notars verwahrt werden.

(2) Hat ein Urkundsbeamter der Geschäftsstelle die Urkunde aufgenommen oder ausgestellt oder die Entscheidung erlassen, so ist er auch für die Ersetzung der Urschrift zuständig.

§ 5

(1) Im Falle des § 1 ist dem Antragsteller und nach dem Ermessen des Gerichts oder des Notars auch anderen Beteiligten eine Ausfertigung zuzustellen. In bürgerlichen Rechtsstreitigkeiten ist die Ausfertigung den Parteien zuzustellen.

(2) Im Falle des § 3 ist der Beschluß dem Antragsteller und den sonst Beteiligten, in bürgerlichen Rechtsstreitigkeiten den Parteien zuzustellen.

(3) Wer Beteiligter ist, bestimmt das Gericht oder der Notar nach freiem Ermessen.

§ 6

(1) Gegen die Ersetzung der Urschrift steht den Beteiligten, denen die Ausfertigung oder Ent-

scheidung zugestellt worden ist (§ 5), die sofortige Beschwerde (..........) zu.

(2) Im übrigen kann jeder, der durch die Entscheidung des Gerichts (Notars) betroffen ist, die erneute Einleitung des Verfahrens beantragen. Lehnt das Gericht (der Notar) eine Änderung der neuen Urschrift ab, so steht dem Antragsteller die sofortige Beschwerde (..........) zu.

(3) Für das Beschwerdeverfahren (..........) gelten in bürgerlichen Rechtsstreitigkeiten die Vorschriften der Zivilprozeßordnung*en*, in Strafsachen die Vorschriften der Strafprozeßordnung*en*, in Angelegenheiten der freiwilligen Gerichtsbarkeit (.....) die Vorschriften des Reichsgesetzes über die Angelegenheiten der freiwilligen Gerichtsbarkeit (..........). Richtet sich die Beschwerde gegen die Verfügung eines Notars, so entscheidet das Landgericht, in dessen Bezirk der Notar seinen Amtssitz hat. Richtet sich die Beschwerde gegen die Verfügung eines Urkundsbeamten der Geschäftsstelle, so ist innerhalb der Beschwerdefrist die Entscheidung des Gerichts nachzusuchen, zu dem der Urkundsbeamte der Geschäftsstelle gehört; das Gericht hat das Gesuch, wenn es ihm nicht entsprechen will, dem Beschwerdegericht vorzulegen.

(4) Gegen die Entscheidung des Beschwerdegerichts ist ein weiteres Rechtsmittel nicht zulässig.

§ 7

(1) Das Verfahren nach den §§ 1 und 3 ist gebührenfrei. Für die den Beteiligten zugestellten Ausfertigungen werden Schreibgebühren erhoben. Befand sich die Urschrift im Besitz eines Beteiligten und hat dieser den Verlust zu verantworten, so hat er für die Wiederherstellung die

gleiche Gebühr wie für die erstmalige Aufnahme oder Ausstellung der Urkunde zu entrichten.

(2) Handelt es sich um eine Urkunde über Erklärungen der Beteiligten und ist eine Ersetzung der Urschrift nach § 1 nicht möglich, so werden für eine erneute Beurkundung des gleichen Vorgangs Gerichts- oder Notargebühren nur in Höhe eines Drittels erhoben. Dies gilt nicht, soweit die ursprünglichen Erklärungen in wesentlichen Punkten ergänzt oder geändert werden.

§ 8

Das Amtsgericht ist auch zuständig, Urkunden, die von Dienststellen der Wehrmacht im Bereich der freiwilligen Gerichtsbarkeit aufgenommen oder ausgestellt sind und sich in dauernder gerichtlicher Verwahrung befinden, in gleicher Weise wie Urkunden, die das Amtsgericht selbst aufgenommen oder ausgestellt hat, wiederherzustellen.

§ 9

Die Vorschriften zur Ausführung dieser Verordnung werden im Verwaltungswege erlassen.

§ 10

....

Berlin, den 18. Juni 1942.

Der Reichsminister der Justiz

XI.

Zahlungsfristbewilligung, Vertragshilfe und ähnliches

A.

Verordnung über die Bewilligung von Zahlungsfristen in Rechtsstreitigkeiten

vom 7. Oktober 1939 (RGBl. I S. 2004).

Der Ministerrat für die Reichsverteidigung verordnet mit Gesetzeskraft für das Gebiet des Großdeutschen Reichs:

§ 1

Zahlungsfrist

(1) Wird ein Anspruch auf eine Geldleistung oder aus einer Hypothek, Grundschuld oder Rentenschuld, der aus einem vor dem 1. September 1939 begründeten Rechtsverhältnis entstanden ist, in einem Rechtsstreit geltend gemacht, so kann das Prozeßgericht auf Antrag des Beklagten eine Zahlungsfrist bis zur Dauer von drei Monaten bewilligen.

(2) Der Antrag kann auch schriftlich gestellt werden und unterliegt nicht dem Anwaltszwang. Der Antrag ist auch im Versäumnisverfahren zu berücksichtigen.

(3) Eine Zahlungsfrist ist nur zu bewilligen, wenn sie im Interesse des Schuldners dringend geboten und dem Gläubiger nach Lage der Verhältnisse zumutbar ist.

(4) Die Frist kann für den gesamten Anspruch oder für einen Teil des Anspruchs bewilligt werden;

die Bewilligung kann von der Erfüllung bestimmter Auflagen, insbesondere der Leistung einer Sicherheit, abhängig gemacht werden.

(5) Die Zahlungsfrist wirkt wie eine vom Gläubiger bewilligte Stundung.

§ 2
Rechtsmittel

(1) Die Entscheidung über den Antrag auf Bewilligung einer Zahlungsfrist kann selbständig mit der sofortigen Beschwerde angefochten werden, sofern der Wert des Anspruchs, für den die Zahlungsfrist bewilligt oder abgelehnt worden ist, den Betrag von 500 Reichsmark[1] übersteigt.

(2) Über die Beschwerde entscheidet das Gericht, das zur Entscheidung über eine in der Sache selbst eingelegte Berufung zuständig wäre. Gegen die Entscheidung des Beschwerdegerichts ist ein weiteres Rechtsmittel nicht zulässig.

(3) Wird das Urteil in der Sache selbst durch Rechtsmittel angefochten, so ist das Rechtsmittelgericht an eine vorher ergangene Entscheidung über die Bewilligung oder Ablehnung einer Zahlungsfrist nicht gebunden.

(4) . . . .

§ 3
Kostenerstattung

War der geltend gemachte Anspruch nach Grund und Höhe unstreitig und haben die Parteien nur über die Art und die Dauer der Zahlungsfrist gestritten, so kann das Gericht die Kosten ganz oder

---

[1] jetzt „DM" (§ 2 des Ges. Nr. 61 der brit. MilReg.).

teilweise gegeneinander aufheben, wenn dies nach Lage der Sache und mit Rücksicht auf die Verhältnisse der Beteiligten der Billigkeit entspricht.

§ 4

Geltungsbereich, Durchführungs- und Ergänzungsvorschriften

(1) ....

(2) Der *Reichsminister der Justiz* erläßt die Vorschriften zur Durchführung und Ergänzung dieser Verordnung durch Rechtsverordnung oder im Verwaltungsweg. Er kann sich ergebende Zweifelsfragen im Verwaltungsweg entscheiden.

Berlin, den 7. Oktober 1939.

Der Vorsitzende des Ministerrats für die Reichsverteidigung

Der Generalbevollmächtigte für die Reichsverwaltung

Der Reichsminister und Chef der Reichskanzlei

B.

Verordnung über die Vertragshilfe des Richters aus Anlaß des Krieges — Vertragshilfeverordnung — (VHV.)

vom 30. November 1939 (RGBl. I S. 2329).

Eine wesentliche Voraussetzung für das Durchhalten der deutschen Wirtschaft im Kriege ist, daß jeder seinen Zahlungsverpflichtungen pünktlich nachkommt. Wer sich dieser Pflicht entzieht, gefährdet den Sieg ebenso wie etwa derjenige, der Rohstoffe verschwendet.

Wo jedoch einzelne Volksgenossen wegen der besonderen Lage ihrer persönlichen und wirtschaftlichen Verhältnisse von den Kriegsfolgen weit härter betroffen werden als die große Mehrzahl der übrigen, müssen die Gläubiger hierauf bei der Geltendmachung ihrer Ansprüche Rücksicht nehmen. Es wird erwartet, daß zwischen den durch die Kriegsverhältnisse unverschuldet in wirtschaftliche Not geratenen Schuldnern und ihren Gläubigern eine billige und gerechte Abwicklung ihrer Verpflichtungen im Wege gütlicher Vereinbarungen herbeigeführt wird. Wo gleichwohl eine solche Einigung nicht zustande kommt, ist es Aufgabe des Staates, ausgleichend einzugreifen. Deshalb wird für solche Fälle den Beteiligten die Vertragshilfe des Richters zur Verfügung gestellt.

Aus diesen Erwägungen wird auf Grund gesetzlicher Ermächtigung mit Zustimmung des Generalbevollmächtigten für die Wirtschaft und des Oberkommandos der Wehrmacht für das Gebiet des Großdeutschen Reiches folgendes verordnet:

Zweiter Abschnitt

Vertragshilfe in anderen Fällen

§ 6

Vertragshilfe zugunsten von Schuldnern, die von der Räumung oder Freimachung von Gebietsteilen oder von ähnlichen Kriegsauswirkungen betroffen werden

(1) Ist jemand

1. infolge der behördlich angeordneten Räumung oder Freimachung von gefährdeten Teilen des deutschen Reichsgebiets oder Wohngebäuden oder
2. infolge anderer auf den Auswirkungen des Krieges beruhender, unabwendbarer Ereignisse

gezwungen, seinen bisherigen Aufenthaltsort zu verlassen und kann er deshalb seine Zahlungsverpflichtungen aus Rechtsverhältnissen, die vor Verlassen dieses Aufenthaltsorts begründet sind, nicht rechtzeitig erfüllen, so kann der Richter auf Antrag des Schuldners die Fälligkeit dieser Verbindlichkeiten durch Bewilligung von Teilzahlungen oder Stundung entsprechend der Leistungsfähigkeit des Schuldners regeln. Die Fälligkeitsregelung des Richters ist unanfechtbar.

(2) (Landwirtschaft.)

(3) ....

Vierter Abschnitt

Ergänzende Vorschriften

§ 24

Verhältnis zum bürgerlichen Rechtsstreit

(1) Hängt die Entscheidung ganz oder teilweise davon ab, welche Entscheidung auf Grund dieser Verordnung im Vertragshilfeverfahren ergeht, so kann das Prozeßgericht anordnen, daß das Verfahren bis zur Entscheidung über den Vertragshilfeantrag ausgesetzt (......) wird.

(2) Wird über einen Anspruch, für den nach den §§ 2, 6, 7 eine Fälligkeitsregelung getroffen werden kann, ein Rechtsstreit anhängig, bevor der Schuldner einen solchen Vertragshilfeantrag gestellt hat, so kann der Schuldner den Antrag, ihm nach diesen Vorschriften Teilzahlungen oder Stundung zu bewilligen, beim Prozeßgericht anbringen. Die Möglichkeit, den Antrag bei einem anderen als dem Prozeßgericht anzubringen, entfällt. Auf das Verfahren und die Entscheidung über den Antrag des Schuldners ist die Verordnung über die Bewilligung von Zahlungsfristen in Rechtsstreitigkeiten vom

7. Oktober 1939 (Reichsgesetzbl. I S. 2004)[1] sinngemäß anzuwenden, jedoch mit der Abweichung, daß die Stundung auch auf die Dauer von mehr als drei Monaten bewilligt werden kann.

(3) Wird über einen Anspruch, bei dem die Aufhebung von Rechtsnachteilen nach § 9 in Frage kommt, ein Rechtsstreit anhängig, bevor der Schuldner einen solchen Antrag beim Vertragshilfegericht gestellt hat, so kann der Schuldner den Antrag, die im § 9 vorgesehene Anordnung zu treffen, beim Prozeßgericht anbringen. Die Möglichkeit, den Antrag bei einem anderen als dem Prozeßgericht anzubringen, entfällt. Die Vorschriften der vorerwähnten Verordnung vom 7. Oktober 1939 gelten sinngemäß.

(4) Siegt im Falle des Abs. 3 eine Partei lediglich deshalb ob, weil eine Anordnung nach § 9 ergeht, so können die Kosten des Rechtsstreits der obsiegenden Partei ganz oder teilweise auferlegt werden.

§ 30

Hemmung von Verjährungsfristen

(1) Die Verjährung ist gehemmt für und gegen:

1. Wehrmachtangehörige;
2. Personen, die, ohne Wehrmachtangehörige zu sein, wegen der Auswirkungen des Krieges zu ständigen Dienstleistungen außerhalb ihres regelmäßigen Aufenthaltsorts herangezogen sind;
3. Personen, die wegen der Auswirkungen des Krieges sich dienstlich im Ausland aufhalten oder sich als Gefangene oder Geiseln in fremder Gewalt befinden;
4. Personen, die wegen der im § 6 Abs. 1 bezeich-

[1] abgedr. unter XI A.

neten Verhältnisse gezwungen sind, ihren regelmäßigen Aufenthaltsort zu verlassen.

(2) Die Hemmung beginnt bei Nr. 1 und 2 mit der Einberufung, bei Nr. 3 und 4 mit den dort bezeichneten Ereignissen, in allen Fällen jedoch frühestens mit dem 25. August 1939. Die Hemmung endigt sechs Monate nach dem Wegfall des Grundes, auf dem sie beruht. [1])

§ 31

Hemmung sonstiger Fristen

(1) Die Vorschriften des § 30 gelten entsprechend

1. für Fristen, die für die Beschreitung des Rechtswegs oder sonstige Geltendmachung von Rechten im gerichtlichen Verfahren vorgeschrieben sind, sowie
2. für alle sonstigen Fristen, auf die § 203 des Bürgerlichen Gesetzbuchs ganz oder teilweise entsprechend anzuwenden ist;
3. für die Fristen, innerhalb deren Zins-, Renten- und Gewinnanteilscheine auf den Inhaber dem Aussteller zur Einlösung vorzulegen sind. Die Fristen sind auch zugunsten anderer als der im § 30 Abs. 1 genannten Personen gehemmt, wenn sie durch die Auswirkungen des Krieges gehindet sind, die Scheine vorzulegen. [1])

(2) Dies gilt nicht für Ausschlußfristen, innerhalb deren ein Versicherungsnehmer seinen Anspruch auf die Leistungen des Versicherers gerichtlich geltend zu machen hat.

(3) . . . .

(4) Abs. 1 gilt nicht für die in den §§ 152, 153 der Reichskonkursordnung vorgesehene Ausschlußfrist. [1])

---

1) Fassung der Ergänzungsverordnung vom 3. 11. 41 (RGBl. I S. 684).

C.

Verordnung über die Behandlung der Ehewohnung und des Hausrats nach der Scheidung (Sechste Durchführungsverordnung zum Ehegesetz)

vom 21. Oktober 1944 (RGBl. I S. 256)[1])

Auf Grund des § 131 des Ehegesetzes vom 6. Juli 1938 (Reichsgesetzbl. I S. 807) wird verordnet:

1. Abschnitt

Allgemeine Vorschriften

§ 1

Aufgabe des Richters

(1) Können sich nach der Scheidung einer Ehe die bisherigen Ehegatten nicht darüber einigen, wer von ihnen die Ehewohnung künftig bewohnen und wer die Wohnungseinrichtung und den sonstigen Hausrat erhalten soll, so regelt auf Antrag der Richter die Rechtsverhältnisse an der Wohnung und am Hausrat.

(2) Die im Abs. 1 genannten Streitigkeiten werden ausschließlich nach de Vorschriften dieser Verordnung behandelt und entschieden.

§ 2

Grundsätze für die rechtsgestaltende Entscheidung

Soweit der Richter nach dieser Verordnung Rechtsverhältnisse zu gestalten hat, entscheidet er

---

[1]) Durch § 30 der VO. z. Ausf. d. Eheges. vom 20. 2. 1946 (Kontrollratsgesetz Nr. 16) vom 12. 7. 48 — VOBl. BZ. S. 210 — sind in §§ 3 Abs. 2, 13 Abs. 1 und 14 die in Klammern gesetzt gewesenen Ausdrücke des österr. Rechts gestrichen, §§ 21 Abs. 4, 22 Abs. 2 und 27 Abs. 2 aufgehoben sowie § 14 geändert.

nach billigem Ermessen. Dabei hat er alle Umstände des Einzelfalles, insbesondere das Wohl der Kinder und die Erfordernisse des Gemeinschaftslebens sowie die Ursachen der Eheauflösung zu berücksichtigen.

2. Abschnitt.

Besondere Vorschriften für die Wohnung

§ 3[1]

Wohnung im eigenen Hause eines Ehegatten

(1) Ist einer der bisherigen Ehegatten allein oder gemeinsam mit einem Dritten Eigentümer eines Hauses, in dem sich die Ehewohnung befindet, so soll der Richter die Wohnung dem anderen Ehegatten nur zuweisen, wenn dies notwendig ist, um eine unbillige Härte zu vermeiden.

(2) Das gleiche gilt, wenn einem Ehegatten allein oder gemeinsam mit einem Dritten der Nießbrauch, das Erbbaurecht oder ein dingliches Wohnrecht an dem Grundstück zusteht, auf dem sich die Ehewohnung befindet.

§ 4

Dienst- und Werkwohnung

Eine Wohnung, die die Ehegatten auf Grund eines Dienst- oder Arbeitsverhältnisses innehaben, das zwischen einem von ihnen und einem Dritten besteht, soll der Richter dem anderen Ehegatten nur zuweisen, wenn der Dritte einverstanden ist.

§ 5

Gestaltung der Rechtsverhältnisse

(1) Für eine Mietwohnung kann der Richter bestimmen, daß ein von beiden Ehegatten eingegan-

genes Mietverhältnis von einem Ehegatten allein fortgesetzt wird oder daß ein Ehegatte an Stelle des anderen in ein von diesem eingegangenen Mietverhältnis eintritt. Der Richter kann den Ehegatten gegenüber Anordnungen treffen, die geeignet sind, die aus dem Mietverhältnis herrührenden Ansprüche des Vermieters zu sichern.

(2) Bestand kein Mietverhältnis an der bisherigen Ehewohnung, so kann der Richter zugunsten eines Ehegatten ein Mietverhältnis an der Wohnung begründen. Hierbei setzt der Richter den Mietzins fest. Ist dieser neu zu bilden, so soll der Richter vorher die Preisbehörde hören.

§ 6
Teilung der Wohnung

(1) Ist eine Teilung der Wohnung möglich und zweckmäßig, so kann der Richter auch anordnen, daß die Wohnung zwischen den bisherigen Ehegatten geteilt wird. Dabei kann er bestimmen, wer die Kosten zu tragen hat, die durch die Teilung und ihre etwaige spätere Wiederbeseitigung entstehen.

(2) Für die Teilwohnungen kann der Richter neue Mietverhältnisse begründen, die, wenn ein Mietverhältnis schon bestand, an dessen Stelle treten. § 5 Abs. 2 Sätze 2 und 3 gelten sinngemäß.

§ 7
Beteiligte

Außer den Ehegatten sind im gerichtlichen Verfahren auch der Vermieter der Ehewohnung, der Grundstückseigentümer, der Dienstherr (§ 4) und Personen, mit denen die Ehegatten oder einer von ihnen hinsichtlich der Wohnung in Rechtsgemeinschaft stehen, Beteiligte.

3. Abschnitt

Besondere Vorschriften für den Hausrat

§ 8

Gemeinsames Eigentum beider Ehegatten

(1) Hausrat, der beiden Ehegatten gemeinsam gehört, verteilt der Richter gerecht und zweckmäßig.

(2) Hausrat, der während der Ehe für den gemeinsamen Haushalt angeschafft ist, gilt für die Verteilung (Abs. 1) auch dann, wenn er nicht zum Gesamtgut einer Gütergemeinschaft gehört, als gemeinsames Eigentum, es sei denn, daß das Alleineigentum eines Ehegatten feststeht. *§ 1237 des allgemeinen bürgerlichen Gesetzbuches ist insoweit nicht anzuwenden.*

(3) Die Gegenstände gehen in das Alleineigentum des Ehegatten über, dem sie der Richter zuteilt. Der Richter soll diesem Ehegatten zugunsten des anderen eine Ausgleichszahlung auferlegen, wenn dies der Billigkeit entspricht.

§ 9

Alleineigentum eines Ehegatten

(1) Notwendige Gegenstände, die im Alleineigentum eines Ehegatten stehen, kann der Richter dem anderen Ehegatten zuweisen, wenn dieser auf ihre Weiterbenutzung angewiesen ist und es dem Eigentümer zugemutet werden kann, sie dem anderen zu überlassen.

(2) Im Falle des Abs. 1 kann der Richter ein Mietverhältnis zwischen dem Eigentümer und dem anderen Ehegatten begründen und den Mietzins

festsetzen. Soweit im Einzelfall eine endgültige Auseinandersetzung über den Hausrat notwendig ist, kann er statt dessen das Eigentum an den Gegenständen auf den anderen Ehegatten übertragen und dafür ein angemessenes Entgelt festsetzen.

§ 10
Gläubigerrechte

(1) Haftet ein Ehegatte allein oder haften beide Ehegatten als Gesamtschuldner für Schulden, die mit dem Hausrat zusammenhängen, so kann der Richter bestimmen, welcher Ehegatte im Innenverhältnis zur Bezahlung der Schuld verpflichtet iat.

(2) Gegenstände, die einem der Ehegatten unter Eigentumsvorbehalt geliefert sind, soll der Richter dem anderen nur zuteilen, wenn der Gläubiger einverstanden ist.

4. Abschnitt
Verfahrensvorschriften

§ 11
Zuständigkeit

(1) Zuständig ist das Amtsgericht, in dessen Bezirk sich die letzte gemeinsame Wohnung der Ehegatten befunden hat. Hatten die Ehegatten keine gemeinsame Wohnung, so ist das Amtsgericht am Sitz des Landgerichts zuständig, bei dem der Scheidungsstreit anhängig war.

(2) Das nach Abs. 1 zuständige Gericht kann die Sache auf Antrag an ein anderes Gericht abgeben, wenn ein wichtiger Grund dafür vorliegt. Der Abgabebeschluß ist für das andere Gericht bindend.

§ 12

Zeitpunkt der Antragstellung

Wird der Antrag auf Auseinandersetzung über die Ehewohnung nicht innerhalb eines Jahres nach Rechtskraft des Scheidungsurteils gestellt, so darf der Richter in die Rechte des Vermieters oder eines anderen Drittbeteiligten nur eingreifen, wenn dieser einverstanden ist.

§ 13[1])

Allgemeine Verfahrensvorschriften

(1) Das Verfahren ist eine Angelegenheit der freiwilligen Gerichtsbarkeit.

(2) Der Richter soll mit den Beteiligten in der Regel mündlich verhandeln und hierbei darauf hinwirken, daß sie sich gütlich einigen.

(3) Kommt eine Einigung zustande, so ist hierüber eine Niederschrift aufzunehmen, und zwar nach den Vorschriften, die für die Niederschrift über einen Vergleich im bürgerlichen Rechtsstreit gelten.

(4) Der Richter kann einstweilige Anordnungen treffen.

(5) Solange ein Verfahrensbeteiligter Betroffener im Sinne des Artikels 1 der Schutzverordnung vom 4. Dezember 1943 (Reichsgesetzbl. I S. 666) ist, darf das Verfahren nur durchgeführt werden, wenn dem Betroffenen die Mitwirkung möglich und unter Abwägung der Interessen aller Beteiligten zuzumuten ist oder wenn der Betroffene zustimmt. Im übrigen sind die Vorschriften der Schutzverordnung sinngemäß anzuwenden.

§ 14[1])

Rechtsmittel

(1) Gegen die Endentscheidung des Amtsgerichts ist die sofortige Beschwerde zulässig. Eine Be-

schwerde lediglich gegen die Entscheidung über den Hausrat ist nur zulässig, wenn der Wert des Beschwerdegegenstandes 50 DM übersteigt oder wenn das Amtsgericht wegen der tatsächlichen oder rechtlichen Bedeutung der Sache die Beschwerde in seiner Entscheidung zugelassen hat.

(2) Gegen die Entscheidung des Beschwerdegerichts ist das Rechtsmittel der weiteren Beschwerde zulässig. § 27 des Reichsgesetzes über die Angelegenheiten der freiwilligen Gerichtsbarkeit findet entsprechende Anwendung.

§ 15

Durchführung der Entscheidung

Der Richter soll in seiner Entscheidung die Anordnungen treffen, die zu ihrer Durchführung nötig sind.

§ 16

Rechtskraft und Vollstreckbarkeit

(1) Die Entscheidungen des Richters werden mit der Rechtskraft wirksam. Sie binden Gerichte und Verwaltungsbehörden.

(2) Die Änderung und die Begründung von Mietverhältnissen durch den Richter bedarf nicht der nach anderen Vorschriften etwa notwendigen Genehmigung.

(3) Aus rechtskräftigen Entscheidungen, gerichtlichen Vergleichen und einstweiligen Anordnungen (§ 13 Abs. 4) findet die Zwangsvollstreckung nach den Vorschriften der Reichszivilprozeßordnung .... statt.

§ 17
Änderung der Entscheidung

(1) Haben sich die tatsächlichen Verhältnisse wesentlich geändert, so kann der Richter seine Entscheidung ändern, soweit dies notwendig ist, um eine unbillige Härte zu vermeiden. In Rechte Dritter darf der Richter durch die Änderung der Entscheidung nur eingreifen, wenn diese einverstanden sind.

(2) Haben die Beteiligten einen gerichtlichen Vergleich (§ 13 Abs. 3) geschlossen, so gilt Abs. 1 sinngemäß.

(3) Will der Richter auf Grund der Abs. 1 oder 2 eine Wohnungsteilung (§ 6) wieder beseitigen, so soll er vorher die Gemeinde hören.

§ 18
Rechtsstreit über Ehewohnung und Hausrat

(1) Macht ein Beteiligter Ansprüche hinsichtlich der Ehewohnung oder des Hausrats (§ 1) in einem Rechtsstreit geltend, so hat das Prozeßgericht die Sache insoweit an das nach § 11 zuständige Amtsgericht abzugeben. Der Abgabebeschluß kann nach Anhörung der Parteien auch ohne mündliche Verhandlung ergehen. Er ist für das in ihm bezeichnete Gericht bindend.

(2) Im Falle des Abs. 1 ist für die Berechnung der im § 12 bestimmten Frist der Zeitpunkt der Klageerhebung maßgebend.

§ 19
Einstweilige Arndunngo in Ehesachen

(1) In Ehesachen kann das Prozeßgericht auf Antrag auch die Benutzung der Ehewohnung oder

des Hausrats zwischen den Ehegatten einstweilen regeln. Hierbei sind die §§ 627 und 627c der Reichszivilprozeßordnung.... entsprechend anzuwenden.

(2) Die Regelung bleibt im Falle der Scheidung bis zu einer anderweitigen Regelung nach den Vorschriften dieser Verordnung wirksam.

5. Abschnitt

Kostenvorschriften

§ 20

Kostenentscheidung

Welcher Beteiligte die Gerichtskosten zu tragen hat, bestimmt der Richter nach billigem Ermessen. Dabei kann der Richter auch bestimmen, daß die außergerichtlichen Kosten ganz oder teilweise zu erstatten sind.

§ 21

Kosten des Verfahrens[1])

(1) Für das gerichtliche Verfahren wird die volle Gebühr erhoben. Kommt es zur richterlichen Entscheidung, so erhöht sich die Gebühr auf das Dreifache der vollen Gebühr. Wird der Antrag zurückgenommen, bevor es zu einer Entscheidung oder einer vom Gericht vermittelten Einigung gekommen ist, so ermäßigt sich die Gebühr auf die Hälfte der vollen Gebühr.

(2) Der Geschäftswert bestimmt sich, soweit der Streit die Wohnung betrifft, nach dem einjährigen Mietwert, soweit der Streit den Hausrat betrifft, nach dem Wert des Hausrats. Betrifft jedoch der Streit im wesentlichen nur die Benutzung des Hausrats, so ist das Interesse der Beteiligten an der

Regelung maßgebend. Der Richter setzt den Wert in jedem Falle von Amts wegen fest.

(3) Für das Beschwerdeverfahren werden die gleichen Gebühren wie im ersten Rechtszug erhoben.

§ 22[1])

Rechtsanwaltsgebühren

Die für bürgerliche Rechtsstreitigkeiten geltenden Vorschriften der Gebührenordnung für Rechtsanwälte sind in ihrem örtlichen Geltungsbereich sinngemäß anzuwenden. Jedoch erwachsen die im § 13 der Gebührenordnung vorgesehenen Gebühren nur zur Hälfte. Im Beschwerdeverfahren erhält der Rechtsanwalt die gleichen Gebühren wie im ersten Rechtszug. Die Gebühren bemessen sich nach dem für die Berechnung der Gerichtsgebühren maßgebenden Geschäftswert.

§ 23

Kosten des Verfahrens vor dem Prozeßgericht

Gibt das Prozeßgericht die Sache nach § 18 an das nach dieser Verordnung zuständige Amtsgericht ab, so ist das bisherige Verfahren vor dem Prozeßgericht für die Erhebung der Gerichts- und Rechtsanwaltskosten als Teil des Verfahrens vor dem übernehmenden Gericht zu behandeln.

6. Abschnitt

Schlußvorschriften

§ 24

Übergangsregelung

(1) Ist das Scheidungsurteil nicht früher als ein Jahr vor dem Inkrafttreten dieser Verordnung

rechtskräftig geworden, so endigt die im § 12 bestimmte Frist nicht vor Ablauf von sechs Monaten nach dem Inkrafttreten der Verordnung.

(2) Ist ein Rechtsstreit hinsichtlich der Ehewohnung oder des Hausrats bei Inkrafttreten der Verordnung bereits anhängig, so findet eine Abgabe (§ 18) nicht statt. Vielmehr hat das Prozeßgericht unter entsprechender Anwendung der § 1 bis 10, 17, 20 selbst zu entscheiden. Gerichtskosten werden nach § 21 erhoben, soweit der Rechtszug nicht bereits beendet ist. Die Gebühren der Rechtsanwälte bestimmen sich nach den für das bisherige Verfahren maßgebenden Vorschriften.

§ 25

Aufhebung und Nichtigerklärung der Ehe

Wird eine Ehe aufgehoben oder für nichtig erklärt, so gelten die §§ 1 bis 24 sinngemäß.

§ 26

Verhältnis zur Zweiten Kriegsmaßnahmeverordnung

....

§ 27[1])

Inkrafttreten. Geltungsbereich

Diese Verordnung tritt am 1. November 1944 in Kraft.

Berlin, den 21. Oktober 1944.

Der Reichsminister der Justiz.

XII.
Vollstreckungsrecht

A.

a) Bekanntmachung über das Mindestgebot bei der Versteigerung gepfändeter Sachen

vom 8. Oktober 1914 (RGBl. S. 427).

§ 1

Soweit eine Zwangsvollstreckung in körperliche Sachen nach den Vorschriften der Zivilprozeßordnung stattfindet, ist der gewöhnliche Verkaufswert der gepfändeten Sachen vor der Versteigerung zu schätzen.

Die Schätzung erfolgt durch den Gerichtsvollzieher. Ist gemäß § 813 der Zivilprozeßordnung zur Pfändung ein Sachverständiger zugezogen, so hat dieser die Schätzung vorzunehmen. Mit der Schätzung gepfändeter Wertpapiere, die einen Börsen- oder Marktpreis nicht haben, hat der Gerichtsvollzieher einen kaufmännischen Sachverständigen zu beauftragen; *bei der Schätzung darf der gewöhnliche Verkaufswert solcher Wertpapiere, die in der letzten Woche vor dem 31. Juli 1914 noch einen Börsen- oder Marktpreis hatten, nicht unter dem letzten in dieser Woche amtlich notierten Markt- oder Börsenpreis festgestellt werden.* In anderen Fällen kann der Gerichtsvollzieher einen Sachverständigen mit der Schätzung beauftragen.

Die Schätzung soll tunlichst bei der Pfändung erfolgen. In diesem Falle ist ihr Ergebnis in das Protokoll aufzunehmen.

Für Kostbarkeiten bewendet es bei der Vorschrift im § 814 der Zivilprozeßordnung.

§ 2

Das Vollstreckungsgericht kann auf Antrag des Gläubigers oder des Schuldners die Schätzung durch einen Sachverständigen anordnen.

§ 3

Bei der Versteigerung der gepfändeten Sachen darf unbeschadet der Vorschrift im § 820 der Zivilprozeßordnung der Zuschlag nur auf ein Gebot erteilt werden, das mindestens die Hälfte des gewöhnlichen Verkaufswerts erreicht (Mindestgebot). *Bei Wertpapieren, die von den auf Grund des Darlehnskassengesetzes vom 4. August 1914 (RGBl. S. 340) errichteten Darlehnskassen beliehen werden, darf das Mindestgebot nicht hinter dem Betrage zurückbleiben, zu dem die Darlehnskassen Wertpapiere dieser Art beleihen.*

Der gewöhnliche Verkaufswert und das Mindestgebot sind bei dem Ausbieten bekanntzugeben.

§ 4

Wird der Zuschlag nicht erteilt, weil ein das Mindestgebot erreichendes Gebot nicht abgegeben ist, so bleibt das Pfandrecht des Gläubigers bestehen. Er kann jederzeit die Anberaumung eines neuen Versteigerungstermins oder die Anordnung anderweitiger Verwertung der gepfändeten Sachen gemäß § 825 der Zivilprozeßordnung beantragen. Wird die anderweitige Verwertung angeordnet, so gilt § 3 entsprechend.

§ 5

Diese Verordnung tritt nach Ablauf einer Woche seit dem Tage der Verkündung in Kraft. Den Zeitpunkt des Außerkrafttretens bestimmt *der Reichskanzler*.

b) Verordnung über Maßnahmen auf dem Gebiete der Zwangsvollstreckung

vom 26. Mai 1933 (RGBl. I S. 302)[1])

1) Das Gesetz zur Änderung von Vorschriften über die Zwangsvollstreckung vom 20. 10. 34 (RGBl. I S. 1070) änderte
§ 18 völlig
§ 19 Abs. 3
§ 19a Abs. 2 die beiden letzten Sätze
in § 19 Abs. 1, § 19a Abs. 1 und § 19d die zeitliche Befristung.

I. Mindestgebot

§§ 1—4

II. Einstweilige Einstellung von Zwangsversteigerungen

§§ 5—9c

III. Zwangsverwaltung

§ 10

IV. Zustellungen an Schuldner mit unbekanntem Wohnsitz

§ 11

(1) Bedarf es zur Einleitung der Zwangsvollstreckung in ein Grundstück der Zustellung eines Schuldtitels im Wege der öffentlichen Zustellung, so kann die Zustellung statt dessen an einen bei dem Grundbuchamte für das Grundstück bestellten Zustellungsbevollmächtigten erfolgen; ist ein solcher nicht bestellt oder ist ein inländischer Wohnsitz des Bestellten nicht bekannt, so hat das Vollstreckungsgericht auf Antrag des Gläubigers für das beab-

sichtigte Verfahren einen Zustellungsvertreter (§§ 6, 7 des Zwangsversteigerungsgesetzes) zu bestellen, an den der Schuldtitel zugestellt werden kann. Die Wirkung der Zustellung beschränkt sich auf die beabsichtigte Zwangsvollstreckung.

(2) Ist von dem Schuldner ein Zustellungsbevollmächtigter beim Grundbuchamte bestellt oder hat das Vollstreckungsgericht gemäß Abs. 1 einen Zustellungsvertreter bestellt, so kann ihnen auch der Beschluß, durch den die Zwangsversteigerung oder Zwangsverwaltung angeordnet oder der Beitritt eines Gläubigers zugelassen wird, mit Wirkung für den Schuldner zugestellt werden.

V. Einschränkung von Verfügungen über Miet- und Pachtzinsforderungen

§ 12

Die Vorschriften der §§ 573, 574, 1123, 1124 des Bürgerlichen Gesetzbuchs (Reichsgesetzbl. 1896 S. 195, 1915 S. 327) und des § 21 der Konkursordnung (Reichsgesetzbl. 1898 S. 612, 1915 S. 327) sind, soweit sie die Wirksamkeit von Verfügungen und Rechtsgeschäften in Ansehung von Miet- und Pachtzinsforderungen gegenüber dem Erwerber des Grundstücks, den Hypothekengläubigern und der Konkursmasse betreffen, mit der Änderung anzuwenden, daß die in ihnen erwähnten Verfügungen und Rechtsgeschäfte nur für den laufenden Kalendermonat und, wenn das nach den genannten Vorschriften maßgebende Ereignis (der Übergang des Eigentums, die Kenntnis von dem Eigentumsübergang, die Beschlagnahme oder die Konkurseröffnung) nach dem fünfzehnten Tage des Monats eingetreten ist, für den folgenden Kalendermonat wirksam sind.

VI. Besondere Vorschriften über landwirtschaftliche, forstwirtschaftliche und gärtnerische Grundstücke

I. Zwangsverwaltung
§§ 12a—17

2. Einstweilige Einstellung von Zwangsversteigerungen

(ersetzt durch die Verordnung des Reichspräsidenten über den landwirtschaftlichen Vollstreckungsschutz vom 14. Februar 1933, Reichsgesetzbl. I S. 63, und die dazu ergangenen Ausführungsverordnungen).[1]

VII. Zwangsvollstreckung in bewegliche Gegenstände

§ 18[1])

(1) Die Durchführung der Zwangsvollstreckung wegen Geldforderungen in beweglichen Sachen unterliegt bis auf weiteres folgenden Beschränkungen:

(2) Vor der Verwertung gepfändeter Sachen ist dem Schuldner, soweit angängig, Gelegenheit zu geben, seine Schuld durch freiwillige Leistungen zu tilgen. Zu diesem Zwecke hat das Vollstreckungsgericht auf Antrag, wenn dies nach der Persönlichkeit und den wirtschaftlichen Verhältnissen des Schuldners und der Art der Schuld angemessen erscheint und nicht überwiegende Belange des Gläubigers entgegenstehen, unter Anordnung von Zahlungsfristen die Verwertung der Pfandstücke zeitweilig auszusetzen.

(3) Wird der im Abs. 2 Satz 2 bezeichnete Antrag nicht alsbald nach der Pfändung gestellt, so kann

---

[1] jetzt: 2. Gesetz über den landwirtschaftlichen Vollstreckungsschutz vom 27. 12. 33 (RGBl. I S. 1115).

er ohne sachliche Prüfung zurückgewiesen werden, wenn das Vollstreckungsgericht der Überzeugung ist, daß der Schuldner den Antrag in der Absicht der Verschleppung oder aus grober Nachlässigkeit nicht früher gestellt hat.

(4) Anordnungen der im Abs. 2 Satz 2 bezeichneten Art können mehrmals ergehen und, soweit es nach Lage der Verhältnisse, insbesondere wegen nicht ordnungsmäßiger Erfüllung der Zahlungsauflagen, geboten erscheint, auf Antrag aufgehoben oder abgeändert werden.

(5) Vor den im Abs. 2 Satz 2 und im Abs. 4 bezeichneten Entscheidungen soll, soweit dies ohne erhebliche Verzögerung möglich ist, der Gegner gehört werden. Die für die Entscheidung wesentlichen tatsächlichen Verhältnisse bedürfen nur der Glaubhaftmachung. Das Gericht soll in geeigneten Fällen auf eine gütliche Abwicklung der Verbindlichkeit hinwirken und kann hierzu eine mündliche Verhandlung anordnen. Die Entscheidungen gemäß Abs. 2 Satz 2, Abs. 3, 4 sind unanfechtbar.

(6) Bei Zwangsvollstreckungen, die im Verwaltungszwangsverfahren erfolgen, stehen die dem Vollstreckungsgericht zugewiesenen Entscheidungen der Vollstreckungsbehörde zu.

§ 19

(1) Die Zwangsvollstreckung in Miet- und Pachtzinsen unterliegt bis auf weiteres[1]) folgenden Beschränkungen:

(2) Die Pfändung ist auf Antrag des Schuldners von dem Vollstreckungsgericht insoweit aufzuheben, als der Schuldner die Einkünfte aus den Miet- oder Pachtzinsen zur laufenden Unterhaltung des Grundstücks, zur Vornahme notwendiger Instandsetzungsarbeiten sowie zur Befriedigung von Ansprüchen

braucht, die bei einer Zwangsvollstreckung in das Grundstück dem Anspruch des Gläubigers nach § 10 des Zwangsversteigerungsgesetzes vorgehen würden. Das gleiche gilt von der Pfändung von Barmitteln und Guthaben, die aus Miet- oder Pachtzinszahlungen herrühren und die der Schuldner zu den im Satz 1 bezeichneten Zwecken braucht.

(3) [1]) Die Vorschriften des § 18 Absätze 3 bis 6 gelten entsprechend. Ist von vornherein ersichtlich, daß die Voraussetzungen für die Aufhebung der Zwangsvollstreckung nach Abs. 2 vorliegen, so soll von der Pfändung abgesehen werden.

(4) Die Zulässigkeit der Abtretung und Aufrechnung wird durch die Vorschriften dieses Paragraphen nicht berührt.

§ 19a

(1) Die Zwangsvollstreckung in das bewegliche Vermögen des Schuldners wegen eines Anspruchs, der durch eine auf einem Grundstück lastende Hypothek oder Grundschuld gesichert ist, unterliegt bis auf weiteres [1]) folgenden weiteren Beschränkungen:

(2) Ist der Schuldner, ohne daß ihn ein Verschulden trifft, infolge Rückgangs der Miet- oder Pachtzinseinnahmen oder infolge Arbeitslosigkeit oder eines wesentlichen Rückgangs seines Arbeitseinkommens, seines Ruhegeldes, seiner Rente aus der Sozialversicherung oder Reichsversorgung oder ähnlicher Bezüge zu der Zahlung außerstande, so dürfen ihm durch die Zwangsvollstreckung nicht Mittel entzogen werden, die er zur Befriedigung seines und seiner Familie notwendigen Unterhalts, zur laufenden Unterhaltung des Grundstücks, zur Vornahme notwendiger Instandsetzungsarbeiten an

dem Grundstück, zu Zahlungen auf die dem Anspruch des Gläubigers nach § 10 des Zwangsversteigerungsgesetzes vorgehenden auf dem Grundstück ruhenden Lasten oder zur Aufrechterhaltung eines von ihm betriebenen wirtschaftlichen Unternehmens dringend braucht. [1]) Die Vorschriften des § 18 Absätze 3 bis 6 gelten entsprechend. Ist von vornherein ersichtlich, daß die Voraussetzungen für die Aufhebung der Zwangsvollstreckung nach Satz 2 vorliegen, so soll von der Pfändung abgesehen werden.

(3) Die sich aus diesem Paragraphen ergebenden Beschränkungen der Zwangsvollstreckung greifen nicht Platz, soweit es sich um Ansprüche handelt, die aus notwendigen Instandsetzungsarbeiten am Grundstück, einschließlich Umbauten, oder zu diesem Zwecke gewährten Krediten entstanden sind.

(4) Die Zulässigkeit der Abtretung und Aufrechnung von Forderungen wird durch die Vorschriften dieses Paragraphen nicht berührt.

§ 19b

Die Vorschriften der §§ 18 bis 19a dieser Verordnung finden keine Anwendung, soweit die auf Grund der Verordnung des Reichspräsidenten über den landwirtschaftlichen Vollstreckungsschutz vom 14. Februar 1933 (Reichsgesetzbl. I S. 63) ergangenen Ausführungsverordnungen Platz greifen.

§ 19c

Gartenhäuser, Wohnlauben und ähnliche Wohnzwecken dienende Einrichtungen, die der Zwangsvollstreckung in das bewegliche Vermögen unterliegen, sind unpfändbar, wenn sie von dem Schuldner oder seiner Familie zur ständigen Unterkunft benutzt werden.

VIII. Offenbarungseid

§ 19d

(1) Die Verpflichtung eines Schuldners zur Leistung des Offenbarungseides gemäß § 807 der Zivilprozeßordnung unterliegt bis auf weiteres[1]) folgenden Beschränkungen:

(2) In dem gemäß § 900 der Zivilprozeßordnung bestimmten Termin kann der Schuldner die Leistung des Offenbarungseides dadurch abwenden, daß er die Versicherung abgibt, daß er nach bestem Wissen sein Vermögen so vollständig angegeben habe, als er dazu imstande sei. Das Gericht hat jedoch auf Antrag des Gläubigers die Eidesleistung anzuordnen, wenn dies zur Herbeiführung einer wahrheitsgemäßen Angabe des Vermögens notwendig erscheint; die Entscheidung unterliegt keiner Anfechtung. Der Schuldner ist in der Ladung zu dem Termin auf die Vorschriften in Satz 1 und 2 hinzuweisen.

(3) Ist der Termin infolge eines Widerspruchs (§ 900 Abs. 3 der Zivilprozeßordnung) erfolglos geblieben, so kann der Schuldner in dem späteren Termin die Eidesleistung durch Abgabe der Versicherung gemäß Abs. 2 Satz 1 nicht mehr abwenden. Dasselbe gilt, vorbehaltlich der Übergangsvorschrift im Artikel 7 Abs. 3 des Gesetzes über weitere Maßnahmen auf dem Gebiete der Zwangsvollstreckung vom 26. Mai 1933 (Reichsgesetzbl. I S. 298), bei einem Schuldner, gegen den die Haft angeordnet ist.

(4) Macht der Gläubiger, nachdem der Schuldner die im Absatz 2 Satz 1 bezeichnete Versicherung ab-

gegeben hat, Umstände glaubhaft, die die Anordnung der Eidesleistung rechtfertigen könnten, so ist zur Entscheidung gemäß Abs. 2 Satz 2 und gegebenenfalls zur Abnahme des Eides ein neuer Termin zu bestimmen.

(5) Die Abgabe der Versicherung gemäß Abs. 2 Satz 1 hat vorbehaltlich der Vorschriften im Abs. 4 dieselben Wirkungen wie die Leistung des Offenbarungseides; eine Eintragung in das Schuldnerverzeichnis (§ 915 der Zivilprozeßordnung) findet jedoch nicht statt. Beruft sich der Schuldner einem anderen Gläubiger gegenüber darauf, daß er die Versicherung nach Abs. 2 Satz 1 bereits abgegeben habe, so gelten die Vorschriften im Abs. 4 dieses Paragraphen und im § 903 der Zivilprozeßordnung entsprechend.

(6) Soweit der Schuldner auf Grund einer dem § 807 der Zivilprozeßordnung gleichartigen Vorschrift eines anderen Gesetzes zur Leistung des Offenbarungseides verpflichtet ist, gelten die Vorschriften dieses Paragraphen mit der Maßgabe entsprechend, daß die im Abs. 2 Satz 2 bezeichnete Entscheidung der Behörde zusteht, die für die Abnahme des Offenbarungseides zuständig ist.

IX. Kosten und Übergangsvorschriften

§§ 20—21
(Zwangsversteigerung)

§§ 22—23
(Übergangsvorschriften)

§ 24

Ist ein Miet- oder Pachtverhältnis vor dem 10. Dezember 1931 begründet, so bleiben für die

Wirksamkeit von Rechtsgeschäften, die zwischen dem Mieter oder Pächter und dem Vermieter oder Verpächter in Ansehung der Miet- und Pachtzinsforderung vorgenommen werden, die im § 12 bezeichneten Vorschriften in der bisherigen Fassung maßgebend, soweit es sich um den Miet- oder Pachtzins für die Zeit bis zu dem ersten Termin handelt, für den die Kündigung des Miet- und Pachtverhältnisses zulässig ist.

X. Schlußvorschriften

§ 25

Die Reichsregierung wird ermächtigt, zur Durchführung dieser Verordnung Rechtsverordnungen zu erlassen; sie kann auch, wenn sie dies für notwendig hält, ergänzende Vorschriften erlassen. Sie kann ferner das Außerkrafttreten der Vorschriften dieser Verordnung oder einzelner von ihnen anordnen und dabei die dazu notwendigen Übergangsbestimmungen erlassen.

c) Verordnung des Reichspräsidenten zur Ergänzung der Vorschriften über die Zwangsvollstreckung bei landwirtschaftlichen Betrieben und über das Sicherungsverfahren

vom 19. Februar 1932 (RGBl. I S. 71)

Auf Grund des Artikels 48 Abs. 2 der Reichsverfassung wird folgendes verordnet:

Artikel I

Bei Arbeitnehmern in landwirtschaftlicehn Betrieben, die Naturalvergütungen erhalten, sind die ihnen als Vergütung gelieferten Naturalien sowie das davon ernährte Vieh unpfändbar.

Berlin, den 19. Februar 1932.

Der Reichspräsident
Der Reichskanzler
Der Reichsminister der Justiz
Der Reichsminister des Innern
Der Reichsminister für Ernährung und Landwirtschaft
Der Reichsminister und Reichskommissar für die Osthilfe

d) Verordnung zur Ergänzung der Vorschriften über den Pfändungsschutz bei der Fahrnisvollstreckung

vom 17. Juli 1939 (RGBl. I S. 1313)

Auf Grund des § 25 der Verordnung über Maßnahmen auf dem Gebiete der Zwangsvollstreckung vom 26. Mai 1933 (Reichsgesetzbl. I S. 302) .... wird folgendes verordnet:

Schweine dürfen nicht gepfändet werden, soweit sie zur Ernährung des Schuldners, seiner Familie oder von Haushaltangehörigen, die ihm im Haushalt oder in der Landwirtschaft helfen, erforderlich sind. Unzulässig ist auch die Pfändung der zur Fütterung und zur Streu auf vier Wochen erforderlichen Vorräte oder, soweit solche Vorräte nicht vorhanden sind, des zu ihrer Beschaffung erforderlichen Geldbetrages.

Berlin, den 17. Juli 1939.

Der Reichsminister der Justiz
Der Reichsminister des Innern

e) Verordnung zur Ergänzung der Vorschriften über das Offenbarungseidverfahren

vom 11. Mai 1938 (RGBl. I S. 520)[AV]

Auf Grund des § 25 der Verordnung über Maßnahmen auf dem Gebiete der Zwangsvollstreckung vom 26. Mai 1933 (Reichsgesetzbl. I S. 302) wird folgendes verordnet:

1. Auf den Antrag auf Abnahme des Offenbarungseides (§§ 807, 900 der Zivilprozeßordnung) hat das Vollstreckungsgericht vor der Terminsbestimmung von Amts wegen festzustellen, ob nach den bei ihm geführten Listen innerhalb der letzten fünf Jahre der Schuldner den Offenbarungseid geleistet oder die Versicherung nach § 19d der Zwangsvollstreckungsverordnung vom 26. Mai 1933 (Reichsgesetzbl. I S. 302) abgegeben hat oder gegen ihn die Haft zur Erzwingung der Eidesleistung angeordnet ist.

2. Von einer Eintragung ist dem Gläubiger Nachricht zu geben. Erledigt sich damit der Antrag durch Zurückweisung oder Zurücknahme oder dadurch, daß er von vornherein nur bedingt gestellt war, so wird nur die Auskunftsgebühr von einer Reichsmark[1] (Verordnung des Reichspräsidenten über Maßnahmen auf dem Gebiete der Rechtspflege und Verwaltung vom 14. Juni 1932 — Reichsgesetzbl. I S. 285 — Erster Teil, Kapitel II Artikel 2) erhoben. Betreibt der Gläubiger das Verfahren trotz der Eintragung weiter, so wird neben der Gebühr nach § 33 Nr. 5 des Gerichtskostengesetzes für die Benachrichtigung die Auskunftsgebühr nicht erhoben.

---

[1] jetzt „DM" (§ 2 des Ges. Nr. 61 der brit. MilReg.).

3. Findet sich in den Listen keine Eintragung über den Schuldner, so nimmt das Verfahren seinen Fortgang, ohne daß der Gläubiger benachrichtigt wird; eine Auskunftsgebühr entsteht nicht.

Berlin, den 11. Mai 1938.

Der Reichsminister der Justiz

f) Gesetz zur Verhütung mißbräuchlicher Ausnutzung von Vollstreckungsmöglichkeiten

vom 13. Dezember 1934 (RGBl. I S. 1234)

Die Reichsregierung hat das folgende Gesetz beschlossen, das hiermit verkündet wird:

Um der mißbräuchlichen Ausnutzung von Vollstreckungstiteln, insbesondere von solchen auf Räumung einer Wohnung, entgegenzutreten, wird folgendes angeordnet:

(1) Auf Antrag des Schuldners kann das Vollstreckungsgericht Maßnahmen der Zwangsvollstreckung — auch wenn ihnen sonstige gesetzliche Vorschriften nicht entgegenstehen — ganz oder teilweise aufheben, untersagen oder zeitweilig aussetzen, wenn sich nach Prüfung aller Umstände des Falles, insbesondere auch eines berechtigten Schutzbedürfnisses des Gläubigers, dessen Vorgehen gegen den Schuldner als eine gesundem Volksempfinden[1] gröblich widersprechende Härte darstellt.

(2) War dem Schuldner die rechtzeitige Anrufung des Vollstreckungsgerichts nicht möglich, so kann der Gerichtsvollzieher die Zwangsvollstreckung bis zur Entscheidung des Vollstreckungsgerichts aufschieben, wenn ihm das Vorliegen der Voraussetzungen des Absatzes 1 glaubhaft gemacht wird.

[1] zum „gesunden Volksempfinden" zu vgl. II 3 der Kontrollratsproklamation Nr. 3 (Verbot der Bestrafung).

(3) Anordnungen der im Abs. 1 bezeichneten Art kann das Gericht ändern oder aufheben, wenn dies nach Lage der Verhältnisse geboten erscheint.

Berlin, den 13. Dezember 1934.

Der Führer und Reichskanzler
Der Reichsminister der Justiz

g) Verordnung über die Wirkungen der Beschlagnahme zur Regelung des Warenverkehrs

vom 4. März 1940 (RGBl. I S. 551)[AV]

Auf Grund der Verordnung über den Warenverkehr in der Fassung vom 18. August 1939 (Reichsgesetzbl. I S. 1430) wird verordnet:

§ 1

(1) Soweit auf Grund der Verordnung über den Warenverkehr Gegenstände zur Regelung des Warenverkehrs beschlagnahmt worden sind oder beschlagnahmt werden, hat die Beschlagnahme die in den §§ 2 bis 4 bestimmte Wirkung.

(2) Vorschriften, welche

a) die Verändung der beschlagnahmten Gegenstände oder die Änderung ihres Aufbewahrungsortes,
b) Rechtsgeschäfte über beschlagnahmte Gegenstände oder die Verfügung im Wege der Zwangsvollstreckung oder der Vollziehung eines Arrestes oder einer einstweiligen Verfügung,
c) die Verwertung beschlagnahmter Gegenstände, die verpfändet, gepfändet, mit Arrest belegt, durch einstweilige Verfügung sichergestellt oder zur Sicherung übereignet sind,

weitergehend beschränken, treten außer Kraft, soweit nicht etwas anderes bestimmt wird.

(3) Unberührt bleiben die Vorschriften über sonstige Wirkungen der Beschlagnahme, insbesondere über Melde-, Buchführungs- oder Obhutspflichten und über die Verpflichtung zur Anbietung, Ablieferung oder Veräußerung der beschlagnahmten Gegenstände.

§ 2

(1) Veränderungen der beschlagnahmten Gegenstände, insbesondere ihr Verbrauch und ihre Bearbeitung oder Verarbeitung, sowie ihre Entfernung aus dem Betriebe sind unzulässig, soweit nicht allgemein oder im Einzelfall etwas anderes bestimmt oder zugelassen ist. Die Bearbeitung beschlagnahmter landwirtschaftlicher Erzeugnisse im Sinn der *Reichsnährstands*gesetzgebung sowie von forstwirtschaftlichen Erzeugnissen unterliegt nicht dieser Beschränkung.

(2) Spediteure, Frachtführer, Verfrachter und sonstige Verwahrer, die beschlagnahmte Gegenstände für andere in Besitz haben, dürfen diese Gegenstände weiterbefördern und an die nach den allgemeinen Vorschriften zur Empfangnahme Berechtigten ausliefern, soweit nicht im Einzelfall die zuständige Stelle eine andere Weisung erteilt.

§ 3

(1) Die Veräußerung beschlagnahmter Gegenstände ist nur dann wirksam, wenn die bewirtschaftende Stelle oder die von ihr beauftragte Stelle sie durch allgemeine Anordnung zuläßt oder im Einzelfall genehmigt. Das gleiche gilt für ein Rechtsgeschäft, durch das eine Verpflichtung zur Veräußerung begründet wird; mit dem Verpflichtungsgeschäft wird auch dessen Erfüllung genehmigt.

(2) Die Genehmigung kann nachträglich und unter Bedingungen oder Auflagen erteilt werden.

(3) Abs. 1 gilt nicht

a) bei einer Veräußerung des gesamten Betriebes,

b) bei einer Sicherungsübereignung, wenn die übereigneten Gegenstände nicht aus dem Betriebe entfernt werden.

§ 4

(1) Die Beschlagnahme steht einer Pfändung oder Verpfändung der beschlagnahmten Gegenstände nicht entgegen. Ihre Verwertung als Pfand ist nur entsprechend den Anordnungen oder Weisungen der bewirtschaftenden Stelle oder der von ihr beauftragten Stelle zulässig. Erlischt das Pfandrecht infolge einer den Anordnungen oder Weisungen dieser Stellen entsprechenden Maßnahme, so tritt der Anspruch auf den Erlös oder der Erlös an die Stelle des Pfandes. Der Verfügungsberechtigte hat dem Pfandgläubiger die getroffene Maßnahme unverzüglich mitzuteilen.

(2) Dies gilt sinngemäß für beschlagnahmte Gegenstände, die zur Sicherung übereignet sind.

(3) Der Pfändung steht die Vollziehung eines Arrestes oder einer einstweiligen Verfügung gleich.

§ 5

Die Verordnung über Pfändung und Verpfändung bewirtschafteter landwirtschaftlicher Erzeugnisse vom 25. September 1939 (Reichsgesetzbl. I S. 1943) tritt außer Kraft.

Berlin, den 4. März 1940.

Der Reichswirtschaftsminister

Der Reichsminister für Ernährung und Landwirtschaft

Der Reichsforstmeister

h) Gesetz über die Unzulässigkeit der Sicherungsbeschlagnahme von Luftfahrzeugen

vom 17. März 1935 (RGBl. I S. 385).

Die Reichsregierung hat zur Durchführung des zweiten Abkommens zur Vereinheitlichung des Luftprivatrechts vom 29. Mai 1933 (Reichsgesetzbl. 1935 II S. 301) und zur Erweiterung des Geltungsbereichs seiner Bestimmungen das folgende Gesetz beschlossen, das hiermit verkündet wird:

§ 1

Zur Vollziehung eines Arrestes dürfen nicht gepfändet werden:

1. Luftfahrzeuge, die ausschließlich staatlichen oder postalischen Zwecken dienen,
2. Luftfahrzeuge, die auf einer Fluglinie des öffentlichen Verkehrs eingesetzt sind, sowie die für den Liniendienst unentbehrlichen Ersatzluftfahrzeuge.
3. andere Luftfahrzeuge, die zur Beförderung von Personen oder Gütern gegen Entgelt verwendet werden und zum Abflug für eine solche Beförderung fertig sind.

§ 2

(1) Das Verbot des § 1 steht der Pfändung eines Luftfahrzeugs der im § 1 Nr. 3 bezeichneten Art nicht entgegen, wenn der Arrestanspruch während der Reise, auf der sich das Luftfahrzeug befindet, entstanden ist oder die Schuld für die bevorstehende Reise eingegangen ist. Das Vorliegen dieser Voraussetzungen ist vom Antragsteller glaubhaft zu machen.

(2) Die Pfändung darf jedoch nur erfolgen, wenn sie im Arrestbefehl oder in einem ergänzenden Beschluß des Arrestgerichts für zulässig erklärt ist.

§ 3

(1) Durch Hinterlegung einer den Betrag der Schuld und der Kosten deckenden Summe wird die Vollziehung des Arrestes in Luftfahrzeuge gehemmt und der Schuldner zu dem Antrag auf sofortige Aufhebung des in ein Luftfahrzeug vollzogenen Arrestes berechtigt.

(2) Ist der Wert des Luftfahrzeugs niedriger als dieser Betrag, so genügt die Hinterlegung eines dem Werte des Luftfahrzeugs entsprechenden Betrags.

(3) Im übrigen bewendet es bei der Vorschrift des § 923 der Zivilprozeßordnung.

§ 4

(1) Die Vorschriften der §§ 1 bis 3 gelten sinngemäß für einstweilige Verfügungen, durch die der Abflug eines Luftfahrzeugs gehindert wird.

(2) Ist dem Eigentümer eines Luftfahrzeugs der Besitz an seinem Luftfahrzeug durch eine unerlaubte Handlung entzogen worden, so werden der Erlaß und die Vollziehung einer von ihm beantragten, den Abflug des Luftfahrzeugs hindernden einstweiligen Verfügung durch dieses Gesetz nicht beschränkt.

§ 5

Die in diesem Gesetz bestimmten Vergünstigungen genießen ausländische Luftfahrzeuge nur insoweit, als nach einer jeweils im Reichsgesetzblatt zu veröffentlichenden Bekanntmachung des Reichsministers der Justiz die Gegenseitigkeit verbürgt ist.

§ 6

Der Reichsminister der Justiz bestimmt den Zeitpunkt, mit dem dieses Gesetz in Kraft tritt.[1]

Berlin, den 17. März 1935.

Der Führer und Reichskanzler
Der Reichsminister der Justiz
Der Reichsminister der Luftfahrt

i) Zweites Gesetz über den landwirtschaftlichen Vollstreckungsschutz

vom 27. Dezember 1933 (RGBl. I S. 1115)

Die Reichsregierung hat das folgende Gesetz beschlossen, das hiermit verkündet wird:

Artikel 1

Vom 1. Januar 1934 an gelten für landwirtschaftliche, forstwirtschaftliche und gärtnerische Grundstücke und Betriebe die Vorschriften der Verordnung über Maßnahmen auf dem Gebiete der Zwangsvollstreckung vom 26. Mai 1933 (Reichsgesetzbl. I S. 302)[2] nach Maßgabe der folgenden Bestimmungen.

Den landwirtschaftlichen Grundstücken stehen Landarbeitereigenheime sowie Grundstücke gleich, die einem landwirtschaftlichen, forstwirtschaftlichen oder gärtnerischen Nebenbetrieb oder der Fischerei dienen. Den landwirtschaftlichen Betrieben stehen Fischereibetriebe gleich.

---

[1] 12. 1. 37 laut VO. vom 8. 1. 37 (RGBl. I S. 7).
[2] abgedruckt unter XII Ab.

§ 3

Die Zwangsvollstreckung in bewegliches Vermögen wegen eines Anspruchs, der durch eine auf einem Grundstück lastende Hypothek oder Grundschuld gesichert ist, unterliegt den im § 19a der Verordnung vom 26. Mai 1933 bestimmten Beschränkungen auch dann, wenn die Nichterfüllung der Verbindlichkeit auf außergewöhnlichen Verlusten durch Unwetter, Viehseuchen oder ähnliche Ereignisse beruht.

§ 4

Die Vorschriften der §§ 5 bis 7, 18 bis 19a der Verordnung vom 26. Mai 1933 finden keine Anwendung,

1. wenn aus einem der im § 3 Abs. 1 Nr. 1, 3 bis 6 des Gesetzes zur Regelung der landwirtschaftlichen Schuldverhältnisse vom 1. Juni 1933 (Reichsgesetzbl. I S. 331) bezeichneten Gründe die Eröffnung des Entschuldungsverfahrens rechtskräftig abgelehnt oder das Verfahren nach Artikel 2 Abs. 2 der Zweiten Verordnung zur Durchführung der landwirtschaftlichen Schuldenregelung vom 5. Juli 1933 (Reichsgesetzbl. I S. 450) rechtskräftig aufgehoben ist;
2. wenn ein Entschuldungsverfahren nach §§ 21, 44, 45 des Schuldenregelungsgesetzes rechtskräftig aufgehoben oder eingestellt ist;
3. wenn der Betrieb des Schuldners ohne Durchführung eines Entschuldungs- oder Zwangsvergleichsverfahrens nach § 81 des Schuldenregelungsgesetzes zum Entschuldungsbetrieb erklärt ist;
4. wenn nach Maßgabe der Osthilfegesetzgebung ein Entschuldungsantrag abgelehnt oder das Entschuldungsverfahren durchgeführt oder

wegen Entschuldungsunfähigkeit oder Entschuldungsunwürdigkeit aufgehoben ist.

§ 5

Solange ein Verfahren nach der Gesetzgebung über die landwirtschaftliche Schuldenregelung oder nach der Osthilfegesetzgebung anhängig ist oder ein Antrag auf Eröffnung eines solchen Verfahrens schwebt, bestimmt sich der Vollstreckungsschutz nach den für diese Verfahren geltenden besonderen Vorschriften.

§ 6

Bei Erbhöfen bestimmt sich der Vollstreckungsschutz nach den Vorschriften der §§ 38, 39; 59 des Reichserbhofgesetzes vom 29. September 1933 (Reichsgesetzbl. I S. 685) und seiner Durchführungsverordnungen.

Berlin, den 27. Dezember 1933.

Der Reichskanzler

Der Reichsminister der Justiz

Der Reichsminister für Ernährung und Landwirtschaft

B.

a) Verordnung zur einheitlichen Regelung des Pfändungsschutzes für Arbeitseinkommen (LohnpfändungsV. 1940)

vom 30. Oktober 1940 (RGBl. I S. 1451).

Auf Grund des § 25 der Verordnung über Maßnahmen auf dem Gebiete der Zwangsvollstreckung vom 26. Mai 1933 (Reichsgestzbl. I S. 302) .... wird für das Gebiet des Großdeutschen Reichs folgendes verordnet:

§ 1
Arbeitseinkommen

(1) Arbeitseinkommen, das in Geld zahlbar ist, kann nur nach Maßgabe dieser Verordnung gepfändet werden.

(2) Arbeitseinkommen im Sinne dieser Verordnung sind die Dienst- und Versorgungsbezüge der Beamten *und Wehrmachtangehörigen*, Arbeits- und Dienstlöhne, Ruhegelder und ähnliche nach dem einstweiligen oder dauernden Ausscheiden aus dem Dienst- oder Arbeitsverhältnis gewährte fortlaufende Einkünfte, ferner Hinterbliebenenbezüge sowie sonstige Vergütungen für Dienstleistungen aller Art, die die Erwerbstätigkeit des Schuldners vollständig oder zu einem wesentlichen Teil in Anspruch nehmen.

(3) Die Pfändung des in Geld zahlbaren Arbeitseinkommens erfaßt alle Vergütungen, die dem Schuldner aus der Arbeits- oder Dienstleistung zustehen, ohne Rücksicht auf ihre Benennung oder Berechnungsart.

§ 2
Dem Arbeitseinkommen gleichgestellte Bezüge

Die in dieser Verordnung für das Arbeitseinkommen erlassenen Vorschriften gelten auch für die folgenden Bezüge, soweit sie in Geld zahlbar sind:

1. Bezüge, die ein Gefolgschaftsmitglied zum Ausgleich für Wettbewerbsbeschränkungen für die Zeit nach Beendigung seines Dienstverhältnisses beanspruchen kann;
2. Renten, die auf Grund von Versicherungsverträgen gewährt werden, wenn diese Verträge zur Versorgung des Versicherungsnehmers oder

seiner unterhaltsberechtigten Angehörigen eingegangen sind.

§ 3

Unpfändbare Bezüge

Unpfändbar sind:

1. zur Hälfte die für die Leistung von Mehrarbeitsstunden gezahlten Teile des Arbeitseinkommens;
2. die für die Dauer eines Urlaubs über das Arbeitseinkommen hinaus gewährten Bezüge, Zuwendungen aus Anlaß eines besonderen Betriebsereignisses und Treugelder, soweit sie den Rahmen des Üblichen nicht übersteigen;
3. Aufwandsentschädigungen, Auslösungsgelder und sonstige soziale Zulagen für auswärtige Beschäftigung, das Entgelt für selbstgestelltes Arbeitsmaterial, Gefahrenzulagen und ähnliche, vom *Reichsminister der Justiz* zu bezeichnende Bezüge, soweit sie durch Gesetz oder Tarif-, Betriebs- oder Dienstordnung festgesetzt sind oder den Rahmen des Üblichen nicht übersteigen;
4. Weihnachtsvergütungen bis zum Betrage der Hälfte des monatlichen Arbeitseinkommens, höchstens aber bis zum Betrage von 150 Reichsmark[1];
5. Heirats- und Geburtsbeihilfen, sofern die Vollstreckung wegen anderer als der aus Anlaß der Heirat oder der Geburt entstandenen Ansprüche betrieben wird;
6. *bei besonderem Einsatz der Wehrmacht die folgenden auf Grund des Einsatz-Wehrmachtgebührnisgesetzes — EWGG — vom 28. August 1939*

[1] jetzt „DM" (§ 2 des Ges. Nr. 61 der brit. MilReg.).

(Reichsgesetzbl. I S. 1531) und seiner Durchführungsbestimmungen an Angehörige der Wehrmacht gewährten Bezüge: Wehrsold, sämtliche Zulagen einschließlich Front- und Fliegerzulagen, freie Unterkunft, Verpflegung und Bekleidung, Bekleidungsentschädigung sowie Einkleidungs- und Ausrüstungsbeihilfen, ferner auch die den Gefolgschaftsmitgliedern der Wehrmacht bei besonderem Einsatz neben dem Arbeitseinkommen etwa gewährten besonderen Bezüge;

7. Verstümmelungs- und Verwundetenzulagen und ähnliche Bezüge sowie die auf gesetzlicher Vorschrift beruhenden Ehrensolde;
8. Erziehungsgelder, Studienbeihilfen und ähnliche Bezüge;
9. Sterbe- und Gnadenbezüge.

§ 4

Bedingt pfändbare Bezüge

(1) Unpfändbar sind ferner:

1. Renten, die wegen einer Verletzung des Körpers oder der Gesundheit zu entrichten sind;
2. Unterhaltsrenten, die auf gesetzlicher Vorschrift beruhen, sowie die wegen Entziehung einer solchen Forderung zu entrichtenden Renten;
3. fortlaufende Einkünfte, die ein Schuldner aus Stiftungen oder sonst auf Grund der Fürsorge und Freigebigkeit eines Dritten oder auf Grund eines Altenteils oder Auszugsvertrags bezieht;
4. fortlaufende Bezüge aus Witwen-, Waisen-, Sterbe-, Hilfs- und Krankenkassen, die ausschließlich oder zu einem wesentlichen Teil zu Unterstützungszwecken gewährt werden.

(2) Diese Bezüge können nach den für Arbeitseinkommen geltenden Vorschriften gepfändet werden, wenn die Vollstreckung in das sonstige bewegliche Vermögen des Schuldners zu einer vollständigen Befriedigung des Gläubigers nicht geführt hat oder voraussichtlich nicht führen wird und wenn nach den Umständen des Falles, insbesondere nach der Art des beizutreibenden Anspruchs und der Höhe der Bezüge, die Pfändung der Billigkeit entspricht.

(3) Das Vollstreckungsgericht soll vor seiner Entscheidung die Beteiligten hören. Die Entscheidung unterliegt der sofortigen Beschwerde (........).

§ 5

Pfändungsschutz und Arbeitseinkommen

(1) Arbeitseinkommen unterliegt nicht der Pfändung

bei Auszahlung für Monate oder Bruchteile von Monaten in Höhe von	130 Reichsmark[1] monatlich,
bei Auszahlung für Wochen in Höhe von	30 Reichsmark[1] wöchentlich,
bei Auszahlung für Tage in Höhe von	5 Reichsmark[1] täglich

und, soweit es diese Beträge übersteigt, zu drei Zehntel des Mehrbetrags.

(2) Gewährt der Schuldner seinem Ehegatten, einem früheren Ehegatten, einem Verwandten oder einem unehelichen Kind Unterhalt, so erhöht sich der unpfändbare Teil des Mehrbetrags für jede Person, der Unterhalt gewährt wird, um ein weiteres Zehntel, mindestens um 15 Reichsmark[1] monatlich (3,60 Reichsmark[1] wöchentlich, 0,60 Reichsmark[1]

täglich), höchstens um 50 Reichsmark[1] monatlich (12 Reichsmark[1] wöchentlich, 2 Reichsmark[1] täglich). Der hiernach unpfändbare Teil des Mehrbetrags darf jedoch neun Zehntel des Mehrbetrags bis zu 100 Reichsmark[1] und acht Zehntel des weiteren Mehrbetrags nicht übersteigen.

§ 6
Unterhaltsansprüche [AV]

(1) Wegen der Unterhaltsansprüche, die Verwandten, Ehegatten, früheren Ehegatten oder unehelichen Kindern kraft Gesetzes zustehen, sind das Arbeitseinkommen und die im § 3 Nrn. 1, 2 und 4 genannten Bezüge ohne die im § 5 bezeichneten Beschränkungen pfändbar. Dem Schuldner ist jedoch so viel zu belassen, als er für seinen notwendigen Unterhalt und zur Erfüllung seiner laufenden gesetzlichen Unterhaltspflichten gegenüber den dem Gläubiger vorgehenden Berechtigten oder zur gleichmäßigen Befriedigung der dem Gläubiger gleichstehenden Berechtigten bedarf; von den im § 3 Nrn. 1, 2 und 4 genannten Bezügen hat ihm mindestens die Hälfte des nach § 3 unpfändbaren Betrages zu verbleiben. Der dem Schuldner hiernach verbleibende Teil seines Arbeitseinkommens darf den Betrag nicht übersteigen, der ihm nach den Vorschriften des § 5 gegenüber nicht bevorrechtigten Gläubigern zu verbleiben hätte. Für die Pfändung wegen der Rückstände, die länger als ein Jahr vor dem Antrag auf Erlaß des Pfändungsbeschlusses fällig geworden sind, gelten die Vorschriften diese Absatzes insoweit nicht, als nach Lage der Verhältnisse nicht anzunehmen ist, daß der Schuldner sich seiner Zahlungspflicht absichtlich entzogen hat.

(2) Mehrere nach Abs. 1 Berechtigte sind mit ihren Ansprüchen in folgender Reihenfolge zu be-

rücksichtigen, wobei mehrere gleich nahe Berechtigte untereinander gleichen Rang haben:

a) die minderjährigen unverheirateten Kinder, der Ehegatte und frühere Ehegatte. Das Verhältnis der minderjährigen unverheirateten Kinder und des Ehegatten zu einem früheren Ehegatten bestimmt das Vollstreckungsgericht nach billigem Ermessen;
b) die übrigen ehelichen Abkömmlinge, wobei diejenigen, die im Fall der gesetzlichen Erbfolge als Erben berufen sein würden, den übrigen vorgehen, sowie die unehelichen Kinder;
c) die Verwandten aufsteigender Linie, wobei die näheren Grade den entfernteren vorgehen.

(3) Bei der Vollstreckung wegen der im Abs. 1 bezeichneten Ansprüche sowie wegen der aus Anlaß einer Verletzung des Körpers oder der Gesundheit zu zahlenden Renten kann zugleich mit der Pfändung wegen fälliger Ansprüche auch künftig fällig werdendes Arbeitseinkommen wegen der dann jeweils fällig werdenden Ansprüche gepfändet und überwiesen werden.

§ 7
Berechnung des pfändbaren Arbeitseinkommens

Für die Berechnung des pfändbaren Arbeitseinkommens gilt folgendes:

1. Nicht mitzurechnen sind die nach § 3 der Pfändung entzogenen Bezüge, ferner Beträge, die unmittelbar auf Grund steuerrechtlicher oder sozialrechtlicher Vorschriften zur Erfüllung gesetzlicher Verpflichtungen des Schuldners abzuführen sind. Diesen Beträgen können durch Bestimmung des *Reichsministers der Justiz* Beträge gleichgestellt werden, die der Schuld-

ner zur Erfüllung ähnlicher Verpflichtungen laufend aufzubringen hat.

2. Mehrere Arbeitseinkommen sind vom Vollstreckungsgericht bei der Pfändung zusammenzurechnen. Der unpfändbare Grundbetrag ist in erster Linie dem Arbeitseinkommen zu entnehmen, das die wesentliche Grundlage der Lebenshaltung des Schuldners bildet.

3. Erhält der Schuldner neben seinem in Geld zahlbaren Einkommen auch Naturalleistungen, so sind Geld- und Naturalleistungen zusammenzurechnen. In diesem Fall ist der in Geld zahlbare Betrag insoweit pfändbar, als der nach § 5 unpfändbare Teil des Gesamteinkommens durch den Wert der dem Schuldner verbleibenden Naturalleistungen gedeckt ist.

4. Das der Pfändung unterliegende Arbeitseinkommen des Schuldners ist für die Berechnung des pfändbaren Teils bei Auszahlung für Monate auf einen durch 2 Reichsmark[1], bei Auszahlung für Wochen auf einen durch 0,50 Reichsmark[1] und bei Auszahlung für Tage auf einen durch 0,10 Reichsmark[1] teilbaren Betrag nach unten abzurunden.

5. Trifft eine Pfändung, eine Abtretung oder eine sonstige Verfügung wegen eines der im § 6 bezeichneten Ansprüche mit einer Pfändung wegen eines sonstigen Anspruchs zusammen, so sind auf die Unterhaltsansprüche zunächst die gemäß § 6 der Pfändung in erweitertem Umfang unterliegenden Teile des Arbeitseinkommens zu verrechnen. Die Verrechnung nimmt auf Antrag eines Beteiligten das Vollstreckungsgericht vor. Der Drittschuldner kann, solange ihm eine Entscheidung des Vollstreckungsgerichts nicht zugestellt ist, nach dem Inhalt

der ihm bekannten Pfändungsbeschlüsse, Abtretungen und sonstigen Verfügungen mit befreiender Wirkung leisten.

§ 8
Pfändungsschutz in Ausnahmefällen

Das Vollstreckungsgericht kann dem Schuldner auf Antrag von dem nach den Bestimmungen der §§ 5 und 6 pfändbaren Teil seines Arbeitseinkommens ausnahmsweise einen Teil belassen, wenn dies mit Rücksicht

a) auf besondere Bedürfnisse des Schuldners aus persönlichen oder beruflichen Gründen oder
b) auf besonders umfangreiche gesetzliche Unterhaltspflichten des Schuldners

geboten ist und überwiegende Belange des Gläubigers nicht entgegenstehen.

§ 9
Änderung der Unpfändbarkeitsvoraussetzungen

Ändern sich die Voraussetzungen für die Bemessung des unpfändbaren Teils des Arbeitseinkommens, so hat das Vollstreckungsgericht auf Antrag des Schuldners oder des Gläubigers den Pfändungsbeschluß entsprechend zu ändern. Antragsberechtigt ist auch ein Dritter, dem der Schuldner kraft Gesetzes Unterhalt zu gewähren hat. Der Drittschuldner kann nach dem Inhalt des früheren Pfändungsbeschlusses mit befreiender Wirkung leisten, bis ihm der Änderungsbeschluß zugestellt wird.

§ 10
Mittelbares Arbeitseinkommen

(1) Hat sich der Empfänger der vom Schuldner geleisteten Arbeiten oder Dienste verpflichtet

Leistungen an einen Dritten zu bewirken, die nach Lage der Verhältnisse ganz oder teilweise eine Vergütung für die Leistung des Schuldners darstellen, so kann der Anspruch des Drittberechtigten insoweit auf Grund des Schuldtitels gegen den Schuldner gepfändet werden, wie wenn der Anspruch dem Schuldner zustände. Die Pfändung des Vergütungsanspruchs des Schuldners umfaßt ohne weiteres den Anspruch des Drittberechtigten. Der Pfändungsbeschluß ist dem Drittberechtigten ebenso wie dem Schuldner zuzustellen.

(2) Leistet der Schuldner einem Dritten in einem ständigen Verhältnis Arbeiten oder Dienste, die nach Art und Umfang üblicherweise vergütet werden, unentgeltlich oder gegen eine unverhältnismäßig geringe Vergütung, so gilt im Verhältnis des Gläubigers zu dem Empfänger der Arbeits- und Dienstleistungen eine angemessene Vergütung als geschuldet. Bei der Prüfung, ob diese Voraussetzungen vorliegen, sowie bei der Bemessung der Vergütung ist auf alle Umstände des Einzelfalls, insbesondere die Art der Arbeits- und Dienstleistung, die verwandtschaftlichen oder sonstigen Beziehungen zwischen dem Dienstberechtigten und dem Dienstverpflichteten und die wirtschaftliche Leistungsfähigkeit des Dienstberechtigten, Rücksicht zu nehmen.

§ 11

Sonderfälle

(1) Ist eine nicht wiederkehrend zahlbare Vergütung für persönlich geleistete Arbeiten oder Dienste gepfändet, so hat das Gericht dem Schuldner auf Antrag so viel zu belassen, als er während eines angemessenen Zeitraums für seinen notwendigen Unterhalt und den seines Ehegatten, seines

früheren Ehegatten, seiner unterhaltsberechtigten Verwandten oder eines unehelichen Kindes bedarf. Bei der Entscheidung sind die wirtschaftlichen Verhältnisse des Schuldners, insbesondere seine sonstigen Verdienstmöglichkeiten, frei zu würdigen. Dem Schuldner ist nicht mehr zu belassen, als ihm nach freier Schätzung des Gerichts verbleiben würde, wenn sein Arbeitseinkommen aus laufendem Arbeits- oder Dienstlohn bestände. Der Antrag des Schuldners ist insoweit abzulehnen, als überwiegende Belange des Gläubigers entgegenstehen.

(2) Die Vorschriften des Abs. 1 gelten entsprechend für Vergütungen, die für die Gewährung von Wohngelegenheit oder eine sonstige Sachbenutzung geschuldet werden, wenn die Vergütung zu einem nicht unwesentlichen Teil als Entgelt für neben der Sachbenutzung gewährte Dienstleistungen anzusehen ist.

(3) Die Vorschriften des § 33 des Gesetzes über die Heimarbeit in der Fassung vom 30. Oktober 1939 (Reichsgesetzbl. I S. 2146) bleiben unberührt.

(4) Die Bestimmungen der Versicherungs-, Versorgungs- und sonstigen gesetzlichen Vorschriften über die Pfändung von Ansprüchen bestimmter Art bleiben unberührt.

§ 12
Überleitung bestehender Rechte

(1) Eine vor dem Inkrafttreten dieser Verordnung ausgebrachte Pfändung, die nach den Pfändungsgrenzen des bisher geltenden Rechts bemessen worden ist, beschränkt oder erweitert sich hinsichtlich der nach dem 30. November 1940 zu bewirkenden Leistungen auf die nach den neuen Vorschriften zulässige Höhe. Auf Antrag des Gläubigers oder des Schuldners hat das Vollstreckungsgericht oder die

sonstige Vollstreckungsbehörde, die die Pfändung bewirkt hat, den Pfändungsbeschluß entsprechend zu berichtigen. Der Drittschuldner kann nach dem Inhalt des früheren Pfändungsbeschlusses mit befreiender Wirkung leisten, bis ihm der Berichtigungsbeschluß zugestellt wird.

(2) Bei Beurteilung der Wirksamkeit rechtsgeschäftlicher Verfügungen, insbesondere Abtretungen des Arbeitseinkommens, die vor Inkrafttreten dieser Verordnung erfolgt sind, sind die Vorschriften dieser Verordnung nur zugunsten des Schuldners anzuwenden. Der Drittschuldner kann jedoch auch in diesem Fall an den durch die Verfügung des Schuldners Berechtigten nach Maßgabe der bisherigen Vorschriften solange mit befreiender Wirkung leisten, bis ihm eine entgegenstehende vollstreckbare gerichtliche Entscheidung zugestellt wird oder eine Verzichterklärung des durch die Verfügung Berechtigten zugeht.

§ 13
Anpassungsvorschriften

(1) § 850 der Reichs-Zivilprozeßordnung, § 369 der Reichsabgabenordnung .... erhalten folgenden Wortlaut:

....

(2) ....

(3) Die §§ 850a bis 850h der Reichs-Zivilprozeßordnung, die Verordnung zur Ergänzung der Vorschriften über die Pfändung der Arbeitsvergütung vom 7. April 1938 (Reichsgesetzbl. I S. 378), ... nebst den hierzu erlassenen ergänzenden Bestimmungen werden aufgehoben.

(4) ....

(5) Soweit in Reichs- oder Landesgesetzen auf Vorschriften verwiesen ist, die durch diese Verord-

nung geändert werden, treten an ihre Stelle die entsprechenden Bestimmungen dieser Verordnung.

§ 14

. . . .

§ 15

Durchführungsbestimmungen

(1) Der Reichsminister der Justiz erläßt die zur Durchführung und Ergänzung dieser Verordnung erforderlichen Vorschriften.

(2) . . . .

§ 16

Inkrafttreten

Diese Verordnung tritt am 1. Dezember 1940 in Kraft.

Berlin, den 30. Oktober 1940.

Der Reichsminister der Justiz
Der Reichsminister des Innern

b) Bekanntmachung zu § 7 Nr. 1 der Lohnpfändungsverordnung 1940

vom 2. Mai 1941 (RGBl. I S. 238).

Auf Grund des § 7 Nr. 1 Satz 2 in Verbindung mit § 15 Abs. 1 der Verordnung zur einheitlichen Regelung des Pfändungsschutzes für Arbeitseinkommen (LohnpfändungV. 1940) vom 30. Oktober 1940 (Reichsgesetzbl. I S. 1451) bestimme ich folgendes:

1. Bei der Berechnung des pfändbaren Arbeitseinkommens sind gemäß § 7 Nr. 1 Satz 2 LohnpfändungsV. 1940 abzuziehen die auf den Auszahlungszeitraum entfallenden

a) Beiträge, die der Schuldner .... als Gefolgschaftsmitglied eines land- oder forstwirtschaftlichen Betriebes zum *Reichsnährstand* erbringt;

b) Beiträge, die der Schuldner an eine Ersatzkasse oder an ein Unternehmen der privaten Krankenversicherung leistet, soweit sie den Rahmen des Üblichen nicht übersteigen.

2. Der Drittschuldner darf diese Beiträge schon dann berücksichtigen, wenn ihm die Verpflichtung zu ihrer Entrichtung glaubhaft gemacht worden ist.

3. Diese Bestimmung findet im gesamten Geltungsbereich der LohnpfändungsV. 1940 Anwendung auf die nach dem 31. Mai 1941 fällig werdenden Arbeitseinkommen.

Berlin, den 2. Mai 1941.

Der Reichsminister der Justiz

C.

Verordnung über die Vollstreckung landesrechtlicher Schuldtitel

vom 15. April 1937 (RGBl. I S. 466).

Auf Grund des Artikels 5 des Ersten Gesetzes zur Überleitung der Rechtspflege auf das Reich vom 16. Februar 1934 (Reichsgesetzbl. I S. 91) wird folgendes verordnet:

Aus Schuldtiteln, die nach Landesrecht im Gebiet eines deutschen Landes nach den Vorschriften der Zivilprozeßordnung vollstreckbar sind, kann auch im übrigen Reichsgebiet vollstreckt werden.

Berlin, den 15. April 1937.

Der Reichsminister der Justiz

XIII.
Aufgebotswesen

Verordnung zur Vereinfachung der Bekanntmachungen über Wertpapiere

vom 22. Januar 1944 (RGBl. I S. 42)

ist in der brit. und amerik. Zone bis auf den (hier nicht einschlägigen) § 6 ersetzt durch das Gesetz betr. Bekanntmachung über Wertpapiere und in Handelssachen vom 22. 6. 48 (GuVBl. WiR. S. 53) — abgedr. unter XV H —.

XIV.
Rechtsetzung durch die Besatzungsmacht

A.

Gesetz Nr. 1 der Militärregierung
Aufhebung des Nationalsozialistischen Rechts

(MRABl. Nr. 3, RecTL S. 2).

Um die Grundsätze und Lehren der Nationalsozialistischen Deutschen Arbeiterpartei aus dem deutschen Recht und der Verwaltung innerhalb des besetzten Gebiets auszurotten, um für das deutsche Volk Recht und Gerechtigkeit wiederherzustellen und den Grundsatz der Gleichheit vor dem Gesetz wiedereinzuführen, wird folgendes bestimmt:

Art. I.

1. Die folgenden nationalsozialistischen Grundgesetze, die seit dem 30. Januar 1933 eingeführt wurden, sowie sämtliche Ergänzungs- und Ausführungsgesetze, Erlasse und Bestimmungen verlieren hiermit ihre Wirksamkeit innerhalb des besetzten Gebiets:

a) .... bis c) ....

2. Weitere nationalsozialistische Gesetze sind durch die Militärregierung zu dem in der Einleitung genannten Zweck außer Kraft gesetzt worden und werden außer Kraft gesetzt werden.

Art. II

Allgemeine Bestimmung über Nichtanwendung von Rechtssätzen

3. Kein deutscher Rechtssatz, gleichgültig wie und wann erlassen oder verkündet, darf durch die

Gerichte oder die Verwaltung innerhalb des besetzten Gebietes in irgendeinem Falle angewandt werden, wenn diese Anwendung Ungerechtigkeit oder Ungleichheit dadurch verursachen würde, daß entweder a) jemand wegen seiner Beziehung zur Nationalsozialistischen Deutschen Arbeiterpartei, zu deren Gliederungen, angeschlossenen Verbänden oder betreuten Organisationen begünstigt wird, oder b) jemand wegen seiner Rasse, Staatsangehörigkeit, seines Glaubensbekenntnisses oder seiner Gegnerschaft zur Nationalsozialistischen Deutschen Arbeiterpartei und deren Lehren benachteiligt wird.

Art. III
Allgemeine Auslegungsvorschriften

4. Die Auslegung oder Anwendung deutschen Rechts nach nationalsozialistischen Lehren, gleichgültig, wie und wann dieselben kundgemacht wurden, ist verboten.

5. Als Quelle für die Auslegung oder Anwendung deutschen Rechts dürfen Entscheidungen deutscher Gerichte, Amtsstellen und Beamten und juristische Schriften, die nationalsozialistische Ziele oder Lehren vertreten, erklären oder anwenden, nicht mehr zitiert oder befolgt werden.

6. Deutsches Recht, das nach dem 30. Januar 1933 in Kraft trat und in Kraft bleiben darf, ist entsprechend dem klaren Sinne des Wortlauts auszulegen und anzuwenden. Gesetzeszwecke und Deutungen, die in Vorsprüchen oder anderen Erklärungen enthalten sind, bleiben bei der Auslegung außer Betracht.

Art. IV
Beschränkung von Strafen

7. . . . . . bis 10. . . . . .

Art. V
Strafen

11. . . . . .

Art. VI
Inkrafttreten

12. Dieses Gesetz tritt am Tage seiner ersten Verkündung in Kraft.

Im Auftrage der Militärregierung

B.

Militärregierung — Deutschland. Kontrollgebiet des Obersten Befehlshabers

Gesetz Nr. 2. Deutsche Gerichte

(MRABl. Nr. 3, RecTL S. 3)

Es wird hierdurch bestimmt:

Art. I
Vorübergehende Schließung von ordentlichen und Verwaltungsgerichten

1. . . . .

2. Das Reichsgericht und das Reichsverwaltungsgericht haben im besetzten Gebiet bis auf weiteres keine Amtsgewalt über Gerichte noch sonst irgendeine Befugnis.

3. . . . .

Art. II
Abschaffung von Sonder- und Parteigerichten

4. Die Gerichtsbarkeit und Amtsgewalt der folgenden Gerichte im besetzten Gebiet wird hiermit abgeschafft:

a) des Volksgerichtshofs,
b) der Sondergerichte,

c) aller Gerichte der Nationalsozialistischen Deutschen Arbeiterpartei, ihrer Organisationen, Gliederungen und angeschlossenen Verbände.

Art. III

Ermächtigung zur Wiedereröffnung von ordentlichen Zivil- und Strafgerichten

5. . . . .

6. . . . .

Art. IV

Wiedereröffnung von Verwaltungs- und anderen vorübergehend geschlossenen Gerichten

7. . . . .

Art. V

Auswahl der Richter, Staatsanwälte, Notare und Rechtsanwälte

8. Niemand darf seine Befugnisse als Richter, Staatsanwalt, Notar oder Rechtsanwalt ausüben, bevor er den folgenden Eid geleistet hat:

Eid

„Ich schwöre bei Gott dem Allmächtigen, daß ich die Gesetze jederzeit zu niemandes Vorteil und zu niemandes Nachteil, mit Gerechtigkeit und Billigkeit gegenüber jedermann, ohne Rücksicht auf Religion, Rasse, Abstammung oder politische Überzeugung anwenden und handhaben werde; daß ich die deutschen Gesetze und alle Rechtssätze der Militärregierung sowohl ihrem Wortlaut als auch ihrem Sinne nach beachten werde und daß ich stets mein Bestes tun werde, die Gleichheit aller vor dem Gesetz zu wahren „so wahr mir Gott helfe!“

Wer diesen Eid leistet, ist nicht mehr an Verpflichtungen früher von ihm geleisteter Amts- oder Treueide gebunden.

9. Niemand darf ohne Genehmigung der Militärregierung als Richter, Staatsanwalt, Notar oder Rechtsanwalt tätig werden.

Art. VI
Beschränkung der Zuständigkeit[1]

10. Innerhalb des besetzten Gebietes darf kein deutsches Gericht ohne ausdrückliche Ermächtigung der Militärregierung in den folgenden Sachen Gerichtsbarkeit beanspruchen oder ausüben:

a) Sachen betreffend die Kriegsmarine, das Heer oder die Luftstreitkräfte einer der Vereinigten Nationen oder Einzelpersonen, die in ihnen dienen oder sie begleiten;

b) Sachen gegen eine der Vereinigten Nationen oder gegen einen ihrer Staatsangehörigen;

c) Sachen, die auf von der Militärregierung zeitweilig oder dauernd aufgehobenen deutschen Gesetzen beruhen;

d) Sachen betreffend Zuwiderhandlungen gegen Anordnungen der Alliierten Streitkräfte oder gegen Rechtssätze der Militärregierung oder Sachen, welche die Auslegung oder Gültigkeit solcher Anordnungen oder Rechtssätze zum Gegenstand haben;

e) Sachen, in denen sich ein Gericht der Militärregierung für zuständig erklärt hat;

f) Sachen oder Gruppen von Sachen, für welche die Militärregierung ihre Gerichte als ausschließlich zuständig erklärt hat;

---

[1] Neufassung für das brit. Kontrollgebiet durch Verordnung Nr. 29, abgedr. unter XIV G.

g) Sachen betreffend Geldansprüche gegen die deutsche Regierung oder gegen irgendeine Körperschaft des öffentlichen Rechts.

11. Verfahren in Sachen, die der Zuständigkeit der deutschen Gerichte entzogen sind und die nach dem Tage des Inkrafttretens dieses Gesetzes stattfinden, sowie die in diesen Sachen nach diesem Tage von einem deutschen Gericht erlassenen Entscheidungen sind nichtig.

Art. VII

Rechte der Militärregierung

12. Unbeschadet der Ausübung zusätzlicher oder anderer Befugnisse hat die Militärregierung folgende Kontroll- und Aufsichtsrechte:

a) jeden deutschen Richter, Staatsanwalt oder anderen Gerichtsbeamten zu entlassen oder des Dienstes zu entheben und Notaren und Rechtsanwälten die Praxis zu untersagen;

b) Verfahren vor jedem Gericht zu beaufsichtigen, in öffentlichen und unter Ausschluß der Öffentlichkeit stattfindenden Verhandlungen anwesend zu sein, alle Akten und Unterlagen der Gerichte und alle Schriftstücke in einzelnen Sachen einzusehen;

c) im Verwaltungswege alle Entscheidungen deutscher Gerichte der ersten und der Rechtsmittelinstanzen zu überprüfen, ferner jede Feststellung eines solchen Gerichts, jede Entscheidung über das Strafmaß oder andere gerichtliche Erkenntnisse für nichtig zu erklären, aufzuheben, umzuwandeln oder sonstwie abzuändern;

d) Sachen oder Gruppen von Sachen an die Gerichte der Militärregierung als zuständig zu übertragen;

e) die Verwaltung, Haushaltführung und das Personal aller deutschen Gerichte, die ermächtigt sind, ihre Tätigkeit auszuüben, zu kontrollieren und zu beaufsichtigen.

13. .... (Todesstrafe).

14. Ohne Genehmigung der Militärregierung darf ein Mitglied der Alliierten Streitkräfte oder ein Angestellter der Militärregierung, gleichgültig welcher Staatsangehörigkeit, nicht als Zeuge vor einem deutschen Gericht vorgeladen oder diesem die Zeugenaussage gestattet werden.

Art. VIII

Anspruchsverjährung und Ausschlußfristen

15. In Sachen, in denen die Verzögerung in der Geltendmachung eines Rechtes durch Klage oder sonstige Prozeßhandlungen vor einem deutschen Gericht zur Folge hat, daß Ansprüche nicht mehr geltend gemacht werden können oder materielle Rechte erlöschen, wird die Zeit, während der die Erhebung solcher Klagen und die Vornahme solcher Prozeßhandlungen durch die vorübergehende Schließung deutscher Gerichte oder durch die durch dieses Gesetz auferlegten Beschränkungen verhindert wurden, für die Berechnung der Verjährungs- und Ausschlußfristen nicht berücksichtigt.

Art. IX

Strafen

16. ....

Art. X

Inkrafttreten

17. Dieses Gesetz tritt am Tage seiner ersten Verkündung in Kraft.

Im Auftrage der Militärregierung

C.

Gesetz Nr. 1 des Kontrollrats

Aufhebung von Nazi-Gesetzen

vom 20. September 1945 (KRABl. S. 6)

Der Kontrollrat verordnet wie folgt:

Art. I

1. Folgende Gesetze politischer Natur oder Ausnahmegesetze, auf welchen das Nazi-Regime beruhte, werden hierdurch ausdrücklich aufgehoben, einschließlich aller zusätzlichen Gesetze, Durchführungsbestimmungen, Verordnungen und Erlasse:

a) Gesetz zur Behebung der Not von Volk und Reich vom 24. März 1933, RGBl. I/41,

. . . .

2. Die Aufhebung der obenerwähnten Gesetze setzt kein Gesetz in Kraft, das nach dem 30. Januar 1933 erlassen, und das durch die oben erwähnten Gesetze aufgehoben worden ist.

Art. II

Keine deutsche Gesetzesverfügung, gleichgültig wie oder zu welcher Zeit erlassen, darf gerichtlich oder verwaltungsmäßig zur Anwendung gebracht werden in irgendwelchen Fällen, in denen ihre Anwendung Ungerechtigkeit oder ungleiche Behandlung verursachen würde, entweder dadurch, daß a) irgend jemand auf Grund dieser Verbindung mit der Nationalsozialistischen Deutschen Arbeiterpartei, ihren Formationen, angegliederten Verbindungen oder Organisationen, Vorteile genießen würde; oder b) irgend jemand auf Grund seiner Rasse, Staatsangehörigkeit, seines Glaubens oder seiner Opposition zu der Nationalsozialistischen

Deutschen Arbeiterpartei oder ihren Lehren, Nachteile erleiden würde.

Art. III

Wer irgendwelche durch dieses Gesetz aufgehobene Gesetze anwendet oder anzuwenden versucht, setzt sich strafrechtlicher Verfolgung aus.

Ausgefertigt in Berlin, den 20. September 1945

D.

Proklamation Nr. 3 des Kontrollrats

Grundsätze für die Umgestaltung der Rechtspflege

vom 20. Oktober 1945 (KRABl. S. 22)

Mit der Ausschaltung der Gewaltherrschaft Hitlers durch die Alliierten Mächte ist das terroristische System der Nazigerichte abgeschafft worden. An seiner Stelle muß eine Rechtspflege treten, die sich auf die Errungenschaften der Demokratie, Zivilisation und Gerechtigkeit gründet. Der Kontrollrat verkündet die folgenden Grundsätze für die Wiederherstellung der Rechtspflege. Sie haben für ganz Deutschland Geltung.

I.

Gleichheit vor dem Gesetz'

Alle Personen sind vor dem Gesetz gleich. Niemandem, was immer seine Rasse, Staatsangehörigkeit oder Religion sei, dürfen die ihm gesetzlich zustehenden Rechte entzogen werden.

II.

Gewährleistung der Rechte des Angeklagten

III.

Abschaffung der Hitlerschen Ausnahme- und Sondergerichte

Der Volksgerichtshof, die Gerichte der Nationalsozialistischen Deutschen Arbeiterpartei und die Sondergerichte sind aufgehoben. Ihre Wiederherstellung ist verboten.

IV.

Unabhängigkeit des Richters

1. In der Ausübung seiner richterlichen Tätigkeit ist der Richter frei von Weisungen der ausführenden Gewalt. Er ist nur dem Gesetz unterworfen.

2. Der Zugang zum Richteramt steht ohne Rücksicht auf Rasse, gesellschaftliche Herkunft oder Religion allen Personen offen, sofern sie die Grundsätze der Demokratie anerkennen. Beförderung des Richters erfolgt ausschließlich nach Maßgabe seiner Leistung und juristischen Befähigung.

V.

Schlußbestimmung

Ordentliche deutsche Gerichte nach Maßgabe ihrer Rangordnung werden im Einklang mit dieser Proklamation in Deutschland die Rechtspflege ausüben.

Ausgefertigt in Berlin, den 20. Oktober 1945

E.

Gesetz Nr. 4 des Kontrollrats
Umgestaltung des deutschen Gerichtswesens
vom 30. Oktober 1945 (KRABl. S. 26)

Im Anschluß an seine Proklamation Nr. 3 an das Deutsche Volk vom 20. Oktober 1945, die anordnet, daß das deutsche Gerichtswesen auf der Grundlage des demokratischen Prinzips, der Gesetzmäßigkeit und der Gleichheit aller Bürger vor dem Gesetz ohne Unterschied von Rasse, Staatsangehörigkeit oder Religion umgestaltet werden muß, erläßt der Kontrollrat folgendes Gesetz:

Art. I

Die Umgestaltung der deutschen Gerichte soll grundsätzlich in Übereinstimmung mit dem Gerichtsverfassungsgesetz vom 27. Januar 1877 in der Fassung vom 22. März 1924 (RGBl. I/299) erfolgen. Folgende Gliederung der ordentlichen Gerichte wird wiederhergestellt: Amtsgerichte, Landgerichte und Oberlandesgerichte.

Art. II

Die Zuständigkeit der Amtsgerichte und Landgerichte in Zivil- und Strafsachen richtet sich im allgemeinen nach dem Recht, das am 30. Januar 1933 in Kraft war. Die Zuständigkeit der Amtsgerichte in bürgerlichen Rechtsstreitigkeiten wird jedoch auf Ansprüche ausgedehnt, deren Gegenstand den Wert von 2000 RM[1] nicht übersteigt.

Die Landgerichte sind zuständig für Berufung gegen Entscheidungen der Amtsgerichte.

Die Oberlandesgerichte entscheiden nicht in erster Instanz, sondern sind endgültige Berufungsinstanz gegen Entscheidungen der Landgerichte in Zivilsachen; sie sind, soweit gesetzlich vorgesehen, für das Rechtsmittel der Revision gegen Entscheidungen der Amtsgerichte und Landgerichte in Strafsachen zuständig.

Art. III

Die Zuständigkeit der deutschen Gerichte erstreckt sich auf alle Zivil- und Strafsachen mit folgenden Ausnahmen:

[1] jetzt: „DM“.

a) Strafbare Handlungen, die sich gegen die Alliierten Besatzungsstreitkräfte richten;

b) Strafbare Handlungen, die von Nazis oder von anderen Personen begangen werden, und die sich gegen Staatsangehörige Alliierter Nationen oder deren Eigentum richten, sowie Versuche zur Wiederherstellung des Naziregimes oder zur Wiederaufnahme der Tätigkeit der Naziorganisationen;

c) Strafbare Handlungen, in die Militärpersonen der Alliierten oder Alliierte Staatsangehörige verwickelt sind;

d) Andere Zivil- oder Strafsachen, die der Zuständigkeit der deutschen Gerichte nach den Anordnungen des Alliierten Militärbefehlshabers entzogen werden;

e) ....

Art. IV

Zwecks Durchführung der Umgestaltung des deutschen Gerichtswesens müssen alle früheren Mitglieder der Nazipartei, die sich aktiv für deren Tätigkeit eingesetzt haben, und alle anderen Personen, die an den Strafmethoden des Hitlerregimes direkten Anteil hatten, ihres Amtes als Richter und Rechtsanwälte enthoben werden und dürfen nicht zu solchen Ämtern zugelassen werden.

Art. V

Es wird dem Ermessen des Militärbefehlshabers überlassen, in Ausführung dieses Gesetzes die Zuständigkeitsabgrenzung der deutschen Gerichte schrittweise mit diesem Gesetz in Einklang zu bringen.

Art. VI

Dieses Gesetz tritt mit dem Tage seiner Verkündung in Kraft. Die Militärbefehlshaber der Zonen sind mit seiner Durchführung beauftragt.

Ausgefertigt in Berlin, den 30. Oktober 1945.

F.

Gesetz Nr. 38

Änderung des § 204 der Zivilprozeßordnung

vom 30. Oktober 1946 (ABlKR. S. 220)

Der Kontrollrat erläßt das folgende Gesetz:

Artikel I

Absatz 2 des § 204 der Zivilprozeßordnung erhält die folgende Fassung:

„Die öffentliche Zustellung erfolgt durch Anheftung der Ausfertigung oder einer beglaubigten Abschrift des zuzustellenden Schriftstücks an die Gerichtstafel. Enthält das Schriftstück eine Ladung, so ist außerdem ein Auszug dieses Schriftstücks in ein Mitteilungsblatt einzurücken, das von der Alliierten Kontrollbehörde zu bezeichnen oder bis zu einer solchen Bezeichnung von dem Zonenbefehlshaber zu bestimmen ist.[1] Das Gericht kann anordnen, daß zusätzliche Veröffentlichungen in der Presse, über den Rundfunk, durch den öffentlichen Ausrufer oder auf einem anderen entsprechenden Wege zu erfolgen haben."

---

[1] für die Vergangenheit: Zusammenstellung von Amtsblättern und Rechtszeitschriften: ZJBl. 1947 S. 81. Jetzt: „Öffentlicher Anzeiger für das Vereinigte Wirtschaftsgebiet" in Frankfurt a/M.

Artikel II

Absatz 3 des § 204 der Zivilprozeßordnung wird aufgehoben.

Artikel III

In allen Fällen, in denen nach den Bestimmungen einer gesetzlichen Vorschrift die Veröffentlichung in dem Deutschen Reichsanzeiger erforderlich oder vorgesehen ist, ist diese Veröffentlichung durch Einrückung in ein Mitteilungsblatt zu bewirken, das von der Alliierten Kontrollbehörde zu bezeichnen und bis zu einer solchen Bezeichnung von dem Zonenbefehlshaber zu bestimmen ist.[1]

Artikel IV

Die den Zonenbefehlshabern auf Grund dieses Gesetzes zustehende Befugnis wird in Berlin von der Alliierten Kommandantura ausgeübt.

Artikel V

Jede Veröffentlichung, die zwischen dem 1. Mai 1945 und dem Inkrafttreten dieses Gesetzes in einer von der Militärregierung zugelassenen Form erfolgt ist oder die von dem zuständigen Gericht als unter den obwaltenden Umständen für ausreichned erachtet wurde, hat die gleichen Rechtswirkungen, wie wenn die Veröffentlichung im Deutschen Reichsanzeiger erfolgt wäre.

Artikel VI

Dieses Gesetz tritt einen Monat nach seiner Verkündung in Kraft.

Ausgefertigt in Berlin, am 30. Oktober 1946

G.

Militärregierung — Deutschland. Britisches Kontrollgebiet

Verordnung Nr. 29. Beschränkung der Zuständigkeit deutscher Gerichte

(BritABl. Nr. 9 S. 204)

Um die Vorschriften des Artikels VI des Gesetzes Nr. 2 der Militärregierung und des Artikels III des Gesetzes Nr. 4 des Kontrollrates miteinander in Einklang zu bringen (die bestimmte Grenzen der Rechtsprechung deutscher Gerichte festlegen) und um gleichzeitig bestimmte Anweisungen zusammenzufassen, die von der Militärregierung über die Zuständigkeit deutscher Gerichte erlassen worden sind, wird hierdurch folgendes verordnet: [1]

Art. I

1. § 10 des Artikels VI des Gesetzes Nr. 2 der Militärregierung („Deutsche Gerichte") wird wie folgt abgeändert:

„10. Innerhalb des besetzten Gebietes darf kein deutsches Gericht ohne ausdrückliche Ermächtigung der Militärregierung in den folgenden Sachen Gerichtsbarkeit beanspruchen oder ausüben:

a) .... (Strafsachen);

b) in folgenden Zivilsachen:

I. in allen Zivilsachen betreffend:

1. eine der Vereinten Nationen oder
2. die Streitkräfte einer der Vereinten Nationen oder

---

[1] dazu Anweisung Nr. 29 (ZJBl. 1947 S. 42, Ber. S. 114) nebst Rundschreiben vom 12. 11. 1947 (ZJBl. 1948 S. 5) und vom 14. 1. 48 (ZJBl. S. 32).

3. eine Person, die in einer solchen dient oder

4. einen Staatsangehörigen der Vereinten Nationen, der eine amtliche Stellung in der alliierten Verwaltung Deutschlands einnimmt, und

II. in streitigen Zivilsachen, in denen ein Staatsangehöriger der Vereinten Nationen, der nicht unter Ziffer I dieses Absatzes fällt, Beklagter ist oder als Kläger durch Erhebung einer Widerklage Beklagter wird, und in nichtstreitigen Zivilsachen betreffend einen solchen Staatsangehörigen, außer wenn die Sache auf seine Veranlassung oder zu seinen Gunsten eingeleitet ist;

c) in Sachen, die auf von dem Kontrollrat oder der Militärregierung zeitweilig oder dauernd aufgehobenen deutschen Gesetzen beruhen;

d) ....

e) in Sachen, in denen sich ein Gericht der Militärregierung für zuständig erklärt hat;

f) in Sachen oder Gruppen von Sachen, für welche die Militärregierung ihre Gerichte als ausschließlich zuständig erklärt hat;

g) in Sachen betreffend Geldansprüche gegen die deutsche Regierung oder gegen eine Körperschaft des öffentlichen Rechts."

Art. II

2. Bezugnahmen in anderen Rechtssätzen der Militärregierung auf die Vorschriften des § 10 des Artikels VI des Gesetzes Nr. 2 der Militärregierung sollen als Bezugnahme auf die entsprechenden Vorschriften jenes Paragraphen ausgelegt werden, so wie er durch diese Verordnung abgeändert ist.

Art. III

3. Diese Verordnung berührt nicht die Gültigkeit einer Maßnahme oder Anordnung der Militärregierung, die gemäß § 10 des Artikels VI des Gesetzes Nr. 2 der Militärregierung vor dem Inkrafttreten dieser Verordnung erlassen wurden.

Art. IV.

4. Diese Verordnung tritt am 16. April 1946 in Kraft.

Im Auftrage der Militärregierung

H.

Militärregierung — Deutschland. Britisches Kontrollgebiet

Verordnung Nr. 98

Deutscher Oberster Gerichtshof für die britische Zone

(MRABl. Nr. 20 S. 572)

Da zufolge der Vorschrift in Art. I Abs. 2 des Mil.-Reg.-Gesetzes Nr. 2 das Reichsgericht im Gebiet der britischen Besatzungszone bis auf weiteres keine richterlichen oder sonstigen Befugnisse mehr besitzt, und da ferner im Interesse der Erhaltung und Förderung der Rechtseinheit in der britischen Besatzungszone die vorläufige Errichtung eines Deutschen Obersten Gerichtshofes geboten erscheint, wird hiermit verordnet, was folgt:

Artikel I

Errichtung eines Deutschen Obersten Gerichtshofes

1. In der britischen Besatzungszone wird als vorläufige Maßnahme ein Deutscher Oberster Ge-

richtshof (nachstehend als Gericht bezeichnet) errichtet. Das Gericht führt die Bezeichnung „Oberster Gerichtshof für die Britische Zone."

Artikel II

Zuständigkeit und Zusammensetzung des Gerichts

2. Das Gericht ist zur Nachprüfung von Rechtsfragen (Revision) befugt, die ihm von den Oberlandesgerichten oder einem sonstigen von der Militärregierung oder mit deren Genehmigung bestimmten Gericht unterbreitet werden.

3. Das Gericht besteht aus einem Präsidenten und der erforderlichen Zahl von Senatspräsidenten und weiteren Richtern und gliedert sich in Zivil- und Strafsenate. Jeder Senat besteht aus einem Vorsitzenden und mindestens zwei weiteren Richtern.

Artikel III

Ernennung, Beförderung und Versetzung der Richter und sonstigen Justizbeamten

4. Der Präsident, die Senatspräsidenten, Richter und Staatsanwälte des Gerichts werden vorbehaltlich der Bestätigung durch die Militärregierung vom Zentral-Justizamt ernannt.

Artikel IV

Haushalt

5. Die Kosten der Errichtung und der jährlichen Unterhaltung des Gerichts gehen zu Lasten des zonenmäßig verwalteten Teils des ehemaligen Reichshaushalts.

Artikel V

Durchführung

6. Das Zentraljustizamt ist ermächtigt, vorbehaltlich der Zustimmung der Militärregierung die

zur Durchführung dieser Verordnung erforderlichen ergänzenden Vorschriften vorzubereiten und zu erlassen. Diese ergänzenden Vorschriften sollen folgende Fragen umfassen:

a) die Zuständigkeit, die Zusammensetzung, das Verfahren und die Verwaltung des Gerichts;
b) den Sitz des Gerichts;
c) die Bestimmung der planmäßigen Stellen sowie die Ernennung, Versetzung und Beförderung des Präsidenten, der Senatspräsidenten, Richter, Staatsanwälte und aller sonstigen Beamten und Angestellten des Gerichts.

Artikel VI
Inkrafttreten

Diese Verordnung tritt am 1. September 1947 in Kraft.

Im Auftrage der Militärregierung.

J.

Militärregierung — Deutschland. Britisches Kontrollgebiet[1]

Verordnung Nr. 65

Rheinschiffahrtsgerichte (Deutsche Gerichte)[2]

(MRABl. S. 359)

Artikel I

1. Rheinschiffahrtsgerichte erster und zweiter Instanz (Rheinschiffahrtsgerichte und Rheinschiff-

---

[1] für die amerik. Zone: Ges. Nr. 9 der amerik. MilReg. betr. Deutsche Rheinschiffahrtsgerichte.

[2] daneben Rheinschiffahrtsgerichte der MilReg. (in der brit. Zone: Verordnung Nr. 66 — MRABl. S. 360 — mit Verfahrensvorschr. vom 2. 1. 47 — MRABl. S. 377) —.

fahrtsobergerichte) werden hierdurch in der Form wiederhergestellt, in der sie vor der Veröffentlichung der Note über die deutschen Wasserstraßen vom 14. November 1936 (RGBl. II, S. 361) bestanden.

2. Die Militärregierung bestimmt den Sitz der Gerichte und die Gebiete, in denen sie die Gerichtsbarkeit ausüben.

Artikel II

3. Mit Ausnahme gegenteiliger Bestimmungen dieser Verordnung oder gegenteiliger Anweisungen der Militärregierung richten sich die Tätigkeit, die Rechtsprechung und das Verfahren (einschließlich des Berufungsrechts) der durch diese Verordnung wiederhergestellten Gerichte nach der Revidierten Rheinschiffahrtsakte vom 17. Oktober 1868 (Preuß. Gesetzessammlg. 1869, S. 798) mit ihren späteren Abänderungen, nach dem Gesetz über die Rheinschiffahrtsgerichte vom 5. September 1935 (RGBl. I S. 1142) und allen anderen entsprechenden Reichs- und Preuß. Gesetzen, die vor dem 14. November 1936 erlassen und auf die Rheinschiffahrtsgerichte anwendbar sind.

4. Die Rheinschiffahrtsgerichte können Geldstrafen von mindestens RM[3] 50.— bis höchstens RM[3] 1000.— verhängen.

Artikel III

5. Die Bestimmungen sämtlicher Gesetze des Kontrollrats und der Militärregierung bezgl. deutscher Gerichte (einschl. insbes. der Beschränkung, die ihrer Gerichtsbarkeit durch Artikel III des Gesetzes Nr. 4 und § 10 des Artikels VI des Gesetzes Nr. 2 der Militärregierung (wie abgeändert,

[3] jetzt: „DM".

auferlegt sind), sind anzuwenden auf die durch diese Verordnung wiederhergestellten Gerichte.

Artikel IV

6. Das Gesetz über das Verfahren in Binnenschiffahrtssachen vom 30. Juni 1937 (RGBl. I, S. 97) und seine Durchführungsverordnungen werden, nur insoweit sie sich auf den Rheinstrom beziehen, hiermit aufgehoben.

Artikel V

7. Diese Verordnung tritt am 31. Dezember 1946 in Kraft.

Im Auftrage der Militärregierung

XV.
Vorschriften zur Gerichtsverfassung und zur bürgerlichen Rechtspflege in der britischen Zone

A.

a)

Verordnung über die Aussetzung gerichtlicher Verfahren

Mit Genehmigung der Mil.-Reg. wird verordnet:

§ 1

Gerichtliche Verfahren sind von Amts wegen oder auf Antrag bis zum 1. Juli 1946 auszusetzen, wenn sie betreffen:

a) vertragliche Verbindlichkeiten, die unmittelbar oder mittelbar auf einem vom Reich, den Ländern, den Gemeindeverbänden, den Gemeinden oder einer sonstigen Körperschaft des öffentlichen Rechts oder einer Reichsstelle eines anderen rechtlichen Charakters erteilten Auftrag zurückgehen und infolge der Einstellung von Zahlungen dieser Stellen nicht durch Erfüllung erloschen sind,

b) durch Grundstücke oder Schiffspfandrechte gesicherte Verbindlichkeiten, wenn das belastete Grundstück oder Schiff durch Kriegsereignisse zerstört, beschädigt oder verloren und infolge der Einstellung der Entschädigungszahlungen die Verbindlichkeit nicht erfüllt ist.

§ 2

Von der Aussetzung kann abgesehen oder die Aussetzung kann wieder aufgehoben werden, wenn und insoweit die wirtschaftliche Leistungsfähigkeit des Schuldners durch die Einstellung von Zahlungen des Reichs, der Länder, der Gemeindeverbände, der Gemeinden, einer sonstigen Körperschaft des öffentlichen Rechts oder einer Reichsstelle anderen rechtlichen Charakters offenbar nicht wesentlich beeinträchtigt ist und die Aussetzung für den Gläubiger eine unbillige Härte wäre.

§ 3

Vor Erlaß eines Aussetzungsbeschlusses sind beide Parteien zu hören.

Der Aussetzungsbeschluß kann bereits vor Bestimmung des Termins zur mündlichen Verhandlung ergehen, eine Klage ist in diesem Falle ohne Terminsbestimmung zuzustellen.

Gegen den Aussetzungsbeschluß steht beiden Parteien, gegen den Beschluß, durch welchen ein Antrag des Schuldners, das Verfahren gemäß § 1 auszusetzen, abgelehnt wird, diesem die Beschwerde zu. Über die Beschwerde entscheidet das Oberlandesgericht.

§ 5

Der Antrag des Schuldners, das Verfahren auszusetzen, kann formlos oder zu Protokoll des Urkundsbeamten der Geschäftsstelle gestellt werden.

§ 6

Liegt bereits ein vollstreckbarer Titel über eine Verpflichtung der in § 1 bezeichneten Art vor, so hat das Vollstreckungsgericht auf Antrag des Schuldners die Zwangsvollstreckung bis zum 1. Juli 1946 einzustellen, wenn die weiteren Voraussetzungen des § 1 gegeben sind.

Die §§ 2, 3 Abs. 1, 4 und 5 finden entsprechende Anwendung.

§ 7

Diese Verordnung tritt am 10. Februar 1946 in Kraft.

b)

Zweite Verordnung über die Verlängerung der Geltungsdauer der Verordnung über die Aussetzung gerichtlicher Verfahren

vom 20. Dezember 1946 (VOBl. BZ. S. 14)

Mit Zustimmung der Militärregierung wird verordnet:

§ 1

Im § 1 der von den Oberlandesgerichtspräsidenten [1] erlassenen Verordnungen zur Verlängerung der Geltungsdauer der Verordnung über die Aussetzung gerichtlicher Verfahren tritt an die Stelle des 31. Dezember 1946 der 30. April 1947. [2]

§ 2

(1) Ist ein Verfahren auf Grund der bisher geltenden Vorschriften bis zum 31. Dezember 1946 ausgesetzt worden, so gilt es weiter bis zum 30. April 1947 ausgesetzt. [2]

---

[1] Die Oberlandesgerichtspräsidenten hatten die Geltungsdauer der von ihnen erlassenen Verordnung bereits einmal, und zwar bis zum 31. 12. 1946, verlängert.

[2] Weiter verlängert durch

3. Verlängerungsverordnung vom 24. 4. 1947 (VOBl. BZ. S. 18): bis 30. 9. 1947.

4. Verlängerungsverordnung vom 26. 9. 1947 (VOBl. BZ. S. 131): bis 31. 12. 1947.

5. Verlängerungsverordnung vom 12. 12. 1947 (VOBl. BZ. S. 173): bis 31. 3. 1948.

6. Verlängerungsverordnung vom 20. 2. 1948 (VOBl. BZ. S. 45): bis 31. 12. 1948.

(2) Entsprechendes gilt für die Einstellung der Zwangsvollstreckung.

§ 3

Diese Verordnung tritt am 1. Januar 1947 in Kraft.

Hamburg, den 20. Dezember 1946.

Der Präsident des Zentral-Justizamts für die Britische Zone.

B.

Verordnung über das Berufungsverfahren in bürgerlichen Rechtsstreitigkeiten

vom 9. Juni 1947 (VOBl. BZ. S. 76).[1]

Mit Zustimmung der Militärregierung wird verordnet:

Artikel 1

Änderung von Vorschriften der Zivilprozeßordnung

Die nachstehend aufgeführten Vorschriften der Zivilprozeßordnung erhalten folgende Fassung:

1. § 511a Abs. 1

In Rechtsstreitigkeiten über vermögensrechtliche Ansprüche ist die Berufung unzulässig, wenn der Wert des Beschwerdegegenstandes 100 Reichsmark[2] nicht übersteigt.

2. § 515

Die Zurücknahme der Berufung ist ohne Einwilligung des Berufungsbeklagten nur bis zum Beginn der mündlichen Verhandlung des Berufungsbeklagten zulässig.

---

[1] Amtl. Begr. dazu ZJBl. 1947 S. 16.
[2] jetzt „DM" (§ 2 des Ges. Nr. 61 der brit. MilReg.).

Die Zurücknahme erfolgt, wenn sie nicht bei der mündlichen Verhandlung erklärt wird, durch Zustellung eines Schriftsatzes. Abschrift desselben ist sofort nach erfolgter Zustellung auf der Geschäftsstelle niederzulegen.[3]

Die Zurücknahme hat den Verlust des Rechtsmittels und die Verpflichtung zur Folge, die durch das Rechtsmittel entstandenen Kosten zu tragen. Auf Antrag des Gegners sind diese Wirkungen durch Beschluß auszusprechen. Der Beschluß bedarf keiner mündlichen Verhandlung und ist unanfechtbar.

3. § 516

Die Berufungsfrist beträgt einen Monat; sie ist eine Notfrist und beginnt mit der Zustellung des Urteils, spätestens aber mit dem Ablauf von fünf Monaten nach der Verkündung.

4. § 518

Die Einlegung der Berufung erfolgt durch Einreichung der Berufungsschrift bei dem Berufungsgericht.

Die Berufungsschrift muß enthalten:

1. die Bezeichnung des Urteils, gegen welches die Berufung gerichtet wird;
2. die Erklärung, daß gegen dieses Urteil Berufung eingelegt werde.

Mit der Berufungsschrift soll eine Ausfertigung oder beglaubigte Abschrift des Urteils, gegen welches die Berufung sich richtet, sowie der Nachweis

---

[3] Abs. 2 ist mit Wirkung vom 1. 4. 48 neugefaßt durch Art. 2 Nr. 37 der Verordnung zur Änderung von Vorschriften auf dem Gebiete der Gerichtsverfassung, der bürgerlichen Rechtspflege und des Kostenrechts vom 27. 1. 1948 (VOBl. BZ. S. 13) — abgedr. unter XV E —.

der Zustellung des Urteils dem Berufungsgericht vorgelegt oder angegeben werden, daß das Urteil nicht zugestellt sei.

Die allgemeinen Bestimmungen über die vorbereitenden Schriftsätze finden auch auf die Berufungsschrift Anwendung.

5. § 519

Der Berufungskläger muß die Berufung begründen.

Die Berufungsbegründung erfolgt, sofern sie nicht bereits in der Berufungsschrift enthalten ist, durch Einreichung eines Schriftsatzes bei dem Berufungsgericht. Die Frist für die Berufungsbegründung beträgt einen Monat; sie beginnt mit der Einlegung der Berufung und kann auf Antrag von dem Vorsitzenden verlängert werden.

Die Berufungsbegründung muß enthalten:

1. Die Erklärung, inwieweit das Urteil angefochten wird und welche Abänderungen des Urteils beantragt werden (Berufungsanträge);
2. die bestimmte Bezeichnung der im einzelnen anzuführenden Gründe der Anfechtung (Berufungsgründe) sowie der neuen Tatsachen, Beweismittel und Beweiseinreden, die die Partei zur Rechtfertigung ihrer Berufung anzuführen hat.

In der Berufungsbegründung soll ferner der Wert des nicht in einer bestimmten Geldsumme bestehenden Beschwerdegegenstandes angegeben werden, wenn von ihm die Zulässigkeit der Berufung abhängt.

Die allgemeinen Bestimmungen über die vorbereitenden Schriftsätze finden auch auf die Berufungsbegründung Anwendung.

6. § 519b

Das Berufungsgericht hat von Amts wegen zu prüfen, ob die Berufung an sich statthaft und ob die Einlegung und Begründung in der gesetzlichen Frist und Form erfolgt ist. Mangelt es an einem dieser Erfordernisse, so ist die Berufung als unzulässig zu verwerfen.

Die Entscheidung kann ohne mündliche Verhandlung durch Beschluß erfolgen; *sie ist unanfechtbar.*[4]

7. § 521

Der Berufungsbeklagte kann sich der Berufung anschließen, selbst wenn er auf die Berufung verzichtet hat oder wenn die Berufungsfrist verstrichen ist.

Die Vorschriften über die Anfechtung des Versäumnisurteils durch Berufung finden auch auf die Anfechtung desselben durch Anschließung Anwendung.

8. § 522

Die Anschließung verliert ihre Wirkung, wenn die Berufung zurückgenommen oder als unzulässig verworfen wird.

Hat der Berufungsbeklagte innerhalb der Berufungsfrist sich der erhobenen Berufung angeschlossen, so wird es so angesehen, als habe er die Berufung selbständig eingelegt.

9. § 522a

Die Anschließung erfolgt durch Einreichung der Berufungsanschlußfrist bei dem Berufungsgericht.

Die Anschlußberufung muß vor Ablauf der Berufungsbegründungsfrist (§ 519 Abs. 2) und, sofern

[4] Abs. 2 ist neugefaßt durch § 37 Abs. 1 Nr. 1 der VO. z. Durchf. der MilRegVO. Nr. 98 ... vom 17. 11. 1948 (VOBl. BZ. S. 149) — abgedr. unter XV Da —.

sie nach deren Ablauf eingelegt wird, in der Anschlußschrift begründet werden.

Die Vorschriften des § 518 Abs. 2, 4, des § 519 Abs. 3, 5 und der §§ 519a, 519b finden entsprechende Anwendung.

10. § 529

Die Parteien können Angriffs- und Verteidigungsmittel, die in erster Instanz nicht geltend gemacht sind, insbesondere neue Tatsachen und Beweismittel, vorbringen.

Angriffs- und Verteidigungsmittel sowie Beweismittel und Beweiseinreden, die in erster Instanz hätten geltend gemacht werden können und deren Berücksichtigung die Erledigung des Rechtsstreits verzögern würde, sind jedoch nur zuzulassen, wenn nach der freien Überzeugung des Gerichts die Partei das Vorbringen in erster Instanz weder in der Absicht, den Prozeß zu verschleppen, noch aus grober Nachlässigkeit unterlassen hatte. Die Vorschrift gilt entsprechend für das Vorbringen einer Partei, das in erster Instanz nach den §§ 279, 279a, 283 Abs. 2 zurückgewiesen worden ist.

Die Vorschrift des Abs. 2 Satz 1 findet ferner entsprechende Anwendung, wenn der Berufungskläger ein neues Vorbringen, dessen Geltendmachung in der Berufungsinstanz zulässig ist, entgegen der Vorschrift des § 519 nicht in der Berufungsbegründung mitgeteilt hat.

Die Erhebung einer Widerklage ist nur zuzulassen, wenn der Gegner einwilligt oder das Gericht die Geltendmachung des mit ihr verfolgten Anspruchs in dem anhängigen Verfahren für sachdienlich hält.

Macht der Beklagte die Aufrechnung einer Gegenforderung geltend, so ist die hierauf gegründete Einwendung nur zuzulassen, wenn der Kläger einwilligt oder das Gericht die Geltendmachung in dem anhängigen Verfahren für sachdienlich hält.

11. § 531

Die in erster Instanz unterbliebenen oder verweigerten Erklärungen über Tatsachen, Urkunden und Anträge auf Parteivernehmung können in der Berufungsinstanz nachgeholt werden.

12. § 532

Das in erster Instanz abgelegte gerichtliche Geständnis behält seine Wirksamkeit auch für die Berufungsinstanz.

13. § 538

Das Berufungsgericht soll die Sache, insofern ihre weitere Verhandlung erforderlich ist, an das Gericht erster Instanz zurückverweisen:

1. wenn durch das angefochtene Urteil ein Einspruch als unzulässig verworfen ist;
2. wenn durch das angefochtene Urteil nur über prozeßhindernde Einreden entschieden ist;
3. wenn im Falle eines nach Grund und Betrag streitigen Anspruchs durch das angefochtene Urteil über den Grund des Anspruchs vorab entschieden oder die Klage abgewiesen ist;
4. wenn das angefochtene Urteil im Urkunden- oder Wechselprozeß unter Vorbehalt der Rechte erlassen ist;
5. wenn das angefochtene Urteil ein Versäumnisurteil ist.

Im Falle der Nr. 2 hat das Berufungsgericht die sämtlichen prozeßhindernden Einreden zu erledigen.

Das Berufungsgericht soll jedoch in der Sache selbst verhandeln und entscheiden, wenn dies sachdienlich, insbesondere wenn die Sache zur Entscheidung reif ist.

14. § 539

Leidet das Verfahren erster Instanz an einem wesentlichen Mangel, so kann das Berufungsgericht unter Aufhebung des Urteils und des Verfahrens, soweit das letztere durch den Mangel betroffen wird, die Sache an das Gericht erster Instanz zurückverweisen.

15. § 626

Die Vorschriften über die Zurückweisung verspäteten Vorbringens finden in der Berufungsinstanz nur insoweit Anwendung, als der Berufungskläger sein neues Vorbringen entgegen der Vorschrift des § 519 nicht in der Berufungsbegründung mitgeteilt oder die Partei nach der freien Überzeugung des Gerichts in der Absicht, den Prozeß zu verschleppen, ihre Angriffs- oder Verteidigungsmittel nicht früher vorgebracht hat.

Artikel 2

Aufhebung der Vorschriften

Folgende Vorschriften werden aufgehoben:

1. § 7 der Verordnung über Maßnahmen auf dem Gebiete der Gerichtsverfassung und der Rechtspflege vom 1. September 1939 (RGBl. I S. 1658);
2. § 4 der Verordnung zur Änderung der Vereinfachungsverordnung (Zweite Vereinfachungsverordnung) vom 18. September 1940 (RGBl. I S. 1253);
3. die Verordnung über die Wertgrenzen für die Zulässigkeit der Berufung und der Revision, vom 16. Juli 1941 (Reichsgesetzbl. I S. 390);
4. die §§ 5 bis 7 der Verordnung zur weiteren Vereinfachung der Gerichtsverfassung, der bürger-

lichen Rechtspflege und des Kostenrechts (Dritte Vereinfachungsverordnung) vom 16. Mai 1942 (RGBl. I S. 333);

5. § 4 der Verordnung zur weiteren Vereinfachung der bürgerlichen Rechtspflege (Vierte Vereinfachungsverordnung) vom 12. Januar 1943 (RGBl. I S. 7);
6. § 4 der Durchführungsverordnung zur Kriegsmaßnahmenverordnung und zur Kriegs-Beschwerdeverordnung vom 12. Mai 1943 (Reichsgesetzbl. I S. 292).

Artikel 3

Schlußvorschriften

(1) Die Verordnung tritt am 1. Juli 1947 in Kraft.

(2) Im bisherigen Geltungsbereich des § 518 der Zivilprozeßordnung in der Fassung des § 4 Abs. 2 der Verordnung zur weiteren Vereinfachung der bürgerlichen Rechtspflege (Vierte Vereinfachungsverordnung) vom 12. Januar 1943 (RGBl. I S. 7) sind auf eine vor dem 1. Juli 1947 eingelegte Berufung an Stelle der §§ 516, 518, 519 der Zivilprozeßordnung in der Fassung dieser Verordnung die bisher geltenden Vorschriften weiterhin anzuwenden, wenn die Berufungsfrist am 1. Juli 1947 bereits abgelaufen ist. In diesem Falle gelten die Vorschriften des § 529 Abs. 3 und des § 626 der Zivilprozeßordnung in der Fassung dieser Verordnung entsprechend, wenn der Berufungskläger das neue Vorbringen nicht innerhalb der Berufungsfrist mitgeteilt hat.

Hamburg, den 9. Juni 1947.

Der Präsident
des Zentral-Justizamts für die Britische Zone

C.

Verordnung über Untersuchungen zur Feststellung der Abstammung

vom 17. Juni 1947 (VOBl. BZ. S. 93).

Mit Zustimmung der Militärregierung wird folgendes verordnet:

Artikel I

Die Zivilprozeßordnung wird durch nachfolgende Bestimmung ergänzt:

§ 372a

1. Soweit es zur Feststellung der Abstammung erforderlich ist, wie z. B. in den Fällen der §§ 1591 und 1717 des Bürgerlichen Gesetzbuches, hat jede Person Untersuchungen, insbesondere die Entnahme von Blutproben zum Zwecke der Blutgruppenuntersuchung zu dulden.

2. Die Untersuchung kann nur aus triftigen Gründen verweigert werden. Hierbei ist es nicht als triftiger Grund anzusehen, daß der zu Untersuchende sich oder einen Angehörigen im Falle der Durchführung der Untersuchung der Gefahr aussetzen würde, strafrechtlich verfolgt zu werden. Die §§ 386 bis 390 finden entsprechende Anwendung; auch kann im Falle wiederholter unberechtigter Weigerung unmittelbarer Zwang angewendet, insbesondere die zwangsweise Vorführung zum Zwecke der Untersuchung angeordnet werden.

Artikel II

(Freiwillige Gerichtsbarkeit)

Artikel III

§ 7 Abs. 1 bis 3 der Verordnung über die Angleichung familienrechtlicher Vorschriften vom 6. Februar 1943 (RGBl. I S. 80) wird aufgehoben.

Artikel IV

Diese Verordnung tritt mit dem 1. Juli 1947 in Kraft.

Hamburg, den 17. Juni 1947.

Der Präsident
des Zentral-Justizamts für die Britische Zone

D.

a)

Verordnung zur Durchführung der Militärregierungsverordnung Nr. 98 über die Errichtung eines obersten Gerichtshofes für die Britische Zone[1]

vom 17. November 1947 (VOBl. BZ. S. 149)

Auf Grund des Artikels V der Militärregierungsverordnung Nr. 98 wird mit Zustimmung der Militärregierung verordnet:

ERSTER ABSCHNITT

Allgemeine Vorschriften

1. Oberster Gerichtshof

§ 1

Der Oberste Gerichtshof für die Britische Zone (Oberster Gerichtshof) hat seinen Sitz in Köln.

§ 2

Zum Mitglied des Obersten Gerichtshofes kann nur ernannt werden, wer die Fähigkeit zum Richteramt in einem deutschen Lande erlangt und das 35. Lebensjahr vollendet hat.

---

[1] **Amtl. Begr. dazu ZJBl.** 1947 S. 114.

§ 3

Bei dem Obersten Gerichtshof wird ein Zivil- und ein Strafsenat gebildet.

Der Präsident des Zentral-Justizamts kann nach Anhörung des Präsidenten des Obersten Gerichtshofes weitere Senate bilden.

§ 4

Die Senate des Obersten Gerichtshofes entscheiden in der Besetzung von fünf Mitgliedern einschließlich des Vorsitzenden.

§ 5

Den Vorsitz im Plenum führt der Präsident des Obersten Gerichtshofes; den Vorsitz in den Senaten führen der Präsident und die Senatspräsidenten.

Vor Beginn des Geschäftsjahres bestimmt der Präsident den Senat, dem er sich anschließt. Über die Verteilung des Vorsitzes in den übrigen Senaten entscheiden der Präsident und die Senatspräsidenten nach Stimmenmehrheit; im Falle der Stimmengleichheit gibt die Stimme des Präsidenten den Ausschlag.

§ 6

Vor Beginn des Geschäftsjahres werden auf seine Dauer die Geschäfte unter die Senate derselben Art verteilt und die ständigen Mitglieder der einzelnen Senate sowie für den Fall ihrer Verhinderung die regelmäßigen Vertreter bestimmt. Jeder Richter kann zum Mitglied mehrerer Senate bestimmt werden.

Die getroffene Anordnung kann im Laufe des Geschäftsjahres nur geändert werden, wenn dies wegen Überlastung eines Senats oder infolge Wechsels oder dauernder Verhinderung einzelner Mitglieder des Obersten Gerichtshofes erforderlich wird.

§ 7

Die im vorstehenden Paragraphen bezeichneten Anordnungen erfolgen durch das Präsidium.

Das Präsidium wird durch den Präsidenten als Vorsitzenden, die Senatspräsidenten und die vier dem Dienstalter nach, bei gleichem Dienstalter die der Geburt nach ältesten Mitglieder gebildet. Das Präsidium entscheidet nach Stimmenmehrheit; im Falle der Stimmengleichheit gibt die Stimme des Präsidenten den Ausschlag.

§ 8

Der Präsident kann bestimmen, daß in einzelnen Sachen, in welchen während des Geschäftsjahres eine Verhandlung bereits stattgefunden hat, der Senat in seiner früheren Zusammensetzung auch nach Ablauf des Geschäftsjahres verhandle und entscheide.

§ 9

Im Falle der Verhinderung des ordentlichen Vorsitzenden führt den Vorsitz in dem Senat das Mitglied des Senats, welches dem Dienstalter nach und bei gleichem Dienstalter der Geburt nach das älteste ist.

Der Präsident wird in seinen übrigen, durch diese Verordnung oder das Gerichtsverfassungsgesetz bestimmten Geschäften, wenn ein Senatspräsident zu seinem ständigen Vertreter ernannt ist, durch diesen, sonst durch den Senatspräsidenten vertreten, welcher dem Dienstalter nach und bei gleichem Dienstalter der Geburt nach der älteste ist.

§ 10

Im Falle der Verhinderung des regelmäßigen Vertreters eines Mitglieds wird ein zeitweiliger durch den Präsidenten bestimmt.

§ 11

Innerhalb des Senats verteilt der Vorsitzende die Geschäfte auf die Mitglieder.

§ 12

Will in einer Rechtsfrage ein Zivilsenat von der Entscheidung eines anderen Zivilsenats oder eines Strafsenats oder von der früher eingeholten Entscheidung des Plenums abweichen, so entscheidet über die Rechtsfrage das Plenum. Das gleiche gilt, wenn ein Strafsenat von der Entscheidung eines anderen Strafsenats oder eines Zivilsenats oder von der früher eingeholten Entscheidung des Plenums abweichen will.

Ds Plenum entscheidet ohne vorherige mündliche Verhandlung nur über die Rechtsfrage. Die Entscheidung der Rechtsfrage durch das Plenum ist in der vorliegenden Sache bindend.

Vor der Entscheidung des Plenums sowie in Ehe- und Entmündigungssachen und in Rechtsstreitigkeiten, welche die Feststellung des Rechtsverhältnisses zwischen Eltern und Kindern oder die Anfechtung einer Todeserklärung zum Gegenstande haben, ist der Generalstaatsanwalt bei dem Obersten Gerichtshof zu hören. Der Generalstaatsanwalt bei dem Obersten Gerichtshof kann auch in der Sitzung seine Auffassung darlegen.

Erfordert die Entscheidung der Sache eine erneute mündliche Verhandlung vor dem erkennenden Senat, so sind die Beteiligten unter Mitteilung der ergangenen Entscheidung der Rechtsfrage zu der Verhandlung zu laden.

§ 13

Der erkennende Senat kann in einer Rechtsfrage von grundsätzlicher Bedeutung die Entscheidung des Plenums herbeiführen, wenn nach seiner Auffassung die Fortbildung des Rechts oder die Sicherung einer einheitlichen Rechtsprechung es erfordern.

Die Vorschriften des § 12 Abs. 2 bis 4 sind entsprechend anzuwenden.

§ 14

Zu Plenarentscheidungen ist die Teilnahme von mindestens zwei Dritteln aller Mitglieder des Obersten Gerichtshofes einschließlich des Vorsitzenden erforderlich.

Die Zahl der Mitglieder, die eine entscheidende Stimme führen, muß eine ungerade sein.

Ist die Zahl der anwesenden Mitglieder eine gerade, so hat der Richter, welcher dem Dienstalter nach, und bei gleichem Dienstalter der, welcher der Geburt nach der jüngere ist, oder wenn dieser Berichterstatter ist, der nächstältere kein Stimmrecht.

§ 15

Der Geschäftsgang wird durch eine Geschäftsordnung[2] geregelt, welche das Plenum auszuarbeiten und dem Präsidenten des Zentral-Justizamts zur Bestätigung vorzulegen hat.

2. Staatsanwaltschaft

§ 16

Bei dem Obersten Gerichtshof wird eine Staatsanwaltschaft errichtet.

§ 17

Das Amt der Staatsanwaltschaft wird bei dem Obersten Gerichtshof durch einen Generalstaatsanwalt und durch einen oder mehrere Oberstaatsanwälte ausgeübt.

[2] vom 16. 6. 48 ZJBl. S. 174.

§ 18

In Sachen, mit denen der Oberste Gerichtshof befaßt ist, kann der Generalstaatsanwalt bei dem Obersten Gerichtshof die Beamten der Staatsanwaltschaft unmittelbar mit Weisungen versehen.

§ 19

Der Generalstaatsanwalt und die Oberstaatsanwälte bei dem Obersten Gerichtshof sind nichtrichterliche Beamte.

Zu diesen Ämtern können nur zum Richteramt befähigte Personen ernannt werden.

3. Rechtsanwaltschaft

§ 20

Die Zulassung als Rechtsanwalt bei dem Obersten Gerichtshof und die Bestellung eines Stellvertreters erfolgt durch den Präsidenten des Zentral-Justizamts nach Anhörung der Vereinigung der Vorstände der Anwaltskammern.

Die Zulassung als Rechtsanwalt setzt die Vollendung des 35. Lebensjahres voraus.

§ 21

Die Zulassung als Rechtsanwalt bei dem Obersten Gerichtshof ist mit der Zulassung als Rechtsanwalt bei einem anderen Gericht unvereinbar.

Die bei dem Obersten Gerichtshof zugelassenen Rechtsanwälte dürfen bei einem anderen Gericht nicht auftreten.

§ 22

Eine Übertragung der dem Prozeßbevollmächtigten zustehenden Vertretung auf einen bei dem Obersten Gerichtshof nicht zugelassenen Rechtsanwalt findet nicht statt.

§ 23

Die Anwaltskammer bei dem Obersten Gerichtshof wird durch die Rechtanwälte gebildet, die bei ihm zugelassen sind.

§ 24

Auf die Rechtsanwaltschaft bei dem Obersten Gerichtshof sind, soweit nicht in den vorstehenden Paragraphen abweichende Bestimmungen enthalten sind, die Vorschriften der Rechtsanwaltsordnung mit der Maßgabe sinngemäß anzuwenden, daß an die Stelle des Reichsministers der Justiz oder der Landesjustizverwaltung der Präsident des Zentral-Justizamts und an die Stelle des Oberlandesgerichts der Oberste Gerichtshof tritt.

Von der Verpflichtung des Rechtsanwalts, an dem Sitz des Obersten Gerichtshofes seinen Wohnsitz zu nehmen und eine Kanzlei einzurichten, kann der Präsident des Zentral-Justizamts eine Ausnahme bewilligen; die Bewilligung ist widerruflich. Der Präsident des Zentral-Justizamts bestimmt auch, inwieweit benachbarte Orte im Sinne dieser Vorschrift als ein Ort anzusehen sind.

4. Geschäftsstelle

§ 25

Bei dem Obersten Gerichtshof wird eine Geschäftsstelle eingerichtet. Sie wird mit der erforderlichen Zahl von Urkundsbeamten besetzt. Die Geschäftseinrichtung wird durch den Präsidenten des Zentral-Justizamts bestimmt.

5. Ergänzende Vorschriften

§ 26

Soweit in dieser Verordnung nichts Abweichendes bestimmt ist, sind die Vorschriften des Gerichtsverfassungsgesetzes entsprechend anzuwenden.

ZWEITER ABSCHNITT
Zuständigkeit und Verfahren

1. Bürgerliche Rechtsstreitigkeiten

§ 27

In bürgerlichen Rechtsstreitigkeiten ist der Oberste Gerichtshof zuständig für die Verhandlung und Entscheidung über die Rechtsmittel

1. der Revision gegen die Endurteile der Oberlandesgerichte,
2. der Beschwerde gegen Entscheidungen der Oberlandesgerichte in den Fällen des § 519b Abs. 2 der Zivilprozeßordnung.

§ 28

Gegen Urteile, durch welche über die Anordnung, Abänderung oder Aufhebung eines Arrestes oder einer einstweiligen Verfügung entschieden wird, ist die Revision nicht zulässig.

§ 29

Gegen das Urteil eines Oberlandesgerichts findet die Revision nur statt, wenn sie in dem Urteil zugelassen ist oder wenn bei vermögensrechtlichen Ansprüchen der Wert des Beschwerdegegenstandes 6000.— Reichsmark[1] übersteigt.

Das Oberlandesgericht darf die Revision nur zulassen, wenn die Rechtssache grundsätzliche Bedeutung hat. Es hat die Revision insbesondere stets dann zuzulassen, wenn es von einer Entscheidung des Obersten Gerichtshofes abweicht.

In betreff des Wertes des Beschwerdegegenstandes kommen die Vorschriften der §§ 3 bis 9 der Zivilprozeßordnung zur Anwendung. Der Revisions-

---

[1] jetzt „DM" (§ 2 des Ges. Nr. 61 der brit. MilReg.).

kläger hat diesen Wert glaubhaft zu machen; zur Versicherung an Eides Statt darf er nicht zugelassen werden.

§ 30

Die Revision ist unbeschränkt zulässig:

1. insoweit es sich um die Unzulässigkeit des Rechtswegs oder die Unzulässigkeit der Berufung handelt;
2. in den Rechtsstreitigkeiten über Ansprüche, für welche die Landgerichte ohne Rücksicht auf den Wert des Streitgegenstandes ausschließlich zuständig sind.

§ 31

Für das Verfahren gelten im übrigen die §§ 548 bis 566 der Zivilprozeßordnung in der Fassung der Bekanntmachung vom 8. November 1933 (Reichsgesetzbl. I S. 821); § 554 Abs. 7 der Zivilprozeßordnung ist jedoch nicht anzuwenden.

§ 32

Die Bestimmung des zuständigen Gerichts nach § 36 der Zivilprozeßordnung, die Entscheidung nach § 650 Abs. 3 der Zivilprozeßordnung und die Bestellung des Vollstreckungsgerichts nach § 2 des Gesetzes über die Zwangsversteigerung und die Zwangsverwaltung erfolgt durch den Obersten Gerichtshof, falls es sich um die Zuständigkeit solcher Gerichte handelt, die nicht im Bezirk eines gemeinschaftlichen Oberlandesgerichts ihren Sitz haben.

2. Freiwillige Gerichtsbarkeit

§ 33

3. Strafsachen

§§ 34—36

DRITTER ABSCHNITT

Änderung der Vorschriften

§ 37

Auf dem Gebiete der bürgerlichen Rechtspflege werden nachstehende Vorschriften geändert:

1. § 519b Abs. 2 der Zivilprozeßordnung in der Fassung des Artikels 1 Nr. 6 der Verordnung über das Berufungsverfahren in bürgerlichen Rechtsstreitigkeiten vom 9. Juni 1947 (VOBl. BZ. S. 76) erhält folgende Fassung: ......
2. § 566a der Zivilprozeßordnung wird aufgehoben.
3. § 567 der Zivilprozeßordnung erhält wieder folgenden Absatz 3: ......
4. § 33 Abs. 1 Nr. 1a des Gerichtskostengesetzes behält folgende Fassung:

   „1a. für das Verfahren über den Antrag, dem Kläger, Berufungskläger oder Revisionskläger nach Rücknahme der Klage, Berufung oder Revision die Kosten des Rechtsstreits aufzuerlegen (§ 271 Abs. 3, § 515 Abs. 3, § 566 der Zivilprozeßordnung)."

Für das Verfahren in Strafsachen werden nachstehende Vorschriften geändert: ......

VIERTER ABSCHNITT

Übergangs- und Schlußvorschriften

§ 38

Bei der ersten Einrichtung des Obersten Gerichtshofes können die Senate in Abweichung von § 4 dieser Verordnung zunächst in der Besetzung von nur drei Mitgliedern einschließlich des Vorsitzenden entscheiden.

Der Präsident des Zentral-Justizamts bestimmt den Zeitpunkt, wann diese Vorschrift außer Kraft tritt.

§ 39

Die im § 5 Abs. 2, § 6 dieser Verordnung vorgesehenen Anordnungen für das laufende Geschäftsjahr werden alsbald nach der Einrichtung des Obersten Gerichtshofes getroffen.

§ 40

Zur Vermeidung von Härten kann der Präsident des Zentral-Justizamts auf Antrag eines Rechtsanwalts von der Vorschrift des § 21 dieser Verordnung auf die Dauer von drei Jahren eine Ausnahme bewilligen. Die Bewilligung ist widerruflich.

Ist ein Rechtsanwalt auf Grund der Bewilligung nach Absatz 1 gleichzeitig bei einem anderen Gericht zugelassen, so soll er in Ansehung einer bürgerlichen Rechtssache seine Berufstätigkeit vor dem Obersten Gerichtshof versagen, wenn er selbst oder ein anderer Rechtsanwalt, mit dem er sich zur gemeinsamen Berufsausübung oder zu einer Bürogemeinschaft zusammengeschlossen hat, sie vorher in derselben Sache gewährt hat.

§ 41

Diese Verordnung tritt am 1. Januar 1948 in Kraft.[1]

Hamburg, den 17. November 1947.

Der Präsident
des Zentral-Justizamts für die Britische Zone

[1] Satz 2 angefügt durch die Änderungsverordnung vom 13. 1. 1948 — abgedr. unter XV D b —.

b)

Verordnung zur Änderung der Durchführungsverordnung über die Errichtung eines Obersten Gerichtshofes für die Britische Zone

vom 13. Januar 1948 (VOBl. BZ. S. 10)

Mit Rücksicht auf neuere Entwicklungen hat die Militärregierung angeordnet, daß der Oberste Gerichtshof für die Britische Zone seine Tätigkeit einstweilen nicht aufnehmen soll. Auf Grund des Artikels V der Militärregierungsverordnung Nr. 98 wird daher mit Zustimmung der Militärregierung verordnet:

§ 1

§ 41 der Verordnung zur Durchführung der Militärregierungsverordnung Nr. 98 über die Errichtung eines Obersten Gerichtshofes für die Britische Zone vom 17. November 1947 (VOBl. BZ. S. 149) erhält folgenden Satz 2:

„Die Vorschriften des Zweiten und Dritten Abschnitts dieser Verordnung treten jedoch erst mit dem Zeitpunkt in Kraft, den der Präsident des Zentral-Justizamts mit Zustimmung der Militärregierung bestimmt."

§ 2

Diese Verordnung tritt mit Wirkung vom 1. Januar 1948 in Kraft.

Hamburg, den 13. Januar 1948.

Der Präsident
des Zentral-Justizamts für die Britische Zone

c)

Verordnung zur Ausführung der Durchführungsverordnung über die Errichtung eines Obersten Gerichtshofes für die Britische Zone

vom 6. Februar 1948 (VOBl. BZ. S. 40)

In Ausführung des § 41 Satz 2 der Verordnung zur Durchführung der Militärregierungsverordnung Nr. 98 über die Errichtung eines Obersten Gerichtshofes für die Britische Zone vom 17. November 1947 (VOBl. BZ. S. 149) in der Fassung der Verordnung vom 13. Januar 1948 (VOBl. BZ. S. 10) wird mit Zustimmung der Militärregierung folgendes bestimmt:

Die Vorschriften des Zweiten und Dritten Abschnitts der Verordnung zur Durchführung der Militärregierungsverordnung Nr. 98 über die Errichtung eines Obersten Gerichtshofes für die Britische Zone vom 17. November 1947 (VOBl. BZ. S. 149) treten am 9. Februar 1948 in Kraft.

Hamburg, den 6. Februar 1948.

Der Präsident
des Zentral-Justizamts für die Britisch Zone

E.

Verordnung zur Änderung von Vorschriften auf dem Gebiet der Gerichtsverfassung, der bürgerlichen Rechtspflege und des Kostenrechts[1]

vom 27. Januar 1948 (VOBl. BZ. S. 13, Ber. S. 95).

Mit Zustimmung der Militärregierung wird verordnet:

---

[1] Amtl. Begr. dazu: ZJBl. 1948 S. 40.

Artikel 1
Änderung von Vorschriften des Gerichtsverfassungsgesetzes

Artikel 2
Änderung von Vorschriften der Zivilprozeßordnung

Artikel 3
Freiwillige Gerichtsbarkeit

Artikel 4
Änderung von Vorschriften der Hinterlegungsordnung

Artikel 5
Kostenwesen

Artikel 6
Schlußvorschriften

I. Inkrafttreten

1. Die Verordnung tritt am 1. April 1948 in Kraft.

II. Aufhebung von Vorschriften

2. Folgende Vorschriften werden aufgehoben, soweit sie nicht bereits außer Kraft getreten sind:
   a) § 10 der Verordnung zur einheitlichen Regelung der Gerichtsverfassung vom 20. März 1935 (Reichsgesetzbl. I S. 403);
   b) das Gesetz über die Geschäftsverteilung bei den Gerichten vom 24. November 1937 (Reichsgesetzbl. I S. 1286);
   c) die §§ 1 bis 12, 28 bis 35 der Verordnung über Maßnahmen auf dem Gebiete der Ge-

richtsverfassung und der Rechtspflege vom 1. September 1939 (Reichsgesetzbl. I S. 1658);

d) Die Zweite Verordnung zur Durchführung der Verordnung über Maßnahmen auf dem Gebiete der Gerichtsverfassung und der Rechtspflege vom 4. Oktober 1939 (Reichsgesetzbl. I S. 1994);

e) die Verordnung über weitere Maßnahmen auf dem Gebiete der Zwangsvollstreckung (Lockerungsverordnung) vom 31. Oktober 1939 (Reichsgesetzbl. I S. 2139);

f) die Verordnung zur Änderung der Vereinfachungsverordnung (Zweite Vereinfachungsverordnung — 2. VereinfV.) vom 18. September 1940 (Reichsgesetzbl. I S. 1253);

g) die Verordnung zur Vereinfachung und Vereinheitlichung des Zustellungsrechts (ZustV) vom 9. Oktober 1940 (Reichsgesetzbl. I S. 1340);

h) die Verordnung zur weiteren Vereinfachung der Gerichtsverfassung, der bürgerlichen Rechtspflege und des Kostenrechts (Dritte Vereinfachungsverordnung — 3. VereinfV.) vom 16. Mai 1942 (Reichsgesetzbl. I S. 333);

i) die Verordnung zur weiteren Vereinfachung der bürgerlichen Rechtspflege (Vierte Vereinfachungsverordnung — 4. VereinfV.) vom 12. Januar 1943 (Reichsgesetzbl. I S. 7);

j) die Verordnung über Kriegsmaßnahmen auf dem Gebiete der bürgerlichen Rechtspflege (Kriegsmaßnahmenverordnung) vom 12. Mai 1943 (Reichsgesetzbl. I S. 290);

k) die Verordnung über das Beschwerdeverfahren in Angelegenheiten der freiwilligen (außerstreitigen) Gerichtsbarkeit (Kriegs-Beschwerdeverordnung) vom 12. Mai 1943 (Reichsgesetzbl. I S. 290);

l) die Durchführungsverordnung zur Kriegsmaßnahmenverordnung und zur Kriegs-Beschwerdeverordnung) vom 12. Mai 1943 (Reichsgesetzbl. I S. 292);

m) die Verordnung des Reichsministers der Justiz vom 13. November 1943 zur Ausführung der Kriegs-Beschwerdeverordnung (Reichsministerialbl. S. 99; Deutsche Justiz 1944 S. 23);

n) die Verordnung über außerordentliche Maßnahmen auf dem Gebiete des bürgerlichen Rechts, der bürgerlichen Rechtspflege und des Kostenrechts aus Anlaß des totalen Krieges (Zweite Kriegsmaßnahmenverordnung) vom 27. September 1944 (Reichsgesetzbl. I S. 229).

III. Übergangsvorschriften

3. Bis zum 31. Dezember 1948 sind die Richter verpflichtet, auf Anordnung des Oberlandesgerichtspräsidenten innerhalb des Oberlandesgerichtbezirks jegliche Art von richterlichen Geschäften sowie von Geschäften der Justizverwaltung bei jedem ordentlichen Gericht wahrzunehmen.

4. Bis zum 31. Dezember 1948 kann auf Grund von Anordnungen der Landesjustizverwaltung gemäß den folgenden Vorschriften verfahren werden:

a) Abweichend von den §§ 62 und 117 des Gerichtsverfassungsgesetzes kann der Vorsitz in den Kammern der Landgerichte und in den Senaten der Oberlandesgerichte einem bei dem Landgericht oder dem Oberlandesgericht angestellten Richter übertragen werden, in den Kammern der Landgerichte im Bedarfsfalle auch einem Hilfsrichter, der als Richter ständig angestellt ist oder früher angestellt war oder als Rechtsanwalt zugelassen war.

b) Abweichend von § 118 des Gerichtsverfassungsgesetzes dürfen zu Hilfsrichtern bei den Oberlandesgerichten außer ständig angestellten Richtern auch Personen berufen werden, die früher als Richter ständig angestellt oder als Rechtsanwälte zugelassen waren.

5. Hat vor dem Inkrafttreten dieser Verordnung ein nicht bei dem Prozeßgericht zugelassener Rechtsanwalt die Vertretung einer Partei vor einem Landgericht gemäß § 6 Abs. 1 der Zweiten Kriegsmaßnahmeverordnung übernommen, so bleibt seine Befugnis zur weiteren Vertretung der Partei bis zur Erledigung des Rechtsstreits bei diesem Gericht unberührt.

6.—7. (freiwillige Gerichtsbarkeit)

Artikel 7
Geltung für die Strafrechtspflege

Hamburg, den 27. Januar 1948.

Der Präsident des Zentral-Justizamts für die Britische Zone

F.

Verordnung über die Hemmung von Verjährungs- und ähnlichen Fristen auf dem Gebiet des bürgerlichen Rechts und der bürgerlichen Rechtspflege

vom 16. Dezember 1946 (VOBl. BZ. 1947 S. 9)

Mit Zustimmung der Militärregierung wird verordnet:

§ 1

Die Verjährung ist vom Inkrafttreten der Zweiten Kriegsmaßnahmenverordnung vom 27. September 1944 (Reichsgesetzbl. I S. 229) am 15. Oktober 1944 bis zum 31. Dezember 1947[1] gehemmt.

§ 2

Die vorstehende Bestimmung gilt auch

1. für Fristen, die gesetzlich oder rechtsgeschäftlich für die Beschreitung des Rechtsweges oder die sonstige Geltendmachung von Rechten im gerichtlichen Verfahren bestimmt sind, mit Ausnahme der Fristen, die in den §§ 152, 153 der Reichskonkursordnung vorgesehen sind;
2. für alle sonstigen Fristen, auf die § 203 des Bürgerlichen Gesetzbuchs ganz oder teilweise entsprechend anzuwenden ist, und für die Frist des § 22 Abs. 2 des *Reichserbhofgesetzes;*
3. für die Fristen, innerhalb deren Zinsen, Renten und Gewinnanteilscheine an den Inhaber dem Aussteller zur Einlösung vorzulegen sind.

§ 3

Die Vorschriften der §§ 30, 31 der Verordnung über die Vertragshilfe des Richters aus Anlaß des

[1] Verlängert bis 31. 12. 1948 durch VO. v. 17. 12. 1947 (VOBl. BZ. S. 174).

Krieges vom 30. November 1939 (Reichsgesetzbl. I S. 2329) in der Fassung der Verordnung vom 3. November 1941 (Reichsgesetzbl. I S. 684) sowie die Verordnung über Verjährungsfristen vom 9. Dezember 1943 (Reichsgesetzbl. I S. 668) sind bis zum Ablauf der im § 1 bestimmten Frist nicht anzuwenden.

§ 4

Diese Verordnung tritt mit dem 31. Dezember 1946 in Kraft.

Hamburg, den 16. Dezember 1946.

Der Präsident des Zentral-Justizamts für die Britische Zone.

G.

Verordnung über die einstweilige Zurückstellung bürgerlicher Rechtssachen im Geschäftsjahr 1948

vom 11. Mai 1948 (VOBl. BZ. S. 115)

Mit Zustimmung der Militärregierung wird verordnet:

Erster Abschnitt

Allgemeine Vorschriften

§ 1

Im Geschäftsjahr 1948 wird die Bearbeitung bürgerlicher Rechtssachen in der Zeit vom 15. Juli bis zum 15. September nach Maßgabe der folgenden Vorschriften zurückgestellt.

Zweiter Abschnitt

Streitige Gerichtsbarkeit

§ 2

(1) Während der Zeit vom 15. Juli bis zum 15. September werden nur in Eilsachen Termine abgehalten und Entscheidungen erlassen.

(2) Eilsachen sind:

1. Arrestsachen und die eine einstweilige Verfügung betreffenden Sachen,
2. Wechselsachen,
3. Regreßansprüche aus einem Scheck.

(3) In dem Verfahren vor den Amtsgerichten kann das Gericht auf Antrag auch andere Sachen als Eilsachen bezeichnen. Werden in einer Sache, die durch Beschluß des Gerichts als Eilsache bezeichnet ist, in einem Termin zur mündlichen Verhandlung einander widersprechende Anträge gestellt, so ist der Beschluß aufzuheben, sofern die Sache nicht besonderer Beschleunigung bedarf.

(4) In dem Verfahren vor den Landgerichten sowie in dem Verfahren in den höheren Instanzen kann das Gericht auch solche Sachen, die nicht unter die Vorschrift des Abs. 2 fallen, soweit sie besonderer Beschleunigung bedürfen, als Eilsachen bezeichnen. Die Bezeichnung kann vorbehaltlich der Entscheidung des Gerichts durch den Vorsitzenden erfolgen.

§ 3

Für den Lauf der Fristen während der Zeit vom 15. Juli bis zum 15. September 1948 gelten die Vorschriften des § 223 Abs. 1 und 2 der Zivilprozeßordnung entsprechend.

§ 4

Die Vorschrift des § 1 gilt nicht für das Kostenfestsetzungsverfahren, das Mahnverfahren, das Zwangsvollstreckungsverfahren, das Konkursverfahren und das Vergleichsverfahren.

Dritter Abschnitt

Freiwillige Gerichtsbarkeit

In Verfahren, die sich nach den Vorschriften des Reichsgesetzes oder der Landesgesetze über die freiwillige Gerichtsbarkeit richten, kann die Bearbeitung der Sachen während der Zeit vom 15. Juli bis zum 15. September 1948 unterbleiben, soweit sie nicht besonderer Beschleunigung bedürfen.

Vierter Abschnitt

Inkrafttreten

§ 6

Die Verordnung tritt am 18. Mai 1948 in Kraft.

Hamburg, den 11. Mai 1948.

Der Präsident des Zentral-Justizamts für die Britische Zone.

H.

Gesetz betr. Bekanntmachung über Wertpapiere und in Handelssachen

Vom 22. Juni 1948

(GuVBlWiR. S. 53)

Der Wirtschaftsrat hat das folgende Gesetz beschlossen;

§ 1

(1) Folgende Vorschriften werden aufgehoben:

1. Die Verordnung über die Einschränkung handelsrechtlicher Bekanntmachungen während des Krieges vom 20. Oktober 1943 (Reichsgesetzbl. I, S. 573);
2. Die Verordnung zur Vereinfachung der Bekanntmachungen über Wertpapiere vom 22. Januar 1944 (Reichsgesetzbl. I, S. 42) mit Ausnahme des § 6 (Neufassung des § 367 des Handelsgesetzbuches);
3. § 2 und § 15, Satz 2, der Verordnung zur Vereinfachung der Verwaltung von Personenvereinigungen vom 8. Januar 1945 (Reichsgesetzblatt I, S. 5).

(2) Ist gemäß den bisherigen Bestimmungen eine in das Handelsregister einzutragende Tatsache nicht bekanntgemacht worden, so bleibt im Sinne des § 15 des Handelsgesetzbuches allein die Eintragung maßgebend.

§ 2

(1) Bekanntmachungen über Wertpapiere und in Handelssachen sind, soweit sie vor dem Inkrafttreten der in § 1, Abs. 1, aufgehobenen Vorschriften in dem früheren Deutschen Reichsanzeiger zu veröffentlichen waren, künftig in dem Öffentlichen Anzeiger für das Vereinigte Wirtschaftsgebiet in Frankfurt am Main zu veröffentlichen.

(2) Soweit nach § 367 des Handelsgesetzbuchs (in der Fassung des § 6 der Verordnung zur Vereinfachung der Bekanntmachungen über Wertpapiere vom 22. Januar 1944) Rechtswirkungen an die Veröffentlichung in der früheren Sammelliste

aufgerufener Wertpapiere geknüpft werden, treten diese künftig mit der Veröffentlichung in dem Öffentlichen Anzeiger für das Vereinigte Wirtschaftsgebiet ein.

§ 3

In den §§ 5, 7 und 8 der siebenten Durchführungs- und Ergänzungsverordnung zur Kriegsschädenverordnung (Kriegsschäden an Wertpapieren) vom 6. November 1943 (Reichsgesetzbl. I, S. 632) tritt an die Stelle der Sammelliste aufgerufener Wertpapiere der Öffentliche Anzeiger für das Vereinigte Wirtschaftsgebiet.

§ 4

Bekanntmachungen über Wertpapiere und in Handelssachen, die vor dem Inkrafttreten dieses Gesetzes erfolgt sind, haben die gleichen Rechtswirkungen wie Veröffentlichungen in dem Öffentlichen Anzeiger für das Vereinigte Wirtschaftsgebiet, wenn sie auf Grund anderer Gesetze oder Verordnungen rechtswirksam sind oder wenn sie in einem amtlichen Veröffentlichungsblatt oder gemäß Anordnung des zuständigen Gerichts erfolgt sind.

§ 5

Bekanntmachungen der Jahresabschlüsse von Aktiengesellschaften und Kommanditgesellschaften auf Aktien, die sich auf ein Geschäftsjahr beziehen, das vor dem 1. Oktober 1947 endet, können unterbleiben. Soweit Bekanntmachungen von Jahresabschlüssen hiernach nicht erfolgen, ist unverzüglich nach der Beschlußfassung über die Gewinnverteilung die Höhe des auf jede Aktie entfallenden Gewinns in dem Öffentlichen Anzeiger für das Vereinigte Wirtschaftsgebiet bekanntzumachen.

§ 6

Der Vorsitzende des Verwaltungsrats kann Vorschriften zur Durchführung dieses Gesetzes erlassen.

§ 7

Dieses Gesetz tritt einen Monat nach seiner Verkündung[1] in Kraft.

Das vorstehende Gesetz wird hiermit verkündet, nachdem der Länderrat von seinem Einspruchsrecht keinen Gebrauch gemacht hat.

Der Präsident des Wirtschaftsrates.

Nachtrag.

A.

Verordnung über die Geschäftsverteilung bei den Amtsgerichten

vom 9. September 1948 (VOBl. BZ. S. 261).

Mit Zustimmung der Militärregierung wird verordnet:

§ 1

In das Gerichtsverfassungsgesetz werden nach § 22 folgende Vorschriften eingefügt:

„§ 22a

Bei den mit einem Präsidenten besetzten Amtsgerichten wird ein Präsidium gebildet.

Das Präsidium besteht aus dem Amtsgerichtspräsidenten als Vorsitzenden, den Amtsgerichtsdirektoren und den beiden dem Dienstalter nach, bei gleichem Dienstalter der Geburt nach ältesten Amtsrichtern.

Sind bei einem Amtsgericht bei Beginn des Geschäftsjahres mehr als sechs Amtsgerichtsdirektoren

[1] verkündet am 1. 7. 1948.

angestellt, so gelten folgende besonderen Vorschriften: Das Präsidium wird durch den Amtsgerichtspräsidenten als Vorsitzenden, seinen ständigen Vertreter, fünf weitere Amtsgerichtsdirektoren und zwei Amtsrichter gebildet. Die Amtsgerichtsdirektoren werden von der Gesamtheit der Amtsgerichtsdirektoren, die Amtsrichter von der Gesamtheit der Amtsrichter für die Dauer des Geschäftsjahres gewählt; bei der Wahl sollen Richter der Zivilabteilungen und der Strafabteilungen berücksichtigt werden. Sind für den Amtsgerichtspräsidenten zwei ständige Vertreter bestellt, so gehören beide dem Präsidium an; sind mehr als zwei Vertreter bestellt, so bestimmt die Landesjustizverwaltung zwei von ihnen.

Das Präsidium entscheidet nach Stimmenmehrheit; bei Stimmengleichheit gibt die Stimme des Amtsgerichtspräsidenten den Ausschlag.

§ 22b

Bei den mit mehreren Amtsrichtern besetzten Amtsgerichten werden die Geschäfte vor Beginn des Geschäftsjahres auf seine Dauer verteilt. In gleicher Weise wird die Vertretung der Amtsrichter in Behinderungsfällen geregelt.

Die getroffene Anordnung kann im Laufe des Geschäftsjahres nur geändert werden, wenn dies wegen Überlastung, Wechsels oder dauernder Behinderung eines Richters erforderlich ist.

§ 22c

Die im § 22b bezeichneten Anordnungen werden bei den mit einem Präsidenten besetzten Amtsgerichten von dem Präsidium des Amtsgerichts getroffen. Das gleiche gilt für andere zum Bezirk des übergeordneten Landgerichts gehörige Amtsgerichte, über die der Amtsgerichtspräsident an Stelle des Landgerichtspräsidenten die Dienstaufsicht ausübt. Der Amtsgerichtspräsident bestimmt die Abteilung, die er übernimmt.

Bei den übrigen Amtsgerichten werden die im § 22b bezeichneten Anordnungen von dem Präsidium des Landgerichts getroffen.

Sofern eine Entscheidung des Präsidiums nicht rechtzeitig ergehen kann, werden die im § 22b bezeichneten Anordnungen bei den mit einem Präsidenten besetzten und bei anderen seiner Dienstaufsicht unterstehenden Amtsgerichten von dem Amtsgerichtspräsidenten, bei den übrigen Amtsgerichten von dem Landgerichtspräsidenten getroffen. Die Anordnung ist dem Präsidium unverzüglich vorzulegen. Sie bleibt in Kraft, solange das Präsidium nicht anderweit beschließt.

§ 22d

Die Gültigkeit der Handlung eines Amtsrichters wird nicht dadurch berührt, daß die Handlung nach der Geschäftsverteilung von einem anderen Richter wahrzunehmen gewesen wäre."

§ 2

Die §§ 5 und 6 der Verordnung zur einheitlichen Regelung der Gerichtsverfassung vom 20. März 1935 (Reichsgesetzbl. I S. 403) werden aufgehoben.

§ 3

Die Vorschriften dieser Verordnung gelten auch für das Gerichtsverfassungsgesetz in der Fassung der Allgemeinen Anweisungen für Richter Nr. 2.

§ 4

Diese Verordnung tritt am 1. Oktober 1948 in Kraft.

Die auf Grund der bisherigen Vorschriften getroffene Geschäftsverteilung bleibt für das Geschäftsjahr 1948 in Kraft. Jedoch bestimmen sich die nach dem 30. September 1948 zu treffenden Anordnungen nach den Vorschriften dieser Verordnung.

Hamburg, den 9. September 1948.

Der Präsident
des Zentral-Justizamts für die Britische Zone.

B.
Verordnung zum Gesetz über das Verfahren in Binnenschiffahrtssachen

vom 16. August 1948 (VOBl. BZ. S. 240, Drfb. S. 260).

Mit Zustimmung der Militärregierung wird verordnet:

§ 1

Das Gesetz über das Verfahren in Binnenschiffahrtssachen vom 30. Januar 1937 (Reichsgesetzbl. I S. 97) gilt nebst den noch in Kraft befindlichen Durchführungsverordnungen außer für den Rhein auch insoweit weiter, als seine Vorschriften den Bestimmungen widersprechen, die bei und nach Wiederaufnahme der Tätigkeit der Gerichte, insbesondere über Abhängigkeit der Rechtsmittel von der Höhe des Streitwerts, Zuständigkeit und Rechtsmittelzug erlassen sind.

Für die in § 1 Abs. 1 Ziffer 1 bis 3 des Gesetzes aufgeführten Ansprüche ist in erster Instanz auch dasjenige Schiffahrtsgericht zuständig, in dessen Bezirk für den Beklagten ein allgemeiner Gerichtsstand (§§ 12 bis 19 der Zivilprozeßordnung), oder der Gerichtsstand der Niederlassung (§ 21 der Zivilprozeßordnung) oder der des Vermögens oder des Streitgegenstandes (§ 23 der Zivilprozeßordnung) begründet ist.

§ 2

Diese Verordnung tritt mit der Verkündung in Kraft.[1]

Sind Binnenschiffahrtssachen z.Z. des Inkrafttretens der Verordnung bei den ordentlichen Gerichten erster oder zweiter Instanz anhängig, so bleiben diese zuständig, sofern nicht beide Parteien die Verweisung an das Schiffahrtsgericht oder Schiffahrtsobergericht beantragen.

Hamburg, den 16. August 1948.

Der Präsident
des Zentral-Justizamts für die Britische Zone

C.

Verordnung über die nachträgliche Zulassung der Revision in Zivilsachen

vom 17. September 1948 (VOBl. BZ. S. 282).

(wegen der bloß vorübergehenden Bedeutung hier nicht im Wortlaut abgedruckt).

D.

Militärregierung Deutschland
Britisches Kontrollgebiet
Verordnung Nr. 169
Verlegung deutscher ordentlicher Gerichte

Da es wünschenswert ist, den gesetzgebenden Körperschaften der Länder die Befugnis zu erteilen, deutsche ordentliche Gerichte unter Umständen örtlich zu verlegen, wird hiermit folgendes verordnet:

---

[1] verkündet am 16. 8. 48.

Artikel I

Ermächtigung

1. Ungeachtet der Bestimmungen der Ziffer 19 des Anhangs A zur Verordnung Nr. 57 der Militärregierung oder gegenwärtig geltender deutscher Gesetze können die gesetzgebenden Körperschaften der Länder vorbehaltlich der §§ 1, 4, 5 und 6 der Verordnung Nr. 57 der Militärregierung Gesetze über die Verlegung des Sitzes deutscher Gerichte an andere Orte des betreffenden Landes erlassen.

Artikel II

Ausnahmebestimmung

2. Die in Artikel I erteilte Ermächtigung gilt nicht, soweit es sich um das deutsche Obergericht für das Vereinigte Wirtschaftsgebiet und den Deutschen Obersten Gerichtshof für die britische Zone handelt.

Artikel III

Inkrafttreten

3. Diese Verordnung tritt am 1. Oktober 1948 in Kraft.

Im Auftrage der Militärregierung

Übersicht über die Allgemeinen Verfügungen des RJM. zur ZPO.

Inhalt		Datum	Geschäftszeichen	Deutsche Justiz
Abstammung (siehe Sachverständige)				
Armensachen				
Auswahl v. Armenanwält.	AV.	10. 12. 34	IVb 6122	1572
Auswahl von Armenanwälten (Simultananwälte)	AV.	30. 6. 37	3710 IVb 6990	1029
Beiordnung von Armenanwälten in bürgerlich. Rechtsstreitigkeiten vor den AG.	AV.	5. 12. 39	9133 IVb³ 1687	1829
Ausstellung des Armutszeugnisses nach § 118 Abs. 2 ZPO.	AV.	14. 10. 35	IVb 7524	1544
Prozeßagenten als Armenvertreter	AV.	15. 12. 38	5657 VId 586	2011
Prozeßagenten als Armenvertreter	AV.	9. 5. 42	3712 VIb³ 452	330
Aufgebot				
Aufgebot von Reichsschuldurkunden	AV.	26. 4. 39	3734 IVb³ 640	749
Auskunft				
Gutachtliche Mitarbeit d. Preisbehörden in gerichtlichen Verfahren	AV.	25. 10. 40	3720 IVb³ 1819	1217
Beamte				
Aussagegenehmigung für Beamte *u. polit. Leiter*	AV.	24. 12. 42	2045 Ia⁹ 1989	1943 S. 15
Beschlagnahme				
Einfluß öffentlich. Wirtschaftsmaßnahmen auf die Zwangsvollstreckg. in bewegliche Sachen	AV.	19. 7. 40	2344 IVa⁵ 1329	849
" " " "	AV.	16. 12. 40	2344 IVa⁵ 2221	1432
Beschleunigung				
Beschleunigung und Unmittelbarkeit d. Rechtsgangs	AV.	11. 11. 35	IVb 7458	1654

Inhalt		Datum	Geschäftszeichen	Deutsche Justiz
Dänemark				
Verbürgung der Gegenseitigkeit bei der Anerkennung u. Vollstreckung von Urteilen im Verhältnis zwischen dem Deutschen Reich und Dänemark	AV.	25. 6. 38	9202 DI-IVb^{3} 1064	1013
Dolmetscher				
Dolmetscher u. Übersetz. .	AV.	18. 5. 37	3134/1-IIIa^{2} 443	767
Vereinfachung des Verfahrens auf dem Gebiet des Beurkundungsrechts	AV.	2. 11. 42	3805 VIb^{2} 1689	720
,, ,, ,, ,,	AV.	31. 5. 44	3805 VIb^{2} 601	168
Ehesachen				
Benachrichtigung in Ehesachen	AV.	16. 3. 43	1454-VIIIa^{11} 518	186
Eid				
Eidesform . . . . (siehe auch Vereidigung)	Schrb.	15. 1. 34	IIr 145 Le	77
Entmündigung				
Mitteilungen in Entmündigungs- u. Pflegsch.-sachen	AV.	12. 1. 43	3732 VIb^{1} 20	44
Gegenseitigkeit				
(siehe Dänemark, Griechenland)				
Gnade				
Gnadenweiser Erlaß von Ordnungsstrafen, die gemäß § 890 RZPO. verhängt worden sind .	AV.	19. 4. 40	3744 IVb^{3} 767	480
Griechenland				
Verbürgung der Gegenseitigkeit bei der Bewilligung des Armenrechts und bei der Befreiung von der Verpflichtung zur Sicherheitsleistung im Verhältnis zu Griechenland (siehe auch Rechtshilfe)	AV.	2. 12. 42	9202 VIb^{1} 1050	800

Inhalt		Datum	Geschäftszeichen	Deutsche Justiz
Gutachten (siehe Sachverständige, Preisbehörden)				
Inkasso				
Anwendung des Rechtsberatungsmißbrauchgesetzes bei Inkassotätigkeit	AV.	12. 3. 40	3712 IVb^3 456	368
Jagdsachen				
Streitigkeiten in Jagdsachen	AV.	12. 7. 35	IVb 4294	986
Bewertung von lebendem Wild	AV.	12. 10. 40	Vb^2 1725	1688
Kostenerstattung (siehe Rechtsbeistände)				
Kurzschrift (siehe Stenografie)				
Lohnpfändung				
Festsetzung der zum notwendigen Unterhalt erforderlichen Beträge bei der Pfändung vom Diensteinkommen, Arbeitsvergütung usw. wegen bevorrechtigter gesetzlicher Unterhaltsansprüche	AV.	10. 1 40	3743 IVb^3 27	95
Mahnverfahren				
Behandlung von Anträgen auf Bewilligung einer Zahlungsfrist im Mahnverfahren	AV.	30. 3. 40	9133 IVb^3 552	396
Mieterschutz				
Streitwert bei Mietaufhebungsklagen nach § 4 des Miterschutzgesetzes	AV.	12. 1. 44	5610 VIb^4 60	66
Berücksichtigung der Wohnungsknappheit in Kündigungsschutzsa-				

Inhalt		Datum	Geschäftszeichen	Deutsche Justiz
chen und bei der Vollstreckung von Räumungsteilen	AV.	12. 6. 43	6225 VI b4 832	320
Mitteilung				
Mitteilung von Klagen u. Vollstreckungsmaßnahmen gegen Rechtsanwälte, Notare usw. . .	AV.	1. 10. 37	1432 IV b 7693	1570
Mitteilung des erkennenden Gerichts an das Vormundschaftsgericht und an die Staatsanwaltschaft in Ehesachen	AV.	27. 7. 38	3731 IV b8 1287	1177
Benachrichtigung in Ehesachen	AV.	16. 3. 43	1454 VIII a11 518	186
Mitteilungen in Entmündigungs- und Pflegschaftssachen	AV.	12. 1. 43	3732 VI b1 20	44
Überlassung von Urteilsabschriften an die mit erbbiologisch-*rassekundlichen* Gutachten beauftragten Institute .	AV.	11. 10. 41	1430 VI a11 1866	993
Ordnungsstrafen (siehe Gnade)				
Postspareinlagen				
Pfändung in Postspareinlagen	AV.	13. 2. 43	3740 VI b1 217	122
Preisbehörden				
Gutachtliche Mitarbeit d. Preisbehörden in gerichtlichen Verfahren .	AV.	25. 10. 40	3720 IV b8 1819	1217
Protokollführer (siehe Vernehmungsniederschrift)				
Prozeßagenten				
Zulassung von Prozeßagenten	AV.	23. 3. 35	IV b 6485	486
Prozeßagenten als Armenvertreter	AV.	15. 12. 38	5657 VI d 586	2011
„ „ „	AV.	9. 5. 42	3712 VI b3 452	330

Inhalt		Datum	Geschäftszeichen	Deutsche Justiz
Rechtsantragstellen Aufnahme von Anträgen und Erklärungen durch Urkundsbeamteder Geschäftsstellen (Rechtsantragstellen)	AV.	29. 10. 36	1454-Ia 13953	1638
Rechtsbeistände Erstattungsfähigkeit der Kosten eines Rechtsbeistandes	AV.	16. 9. 38	3713 IVb[3] 1535	1713
" " "	AV.	16. 1. 41	3713 IVb[3] 1931/40	132
Rechtsberatung Zusammenarbeit der Behörden der Justizverwaltung mit den Polizeibehörden in Angelegenheiten der geschäftsmäßigen Rechtsbesorgung	AV.	10. 11. 36	3712 IVb 7876	1794
(siehe auch Inkasso, Versicherungsberater)				
Rechtshilfe Erledigung von Rechtshilfeersuchen in die Stadt Berlin	AV.	20. 1. 39	3205 Ia[1] 87	180
" " "	AV.	27. 6. 39	3205 Ia[1] 1042	1113
(siehe auch Zustellungen)				
Rechtskraftzeugnisse Erteilung der Rechtskraftzeugnisse im Geltungsbereich der RZPO. . .	AV.	15. 9. 42	3740 VIb[3] 1076	606
Reichsfiskus (siehe Vertretung)				
Sachverständige Sachverständigengutachten über Tuberkulose .	AV.	18. 11. 41	3430 IVb[4] 1853	1090
Richtlinien für die Ausführung der Blutgrup-				

Inhalt		Datum	Geschäftszeichen	Deutsche Justiz
penuntersuchung und Einführung einer staatlichen Prüfung für die dabei Verwendung findenden Testseren . . .	RE.	26. 5. 37	3470 IVb 4042	1134
Ausführung der Blutgruppenuntersuchung . . .	AV.	26. 2. 38	3470 IVb[3] 303	323
Untersuchungen auf Blutgruppenzugehörigkeit durch die Gesundheitsheitsämter	AV.	3. 10. 35	Va 25791	1480
Beweiswert der Blutgruppenbestimmung . . .	AV.	10. 8. 36	3470 IVb 4631	1221
Blutgruppenbestimmung	AV.	23. 9. 42	3470 VIb[2] 1363	637
Gebühren für erbbiologische Abstammungsgutachten in gerichtlichen Verfahren	GRE.	21. 4. 42	3470 IVb[2] 652	294
Sachverständige in Rechtsstreitigkeiten über Gefolgschaftserfindungen	AV.	24. 2. 44	3621 VIb[1] 253	107
(siehe auch Vorschüsse)				
Schriftführer				
(siehe Vernehmungsniederschrift)				
Schuldnerverzeichnis				
Erteilung von Abschriften oder Auszügen aus den Schuldnerverzeichnissen	AV.	1. 6. 38	3745 IVb[3] 957	884
Sitzungen				
Ordnungs- und Sicherheitsdienst	A. V	29. 3. 39	2372 Ia[11] 276	608
Auswärtige Termine der Gerichte	AV.	30. 11. 43	3100 Ia[9] 2243	587
Stenografie				
Deutsche Kurzschrift . .	AV.	10. 8. 37	6104 VIa[11] 902	1248
Stillstand der Rechtspflege				
Feststellung des Stillstands der Rechtspflege	AV.	22. 12. 43	9133 VIb[1] 2052	1944 S. 39

Inhalt		Datum	Geschäftszeichen	Deutsche Justiz
Straferlaß (siehe Gnade)				
Übersetzer (siehe Dolmetscher)				
Unmittelbarkeit (siehe Beschleunigung)				
Urkunden (siehe Zwangsvollstreckg.)				
Vereidigung				
Beeidigung der Zeugen im Zivilprozeß	AV.	10. 6. 38	3725 IVb[3] 1063	931
Belehrung der Zeugen und Sachverständigen über Strafbarkeit der Verletzung der Wahrheitspflicht in bürgerlichen Rechtssachen	AV.	3. 8. 43	3723 VIb[1] 1404	386
(siehe auch Eid)				
Vernehmungsniederschrift				
Vereinfachung des gerichtlichen Verfahrens in bürgerlichen Rechtssachen	AV.	28. 5. 42	9133 VIb[3] 714	359
Versicherungsberater				
Lockerung des Werbeverbots für Versicherungsberater	AV.	5. 7. 38	3712 IVb[3] 1182	1114
Vertretung				
Bestimmungen über die Vertretung des *Reichsfiskus* im Geschäftsbereich der *Reichsjustizverwaltung* und das nach der Zustellung von Pfändungs- und Überweisungsbeschlüssen od. Pfändungsbenachrichtigungen zu beobachtende Verfahren	AV.	9. 3. 37	5002 VIa[6] 205	431

Inhalt		Datum	Geschäftszeichen	Deutsche Justiz
Bestimmungen über die Vertretung des *Reichsfiskus* im Geschäftsbereich der *Reichsjustizverwaltung*	AV.	22. 6. 37	5002 VI a[5] 736	1022
„ „ „	AV.	14. 4. 39	5002 VI a[12] 514	657
Vorschüsse				
Vorschüsse an Parteien, Beschuldigte, Zeugen u. Sachverständige . . .	AV.	12. 8. 35	VI a 6825	1171
Zahlungsbefehl (siehe Mahnverfahren)				
Zahlungsfrist (siehe Mahnverfahren)				
Zeugen (siehe Beamte, Vereidigung, Vorschüsse)				
Zustellungen[1]				
Ersatzzustellung nach § 182 ZPO.	AV.	13. 1. 37	3716 IV b 6065	97
Vereinfachung des gerichtlichen Verfahrens in bürgerlichen Rechtssachen	AV.	28. 5. 42	9133 VI b[8] 714	359
Zwangsvollstreckungen				
Vollstreckungsschutz für die Binnenschiffahrt .	AV.	22. 10. 35	VI b 7594	1543
Einfluß öffentlicher Wirtschaftsmaßnahmen auf die Zwangsvollstreckung in bewegliche Sachen	AV.	19. 7. 40	2344 IV a[8] 1329	849
„ „ „	AV.	16. 12. 40	2344 IV a[8] 2221	1432
Pfändung von Postspareinlagen	AV.	13. 2. 43	3740 VI b[1] 217	122
Höchstpreise bei der Verwertung von Pfandstücken durch die Gerichtsvollzieher, Preisbildung und Verfahren	AV.	12. 4. 43	2344 VI a[8] 702	249

[1] Zustellung von Urkunden an Zivilinternierte und Vernehmung solcher Personen durch deutsche Behörden: ZJBl. 1947 S. 120.

Inhalt		Datum	Geschäftszeichen	Deutsche Justiz
Erhebung eines Aufgeldes bei der Verwertung von Pfandstücken und anderen Sachen durch die Vollstreckungsbeamten	AV.	31. 7. 43	2344 VIa[8] 1013	385
Zwangsvollstreckung in Kraftfahrzeuge und ihre Anhänger; Kraftfahrzeugschein, Anhängerschein, Kraftfahrzeugbrief, Anhängerbrief . .	AV.	14. 2. 38	2344 IVa[5] 20	248
Pfandsiegelmarken für die Vollstreckungsbeamten der *Reichsjustizverwaltung*	AV.	11. 9. 36	2344 IVa 1178	1429
(siehe auch Beschlagnahme, Mieterschutz, Schuldnerverzeichnis, Zustellungen)				

Stichwörterverzeichnis

[Die Nebengesetze sind durch römische Ziffern wie im Inhaltsverzeichnis bezeichnet.]

C

D

H

N

T

W

Kolibri 360 GmbH
Ferdinand-Jühlke-Straße 7
99095 Erfurt, Deutschland
produktsicherheit@kolibri360.de